Vergaberecht und Sozialrecht

Frankfurter Schriften zur Gesundheitspolitik und zum Gesundheitsrecht

Schriftenreihe des Instituts für Europäische Gesundheitspolitik und Sozialrecht an der Johann Wolfgang Goethe-Universität Frankfurt

Herausgegeben von Ingwer Ebsen
und Roland Eisen

Band 5

PETER LANG
Frankfurt am Main · Berlin · Bern · Bruxelles · New York · Oxford · Wien

Laura Sormani-Bastian

Vergaberecht und Sozialrecht

Unter besonderer Berücksichtigung des Leistungserbringungsrechts im SGB V (Gesetzliche Krankenversicherung)

PETER LANG
Europäischer Verlag der Wissenschaften

Bibliografische Information der Deutschen Nationalbibliothek
Die Deutsche Nationalbibliothek verzeichnet diese Publikation in der Deutschen Nationalbibliografie; detaillierte bibliografische Daten sind im Internet über <http://www.d-nb.de> abrufbar.

Zugl.: Frankfurt (Main), Univ., Diss., 2006

D 30
ISSN 1610-899X
ISBN 978-3-631-56297-0

www.peterlang.de

Meinen beiden Kindern

Amilcare Bodo und Jean-Claude Niels

Vorwort

Die vorliegende Arbeit wurde im Sommersemester 2006 vom Fachbereich Rechtswissenschaft der Johann Wolfgang Goethe-Universität in Frankfurt am Main als Dissertation angenommen.

Gesetzgebung, Rechtsprechung und Literatur konnten bis Ende April 2006 berücksichtigt werden. Insbesondere nimmt die Arbeit auf die europäischen Vergaberichtlinien 2004/18/EG und 2004/17/EG Bezug, die bis dahin zwar noch nicht in nationales Recht umgesetzt worden waren, deren Umsetzungsfrist aber bereits am 31. Januar 2006 ablief. Nun ist die Umsetzung abgeschlossen und mit der am 1. November 2006 in Kraft getretenen VgV sind die neuen VOB/A, VOL/A und VOF 2006 anzuwenden. Hinsichtlich der für die vorliegende Untersuchung zentralen Begriffe des persönlichen und sachlichen Anwendungsbereichs des Vergaberechts ergeben sich durch diese letzte Vergaberechtsreform keine Änderungen. Hervorzuheben ist allein, dass die vom Bundesverfassungsgericht in seinem Urteil vom 13. Juni 2006 für verfassungsmäßig erklärte Zweiteilung des Vergaberechts nach Maßgabe der Schwellenwerte beigehalten wurde, wobei die europäischen Schwellenwerte eins zu eins übernommen wurden.

Meinem verehrten Doktorvater, Prof. Dr. Ingwer Ebsen, möchte ich zu allererst meinen aufrichtigen Dank aussprechen. Er hat mich auf die große Bedeutung der „Sozialwirtschaft“ aufmerksam gemacht und dazu ermuntert, die unternehmerische Erbringung sozialer Leistungen aus vergaberechtlicher Sicht zu untersuchen. Ohne seine wissenschaftliche Unterstützung und seine wertvollen Anregungen wäre die Arbeit nicht entstanden.

Mein ganz besonderer Dank gilt des weiteren meinem Mann, der mir tagtäglich mit liebevollem Verständnis zur Seite stand. Meinem Sohn Amilcare Bodo und seinem jüngeren Bruder Jean-Claude Niels, der wenige Tage nach der Disputation das Licht der Welt erblickte, sei dieses Buch gewidmet.

Frankfurt, im Dezember 2006

Inhaltsverzeichnis

Einleitung

I. Der Markt für soziale Dienst- und Sachleistungen

1. Das sozialrechtliche Dreiecksverhältnis

Nach § 11 Satz 1 SGB I bestehen die Sozialleistungen, welche die Sozialleistungsträger zur Erfüllung der in § 1 SGB I genannten Aufgaben sowie zur Verwirklichung der sozialen Rechte nach den §§ 2 ff. SGB I in Verbindung mit den einschlägigen Anspruchsgrundlagen im besonderen Teil des Sozialgesetzbuchs gewähren, aus Dienst-, Sach- und Geldleistungen. Dienst- und Sachleistungen unterscheiden sich nach der Art und Weise ihrer Erbringung dadurch, dass erstere sich auf menschliche Handlungen - etwa wie die ärztliche Behandlung - beziehen, letztere die Übergabe von Sachen außer Geld - etwa wie Arzneimitteln - betreffen.

Die Erbringung von Geldleistungen begründet ausschließlich ein Rechtsverhältnis zwischen Sozialleistungsträgern und Leistungsberechtigten. Die Erbringung von Dienst- und Sachleistungen erfolgt hingegen oft durch Einschaltung Dritter, welche zum Teil staatliche oder freigemeinnützige, meistens jedoch private Leistungserbringer sind.

In diesem Fall wird ein dreipoliges - im Recht der Gesetzlichen Krankenversicherung[1] sogar noch komplizierteres - Rechtsverhältnis begründet. Es handelt sich dabei um das so genannte „sozialrechtliche Dreieck“. Um ihre gesetzliche Pflicht gegenüber den Sozialleistungsberechtigten zu erfüllen, schließen die Sozialleistungsträger Verträge mit Dritten über die Erbringung von sozialen Dienst- oder Sachleistungen an die Leistungsberechtigten ab.

Im Sozialrecht wird meistens der Begriff der „Sachleistung“ vereinfachend als Oberbegriff sowohl für Dienst- als auch für Sachleistungen verwendet. Dies geschieht in Anlehnung an den Begriff des „Sachleistungsprinzips“, das die seit dem „Gesetz betreffend die Krankenversicherung der Arbeiter“ vom 15. Juni 1883 bestehende und heute in § 2 Abs. 2 Satz 1 SGB V verankerte Pflicht der

---

[1] Zur Versorgung der GKV-Versicherten vgl. *Ebsen*, in: FS f. Otto Ernst Krasney, 1997, S. 81 ff.

gesetzlichen Krankenkassen[2] umschreibt, den Versicherten vorbehaltlich explizit zugelassener Ausnahmen (wie z.B. in den §§ 13, 37 Abs. 4, 38 Abs. 4 SGB V) Naturalleistungen zu erbringen.[3] Im Laufe der vorliegenden Untersuchung wird sich allerdings zeigen, dass die Unterscheidung zwischen Sach- und Dienstleistungen aus vergaberechtlicher Sicht sehr wohl von Bedeutung ist.

Das Sachleistungsprinzip versteht sich zunächst als Gegenpol zum Kostenerstattungsprinzip. Die Sozialleistungsberechtigten müssen nicht die ihnen im Einzelfall zustehenden sozialen Leistungen zuerst einkaufen, um sich dann die aufgewendeten Kosten von dem zuständigen Sozialleistungsträger ganz oder zum Teil erstatten zu lassen. Bei Erfüllung der gesetzlichen Voraussetzungen haben sie gegen den jeweiligen Sozialleistungsträger einen Anspruch auf die geschuldete Sachleistung selbst. Dieser Anspruch kann grundsätzlich über zwei unterschiedliche Wege erfüllt werden: Direktleistung des Sozialleistungsträgers oder Leistung durch vom Sozialleistungsträger eingeschaltete Dritte.

Im allgemeinen Teil des Sozialgesetzbuchs (SGB I) wird zur Ausführung von Sozialleistungen den Sozialleistungsträgern gem. § 17 Abs. 1 Nr. 1 SGB I die Pflicht auferlegt, darauf hinzuwirken, dass jeder Berechtigte die ihm zustehenden Sozialleistungen in zeitgemäßer Weise, umfassend und zügig erhält. Gem. § 17 Abs. 1 Nr. 2 SGB I müssen die Sozialleistungsträger dafür sorgen, dass die zur Ausführung von Sozialleistungen erforderlichen sozialen Dienste und Einrichtungen rechtzeitig und ausreichend zur Verfügung stehen. Die Errichtung eigener Einrichtungen zum Zwecke der Leistungserbringung wird den Trägern jedoch nicht vorgeschrieben.

Spezielle Vorschriften hierzu finden sich im besonderen Teil des Sozialgesetzbuchs. § 2 Abs. 2 Satz 3 SGB V regelt zum Beispiel, dass die Krankenkassen über die Erbringung der zur Versorgung ihrer Versicherten notwendigen Sachleistungen – gemäß den Vorschriften des vierten Kapitels des SGB V - Verträge mit den Leistungserbringern, d.h. selbständigen, zumeist privatwirtschaftlich handelnden Dritten, schließen. Die Gewährung von sozialen Sachleistungen durch vertraglich gebundene Dritte ist aber kein Spezifikum des Rechts der Ge-

2 Im Folgenden auch einfach Krankenkassen oder Kassen genannt.

3 Zum Sachleistungsprinzip in der Gesetzlichen Krankenversicherung vgl. BSG, Urteil v. 20.07.1976, Az.: 3 RK 18/76, in: BSGE 42, 117; BSG, Urteil v. 10.04.1990, Az.: 6 RKa 36/89, in: BSGE 66, 284; BSG, Urteil v. 07.08.1991, Az.: 1 RR 7/88, in: BSGE 69, 170; *Schulin/Igl*, Sozialrecht, 2002, Rdnr. 266; *Engelmann*, NZS 2000, S. 1 ff.

setzlichen Krankenversicherung, sondern kommt sehr oft auch in den anderen sozialrechtlichen Zweigen vor. Direktleistungen durch die Sozialleistungsträger stellen dagegen eher die Ausnahme dar.

Den Krankenkassen ist es sogar grundsätzlich nur unter strengen Voraussetzungen erlaubt, Eigeneinrichtungen zu errichten.[4] Wie die Krankenkassen erbringen auch die Pflegekassen die pflegerische Versorgung nicht selbst, sondern schließen gem. § 69 Satz 2 SGB XI Versorgungsverträge mit den Trägern von Pflegeeinrichtungen und sonstigen Leistungserbringern, also selbständig wirtschaftenden Dritten. Andere Leistungsträger, wie die der Gesetzlichen Rentenversicherung oder die der Arbeitsförderung, dürfen hingegen zur Erbringung bestimmter Sachleistungen - etwa nach § 15 Abs. 2 Satz 1 SGB VI bzw. nach § 35 Abs. 1 Satz 1 SGB III - zwischen eigenen und fremden Einrichtungen frei wählen.

Das „sozialrechtliche Dreieck", diese auf Verträgen beruhende Zusammenarbeit zwischen Sozialleistungsträgern einerseits und Leistungserbringern andererseits zur Erfüllung sozialrechtlicher Ansprüche des Einzelnen auf Naturalleistungen, ist also – wenn auch in unterschiedlichem Umfang – in allen Bereichen des Sozialrechts verbreitet.

2. Die ökonomische Seite der Sozialleistungserbringung durch Dritte

Das volkswirtschaftliche Gewicht dieser gesetzlich erlaubten, teilweise sogar angeordneten Zusammenarbeit soll hier am Beispiel einiger statistischer Untersuchungen dargelegt werden, welche die vorhandenen Daten für das Jahr 2001 ausgewertet haben.[5] Zunächst ist zu vermerken, dass sich für Deutschland eine Sozialleistungsquote von etwa 32 % errechnete (siehe Abbildung 1).[6] Diese stellt das in Prozent ausgedrückte Verhältnis des Sozialbudgets (Leistungen für die soziale Sicherung) zum Bruttoinlandsprodukt (gesamtwirtschaftliche Leis-

---

4 Nach § 140 Abs. 2 SGB V dürfen die Krankenkassen neue (am 1.1.1989 noch nicht bestehende) Eigeneinrichtungen nur errichten, soweit sie die Durchführung ihrer Aufgaben bei der Gesundheitsvorsorge und der Rehabilitation auf andere Weise nicht sicherstellen können oder wenn mit ihnen der Sicherstellungsauftrag nach § 72a Abs. 1 SGB V erfüllt werden soll.

5 Es wird noch auf den Sozialbericht 2001 Bezug genommen, denn bedingt durch die Verkürzung der 15. Legislaturperiode wurde in dem Sozialbericht 2005 auf den Teil B des Sozialberichts - das Sozialbudget - verzichtet. Der Tabellenauszug zum Sozialbudget 2003 - Datenstand Dezember 2004 - weist zudem keine nennenswerten Abweichungen zu den Daten des Sozialberichts 2001 auf.

6 Sozialbericht 2001, S. 387.

tung) des gleichen Jahres dar.[7] Der Anteil der Waren und Dienstleistungen am Sozialbudget betrug 23,3 % (siehe Abbildung 2).[8] Unter Waren und Dienstleistungen versteht man den Wert der Waren und Dienste, die von den Leistungsträgern oder von Dritten den Berechtigten zur Verfügung gestellt werden.[9]

Betrachtet man die statistischen Daten zu den Ausgaben für soziale Leistungen in der funktionalen Gliederung des Sozialbudgets, so lässt sich feststellen, dass die Ausgaben für die hier weit gefasste Funktionsgruppe „Gesundheit" 227,6 Mrd. Euro betrugen, also ein Drittel des gesamten Sozialbudgets (663,7 Mrd. Euro) ausmachten (siehe Abbildung 3).[10] Das entspricht einem Anteil von etwa 10 % am Bruttoinlandsprodukt. Über zwei Drittel der in dieser Funktionsgruppe erfassten Leistungen stellten Sachleistungen dar. Daraus folgt, dass es sich bei den im Sozialbericht erwähnten Waren und Dienstleistungen lediglich in geringem Umfang um Leistungen im Bereich der Arbeitsvermittlung und -förderung, der beruflichen Rehabilitation, der Mutterschaft und der Jugendhilfe handelt. Im Vordergrund stehen hingegen die Sachleistungen im Dienste der Gesundheit, also solche der stationären und ambulanten Krankenbehandlung, der medizinischen Rehabilitation sowie der stationären und ambulanten Pflege (siehe Abbildung 4).

Da der Gesetzgeber gerade für die Erbringung dieser Sachleistungen die Beteiligung Dritter im besonders hohen Maße (§ 2 Abs. 2 Satz 3 SGB V; § 69 Satz 2 SGB XI; § 15 Abs. 2 Satz 1 SGB VI; § 34 Abs. 3 Satz 1, Abs. 8 SGB VII) vorgesehen hat, hängt vor allem der Markt für Gesundheitsgüter von der Ausgestaltung der Systeme sozialer Sicherung ab. Bestimmte Marktsegmente wie die der Pflegedienste haben sich sogar als Reaktion auf die Einführung von neuen Sozialleistungssystemen und die entsprechende Begründung von Ansprüchen auf Sachleistungen stark entwickelt. Nachdem das SGB XI am 1. Januar 1995 in Kraft getreten ist, stieg in der Zeit von 1998 bis 2001 zum Beispiel die Zahl der Anbieter von Pflegeeinrichtungen um ca. 2.300.[11]

---

7 Sozialbericht 2001, S. 386.

8 Sozialbericht 2001, S. 384.

9 Sozialbericht 2001, S. 494.

10 Sozialbericht 2001, S. 403.

11 Sozialbericht 2001, S. 161.

Als „Nachfrager" von Gesundheitsgütern kommen in erster Linie die Träger der Gesetzlichen Krankenversicherung in Frage, in der knapp 90% der Bevölkerung versichert sind und die fast 60% der Gesundheitsleistungen erbringt.[12] Die Rechtsbeziehungen zwischen Krankenkassen und Leistungserbringern sind daher - wirtschaftlich betrachtet – die wichtigsten, so dass ihnen im weiteren Verlauf der Arbeit auch besondere Aufmerksamkeit geschenkt werden soll. Weitere Nachfrager von Gesundheitsgütern sind die Träger der Sozialen Pflegeversicherung, deren Ausgaben für ambulante und stationäre Leistungen sich im Jahre 2001 auf 15 Mrd. Euro beliefen[13], und die Träger der Gesetzlichen Rentenversicherung, die, obwohl sie nur über 20.163 Betten in eigenen Einrichtungen verfügten, 892.687 Rehabilitationsleistungen erbracht haben.[14] Der verbleibende Rest verteilt sich auf die Gesetzliche Unfallversicherung und die Sozialhilfe.

Ein weiterer, im Vergleich zum Gesundheitssektor jedoch ökonomisch weniger bedeutender Bereich, in dem die Sozialleistungsempfänger Sachleistungen von Dritten erhalten, ist die aktive Arbeitsmarktpolitik der Bundesagentur für Arbeit, welche unter anderem Beratung und Vermittlung, Trainingsmaßnahmen, Maßnahmen für Weiterbildung und berufliche Rehabilitation umfasst und insgesamt etwa ein Drittel der Ausgaben der Bundesagentur für Arbeit ausmacht.[15] Gerade im Rahmen der aktiven Arbeitsförderung könnte die neue, durch das erste Gesetz für moderne Dienstleistungen am Arbeitsmarkt vom 23. Dezember 2002[16] eingeführte, durch Gesetz vom 22. Dezember 2005[17] geänderte Regelung zu den Personal-Service-Agenturen in § 37c SGB III ähnlich wie die Einführung der Pflegeversicherung im Jahre 1995 den Markt für die Arbeitnehmerüberlassung beeinflussen und erweitern. Derzeit ist allerdings ein eher gegenläufiger Trend zu beobachten.

Zusätzlich zu den Daten zur Höhe der Aufwendungen für soziale Sachleistungen ist in diesem Kontext auch die Ermittlung der Zahl der im Sozialleistungsbereich Tätigen von großem Interesse. Dies sei in diesem Rahmen lediglich am

---

12 Sozialbericht 2001, S. 128, 403.

13 Sozialbericht 2001, S. 426.

14 VDR Statistik Bd. 142 – Rehabilitation 2001.

15 Sozialbericht 2001, S. 38 - 40.

16 BGBl. I S. 4607.

17 BGBl. I S. 3676.

Beispiel des wichtigsten Bereichs dargestellt: im Jahre 2001 belief sich laut Angaben des Statistischen Bundesamts Deutschland die Zahl der Beschäftigten im Gesundheitswesen auf 4,1 Millionen.[18] Dies gewinnt an Bedeutung, wenn man bedenkt, dass Deutschland 2001 gerade 38,7 Millionen Erwerbstätige hatte[19] und dass nur ca. ein Viertel der Gesundheitsausgaben auf private Träger (private Krankenversicherung bzw. private Haushalte) entfielen.[20]

II. Problemstellung und Gang der Untersuchung

Die Beteiligung Dritter an der Leistungserbringung im Sozialrecht lässt sich zwar bis ins 18. Jahrhundert zurückverfolgen.[21] Dieses Phänomen weist aber erst in unserem Jahrhundert ein beträchtliches Ausmaß auf.[22] In Anbetracht der oben dargelegten statistischen Daten für das Jahr 2001 erhält der aktuelle Markt für soziale Sachleistungen konkrete, ökonomisch fassbare Konturen, welche den Sozialstaat in ein neues Licht geraten lassen. Wenn im Sozialbericht der Bundesregierung von dem Sozialstaat als „ein wesentlicher und notwendiger Bestandteil unserer gesellschaftlichen, politischen und wirtschaftlichen Kultur“[23] die Rede ist, so ist nicht nur an die Schaffung sozialer Gerechtigkeit und an die Stärkung des Leistungspotentials unserer Gesellschaft zu denken, sondern auch an die besonders starke Nachfragerrolle von Sozialleistungsträgern auf den betroffenen Märkten. Letztere ist zwar nur eine Reflexwirkung des verfolgten politischen Ziels, schafft aber zusätzliche Beschäftigungsmöglichkeiten und stärkt somit die Funktionsfähigkeit der Arbeitsmärkte, welche wiederum notwendige Voraussetzung für einen leistungsfähigen Sozialstaat sind. Dem Prinzip der Nachhaltigkeit verpflichtete Reformen sollten daher nicht zuletzt gerade aus diesem Grunde die reale ökonomische Bedeutung der sozialen Sachleistungen für

---

18 www.destatis.de/cgi-bin/printview.pl.

19 Sozialbericht 2001, S. 26.

20 www.destatis.de/cgi-bin/printview.pl.

21 *Sachse/Tennstedt*, Geschichte der Armenfürsorge in Deutschland, Teil 1: Vom Spätmittelalter bis zum 1. Weltkrieg, 1980, S. 171 ff.

22 Allgemein zur Bedeutung sozialer Dienstleistungen in der EU: *Fretschner/Hilbert*, Sozialer Fortschritt 2000, S. 284 ff.

23 Sozialbericht 2001, S. 16.

unsere Volkswirtschaft sowie deren Wachstumspotential für die Zukunft mit bedenken.[24]

Je mehr sich die Erbringung sozialer Sachleistungen zu einem wichtigen Bestandteil der Marktwirtschaft entwickelt, desto bedeutender und dringender wird die Frage nach den rechtlichen Rahmenbedingungen, welche die Integration dieses Bereichs in einen funktionierenden Wettbewerb auf den einschlägigen Märkten regeln sollen. Im Vordergrund steht dabei sicherlich das Sozialrecht selbst, und zwar das sog. Leistungserbringungsrecht. Ergänzend könnten jedoch auch die stark europäisierten Gebiete des Wettbewerbs-, Kartell- und Vergaberechts eine lenkende Rolle spielen.[25]

Gerade im Lichte der politischen Reformüberlegungen zur Schaffung eines qualitativ hoch stehenden, nachhaltig finanzierbaren Sozialstaates ist es - heute noch mehr als je zuvor - das vordergründige Ziel eines jeden Sozialleistungsträgers, die Einkaufskosten bei gleich bleibender Qualität zu minimieren, um seiner Verpflichtung zur bestmöglichen Verwendung der verfügbaren finanziellen Ressourcen gerecht zu werden. Schlagwörter sind dabei „optimales Preis-Leistungsverhältnis" für den Steuer- und Beitragszahler sowie „effiziente Ressourcenallokation".[26] Wegen der starken Marktstellung von Sozialleistungsträgern bedürfen zudem die auf diesem Markt agierenden Leistungserbringer eines besonderen Schutzes. Der Schlichtung der oft widerstreitenden Interessen von Sozialleistungsträgern und Leistungserbringern sowie der Erreichung eines gerechten Ausgleichs zwischen Vertragspartnern unterschiedlichen Gewichts sind grundsätzlich die leistungserbringungsrechtlichen Vorschriften in den verschiedenen Gebieten des Sozialrechts gewidmet. Nichtsdestotrotz stellt sich die Frage, ob die Sozialleistungsträger beim „Einkauf" sozialer Sachleistungen auch anderen gesetzlichen Regeln außerhalb des Sozialrechts unterliegen.

Zentraler Gegenstand dieser Arbeit ist die Frage nach der Anwendbarkeit des Vergaberechts auf den Abschluss von Leistungserbringungsverträgen im Sozialrecht. Das Recht der Sozialleistungserbringung und das Vergaberecht stellen

---

24 *Knappe/Arnold*, Pauschalprämie in der Krankenversicherung, 2002, S. 8 f.

25 Geprägt wurde bereits der Begriff des „Wettbewerbs-Sozialrechts" bei *Haverkate/ Huster*, Europäisches Sozialrecht, 1999, S. 285 ff. Immer öfter wird in letzter Zeit versucht, das Sozialrecht als Wirtschaftsrecht aufzufassen, vgl. etwa *Hänlein*, NZS 2003, 617 ff.; *Rixen*, Sozialrecht als öffentliches Wirtschaftsrecht, 2005.

26 *Behn*, AuB 2000, S. 67 ff. (67).

zwei besonders komplexe Rechtsgebiete dar, welche bis vor kurzer Zeit vollkommen voneinander abgeschottet waren. Bestätigt wird dies etwa dadurch, dass die hier aufgeworfene Frage bis vor etwa drei Jahren lediglich punktuell behandelt und erst in letzter Zeit zum Gegenstand reger wissenschaftlicher Diskussion unter Experten aus den beiden Rechtsgebieten gemacht wurde.[27]

Die Auseinandersetzung mit der Frage, ob die Sozialleistungsträger bei der Auswahl ihrer Vertragspartner zusätzlich zu den Vorschriften des jeweils einschlägigen Sozialrechts auch den Regeln des Vergaberechts unterliegen, setzt vertiefte Kenntnisse in beiden Rechtsgebieten voraus. Konkret bedeutet dies für die vorliegende Arbeit, dass sowohl das geltende Vergaberecht im weiten Sinne (d.h. europäische Richtlinien, GWB-Vergaberecht und Haushaltsrecht) als auch die vergaberechtlichen Zentralbegriffe, auf die es in diesem speziellen Fall ankommt, zuerst in ihren Grundzügen dargestellt werden müssen, bevor die unterschiedlichen Bereiche des sozialen Leistungserbringungsrechts aus vergaberechtlicher Sicht untersucht werden. In diesem Sinne ist die Vorwegnahme des ersten Abschnitts unerlässlich.

Nach einer gezielten, an der Fragestellung der vorliegenden Arbeit orientierten Darstellung des Rechts der öffentlichen Auftragsvergabe (Teil A) und einer umfassenden Untersuchung der zentralen vergaberechtlichen Begriffe (Teil B) sollen die konkreten Grenzen und positiven Vorgaben herausgefiltert werden, welche das Vergaberecht der Nachfrageraktivität der Sozialleistungsträger setzt.

Der zweite Abschnitt der Arbeit, welcher der zentralen Frage nach der Anwendbarkeit des Vergaberechts im Sozialrecht nachgeht, fängt mit einer kurzen Darlegung relevanter Spezifika für die Beschaffung sozialer Leistungen aus vergaberechtlicher Sicht (Teil C) an. Den Kern der Arbeit stellen die Teile D und E dar, wo die Frage nach der Eröffnung des persönlichen und sachlichen Anwendungsbereichs des Vergaberechts in den verschiedenen Bereichen des Sozialrechts in den Vordergrund rückt. Ein besonders wichtiger Punkt wird hier die nähere Beleuchtung der vertraglichen Gestaltungsmöglichkeiten im Sozialleis-

---

27 Vgl. *Koenig/Busch*, NZS 2003, S. 461 ff.; *ders./Steiner*, ZESAR 2003, S. 98 ff., 150 ff.; *ders./Engelmann/Hentschel*, MedR 2003, S. 562 ff.. Danach hat sich eine rege Diskussion entfaltet: vgl. z.B. verschiedene Abhandlungen in: Archiv Nr. 3, 2005; *Boldt*, NJW 2005, S. 3757 ff.; *Byok/Jansen*, NVwZ 2005, S. 53 ff.; *Ebsen*, KrV 2004, S. 95 ff.; *ders.*, in: FS für Manfred Zuleeg, 2005, S. 439 ff.; *Kingreen*, SGb 2004, S. 659 ff.; *Noch*, BauRB 2004, S. 318 ff.; *Stelzer*, ZESAR 2004, S. 269 ff.; *ders.*, ZESAR 2005, 2005, S. 21 ff.; *Vollmöller*, NZS 2004, S. 63 ff.; *Wollenschläger*, NZBau 2004, S. 655ff.

tungserbringungsrecht sein mit dem Ziel, diese unter die im ersten Abschnitt erläuterten Kategorien des Vergaberechts zu subsumieren. Dabei geht es um Verträge zur Beschaffung von Leistungen zur ambulanten und stationären Krankenbehandlung, zur Pflege, zur medizinischen, beruflichen und sozialen Rehabilitation sowie zur aktiven Arbeitsförderung.

Das Augenmerk wird sich auf das Recht der Gesetzlichen Krankenversicherung konzentrieren (Teil D). Das Leistungserbringungsrecht des SGB V (§§ 69-140h SGB V) – vom vertragsärztlichen Zulassungssystem hin zur integrierten Versorgung und zum Vertragswettbewerb – wird einen gewichtigen Platz einnehmen und Gegenstand einer besonders ausführlichen Untersuchung sein. Diese wird sich mit den Besonderheiten des Leistungserbringungssystems der GKV und deren Bedeutung für die aufgeworfene Fragestellung befassen. In diesem Zusammenhang wird sich insbesondere die Frage nach der Interdependenz des europäischen Vergaberechts mit dem innerstaatlichen Sozialrecht stellen, genauer nach dem Spannungsverhältnis zwischen der Spezialität des Rechts der Gesetzlichen Krankenversicherung (§ 69 SGB V) zum einen und der mitgliedstaatlichen Pflicht zur effektiven Umsetzung von europäischen Richtlinien (Art. 10, 249 EGV) zum anderen. Darüber hinaus gilt es, am Beispiel der durch das am 1.1.2004 in Kraft getretene Gesundheitsmodernisierungsgesetz (GMG)[28] neu eingeführten Vertragsmöglichkeiten für die Krankenkassen das sog. - bis zum Jahr 2000 der Gesetzlichen Krankenversicherung fremde - "Einkaufsmodell"[29] näher zu erörtern. Hier soll in erster Linie der Frage nachgegangen werden, inwieweit sich dieses Modell unter vergaberechtlichen Gesichtspunkten vom alten System der Kollektivverträge unterscheidet.

Schließlich sollen im dritten Abschnitt der Arbeit zum einen die vergaberechtlichen Anforderungen an das Auswahlverfahren für die Sozialleistungsträger anhand der zuvor gewonnenen Ergebnisse zusammengefasst werden (Teil F). Zum

---

28 Gesetz zur Modernisierung der gesetzlichen Krankenversicherung (GKV-Modernisierungsgesetz – GMG) vom 14.11.2003, BGBl. I S. 2190.

29 Zu den ersten Ansätzen eines von den Krankenkassen geforderten „Einkaufsmodells“ vgl. *Neubauer/Unterhuber*, Sozialer Fortschritt 1987, S. 107 ff. Die Enquete-Kommission „Strukturreform der GKV“ hatte ebenfalls bereits 1988 in ihrem Endbericht für eine erweiterte Vertragsfreiheit plädiert, BT-Drucks. 11/6380, S. 348 ff. Zum neuen Vertragswettbewerb in der GKV vgl. *Steinmeyer*, GSP 2003, S. 9 ff.; *Ebsen/Greß/Jacobs/Szecsenyi/Wasem*, SozSich 2003, S. 128 ff.; *Ebsen*, KrV 2004, S. 95 ff. Zu einer aktuellen Bestandsaufnahme vgl. *Knüppel*, GSP 2004, S. 16 ff.

anderen soll der weitergehenden Frage nachgegangen werden, ob und inwieweit außerhalb des Vergaberechts spezielle Vorgaben des europäischen bzw. deutschen Gesetzgebers für den Bereich der sozialrechtlichen Leistungserbringungsbeziehungen bestehen und was diese konkret bewirken (Teil G). Im Mittelpunkt der Untersuchung werden hier das Diskriminierungsverbot und die Grundfreiheiten des EG-Vertrages sowie das Gleichheitsgebot aus Art. 3 Abs. 1 GG stehen.

Insgesamt setzt sich die vorliegende Arbeit das Ziel, über die Beantwortung problematischer Einzelfragen hinaus einen strukturierten, homogenen Überblick über die vergaberechtlichen und vergaberechtsähnlichen Rahmenbedingungen zu liefern, welche das Zustandekommen von Rechtsbeziehungen zwischen Sozialleistungsträgern und Leistungserbringern bestimmen. Den Schwerpunkt bildet dabei die Entwicklung eines dogmatischen Konzepts für die Beurteilung der unterschiedlichen leistungserbringungsrechtlichen Konstellationen aus vergaberechtlicher Sicht, um letztlich aufzuzeigen, welche Pflichten bzw. Optionen die Sozialleistungsträger nach dem geltenden Recht haben, wenn sie sich als Nachfrager mit den gegenläufigen Zielen der Qualitätsförderung und der Kostensenkung auf den Markt der Sozialleistungserbringung begeben.

Erster Abschnitt: Rechtlicher Rahmen

A. Überblick über das Recht der öffentlichen Auftragsvergabe

1. Kapitel: Die aktuelle Rechtslage

Das deutsche Recht der öffentlichen Auftragsvergabe war ursprünglich nur ein besonderer Teil des Haushaltsrechts (siehe z.B. § 30 HGrG i.V.m. dem Gesetzgebungsauftrag des § 1 HGrG, § 55 BHO sowie die entsprechenden Vorschriften der Landes- bzw. Gemeindehaushaltsordnungen) und diente ausschließlich dem Schutz der öffentlichen Auftraggeber im haushaltsrechtlichen Sinne, also der öffentlich-rechtlichen Gebietskörperschaften, vor unwirtschaftlichen Handlungen.[30] Verankert waren und sind noch heute hier lediglich die Grundsätze der Wirtschaftlichkeit und Sparsamkeit. Die Bieter hatten hingegen einfachrechtlich keine individuellen, einklagbaren Rechtspositionen.

Das Recht der Bieter auf Einhaltung der Vergabevorschriften wurde erst in den europäischen Richtlinien zur Koordinierung der Vergabeverfahren verbürgt und in Deutschland mit dem Vierten Teil des Gesetzes gegen Wettbewerbsbeschränkungen (GWB) eingeführt. Das deswegen oft Kartellvergaberecht genannte nationale Vergaberecht wurde zwar unter dem Druck der US-amerikanischen Regierung erlassen, erfüllte aber gleichzeitig die Umsetzungspflicht nach Art. 249 Abs. 3 EGV.[31] Zum Zwecke der Umsetzung des europäischen Sekundärrechts wurde das deutsche Vergaberecht in den 90er Jahren Gegenstand zweier bedeutender gesetzgeberischer Akte: der sog. haushaltsrechtlichen Lösung der Jahre 1993 und 1994[32] sowie des Vergaberechtsänderungsgesetzes vom 26. August 1998[33]. Es folgten die Neufassung der Vergabeverordnung im Jahre 2003[34] und das Gesetz zur Beschleunigung der Umsetzung von Öffentlich Privaten Partnerschaften und zur Verbesserung gesetzlicher Rahmenbedingungen für Öffentlich Private Partnerschaften (ÖPP-Beschleunigungsgesetz) vom 1.9.2005[35].

---

30 BT-Drucks. 13/930, S. 12.

31 *Byok*, NJW 1998, S. 2774 ff. (2775); *Sieveking*, VR 1999, S. 337 ff. (338); *Jasper*, DB 1998, S. 2151 ff.; *Schenk*, Das neue Vergaberecht, 2001, S. 26f.

32 BGBl. I S. 324; BGBl. I S. 1928.

33 BGBl. I S. 2512.

34 BGBl. I S. 169.

35 BGBl. I S. 2676.

Diese letzte, lediglich auf wenige Vorschriften begrenzte Rechtsänderung stellt derzeit den vorläufigen[36] Abschluss der Vergaberechtsreform in Deutschland dar, welche jedoch demnächst fortzuführen sein wird, nachdem die Umsetzung der neuen, am 30. April 2004 in Kraft getretenen europäischen Koordinierungsrichtlinien 2004/18/EG[37] und 2004/17/EG[38] durch die Mitgliedstaaten gem. Art. 80 bzw. Art. 71 der o.g. Richtlinien bereits zum 31.01.2006 hätte erfolgen sollen. Allein wenige Bestimmungen (etwa Art. 4 Abs. 2, Art. 29 Richtlinie 2004/18/EG) sind bisher durch das ÖPP-Beschleunigungsgesetz in das deutsche Recht umgesetzt worden. Die Umsetzung der Richtlinien steht daher zum größten Teil noch bevor.

Da Art. 249 Abs. 3 EGV i.V.m. Art. 10 EGV den Mitgliedstaaten die Pflicht zu einer richtlinienkonformen Auslegung[39] des nationalen Umsetzungsrechts auferlegt, sind die Vorschriften des GWB im Lichte der Zielsetzung der europäischen Richtlinien auszulegen. Bevor das deutsche Kartellvergaberecht einer detaillierten Systematisierung unterworfen wird, sei daher der Blick auf den europäischen vergaberechtlichen Rahmen gelenkt.

I. Der europarechtliche Rahmen

1. Die Entstehungsgeschichte der Vergaberichtlinien

Das Streben der europäischen Gemeinschaft nach einer Öffnung der einzelstaatlichen Vergabemärkte ist als Teil des in Art. 2 EGV verankerten Ziels zu verstehen, einen Gemeinsamen Markt zu errichten. Öffentliche Aufträge sind ein erheblicher Wirtschaftsfaktor und sollten daher auch im europaweiten Wettbewerb

---

[36] Eine umfassende Änderung des nationalen Rechts wurde am 12.05.2004 von der Bundesregierung in ihrem Papier „Eckpunkte für eine Verschlankung des Vergaberechts" gefordert und führte am 08.10.2004 zu einem noch nicht mit den Bundesressorts und den Ländern abgestimmten Arbeitsentwurf des BMWA zur Neuregelung des Vergaberechts. Bedingt durch die Auflösung des 15. Bundestages und die Neuwahl des 16. Bundestages im September 2005 haben diese Entwürfe an Bedeutung verloren. Geplant wird nunmehr eine Reform im bestehenden System des Kartellvergaberechts durch Umsetzung der zwingenden Vorschriften aus den neuen Richtlinien gemäß den Vorgaben der Koalitionsvereinbarung vom 11.11.2005.

[37] Amtsblatt der EU v. 30.4.2004, L 134/114.

[38] Amtsblatt der EU v. 30.4.2004, L 134/1.

[39] Dazu etwa *Schoch*, VBlBW 1999, S. 241 ff.; *Roth*, EWS 2005, S. 385 ff.

erfolgen. Die besondere Bedeutung des öffentlichen Auftragswesens für die Unternehmen, welche die Chancen des Binnenmarkts nutzen wollen, wird ausdrücklich an zwei Stellen des EG-Vertrages erwähnt, und zwar in Art. 163 Abs. 2 und Art. 183 Nr. 4 EGV. Sedes materiae der Grundnormen des Vergaberechts sind die speziellen Grundfreiheiten des Warenverkehrs (Art. 28 EGV), des Personenverkehrs (Art. 48 und 43 EGV) und des Dienstleistungsverkehrs (Art. 49 EGV) sowie das allgemeine Diskriminierungsverbot (Art. 12 EGV).[40]

Das sekundärrechtliche gesetzgeberische Produkt der europäischen Politik im Bereich der öffentlichen Auftragsvergabe sind mehrere Richtlinien, die harmonisierende Regelungen zur Koordinierung der einzelstaatlichen Vergabeverfahren enthalten, jedoch der Umsetzung in innerstaatliches Recht bedürfen (Art. 249 EGV). Für die Mitgliedstaaten sind die Richtlinien hinsichtlich des zu erreichenden Ziels verbindlich. Die Mitgliedstaaten sind daher verpflichtet, alle Maßnahmen zu ergreifen, um ihr nationales Recht anzupassen. Zu beachten ist, dass das Primärrecht des EG-Vertrages den konkretisierenden Richtlinien gegenüber Vorrang hat.[41]

Das erste Ergebnis sekundärrechtlicher Rechtssetzung war die Richtlinie 70/32/EWG vom 17. Dezember 1969[42], welche die Lieferung von Waren an den Staat, seine Gebietskörperschaften und die sonstigen juristischen Personen des öffentlichen Rechts regelte. Darauf folgte die so genannte Liberalisierungsrichtlinie 71/304/EWG vom 26. Juli 1971[43], die das Gebiet der öffentlichen Bauaufträge betraf. Die ersten Richtlinien, die Regelungen zur Koordinierung der einzelstaatlichen Vergabeverfahren enthielten, waren die Baukoordinierungsrichtlinie 71/305/EWG vom 26. Juli 1971[44] (BKR) und die Lieferkoordinierungsrichtlinie 77/62/EWG vom 21. Dezember 1976[45] (LKR). Sie wurden im Laufe der darauf folgenden Jahre mehrmals geändert.[46]

---

40 *Prieß*, Handbuch des europäischen Vergaberechts, 2001, S. 5 ff.

41 *Prieß*, Handbuch des europäischen Vergaberechts, 2001, S. 18.

42 ABl. 1970 Nr. L 13, S. 1.

43 ABl. 1971 Nr. L 185, S. 1.

44 ABl. 1971 Nr. L 185, S. 5.

45 ABl. 1977 Nr. L 13, S. 1.

46 *Bayer/Franke/Opitz*, EU-Vergaberecht, 2001, S. 4 (Fn. 11 und 12).

Dieses Programm wurde erst Anfang der neunziger Jahren durch die Richtlinie 90/531/EWG vom 17. September 1990[47] (SKR), welche bestimmte öffentliche Bereiche (Wasser-, Energie- und Verkehrsversorgung sowie Telekommunikation) erfasst, sowie durch die Richtlinie 92/50/EWG vom 18. Juni 1992[48] (DKR) erweitert, welche die Verfahren zur Vergabe öffentlicher Dienstleistungsaufträge koordiniert. Dies geschah unter dem Einfluss des 1985 im Weißbuch festgelegten Programms der Kommission[49] und des 1988 vorgelegten Gutachtens von Paolo Cecchini zur Vollendung des Binnenmarktes.

Zwar war durch die oben aufgelisteten Richtlinien zur Öffnung der Märkte des öffentlichen Auftragswesens ein wichtiger Meilenstein auf dem Weg zur Verwirklichung des Binnenmarktes gesetzt, aber die fehlende Bereitschaft in den Mitgliedstaaten zur korrekten Umsetzung gefährdete das erwartete Ergebnis. Um dieser Tendenz entgegenzuwirken, erließ der Rat 1989 die Rechtsmittelrichtlinie 89/665/EWG[50] (RMR) und im Jahre 1992 die Sektorenrechtsmittelrichtlinie 92/13/EWG[51], welche die Nachprüfung von Vergabeverfahren am Maßstab des Gemeinschaftsrechts sicherstellen sollten.

Ziel der beiden Rechtsmittelrichtlinien ist insbesondere die Stärkung des primären Rechtsschutzes der übergangenen Bieter.[52] Diese müssen in die Lage versetzt werden, vor Vertragsabschluss gegen den Zuschlag, die Entscheidung des Auftragsgebers zugunsten eines anderen Bieters, effektiv (Art. 2 Abs. 1 RMR) vorzugehen und diese gegebenenfalls zu beseitigen (Art. 2 Abs. 1 lit. b RMR). Die Rechte der Bieter dürfen sich nicht auf die Geltendmachung von Schadensersatz beschränken.[53] Die Rechtsmittelrichtlinien ermächtigen die Mitgliedstaa-

47 ABl. 1990 Nr. L 297, S. 1.

48 ABl. 1992 Nr. L 209, S. 1.

49 KOM (85) 310 endg. v. 14.6.1985.

50 ABl. 1989 Nr. L 395, S. 33.

51 ABl. 1992 Nr. L 76, S. 14.

52 Der dritte Erwägungsgrund der Rechtsmittelrichtlinie lautet: „ Die Öffnung des öffentlichen Auftragwesens für den gemeinschaftsweiten Wettbewerb setzt eine beträchtliche Verstärkung der Garantien im Bereich der Transparenz und der Nichtdiskriminierung voraus; damit diese Öffnung konkret umgesetzt werden kann, müssen für den Fall von Verstößen gegen das Gemeinschaftsrecht im Bereich des öffentlichen Auftragswesens oder gegen die einzelstaatlichen Vorschriften, die in Umsetzung dieses Rechtes ergangen sind, Möglichkeiten einer wirksamen und raschen Nachprüfung bestehen."

53 *Prieß*, Das öffentliche Auftragswesen in der Europäischen Union, 1994, S. 112 ff.

ten zum Ausschluss primärer Rechtsbehelfe nur im Hinblick auf bereits abgeschlossene Verträge (Art. 2 Abs. 6 RMR).

Dabei ist zu berücksichtigen, dass die Rechtsmittelrichtlinien von einem dualistischen System ausgehen, in dem der Vertragsabschluss auf die Zuschlagserteilung folgt, so dass auch die für einen effektiven primären Rechtsschutz unentbehrliche Informationspflicht etwa nach Art. 41 Richtlinie 2004/18/EG (entspr. Art. 8 BKR, Art. 7 LKR, Art. 12 DKR) zwar erst nach dem Zuschlag, aber vor dem ggf. nicht mehr aufhebbaren Vertragsabschluss eingreift.[54] Der dadurch ermöglichte Primärrechtsschutz gegen die Zuschlagsentscheidung darf nicht faktisch ausgeschlossen werden, indem man – wie ursprünglich im deutschen und im österreichischen Recht – Zuschlag und Vertragsabschluss zusammenfallen lässt und sich zudem für die Beschränkung auf Sekundärrechtsschutz nach Vertragsschluss entscheidet. Eine solche Regelung ist zwar grundsätzlich rechtmäßig, aber dann verlangt der in Art. 2 Abs. 1 RMR verankerte Grundsatz eines effektiven Rechtsschutzes jedenfalls ein Verfahren, das dem der Richtlinien entspricht und die Nachprüfung der Zuschlagsentscheidung vor Zuschlagserteilung ermöglicht, also zu einem Zeitpunkt, zu dem der Verstoß noch beseitigt werden kann.[55] Es geht hier im Ergebnis um die Einführung einer Pflicht zur rechtzeitigen Information der Bieter durch den öffentlichen Auftraggeber, welche - anders als in den Richtlinien - bereits vor dem Zuschlag zu erfolgen hat.[56]

Die Vergaberichtlinien wurden mit Ausnahme der Rechtsmittelrichtlinien mehrmals überarbeitet. Gleich sind jedoch immer die Hauptziele der Vergaberechtspolitik der Gemeinschaft geblieben:

- transparentes Vergabeverfahren,
- Gleichbehandlung der Bieter,
- Wahl des günstigsten oder wirtschaftlichsten Angebots,

---

54 Schlussanträge des Generalanwalts Mischo v. 10.06.1999, Rs. C-81/98, Slg. 1999, I-7671 Rdnr. 36 - Alcatel Austria AG u.a. / Bundesministerium für Wissenschaft und Verkehr.

55 EuGH, Urteil v. 28.10.1999, Rs. C-81/98, Slg. 1999, I-7671 - Alcatel Austria u.a. / Bundesministerium für Wissenschaft und Verkehr.

56 Hierzu vgl. Teil A, 1. Kapitel, II. 2b.

- europaweiter Zugang zu den öffentlichen Beschaffungsmärkten,
- Stärkung der Wettbewerbsfähigkeit von europäischen Unternehmen.[57]

2. Geltendes Recht

Was die europäische Rechtsetzungstätigkeit im Bereich des öffentlichen Auftragswesens betrifft, ist abschließend festzuhalten, dass das Sekundärrecht in Form von Richtlinien die größere praktische Bedeutung hat.

Bis Ende Januar 2006 waren folgende Rechtsakte zu berücksichtigen: die Dienstleistungsrichtlinie 92/50/EWG vom 18.6.1992 (DKR); die Lieferkoordinierungsrichtlinie 93/36/EWG vom 14.6.1993 (LKR); die Baukoordinierungsrichtlinie 93/37/EWG vom 14.6.1993 (BKR); die gegenüber den Koordinierungsrichtlinien speziellere Sektorenrichtlinie 93/38/EWG vom 14.6.1993, zuletzt geändert durch die Richtlinie 98/4/EGV vom 16.2.1998; die Richtlinie 97/52/EGV vom 13.10.1997 zur Änderung der Dienstleistungs-, Lieferkoordinierungs-, Baukoordinierungsrichtlinie; die Richtlinie 2001/78/EGV vom 13.9.2001 zur Änderung der Koordinierungs- und Sektorenrichtlinien.

Bereits das Grünbuch zum öffentlichen Auftragswesen[58] aus dem Jahre 1996 und die Mitteilung zum öffentlichen Auftragswesen in der europäischen Union[59] aus dem Jahre 1998 hatten eine Weiterentwicklung des Vergaberechts angekündigt. Am 9. Dezember 2003 haben das europäische Parlament und der Rat der Europäischen Union nach Billigung durch den Vermittlungsausschuss einen gemeinsamen Entwurf zum Legislativpaket zur Novellierung der Vergaberichtlinien beschlossen. Am 30. April 2004 sind zwei neue vereinheitlichende Vergaberichtlinien, 2004/17/EG und 2004/18/EG, in Kraft getreten.[60]

Die Umsetzungsfrist für diese Richtlinien ist am 31. Januar 2006 abgelaufen. Mit Wirkung ab diesem Datum wurden die Richtlinien 92/50/EWG (mit Ausnahme des Artikels 41), 93/36/EWG und 93/37/EWG sowie die Richtlinie 93/38/EWG aufgehoben. Seit 1.2.2006 sind die beiden neuen Richtlinien zu be-

---

57 KOM (1996) 583 endg. v. 27.11.1996 = BR-Drucks. 50/97.

58 KOM (1996) 583 endg.

59 KOM (1998) 143 endg. = BT-Drucks. 13/11160.

60 Hierzu vgl. *Knauff*, EuZW 2004, S. 141 ff.; *ders.*, VergabeR 2004, S. 287 ff.; *Kullack/Terner*, ZfBR 2004, S. 244 ff.; *Leinemann/Maibaum*, VergabeR 2004, S. 275 ff.; *Mader*, EuZW 2004, S. 425 ff.; *Rechten*, NZBau 2004, S. 366 ff.

achten, wenn und soweit sie nach der vom EuGH entwickelten Dogmatik[61] unmittelbar wirken.[62] Die im deutschen Recht noch bevorstehende Umsetzung wird zwar auf die Vorschriften des nationalen Vergaberechts, welche für die vorliegende Untersuchung einschlägig sind, im Wesentlichen keinen Einfluss haben. An den Stellen, wo sich relevante Änderungen ankündigen bzw. wo die Richtlinien 2004/17/EG und 2004/18/EG bedeutende Neuerungen einführen, wird jedoch im Laufe der Arbeit ausdrücklich darauf hingewiesen.

Bei den neuen Richtlinien handelt es sich um die Neufassung in zwei Texten aller bisher erlassenen Vergaberichtlinien über die Koordinierung der Verfahren zur Vergabe öffentlicher Aufträge. Öffentliche Bauaufträge, Lieferaufträge und Dienstleistungsaufträge sind in einem einzigen Text zusammengefasst. In einem weiteren Text sind die öffentlichen Aufträge in den so genannten Sektoren geregelt. Die Rechtsmittelrichtlinien wurden hingegen nicht geändert. Sie sollen weiterhin dafür sorgen, dass die Mitgliedstaaten die Anwendung der neuen Richtlinien durch wirksame, zugängliche und transparente Mechanismen sicherstellen (Art. 81 Richtlinie 2004/18/EG, Art. 72 Richtlinie 2004/17/EG).

Aktuell sind im Ergebnis folgende europäische Richtlinien zu beachten:

- Richtlinie 2004/18/EG des Europäischen Parlaments und des Rates vom 31. März 2004 über die Koordinierung der Verfahren zur Vergabe öffentlicher Bauaufträge, Lieferaufträge und Dienstleistungsaufträge, veröffentlicht in: Amtsblatt der EU v. 30.4.2004, L 134/114 (im Folgenden: Richtlinie 2004/18/EG);
- Richtlinie 2004/17/EG des Europäischen Parlaments und des Rates vom 31. März 2004 zur Koordinierung der Zuschlagserteilung durch Auftraggeber im Bereich der Wasser-, Energie- und Verkehrsversorgung sowie der Postdienste, veröffentlicht in: Amtsblatt der EU v. 30.4.2004, L 134/1 (im Folgenden: Richtlinie 2004/17/EG);
- Rechtsmittelrichtlinie 89/665/EWG vom 21.12.1989, veröffentlicht in: Amtsblatt der EU v. 30.12.1989, L 395/33 (im Folgenden: RMR);

---

61 Vgl. hierzu *Schroeder*, in: Streinz (Hrsg.), EUV/EGV-Kommentar, 2003, Art. 249 EGV Rdnr. 101 ff. Zur unmittelbaren Wirkung der RMR vgl. EuGH, Urteil v. 02.06.2005, Rs. C-15/04.

62 Siehe auch dazu die Rundschreiben des Bundesministeriums für Wirtschaft und Technologie vom 26.01.2006 und vom 31.01.2006.

- Sektorenrechtsmittelrichtlinie 92/13/EWG vom 25.2.1992, veröffentlicht in: Amtsblatt der EU v. 23.03.1992, L 076/14.

Da der Sektorenbereich für die vorliegende Untersuchung von keiner Bedeutung ist, wird im weiteren Verlauf der Arbeit lediglich auf die Richtlinie 2004/18/EG und auf die RMR Bezug genommen, es sei denn, dass die Vorschriften der Richtlinie 2004/17/EG im Einzelfall vergleichend herangeführt werden sollen.

Sowohl innerhalb als auch außerhalb des Anwendungsbereichs der Richtlinien muss aber auch immer, und zwar wegen der potentiellen Diskriminierungen auch in nicht grenzüberschreitenden Fällen, das europäische Primärrecht, das den Richtlinien zugrunde liegt und von diesen konkretisiert wird, als Prüfungsmaßstab für sämtliche Auftragsvergaben herangezogen werden.[63] Daraus ergibt sich gleichzeitig die Verpflichtung zur Gewährleistung effektiven Primärrechtsschutzes auch außerhalb des Anwendungsbereichs der Rechtsmittelrichtlinien.[64] Das EU-Primärrecht ist im Gegensatz zu den Richtlinien ohne Umsetzung ins nationale Recht unmittelbar anwendbar und genießt Anwendungsvorrang vor dem nationalen Recht.[65] Einschlägig sind im Wesentlichen die Bestimmungen zu den Grundfreiheiten und das allgemeine Diskriminierungsverbot. Im Einzelfall könnten außerdem die Wettbewerbsregeln der Art. 81ff. EGV und die Beihilferegeln der Art. 87ff. EGV eine entscheidende Rolle spielen.[66] Alle Vergabe-

---

63 So bereits EuGH, Urteil v. 26.04.1994, Rs. C-272/91, Slg. 1994, I-1409 - Kommission / Italien (Lottomatica); EuGH, Urteil v. 26.09.2000, Rs. C-225/98, Slg. 2000, I-7445 - Kommission / Frankreich (Französische Schulen). Zuletzt in ständiger Rechtsprechung, vgl. EuGH, Beschluss v. 03.12.2001, Rs. C-59/00, ABl. C. 84 v. 6.4.2002, 31 - Vestergaard; EuGH, Urteil v. 07.12.2000, Rs. C-324/98, Slg. 2000, I-10745 - Telaustria; EuGH, Urteil v. 21.07.2005, Rs. C-231/03, NZBau 2005, 592 - Coname; EuGH, Urteil v. 13.10.2005, Rs. C-458/03, NZBau 2005, 644 - Parking Brixen; EuGH, Urteil v. 27.10.2005, Rs. C-234/03, NVwZ 2006, 187 - Contse u.a.

64 Vgl. hierzu EuGH, Urteil v. 15.10.1987, Rs. 222/86, Slg. 1986, 1651 – Heylens; EuGH, Urteil v. 13.12.1991, Rs. C-18/88, Slg. 1991, I-5941 - GB-Inno-BM; EuGH, Urteil v. 03.02.2000, Rs. C-228/98 - Charalampos Dounias.

65 Grundlegend EuGH, Urteil v. 15.07.1964, Rs. 6/64, Slg. 1964, 1251 - Costa / ENEL. Zu den Geltungsansprüchen des Gemeinschaftsrechts vgl. *Kadelbach*, Allgemeines Verwaltungsrecht unter europäischem Einfluss, 1999, Kap. 2.

66 Zur Frage, ob und inwieweit die Beihilfevorschriften auf die Vergabe öffentlicher Aufträge Anwendung finden vgl. *Bartosch*, EuZW 2001, S. 229 ff.

richtlinien sind außerdem nach Maßgabe der Grundsätze des EG-Vertrages auszulegen.[67]

II. Der nationalrechtliche Rahmen

1. Regelungen außerhalb des GWB

a) Das Haushaltsrecht

Die Vergabetätigkeit der Gebietskörperschaften unterliegt weiterhin den haushaltsrechtlichen Bestimmungen des Bundes und der Länder, und zwar gleich ob sie im Einzelfall vom sachlichen Anwendungsbereich des Gesetzes gegen Wettbewerbsbeschränkungen erfasst wird oder nicht. Mangels ausdrücklicher Verweisung im Haushaltsrecht sind die „Basisparagraphen" im ersten Abschnitt der VOL/A (Verdingungsordnung für Leistungen, Teil A) und VOB/A (Vergabe- und Vertragsordnung für Bauleistungen, Teil A) für die haushaltsrechtlich gebundenen Auftraggeber nur verbindlich, soweit innerdienstliche Verwaltungsvorschriften oder – wie bei den Kommunen - Rechtsverordnungen dies vorschreiben.[68]

Speziell für die Sozialversicherungsträger mit Ausnahme der Bundesagentur für Arbeit, für die gem. § 77a SGB IV die Vorschriften der BHO sinngemäß gelten, stellt die Bundesregierung die Grundsätze für das Haushaltswesen gem. § 78 Satz 1 SGB IV durch Rechtsverordnung[69] auf. In der Verordnung über das Haushaltswesen in der Sozialversicherung (SVHV) sind auch Regelungen für die Beschaffungstätigkeit der betroffenen Träger enthalten (§ 22 SVHV). Gem. § 22 Abs. 2 SVHV haben die Sozialversicherungsträger nach allgemeinen Richtlinien zu verfahren, wie sie insbesondere in den jeweils geltenden Verdingungsordnungen enthalten sind. Ausgenommen sind die Verträge, die der Erbringung

---

67 Dies wird ausdrücklich in dem Erwägungsgrund 2 der Richtlinie 2004/18/EG klargestellt.

68 *Schabel/Ley*, Öffentliche Auftragsvergabe im Binnenmarkt, Erläuterungen zur VOL/A, Abs. II; *Bayer/Franke/Opitz*, EU-Vergaberecht, 2001, S. 23; *Riese*, Vergaberecht, 1998, S. 13f.

69 Verordnung über das Haushaltswesen in der Sozialversicherung (SVHV) vom 21.12.1977 (BGBl. I S. 3147) geändert durch das 1. SVHV-ÄndV vom 30.10.2000 (BGBl. I S. 1485).

gesetzlicher oder satzungsmäßiger Versicherungsleistungen dienen (§ 22 Abs. 1 Satz 1 SVHV).

b) Die Rechtsschutzmöglichkeiten

Der größte Unterschied zwischen den europäischen Vorgaben in den oben erwähnten Richtlinien und den deutschen Vorschriften im Haushaltsrecht besteht darin, dass letztere den Bietern grundsätzlich keine Möglichkeit einräumen, von den Auftraggebern ein bestimmtes Auswahlverfahren zu verlangen und gegebenenfalls Rechtsschutz zu suchen. Zulässig ist jedenfalls der Rechtsbehelf der Aufsichtsbeschwerde. Dieser hilft jedoch nicht richtig weiter, denn es liegt im Ermessen der Aufsichtsbehörde, ob sie einschreitet oder nicht.[70] Die gerichtlichen Rechtsschutzmöglichkeiten bei Verstößen gegen das Haushaltsrecht galten immer als sehr schwach und unsicher.[71] Zum Teil wurde sogar behauptet, dass der Gesetzgeber bewusst im Unterschwellenbereich den Primärrechtsschutz völlig ausgeschlossen habe.[72]

Schwierigkeiten bereitet jedenfalls im Haushaltsrecht die Suche nach Außennormen und subjektiven Rechten. Auch wenn Verwaltungsvorschriften bzw. Rechtsverordnungen auf die das Verfahren regelnden Basisparagraphen der VOB/A und VOL/A verweisen, erhalten diese durch die Verweisung nur dieselbe Qualität des Haushaltsrechts, sind daher weiterhin nicht einklagbares Innenrecht.[73] Erst durch die Berufung auf Art. 3 Abs. 1 GG in Verbindung mit dem Grundsatz der Selbstbindung der Verwaltung können sie mittelbare Außenwir-

---

70 Dazu vgl. *Schumacher*, Rechtsschutz im öffentlichen Auftragswesen, 1998, S. 142 ff.

71 Zu den Rechtsschutzmöglichkeiten nach den Regelungen des Haushaltsrechts i.V.m. den Verdingungsordnungen für den Bereich unterhalb der Schwellenwerte vgl. *Schumacher*, Rechtsschutz im öffentlichen Auftragswesen, 1998, S. 138 ff.

72 VG Gelsenkirchen, Beschluss v. 15.10.2004, Az.: 12 L 2120/04, NWVBl 2005, 40; OLG Saarbrücken, Beschluss vom 29.04.2003, Az.: 5 Verg 4/02, NZBau 2003, 462 (dagegen wurde Verfassungsbeschwerde erhoben, 1 BvR 160/03).

73 Zur Regelungstechnik der statischen Verweisung vgl. BVerfG 1. Senat, Beschluss vom 01.03.1978, Az.: 1 BvR 786/70, 1 BvR 793/70, 1 BvR 168/71, 1 BvR 95/73, in: BVerfGE 47, 285 (313); BVerfG 1. Senat, Beschluss vom 16.10.1984, Az.: 1 BvL 17/80, in: BVerfGE 67, 348 (363). Zur Verneinung der Eigenschaft als Schutzgesetz hinsichtlich der Vorschriften der VOB/A vgl. KG Berlin Kartellsenat, Beschluss v. 31.05.1995, Az.: Kart. W 3259/95, in: NVwZ 1996, 415.

kung erlangen.[74] Die Durchsetzung eines solchen Anspruchs ist jedoch mit mehreren Schwierigkeiten verbunden, denn der Bieter muss zum einen beweisen, dass der betroffene Auftraggeber diese Vorschriften auch ständig und in gleicher Weise rechtmäßig anwendet, zum anderen ist es dem Auftraggeber nicht verwehrt - teilweise ist es ihm ja sogar geboten[75] -, unter Angabe eines rechtfertigenden sachlichen Grundes von seiner Vergabepraxis im Einzelfall abzuweichen oder generell nach außen eine neue Vergabepraxis einzuführen.

In einer viel beachteten Entscheidung[76] zum Rechtsweg bei Streitigkeiten über Vergaben außerhalb des Anwendungsbereichs des GWB hat das OVG Rheinland-Pfalz am 25. Mai 2005 mit Verweis auf die Zwei-Stufen-Theorie[77] und die Garantie effektiven Rechtsschutzes nach Art. 19 Abs. 4 GG die Zuständigkeit der Verwaltungsgerichte zur Überprüfung vergaberechtlicher Entscheidungen für die Fälle bejaht, in denen die §§ 102 ff GWB nicht anwendbar sind. Dabei hat diese Entscheidung den Hinweis des Bundesverfassungsgerichts[78] zum Gebot der Gewähr von effektivem Rechtsschutz im Vergaberecht aufgegriffen. Gleichzeitig hat das OVG Rheinland-Pfalz die unmittelbare Außenwirkung der Verdingungsordnungen hinsichtlich einzelner Vorschriften (§ 2 VOL/A), im Übrigen mittelbar über Art. 3 Abs. 1 GG bejaht. Eine Entscheidung in der Sache ist wegen übereinstimmender Erledigungserklärung durch die Parteien ausgeblieben. Danach haben sich andere Verwaltungsgerichte[79] gegen diese Entscheidung ausgesprochen, das OVG Nordrhein-Westfalen[80] hat hingegen in einem obiter dictum dem OVG Rheinland-Pfalz zugestimmt. Zuletzt hat das VG

---

74 *Marx*, in: Jestaedt/Kemper/Marx/Prieß, Das Recht der Auftragsvergabe, 1999, S. 145. Allg. zur Selbstbindung der Verwaltung vgl. *Maurer*, Allg. VerwR, 2004, § 24 Rdnr. 21 ff.

75 So auch *Boesen*, Vergaberecht-Kommentar, Einl. Rdnr. 94. Vgl. BVerwG 6. Senat, Beschluss vom 01.06.1979, Az.: 6 B 33/79, in: DÖV 1979, 793; BVerwG 1. Senat, Beschluss vom 04.04.1985, Az.: 1 A 16/85, in: DÖV 1985, 682.

76 OVG Rheinland-Pfalz, Beschluss v. 25.05.2005, Az.: 7 B 10356/05.OVG, NZBau 2005, 411; vgl. dazu kritisch *Ruthig*, NZBau 2005, S. 497 ff.; zustimmend, jedenfalls für den Bereich der Rüstungsbeschaffung, vgl. *Prieß/Hölzl*, NZBau 2005, S. 367 ff.

77 Vgl. nur Maurer, Allg. VerwRecht, 2004, § 17, Rdnr. 11 ff.

78 BVerfG, Beschluss v. 29.07.2004 - 2 BvR 2248/03, NZBau 2004, 564.

79 VG Leipzig, Beschluss vom 06.09.2005, Az.: 5 K 1018/05, VergabeR 2005, 758; VG Potsdam, Beschluss v. 20.09.2005, Az.: 3 L 627/05; VG Gelsenkirchen, Beschluss v. 15.10.2004, Az.: 12 L 2120/04.

80 OVG NRW, Beschluss vom 20.09.2005, Az.: 15 E 1188/05, WuW/E Verg 1147-1148.

Neustadt im Zusammenhang mit einem Eilantrag nach § 123 VwGO die Zuständigkeit der Verwaltungsgerichtsbarkeit für Nachprüfungsverfahren unterhalb der Schwellenwerte bejaht.[81]

Außerhalb des Anwendungsbereichs des Kartellvergaberechts dürfte zudem die Möglichkeit bestehen, die Entscheidungen der öffentlichen Auftraggeber unmittelbar am Maßstab des europäischen Vertragsrechts und der nationalen Grundrechte gerichtlich überprüfen zu lassen. Die unmittelbare, bieterschützende Wirkung des EG-Vertrages bei jeder Auftragsvergabe wurde - wie bereits oben[82] dargelegt - bereits durch den EuGH mehrmals klargestellt. Unsicher ist allerdings noch die Anwendbarkeit der Grundrechte im öffentlichen Beschaffungswesen.

Der Grundrechtsschutz ist sicherlich in den Fällen eröffnet, in denen juristische Personen des öffentlichen Rechts als öffentliche Auftraggeber gehandelt haben, dabei spezielle Vorschriften des öffentlichen Rechts zu beachten hatten und sich der Handlungsformen des öffentlichen Rechts bedient haben.[83] Fraglich ist, ob die Grundrechte auch auf Beschaffungsgeschäfte in privatrechtlicher Form (sog. fiskalische Hilfsgeschäfte) anwendbar sind. Hier tritt der Staat nicht als Hoheitsträger auf, erledigt keine Verwaltungsaufgaben in der Form des Privatrechts, sondern handelt als Wirtschaftsteilnehmer, indem er nach Leistungen auf dem Markt nachfragt, welche nur mittelbar der Wahrnehmung hoheitlicher Aufgaben dienen.[84] Die Bedeutung des Wortlauts von Art. 1 Abs. 3 GG, der neben Gesetzgebung und Rechtsprechung die „vollziehende Gewalt“ unmittelbar an die Grundrechte bindet, ist offen. Es wird zwar nicht nach Handlungsformen unterschieden, sondern lediglich auf die Exekutive Bezug genommen. Der Begriff „vollziehend“ könnte aber darauf hindeuten, dass die Exekutive nur bei unmittelbarer Gesetzesvollziehung, also bei hoheitlichen, öffentlich-rechtlich geregelten Tätigkeiten, an die Grundrechte gebunden ist.

Hoheitliche und fiskalische Tätigkeit der Exekutive sind aber in ihrer Funktion schwer trennbar. Die Marktteilnahme des Staates ist nicht mit der Marktteil-

---

81 VG Neustadt, Beschluss v. 20.02.2006, Az.: 4 L 210/06.

82 Vgl. Fn. 63.

83 Hinsichtlich der öffentlich-rechtlichen Ausgestaltung der Rechtsbeziehungen zwischen Kassen und Leistungserbringern im SGB V vgl. *Boecken*, NZS 2000, S. 269 ff. (275f.).

84 Zur Unterscheidung zwischen Bedarfsdeckung und Privatisierung vgl. *Hüser*, Ausschreibungspflichten bei der Privatisierung öffentlicher Aufgaben, 2005, S. 90f.

nahme rein privater Wirtschaftssubjekte vergleichbar. Sie wird durch die Pflichten und Ziele der originären hoheitlichen Aufgaben sowie durch wirtschafts- und sozialpolitische Zielsetzungen beeinflusst und kann wie Eingriffs- und Leistungsverwaltung zu Grundrechtseinschränkungen, insbesondere Diskriminierungen führen. Die Möglichkeit, solche Eingriffe unmittelbar aus den Grundrechten abzuwehren, ist genauso wichtig für (potentielle) Vertragspartner wie für durch hoheitliches Handeln belastete Personen.

Dem Zweck der Grundrechte nach ist daher die Erstreckung ihrer unmittelbaren Wirkung auf die staatliche Auftragsvergabe notwendig, um wegen der „Funktionenvermischung exekutiver Tätigkeit“[85] einen effektiven Schutz vor staatlichen Eingriffen zu gewähren. Diese Meinung wird in der Literatur[86] weitgehend und in der Rechtsprechung[87] zuletzt ebenfalls punktuell vertreten. Für Verträge, die in den Anwendungsbereich des GWB fallen, ist die Geltung des Gleichheitssatzes im Übrigen einfachgesetzlich normiert (§ 97 Abs. 2 GWB).

In dem hier relevanten sozialrechtlichen Bereich ist die Bejahung der unmittelbaren Bindung der Sozialleistungsträger an die Grundrechte im Bereich des Leistungserbringungsrechts zusätzlich dadurch zu begründen, dass die „Beschaffungsgeschäfte“ hier gar keine „Hilfsgeschäfte“ im klassischen vergaberechtli-

---

85 *Pietzcker*, NZBau 2003, S. 242 ff. (243).

86 Zur Fiskalgeltung der Grundrechte im Beschaffungswesen vgl. *Jarass,* in: Jarass / Pieroth, GG-Kommentar, Art. 1 Rdnr. 28; *Dreier*, in: Dreier (Hrsg.), GG-Kommentar, Art. 1 III Rdnr. 65 ff.; *Heun*, in: Dreier (Hrsg.), GG-Kommentar, Art. 3 Rdnr. 58; *Huber*, JZ 2000, S. 877 ff.; *Niebuhr*, in: Niebuhr/Kulartz/Kus/Portz, Vergaberecht-Kommentar, § 97 GWB Rdnr. 241; *Pünder*, VerwArch 2004, S. 38 ff. (41); *Dreher*, in. Immenga/ Mestmäcker (Hrsg.), GWB-Kommentar, vor §§ 97 ff. Rdnr. 88 ff. m.w.N.; *Sodan*, in: Sodan/Ziekow (Hrsg.), Nomos-Kommentar zur VwGO, § 40 Rdnr. 357 m.w.N.; *Ehlers*, Die Verwaltung in Privatrechtsform, 1984, S. 212 ff.; *Maurer*, Allg. VerwR, 2004, § 3 Rdnr. 7 u. 10; *Pietzcker*, Die Zweiteilung des Vergaberechts, 2001, S. 16; *Puhl*, VVDStRL 60 (2001), S. 456 ff. (477f.); *Sterner*, Rechtsbindungen und Rechtsschutz bei der Vergabe öffentlicher Aufträge, 1996, S. 80 ff.; *Wallerath*, Öffentliche Bedarfsdeckung und Verfassungsrecht, 1988, S. 303 ff.

87 OLG Düsseldorf Urteil vom 12.02.1980, Az.: U (Kart) 8/79, in: DÖV 1981, 537; 1. VK des Bundes, Beschluss v. 29.04.1999, Az.: VK 1-7/99; OLG Brandenburg Vergabesenat, Beschluss vom 03.08.1999, Az.: 6 Verg 1/99, in: NZBau 2000, 39 (43); OLG Stuttgart, Urteil vom 11.04.2002, Az.: 2 U 240/01, in: NZBau 2002, 395; OLG Saarbrücken, Beschluss v. 29.04.2003, Az.: 5 Verg. 4/02, in: NZBau 2003, 462; LG Konstanz, Urteil v. 18.09.2003, Az.: 4 O 266/03, 4 O 266/03 H; offen gelassen durch BGH, Urteil v. 26.10.1961, Az.: KZR 1/61 (Gummistrümpfe), in: BGHZ 36, 91; BGH, Beschluss v. 19.12.2000, Az.: X ZB 14/00, in: NZBau 2001, 151.

chen Sinne sind, sondern unverzichtbarer Teil der öffentlichrechtlichen Leistungserbringung.[88] Wegen dieser engen Verbindung zwischen Beschaffungsverträgen und Wahrnehmung öffentlicher Aufgaben dienen die leistungserbringungsrechtlichen Verträge im Sozialrecht nicht lediglich mittelbar dem hoheitlichen Handeln der Sozialleistungsträger, sondern ihr Gegenstand ist gerade die unmittelbare Erfüllung gesetzlich vorgeschriebener Ansprüche. Das Leistungserbringungsverhältnis wird deswegen wohl in der Regel öffentlich-rechtlich ausgestaltet sein. In diesem Fall ist auch der Abschluss der Verträge der hoheitlichen Tätigkeit der Sozialleistungsträger zuzurechnen.

Geht man davon aus, dass die Grundrechte nicht nur beim sog. Verwaltungsprivatrecht (Wahrnehmung öffentlicher Aufgaben in privatrechtlicher Rechtsform), sondern auch bei Bedarfsdeckungsgeschäften unmittelbar gelten und dass daher die öffentlichen Auftraggeber[89] - gleich in welcher Rechtsform sie auftreten - wegen ihrer Staatsgebundenheit und zur Vermeidung einer Flucht ins Privatrecht von der Geltung der Grundrechte erfasst sind, so gewährleistet die Rechtmäßigkeitskontrolle über Art. 3 Abs. 1 GG i.V.m. Art. 12 Abs. 1 GG einen umfassenden Primär- und Sekundärrechtsschutz außerhalb des GWB.[90] Dies dient den unterlegenen Bietern, denen das besondere Rechtsschutzsystem des GWB nicht zur Verfügung steht und die sich gegen eine ablehnende Zuschlagsentscheidung zur Wehr setzen wollen.

---

88 So auch *Engelmann*, NZS 2000, S. 213 ff. (213). Damit erklärt sich z.B. auch die ausschließliche Zuweisung der §§ 69 SGB V zu dem Gebiet des öffentlichen Rechts. A.A. *Hänlein*, NZS 2003, S. 617 ff. (619), der von „sozialrechtlichen Hilfsgeschäften" spricht.

89 Eine einzige Ausnahme bilden die rein privaten Auftraggeber im Sektorenbereich, die unbestritten nicht zum Kreis derjenigen gehören, die an die Grundrechte gebunden sind. Hier ist lediglich an die „mittelbare Drittwirkung" der Grundrechte durch die wertausfüllungsfähigen und wertausfüllungsbedürftigen Generalklauseln wie §§ 138, 242, 826 BGB, § 3 UWG, §§ 19, 20 GWB zu denken, welche jedoch keine absolute Abwehr gegen Grundrechtsverletzungen gewährt, sondern immer eine Abwägung zwischen sich widerstreitenden Grundrechtspositionen von zwei grundrechtsfähigen Subjekten verlangt.

90 A.A. *Breloer*, Europäische Vorgaben und das deutsche Vergaberecht, 2004, S. 133, die für den Bereich unterhalb der Schwellenwerte gar keine Primärrechtsschutzmöglichkeiten außer der Aufsichtsbeschwerde sieht. Zur Kritik an der Effektivität des Primärrechtsschutzes in Vergabefällen unterhalb der Schwellenwerte wegen der nur ausschnitthaft vorhandenen und keineswegs gefestigten Rechtsprechung zur Fiskalgeltung der Grundrechte im Beschaffungswesen und wegen des vorwiegend materiellrechtlichen Gehaltes des Art. 3 Abs. 1 GG vgl. *Dreher*, NZBau 2002, S. 419 ff. (426).

Eine damit verbundene, jedoch weitergehende, im späteren Verlauf der Arbeit[91] ausführlich zu behandelnde Frage ist die nach den genauen Anforderungen des EU-Primärrechts und des grundgesetzlichen Gleichheitssatzes an Inhalt und Ablauf des Vergabeverfahrens. Dabei wird zu prüfen sein, inwieweit die Grundfreiheiten, das allgemeine Diskriminierungsverbot und die Grundrechte ein bestimmtes formelles Verhalten in der vorvertraglichen Phase erfordern sowie dessen Überwachung sicherzustellen vermögen. Dieser Weg kann - im Gegensatz zu der Prüfung der materiellen Rechtmäßigkeit der Auswahlentscheidung – Rechtsschutzmöglichkeiten auch für potentielle Bieter eröffnen, die mangels Kenntniserlangung der geplanten Beschaffung gar kein Angebot eingereicht haben und deswegen durch die Entscheidung an sich nicht benachteiligt wurden. Gestärkt wäre dadurch auch die Effektivität des Primärrechtsschutzes im einstweiligen Verfahren.

2. Das GWB-Vergaberecht

Zunächst versuchte Deutschland, durch Änderungen im Haushaltsrecht den europäischen Vorgaben zu entsprechen. Im Jahre 1993 wurde zur Umsetzung der bis dahin bestehenden EG-Richtlinien ein behördliches förmliches Verfahren zur Nachprüfung der Auftragsvergabe im Haushaltsgrundsätzegesetz (§§ 57b und 57c HGrG) eingeführt.[92] Im Jahre 1994 wurden durch die Nachprüfungsverordnung[93] Nachprüfungsinstanzen in Form von Vergabeprüfstellen und Vergabeüberwachungsausschüssen geschaffen, die jedoch lediglich eine objektive Rechtskontrolle ausübten.[94] Dabei handelte es sich immer noch nicht um die Begründung von einklagbaren Rechtsansprüchen, während die Vergaberichtlinien eindeutig die Mitgliedstaaten dazu verpflichteten, den Bietern die Möglich-

---

91 Vgl. Teil G.

92 BGBl. I S. 1928; BT-Drucks. 12/4636, S. 12; Dazu vgl. *Riese*, Vergaberecht, 1998, S. 8; *Schenk*, Das neue Vergaberecht, 2001, S. 179.

93 BGBl. I S. 324.

94 *Bechtold*, GWB-Kommentar, 2002, vor § 97 GWB, Rdnr. 10. In der Begründung zum Gesetzesentwurf eines zweiten Gesetzes zur Änderung des Haushaltsgrundsätzegesetzes (BT-Drucks. 12/4636 v. 25.3.1993, S. 12) heißt es ausdrücklich, dass es Absicht des Gesetzgebers sei, individuelle, einklagbare Rechtsansprüche der Bieter nicht entstehen zu lassen.

keit zu verschaffen, Verletzungen der auch sie schützenden Verfahrensvorschriften gerichtlich überprüfen zu lassen.[95]

a) Die „Kaskade“ des Kartellvergaberechts

Die §§ 57a-c HGrG wurden durch das Vergaberechtsänderungsgesetz vom 26. August 1998 aufgehoben, und die „Vergabe öffentlicher Aufträge“ wurde als vierter Teil in das Gesetzes gegen Wettbewerbsbeschränkungen eingeführt. Dieser Teil des GWB, der am 1.1.1999 in Kraft trat, enthält Definitionen sowie materielle Grundsätze des Vergabeverfahrens und einen zweiinstanzlichen Rechtsschutz über Vergabekammer und Oberlandesgericht. Die Bundesregierung wurde ermächtigt, mit Zustimmung des Bundesrates eine Rechtsverordnung für die Regelung der Detailvorschriften zu erlassen (§§ 97 Abs. 6, 127 GWB).

Materiellrechtlich folgt das Gesetz gegen Wettbewerbsbeschränkungen dem so genannten „Kaskadenprinzip“[96]. Es enthält nicht selbst alle Bestimmungen zum Vergabeverfahren, sondern ermächtigt die Bundesregierung zum Erlass von Rechtsverordnungen. Am 11. Februar 2003 wurde die Neufassung der Verordnung über die Vergabe öffentlicher Aufträge bekannt gegeben, die ab einer bestimmten Auftragshöhe (§ 2 VgV) die öffentlichen Auftraggeber zur Anwendung der Vergabe- und Vertragsordnung für Bauleistungen (VOB) in der Fassung der Bekanntmachung vom 12.9.2002 (§ 6 VgV), der Verdingungsordnung für Leistungen - ausgenommen Bauleistungen (VOL) in der Fassung der Bekanntmachung vom 17.9.2002 (§ 4 VgV) sowie der Verdingungsordnung für freiberufliche Leistungen (VOF) in der Fassung der Bekanntmachung vom 26.8.2002 (§ 5 VgV) verpflichtet. Diese Verdingungsordnungen bestehen zum Teil bereits seit mehr als 70 Jahren.[97] Sie regeln sowohl die vertraglichen als auch die vorvertraglichen Beziehungen zwischen öffentlichem Auftraggeber und Auftragnehmern. Dabei handelt es sich um verwaltungsinterne Regelungen, die keine Außenwirkung entfalten.[98] Sie werden nach wie vor von privaten Gremien, dem Deutschen Verdingungsausschuss für Bauleistungen und dem Deut-

---

95 EuGH, Urteil v. 11.08.1995, Rs. C-433/93, Slg. 1995, I-2303 - Kommission / Deutschland.

96 *Bunte*, Kartellrecht, 2003, S. 312.

97 Bundesanzeiger Nr. 216a, 203a, 202a. Zur Entstehungsgeschichte der Verdingungsordnungen vgl. *Rudolf*, in: Byok/Jaeger (Hrsg.), Vergaberecht-Kommentar, Einf. Rdnr. 9ff.

98 *Köckritz/Ermisch/Dittrich/Lamm*, BHO-Kommentar, § 55 HBO Teil I, Rdnr. 3.3.5.1; *Thieme*, in: Langen/Bunte (Hrsg.), Kartellrecht-Komm., vor §§ 97ff. GWB, Rdnr. 12.

schen Verdingungsausschuss für Leistungen - ausgenommen Bauleistungen, erstellt.

Während sie vorher nur die Verwaltung intern verpflichteten, haben die Verdingungsordnungen durch den statischen Verweis in der Vergabeverordnung (§§ 4 Abs. 1, 5 Satz 1, 6 VgV), welche ausdrücklich immer nur auf eine bereits feststehende Fassung der Verdingungsordnungen verweist, einen verbindlichen Rechtscharakter (§§ 4-7 VgV) erhalten, ohne mit dem Demokratieprinzip in Kollision zu geraten.[99] Eine solche Verweisung bedeutet nach ständiger Rechtsprechung des Bundesverfassungsgerichts rechtlich nur den Verzicht, den in Bezug genommenen Text im vollen Wortlaut in die Verweisungsnorm aufzunehmen, denn der Gesetzgeber kennt den Text und macht sich mit dessen Inhalt zu eigen.[100] Der Inhalt der Regelungen, auf die verwiesen wird, steht bei statischen Verweisungen schon fest, so dass man davon ausgehen kann, dass der zuständige Gesetzgeber die wesentlichen Entscheidungen selbst getroffen und sie nicht außenstehenden Stellen überlassen hat. Der Rechtsstaatlichkeit und der Rechtssicherheit wegen muss die Verweisung lediglich hinreichend bestimmt sein, damit der Bürger klar erkennen kann, welche Vorschriften im Einzelnen maßgebend sind. Diese Publikationsanforderungen sind in der VgV ohne weiteres erfüllt.

Die Verdingungsordnungen berücksichtigen die Unterscheidung in Liefer-, Dienst- und Bauaufträgen und Aufträgen in den Sektoren, so wie sie in den EU-Richtlinien vorgenommen wird. Die Teile A der VOB und VOL sowie die VOF enthalten Vorschriften zur Regelung des vorvertraglichen Stadiums, also des Vergabeverfahrens. Die Teile B der VOB und VOL stellen hingegen allgemeine Vertragsbedingungen auf.

---

99 Zum Unterschied zwischen statischer und dynamischer Verweisung vgl. *Pietzcker*, NZBau 2000, S. 64 ff.

100 BVerfG 2. Senat, Beschluss vom 15.07.1969, Az.: 2 BvF 1/64, in: BVerfGE 26, 338 (366); BVerfG 1. Senat, Beschluss vom 01.03.1978, Az.: 1 BvR 786/70, 1 BvR 793/70, 1 BvR 168/71, 1 BvR 95/73, in: BVerfGE 47, 285 (311); BVerfG 2. Senat, Beschluss vom 23.03.1982, Az.: 2 BvL 13/79, in: BVerfGE 60, 135 (155); BVerfG 1. Senat, Beschluss vom 16.10.1984, Az.: 1 BvL 17/80, in: BVerfGE 67, 348 (362), BVerfG 2. Senat, Beschluss vom 25.02.1988, Az.: 2 BvL 26/84, in: BVerfGE 78, 32 (35).

b) Die Effektivität des Rechtsschutzes

Während § 97 Abs. 7 GWB den materiell-rechtlichen Anspruch der Bieter auf Einhaltung der im GWB, in der VgV und in den verschiedenen Verdingungsordnungen enthaltenen Bestimmungen über das Vergabeverfahren begründet, regeln die §§ 102-124 GWB, welche der Umsetzung der Rechtsmittelrichtlinie und der Sektorenrechtsmittelrichtlinie dienen, das entsprechende behördliche und gerichtliche Rechtsschutzverfahren.[101] Die Vergabekammern sind die behördliche erste Instanz, die Vergabesenate der Oberlandesgerichte die gerichtliche zweite Instanz.

Gem. § 103 Abs. 2 Satz 1 GWB steht es den Bietern frei, sich weiterhin an die schon vorher bestehenden Vergabeprüfstellen zu wenden, welche nicht nur beratend und streitschlichtend tätig werden können, sondern auch die Befugnis haben, die das Vergabeverfahren durchzuführende Stelle zu verpflichten, rechtswidrige Maßnahmen aufzuheben und rechtmäßige Maßnahmen zu treffen (§ 103 Abs. 2 Satz 2 GWB). Gegen deren Entscheidung können wiederum die Vergabekammern angerufen werden, allerdings ist die Prüfung durch eine Vergabeprüfstelle keine notwendige Voraussetzung für die Anrufung einer Vergabekammer (§ 103 Abs. 3 GWB).

Die Vergabekammern sind zwar Verwaltungsbehörden, üben aber ihre Tätigkeit im Rahmen der Gesetze unabhängig und in eigener Verantwortung aus (§ 105 Abs. 1 GWB). Ferner kann gegen jede Entscheidung der Vergabekammer innerhalb einer Notfrist von zwei Wochen sofortige Beschwerde beim Oberlandesgericht eingelegt werden (§§ 116, 117 GWB). Damit sind die Voraussetzungen des Art. 2 Abs. 8 RMR erfüllt.

Dieses System mit zwei Instanzen steht grundsätzlich im Einklang mit den Vorgaben des Europarechts. Die Rechtsmittelrichtlinien verlangen zwar, dass Verstöße gegen die vergaberechtlichen Verfahrensvorschriften einer wirksamen Nachprüfung - auch im Wege der einstweiligen Verfügung - zugänglich sein müssen. Sie schreiben aber den Mitgliedstaaten nicht vor, wie der Instanzenzug im Einzelnen auszusehen hat, und ermöglichen unter bestimmten Voraussetzun-

---

101 Einen ausführlichen Überblick über den Rechtsschutz durch das Nachprüfungsverfahren bietet *Schumacher*, Rechtsschutz im öffentlichen Auftragswesen, 1998, S. 171 ff. Zum Änderungsbedarf vgl. *Otting*, in: Pünder/Prieß (Hrsg.), Vergaberecht im Umbruch, 2005, S. 53 ff.

gen die Besetzung von erstinstanzlichen Kontrollorganen mit Verwaltungsbehörden (Art. 2 Abs. 8 RMR). Vorrang hat der Primärrechtsschutz gegen rechtswidrige Vergabeentscheidungen, allein nach Vertragsabschluss ist die Beschränkung auf Schadensersatzansprüche zulässig (Art. 2 Abs. 6 RMR). Jeder Mitgliedstaat kann somit entscheiden, ob der bereits abgeschlossene Vertrag wegen Verstoß gegen das Vergaberecht aufgehoben werden kann oder nicht. Der deutsche Gesetzgeber hat sich für die zweite Alternative entschieden.

Bis zum Inkrafttreten der Verordnung über die Vergabe öffentlicher Aufträge vom 9.1.2001 musste man jedoch davon ausgehen, dass das im GWB geregelte Rechtsschutzsystem in Verbindung mit der europarechtlich vorgeschriebenen (Art. 7 Abs. 2 LKR, Art. 8 Abs. 2 BKR und Art. 12 Abs. 2 DKR) und ins deutsche Recht umgesetzten (§ 27a Nr. 1 VOL/A, § 27a Nr. 1 VOB/A und § 17 Abs. 4 VOF) Mitteilungspflicht nach Zuschlagserteilung nicht ausreichend war, um dem im Grundgesetz verankerten Rechtsstaatsgebot (Art. 20 Abs. 3, 19 Abs. 4 GG)[102] sowie den Vorgaben der europäischen Rechtsmittelrichtlinien gerecht zu werden, die ebenfalls auf die Sicherstellung eines effektiven Primärrechtsschutzes für die Bieter abzielen.[103]

Problematisch war bei der Umsetzung der Rechtsmittelrichtlinien die Tatsache, dass im deutschen Recht - anders als im dualistischen romanischen System - der Zuschlag, d.h. die Entscheidung des öffentlichen Auftraggebers für einen bestimmten Bieter, und der Abschluss des Vertrages zwischen dem öffentlichen Auftraggeber und dem ausgewählten Bieter sowohl rechtlich als auch zeitlich zusammenfallen.[104] Erfuhr der Bieter also erst nach Zuschlagserteilung von sei-

---

102 VK Bund, Beschluss v. 29.04.1999, VK 1-7/99 in: NZBau 2000, 53 (EURO-Münzplättchen II). Dass das Vergaberecht subjektive Rechte verleiht, ist nach der Einführung von § 97 Abs. 7 GWB unzweifelhaft; der Anwendungsbereich des Art. 19 Abs. 4 GG ist allerdings nur bei Vergabeverfahren, die sich als Akte öffentlicher Gewalt darstellen, eröffnet. Dazu vgl. *Wittig*, Wettbewerbs- und verfassungsrechtliche Probleme des Vergaberechts, 1999, S. 137 ff.; *Breloer*, Europäische Vorgaben und das deutsche Vergaberecht, 2004, S. 93 ff. m.w.N.

103 Vgl. *Hermes*, JZ 1997, S. 909 ff.; *Boesen*, ZIP 1999, S. 1942 ff.; *Gröning*, WRP 2000, S. 49 ff.; *Martin-Ehlers*, EuZW 2000, S. 101 ff. (104). Zum österreichischen Recht, das ebenfalls von einem monistischen Zuschlagssystem ausgeht, vgl. EuGH, Urteil v. 28.10.1999, Rs. C-81/98, Slg. 1999, I-7671 – Alcatel Austria u.a. / Bundesministerium für Wissenschaft und Verkehr.

104 § 28 Nr. 2 VOB/A stellt die Identität von Zuschlag und zivilrechtlicher Angebotsannahme ausdrücklich fest. Zu den unterschiedlichen Rechtsschutzmöglichkeiten in den

ner Nichtberücksichtigung, dann konnte er nur noch auf Schadensersatz klagen, da nach den §§ 114 Abs. 2 Satz 1, 115 Abs. 2 Satz 2, 123 Satz 4 GWB, die dem auch im Gemeinschaftsrecht beachtlichen Prinzip der Rechtssicherheit gerecht werden, die Zuschlagserteilung nicht mehr aufgehoben werden kann.

Zwar erlaubt Art. 2 Abs. 6 RMR den Mitgliedstaaten, den Rechtsschutz nach Vertragschluss auf die Geltendmachung von Schadensersatzansprüchen zu beschränken, aber die RMR geht von romanischen dualistischen System aus. Wenn es um den Vertragsschluss geht, heißt es in Art. 2 Abs. 6 RMR: „... nach Zuschlagserteilung des Auftrags geschlossenen Vertrag“ oder „Vertragsschluss im Anschluss an die Zuschlagserteilung“. Die unberücksichtigten Bieter, die nach Zuschlagserteilung, vor Abschluss des Vertrages informiert werden müssen, verlieren dadurch nicht die Möglichkeit, den Zuschlag im Wege des Primärrechtsschutzes nachprüfen zu lassen.

Im deutschen Recht war hingegen ein Antrag nach § 107 Abs. 1 GWB nicht mehr zulässig, wenn der Zuschlag bereits vor Einleitung des Nachprüfungsverfahrens erfolgt war. Es fehlte an dem nach § 107 Abs. 2 Satz 1 GWB erforderlichen Interesse am Auftrag, da der übergangene Bieter keine Aussichten mehr hatte, den Auftrag zu bekommen.[105] Die nicht berücksichtigten Bieter, die erst nach Zuschlagserteilung davon erfuhren, konnten den Primärrechtsschutz bei den Vergabekammern nicht mehr in Anspruch nehmen, sondern nur noch vor den ordentlichen Gerichten Schadensersatz verlangen. Der Anspruch aus § 97 Abs. 7 GWB konnte nicht mehr durchgesetzt werden. Selbst die Regelung des § 114 Abs. 2 Satz 2 GWB, wonach die Bieter einen Antrag bei der Vergabekammer auf Feststellung stellen können, dass eine Rechtsverletzung vorgelegen hat, wenn der Zuschlag während des bereits eingeleiteten Nachprüfungsverfahrens erteilt wird, lief leer, da die Bieter in der Regel mangels Informationen keinen Antrag auf Einleitung eines Nachprüfungsverfahrens vor Zuschlagserteilung stellten.

Den europäischen Vorgaben zum effektiven Rechtsschutz konnte also im deutschen monistischen System nur durch eine zusätzliche Regelung entsprochen

---

einzelnen EU-Mitgliedstaaten vgl. *Prieß*, Handbuch des europäischen Vergaberechts, 2001, S. 220 ff.

105 BGH 10. Zivilsenat, Beschluss vom 19.12.2000, Az.: X ZB 14/00, in: VergabeR 2001, 71 (73).

werden, die den öffentlichen Auftraggeber verpflichtet, die übrigen Bieter über ihre Nichtberücksichtigung vor Zuschlagserteilung zu unterrichten, wenn man nicht auf die materiell-rechtliche Doppelbedeutung des Zuschlags verzichten wollte.[106] Dies ist auch mit dem Inkrafttreten der aufgrund des § 97 Abs. 6 GWB erlassenen Verordnung über die Vergabe öffentlicher Aufträge vom 9.1.2001 geschehen.[107]

Gem. § 13 VgV haben die öffentlichen Auftraggeber für ab dem 1.2.2001 begonnene Vergabeverfahren die Pflicht, die Bieter, die sie nicht berücksichtigen wollen, 14 Tage vor Vertragsschluss über die Zuschlagsentscheidung zu informieren. Ein unter Verletzung dieser Pflicht abgeschlossener Vertrag ist nichtig (§ 13 Satz 5 VgV). Dadurch wird also den Bietern einerseits die Möglichkeit eingeräumt, rechtzeitig, also vor Zuschlagserteilung, gegen die Entscheidung des öffentlichen Auftragsgebers durch Einreichung eines Antrags auf Nachprüfung (§ 107 Abs. 1 GWB) bei den Vergabekammern vorzugehen.

Andererseits ist ein Nachprüfungsverfahren auch nach Zuschlagserteilung zulässig, wenn der Zuschlag entgegen § 13 VgV ohne vorherige Benachrichtigung der Bieter ergangen ist und der Vertrag daher nichtig ist. Dies gilt auch in entsprechender Anwendung des § 13 VgV für diejenigen Fälle, in denen trotz Eröffnung des Anwendungsbereichs des Kartellvergaberechts zwar kein förmliches Verfahren durchgeführt wurde, aber mehrere Unternehmen beteiligt wurden (sog. de-facto-Vergabe).[108]

Somit hat die Bundesregierung zwar an dem bestehenden System des Zusammenfallens von Zuschlag und Vertragsabschluss festgehalten, aber die gemeinschaftsrechtlichen Vorgaben zum effektiven Rechtsschutz gegen die Zuschlagserteilung durch die Regelung in § 13 VgV vollständig umgesetzt.[109] Das europäische Vergaberecht ist dadurch sogar verschärft worden, da § 97 Abs. 6 i.V.m. § 13 VgV auf alle Vergabeverfahren anwendbar ist, während die gemeinschaftsrechtlichen Informationspflichten, die dem § 13 VgV entsprechen und allein die

---

106 *Brinker*, NZBau 2000, S. 174 ff.; *Hansen-Reifenstein/Dieblich*, Vergabe- und Vertragsrecht, 2003, A. IV. VgV § 13.

107 Vgl. hierzu *Otting*, NVwZ 2001, S. 775 ff.

108 BGH, Beschluss v. 01.02.2005 – Az.: X ZB 27/04, in: BGHZ 162, 116.

109 Kritisch gegenüber der Beibehaltung des monistischen Systems *Breloer*, Europäische Vorgaben und das deutsche Vergaberecht, S. 108-113.

Wirksamkeit des Primärrechtsschutzes im dualistischen System ausmachen, Ausnahmen kennen.[110]

Gem. § 115 Abs. 1 GWB darf der öffentliche Auftraggeber - im Falle eines noch nicht erteilten Zuschlags - erst nach einer Entscheidung der Vergabekammer und dem Ablauf der Beschwerdefrist den Zuschlag erteilen. Dabei handelt es sich um ein Verbotsgesetz i.S.d. § 134 BGB, das ein Zuschlagsverbot gegenüber dem öffentlichen Auftraggeber nach Zustellung des Nachprüfungsantrags bis zum Ablauf der Beschwerdefrist regelt.[111] Ein entgegen dieser Regelung erteilter Zuschlag ist daher nichtig.

Es wird dadurch ein Suspensiveffekt[112] erreicht, der grundsätzlich die übergangenen Bieter vor unaufhebbaren Entscheidungen schützt, aber auch im Interesse der Auftraggeber und der ausgewählten Bieter revidiert werden kann (§ 115 Abs. 2 GWB). Dies steht wiederum im Einklang mit den Vorgaben der Rechtsmittelrichtlinien in Art. 2 Abs. 3, die keinen *automatischen* Suspensiveffekt verlangen. Nach § 114 Abs. 3 Satz 2 GWB ist die Entscheidung der Vergabekammer, ein Verwaltungsakt gem. § 114 Abs. 3 Satz 1 GWB, nach Maßgabe der Verwaltungsvollstreckungsgesetze auch für den Bieter gegen einen Hoheitsträger durchsetzbar, also vollstreckbar.[113]

c) Zusammenfassung

Abschließend kann man also die wesentlichen Grundzüge des Vergabeänderungsgesetzes wie folgt zusammenfassen:

- Verankerung des Rechts der öffentlichen Auftragsvergabe zur Umsetzung der europäischen Richtlinien im Gesetz gegen Wettbewerbsbeschränkungen (§§ 97 ff. GWB);
- Einräumung eines subjektiven Rechts auf Einhaltung der bieterschützenden Bestimmungen über das Vergabeverfahren durch die öffentlichen

---

110 Einschlägig sind hier etwa die Ausnahmen für die Bereiche nach Anhang II Teil B der Richtlinie 2004/18/EG.

111 BT-Drucks. 13/9340, S. 19f.; *Reidt*, in: Reidt/Stickler/Glahs, Vergaberecht-Kommentar, § 115 GWB Rdnr. 23; *Gröning*, ZIP 1999, S. 52 ff. (56); *Boesen*, EuZW 1998, S. 551 ff. (558); *Schnorbus*, BauR 1999, S. 77 ff. (80); a.A. nur *Vill*, BauR 1999, S. 971 ff.

112 Kritisch zu diesem Begriff *Reidt*, in: Reidt/Stickler/Glahs, Vergaberecht-Kommentar, § 115 GWB Rdnr. 6.

113 *Reidt*, in: Reidt/Stickler/Glahs, Vergaberecht-Kommentar, § 114 GWB Rdnr. 71.

Auftraggeber (§§ 97 Abs. 7 GWB i.V.m. der VgV und den Verdingungsordnungen);

- Einrichtung eines effektiven Nachprüfungsverfahrens in erster Instanz bei den verwaltungsinternen Vergabekammern und in zweiter Instanz bei den Vergabesenaten der Oberlandesgerichte (§§ 102 ff. GWB i.V.m. § 13 VgV);
- Begrenzung dieses Schutzes auf öffentliche Aufträge ab einem bestimmten Schwellenwert (§ 100 Abs. 1 GWB i.V.m. § 2 VgV).

2. Kapitel: Die normative Funktion des Vergabeverfahrens

I. Historischer Exkurs

Bereits zu Beginn des 17. Jahrhunderts wurde die Notwendigkeit erkannt, die Auftragsvergabe durch die öffentliche Hand an Dritte zu regeln.[114] Dem Auftraggeber, der öffentliche Mittel verwaltete, war ein bestimmtes Vorgehen bei seiner Auswahlentscheidung aufzuzwingen, um im Interesse der ganzen Gesellschaft der Gefahr von Verschwendungen entgegenzuwirken. Zunächst wurde die schon im römischen Recht der Censoren angewandte, mündlich verlaufende Lizitation[115], die Vergabe an den Tiefstbietenden, vorgeschrieben, später wurde das Submissionsverfahren eingeführt, d.h. die schriftliche Ausschreibung mit Aufforderung zur Abgabe schriftlicher Angebote, die bis zur Verlosung geheim zu halten waren. Entscheidendes Auswahlkriterium blieb jedoch das niedrigste Angebot. Erst am Ende des neunzehnten Jahrhunderts wurde in einem Circular-Erlaß[116] des Preußischen Ministers für öffentliche Arbeiten die Bedeutung der Berücksichtigung weiterer Kriterien hervorgehoben. Öffentliche Gelder sollten nicht nur möglichst sparsam ausgegeben werden, sondern auch zum Erwerb qualitativ guter Leistungen von zuverlässigen Anbietern.

Die Aufstellung von Verfahrensvorschriften für das öffentliche Auftragswesen hatte von Anfang an die Funktion, eine sparsame und ökonomische Verwendung von öffentlichen Mitteln zu sichern. Adressaten dieses Rechts waren allein die Auftraggeber, die zur Beachtung dieser Anforderungen innenrechtlich verpflichtet waren. Die Bieter wurden grundsätzlich durch diese Vorschriften, die keine Außenwirkung zeitigten, nicht geschützt. Die Einführung des Submissionsverfahrens kam jedoch als Reflex auch den Bietern zu Gute, die - anders als im Lizitationsverfahren - wohl nicht mehr unter dem Druck der anwesenden Mitbewerber standen, was zur Abgabe oft ruinöser Angebote geführt hatte. Die grundlegenden Merkmale dieser ersten Versuche, für die Beschaffungsgeschäfte der öffentlichen Hand einen rechtlichen Rahmen zu entwickeln, sind Schrift-

---

114 *Köckritz/Ermisch/Dittrich/Lamm*, BHO-Kommentar, § 55 BHO Teil I Rdnr. 2.1.

115 *Wallerath*, Die Verwaltung 1987, S. 137 ff. (143).

116 MinBl. F. d. gesamte Inn. Verwaltung d. Kzl. Preuss. Staaten 1885, S. 147.

lichkeit, Geheimhaltung der Angebote und Festlegung von Eignungskriterien. Diese finden sich alle auch noch im heutigen Vergabeverfahren wieder.[117]

II. Die nationale haushaltsrechtliche Regelung

Das Prinzip der Wirtschaftlichkeit liegt dem Haushaltsrecht des Bundes und der Länder zugrunde. Gem. § 19 Abs. 2 Satz 1 HGrG dürfen die Ausgaben „nur soweit und nicht eher geleistet werden, als sie zur wirtschaftlichen und sparsamen Verwaltung erforderlich sind". Diesem Grundsatz folgt die in § 30 HGrG begründete Pflicht zur öffentlichen Ausschreibung, deren Nicht-Beachtung allein durch „die Natur des Geschäfts oder besondere Umstände" gerechtfertigt werden kann, weil gerade die Nutzung des marktwirtschaftlichen Wettbewerbs das Suchen nach dem wirtschaftlichsten Angebot erleichtert. Gleich lautend ist § 55 Abs. 1 BHO/LHO.

Im Haushaltsrecht der Sozialversicherungsträger bekennt sich § 69 Abs. 2 SGB IV ebenfalls zu dem Prinzip der Wirtschaftlichkeit. Hier weitet aber der inhaltlich dem § 30 HGrG entsprechende § 22 SVHV die Bund und Ländern zustehenden Ausnahmemöglichkeiten aus, um gem. § 78 Satz 2 SGB IV den Besonderheiten der Sozialversicherung gerecht zu werden. Die Sozialversicherungsträger stehen insbesondere vor der Frage, wie sie sich die notwendigen Sachmittel zur Erbringung gesetzlicher oder satzungsmäßiger Versicherungsleistungen beschaffen. Für den Fall, dass sie sich freiwillig bzw. aufgrund gesetzlicher Anordnung für die Beschaffung durch Abschluss von Verträgen mit Dritten entscheiden, bestimmt § 22 Abs. 1 Satz 1 SVHV, dass solche Verträge, die der Erbringung von Versicherungsleistungen dienen, ohne vorherige öffentliche Ausschreibung abgeschlossen werden können. Dies bestätigt, dass sich die nationalen Regelungen des Haushaltsrechts nicht nur auf fiskalische Hilfsgeschäfte im engeren Sinne beziehen, sondern auch auf die unmittelbare Erfüllung gesetzlicher Aufgaben durch Dritte.[118] Die Pflicht zur Ausschreibung besteht jedoch nur für reine Hilfsgeschäfte, Beschaffungen für den Verwaltungsapparat. Aus dem Anwendungsbereich der SVHV ausgenommen ist allein die Bundesagentur

---

[117] *Boesen*, Vergaberecht-Kommentar, Einl. Rdnr. 126.

[118] A.A. *Wabnitz*, NDV 2003, S. 141 ff. (146).

für Arbeit, auf die gem. § 77a Satz 1 SGB IV die Bundeshaushaltsordnung, also auch § 55 Abs. 1 BHO, sinngemäß anzuwenden ist.

III. Das europarechtliche Konzept

Die Neugestaltung des Vergabewesens durch die Europäische Gemeinschaft verfolgte von Anfang an einen ganz anderen Zweck.[119] Die Vergabe öffentlicher Aufträge wird als ein wirtschaftlich wichtiger Teil der Betätigung der Marktteilnehmer in den Mitgliedstaaten betrachtet, da nicht nur die Höhe der Auftragssummen beträchtlich ist, sondern auch die staatlichen bzw. staatsnahen Nachfrager besonders zuverlässig und in bestimmten Sektoren - wie oben dargelegt zum Beispiel im Bereich Gesundheitsgüter - nahezu die einzigen sind. Die Vergabetätigkeit der öffentlichen Auftraggeber gehört zum Binnenmarkt und muss sich europarechtlich am Maßstab der Regelungen über die Grundfreiheiten im EG-Vertrag messen lassen.

Gerade im Rahmen der öffentlichen Auftragsvergabe schienen jedoch die Mitgliedstaaten weniger als in anderen Bereichen geneigt zu sein, die nationalen Grenzen zu öffnen.[120] Sie wollten die einheimische Wirtschaft schützen und durch Auftragsvergabe auch weitere wirtschafts- bzw. sozialpolitische Ziele verfolgen. Die Gefahr, gegen die sich die europäische Vergaberechtspolitik wandte, betraf also weniger das Umgehen mit öffentlichen Mitteln, als die bereits seit 1957 erstrebte Errichtung eines Gemeinsamen Marktes, in dem der freie Verkehr von Waren und Dienstleistungen gewährleistet ist.

Das unwirtschaftliche Handeln der öffentlichen Auftraggeber hätte sich - gerade wegen der wirtschaftlichen Bedeutung des öffentlichen Beschaffungswesens - bald zum Nachteil der diskriminierten Marktteilnehmer entwickeln und den innergemeinschaftlichen Handel behindern können. Dies war zu verhindern. Wettbewerbsverfälschende Maßnahmen zum Nachteil von Auftraggebern und Bietern, etwa wie Submissionsabsprachen, unerlaubte Beihilfen oder die missbräuchliche Ausnutzung einer marktbeherrschenden Position, mussten zur Errei-

---

119 *Hailbronner/Weber*, EWS 1997, S. 73 ff. (74 f.).

120 *Rittner*, NVwZ 1995, S. 313 ff.; *Prieß*, Handbuch des europäischen Vergaberechts, 2001, S. 1.

chung eines hohen Grades an Wettbewerbsfähigkeit im Binnenmarkt bekämpft werden.

Die sekundärrechtliche Aufstellung von Verfahrensregeln in den Vergaberichtlinien stand für die Europäische Gemeinschaft im Dienste der materiellen Prinzipien des Primärrechts, das vor der Schaffung sekundärrechtlicher Normen zur Unterbindung von Diskriminierungen angewandt wurde. Ziel der Vergaberichtlinien ist daher die wirksame Öffnung der Vergabemärkte, die Entwicklung eines echten Wettbewerbs auf dem Gebiet der öffentlichen Aufträge.[121] Die in den Richtlinien begründete Pflicht zur Einhaltung eines bestimmten formalisierten Verfahrens wirkt vorbeugend und bezweckt die Verhinderung von Verletzungen des allgemeinen Diskriminierungsverbots (Art. 12 EGV) sowie der vier speziellen Grundfreiheiten, insbesondere der Warenverkehrs- und Dienstleistungsfreiheit (Art. 28 und 49 EGV).[122]

Dass die Vergabe öffentlicher Aufträge in den Mitgliedstaaten am Maßstab der im EG-Vertrag niedergelegten Grundsätze geprüft werden soll, wird im zweiten Erwägungsgrund der Richtlinien 2004/18/EG nun explizit festgelegt: „Die Vergabe von Aufträgen in den Mitgliedstaaten auf Rechnung des Staates, der Gebietskörperschaften und anderer Einrichtungen des öffentlichen Rechts ist an die Einhaltung der im Vertrag niedergelegten Grundsätze gebunden, insbesondere des Grundsatzes des freien Warenverkehrs, des Grundsatzes der Niederlassungsfreiheit und des Grundsatzes der Dienstleistungsfreiheit sowie der davon abgeleiteten Grundsätze wie z.B. des Grundsatzes der Gleichbehandlung, des Grundsatzes der Nichtdiskriminierung, des Grundsatzes der gegenseitigen Anerkennung, des Grundsatzes der Verhältnismäßigkeit und des Grundsatzes der Transparenz." Die Ausarbeitung der Bestimmungen zur Koordinierung der nationalen Verfahren für die öffentliche Auftragsvergabe soll demnach die Wirksamkeit dieser Grundsätze und die Öffnung des öffentlichen Beschaffungswesens für den Wettbewerb garantieren und nach Maßgabe

---

121 *Prieß*, Handbuch des europäischen Vergaberechts, 2001, S. 4 f.; *Riese*, Vergaberecht, 1998, S. 24ff.; EuGH, Urteil v. 22.06.1989, Rs. 103/88, Slg. 1989, I-1839 - Fratelli Costanzo / Stadt Mailand.

122 EuGH, Urteil v. 03.06.1992, Rs. C-360/89, Slg. 1992, I-3401 - Kommission / Italien; EuGH, Urteil v. 26.04.1994, Rs. C-272/91, Slg. 1994, I-1409 - Kommission / Italien (Lottomatica); EuGH, Urteil v. 24.01.1995, Rs. C-359/93, Slg. 1995, I-157 - Kommission / Niederlande (UNIX); EuGH, Urteil v. 03.10.2000, Rs. C-380/98, Slg. 2000, I-8035 - The Queen / H.M. Treasury (University of Cambridge).

den Wettbewerb garantieren und nach Maßgabe derselben Grundsätze ausgelegt werden.

Der Schutz des EG-Vertrages ist somit sekundärrechtlich auf die vorvertragliche Phase vorgelagert worden, um seine Wirksamkeit zu stärken. Nicht erst der Zuschlag an einen bestimmten Bieter soll am Maßstab des EG-Vertrages geprüft werden, sondern schon das vorangehende Verfahren soll sicherstellen, dass die Grundsätze eines funktionierenden Wettbewerbs auf dem Gemeinsamen Markt auch im Rahmen der öffentlichen Auftragsvergabe beachtet werden. Dieser besondere Schutz durch Verfahren würde selbstverständlich ins Leere gehen, wenn die Betroffenen keinen gerichtlich durchsetzbaren Anspruch auf Einhaltung des vorgeschriebenen Verfahrens hätten, sondern weiterhin erst die materielle Rechtswidrigkeit der Auswahl rügen könnten. Dies erklärt den besonderen Einsatz der Europäischen Kommission bei der Kontrolle der nationalen Umsetzung der in den beiden Rechtsmittelrichtlinien vorgegebenen gerichtlichen Rechtsschutzmöglichkeiten.[123]

Wie auch die deutsche Diskussion um den Themenkreis „Grundrechtsschutz durch Verfahren"[124] zeigt, kommt im Verhältnis Staat-Bürger dem Verfahren eine große Bedeutung zu. Die Einhaltung eines förmlichen Verfahrens ermöglicht es dem Bürger, den Prozess der behördlichen Entscheidungsfindung zu beeinflussen, und schafft die zur weiteren Verfolgung eigener Rechte notwendige Transparenz. Im Bereich der öffentlichen Auftragsvergabe steht gerade das Verfahren vor Vertragsabschluss im Vordergrund für die interessierten Bieter. Nur dieses kann sie in die Lage versetzen, von der beabsichtigten öffentlichen Vergabe überhaupt und von den einschlägigen Auswahlkriterien Kenntnis zu erlangen. Es kann außerdem für alle Bieter die besonders wichtige Möglichkeit schaffen, rechtzeitig ausführliche Informationen über die tatsächliche Zuschlagsentscheidung zu erhalten und durch rechtzeitige Rüge von Fehlern den weiteren Ablauf zu stoppen.

---

123 EuGH, Urteil v. 11.08.1995, Rs. C-433/93, Slg. 1995, I-2303 - Kommission / Deutschland; Beanstandungsschreiben der Kommission v. 31.10.1995, in: ZIP 1995, S. 1940 ff.; *Bayer/Franke/Opitz*, EU-Vergaberecht, 2001, S. 20; *Sieveking*, VR 1999, S. 337 ff.; *Jasper*, DB 1998, S. 2151 ff.

124 *Ossenbühl*, in: FS f. Eichenberger, 1982, S. 183 ff.; *Hufen*, NJW 1982, S. 2160 ff.; *Mutius*, NJW1982, S. 2150 ff.

Europaweite Bekanntmachung, Unzulässigkeit von diskriminierenden, sachlich nicht gebotenen Auswahlkriterien, Transparenz, Gewährung individueller, gerichtlich durchsetzbarer Rechte: all diese Merkmale finden sich in den EG-Richtlinien wieder. Aus dem Blickwinkel der europäischen, die Interessen der Teilnehmer am Gemeinsamen Markt vertretenden Vergaberechtspolitik liegt daher die zentrale normative Funktion des Vergabeverfahrens darin, Verstöße gegen das allgemeine Diskriminierungsverbot zu verhindern. Der Schutzbereich wird allerdings in den Vergaberichtlinien - wegen der potentiellen europaweiten Auswirkungen von öffentlichen Vergaben - räumlich auch auf Fälle ohne unmittelbare grenzüberschreitende Wirkungen ausgeweitet: „Das in den Richtlinien vorgesehene Verfahren muss daher unabhängig von der Staatsangehörigkeit oder dem Ort der Niederlassung der Bieter eingehalten werden."[125]

IV. Das deutsche Umsetzungsrecht

Nach der Umsetzung der europäischen Vergaberichtlinien ins nationale deutsche Recht sind die Grundsätze des Vergabeverfahrens in § 97 GWB festgelegt worden. Wie sich aus § 97 Abs. 2, 4 und 5 GWB ergibt, hat das Vergabeverfahren für Aufträge oberhalb der Schwellenwerte im deutschen Recht zwei normative Hauptfunktionen: Wirtschaftlichkeit und Gleichbehandlung. Erstere dient dem Fiskalinteresse des Staates, letztere den wirtschaftlichen Interessen der Bieter. Beide werden durch die Herstellung eines freien Bieterwettbewerbs und eines transparenten Verfahrens (§ 97 Abs. 1 GWB) erfüllt und durch die Begründung eines subjektiven Anspruchs auf Einhaltung des Vergabeverfahrens (§ 97 Abs. 7 GWB) in ihrer Wirksamkeit gesichert. Gerade weil das von Europa vorgegebene Ziel eines nicht-diskriminierenden, transparenten Verfahrens im Grundsatz ein wettbewerbsschützendes Gepräge hat, entschied sich der deutsche Gesetzgeber für die Einfügung des Vergaberechts in das bereits bestehende GWB. Die Systematik allein gibt also bereits Auskunft über die Zielsetzung des Gesetzes.[126]

Die Förderung eines unverfälschten Wettbewerbs um das wirtschaftlichste Angebot, auf das der Zuschlag gem. § 97 Abs. 5 GWB erteilt wird, ist nicht nur für Auftraggeber und Auftragnehmer von Vorteil, sondern auch für die Konsumen-

---

125 EuGH, Urteil v. 25.04.1996, Rs. C-87/94, Slg. 1996, I-2043 Rdnr. 33 - Kommission / Belgien (Wallonische Busse).

126 BT-Drucks. 13/9340, S. 12 f.

ten der eingekauften Leistungen, im besonderen Fall des öffentlichen Auftragswesens also für die Bürger, denen die vom Staat bzw. von den staatsnahen Nachfragern eingekauften Sachleistungen unmittelbar oder mittelbar zugute kommen. Wenn der Wettbewerb funktioniert, dann bekommen nicht nur alle Bieter die gleichen Zugangschancen, sie sind auch besonders motiviert, die Preise konkurrenzfähig zu gestalten und die Qualität zu verbessern, um ihre Marktposition zu halten oder gar zu erweitern. Ein freier Wettbewerb hat eine Antriebs- und Leistungsfunktion. Mittelbar gewinnt das Vergabeverfahren daher eine zusätzliche Funktion im Hinblick auf das Verhältnis zwischen Auftraggebern und Konsumenten der eingekauften Leistungen.

Die einzelnen Verfahrensvorgaben im Gesetz sollen also eine wettbewerbsschützende Wirkung auf das Verhältnis zwischen Nachfragern und Bietern ausüben.[127] Zunächst werden die Voraussetzungen überhaupt geschaffen, damit alle potentiell interessierten Unternehmen an dem Wettbewerb um das wirtschaftlichste Angebot teilnehmen können. So wird in § 101 Abs. 6 Satz 1 GWB der Vorrang des offenen Verfahrens festgeschrieben. Dadurch soll sichergestellt werden, dass alle von der beabsichtigten Auftragsvergabe erfahren können. Demselben Zweck dienen die Publizitätsvorschriften, welche die Pflicht zur Bekanntmachung auftragsrelevanter Informationen bereits im Vorfeld (§§ 17, 17a VOB/A bzw. VOL/A und § 9 Abs. 1 VOF) und bei erfolgter Auftragsvergabe (§§ 27, 27a VOB/A bzw. VOL/A und § 17 VOF) begründen.

Haben nun alle Interessierten die Chance erhalten, an der Bieterkonkurrenz teilzunehmen, so sollen auch im weiteren Verlauf des Vergabeverfahrens Wettbewerbsverzerrungen verhindert werden. Wie der EuGH betont hat, muss insbesondere „das Verfahren zum Vergleich der Angebote in jedem Abschnitt sowohl den Grundsatz der Gleichbehandlung der Bieter als auch den Grundsatz der Transparenz wahren, damit alle Bieter bei der Aufstellung ihrer Angebote über die gleichen Chancen verfügen."[128] Es ging in diesem Urteil insbesondere um das aus dem Gleichbehandlungsgrundsatz abgeleitete Verbot der nachträglichen Änderung der Angebote sowie der Verdingungsunterlagen.

---

[127] Zur Umsetzung des Wettbewerbsprinzips in den Verdingungsordnungen vgl. *Niebuhr*, in: Niebuhr/Kulartz/Kus/Portz, Vergaberecht-Kommentar, § 97 GWB Rdnr. 20ff.

[128] EuGH, Urteil v. 25.04.1996, Rs. C-87/94, Slg. 1996, I-2043 - Kommission / Belgien (Wallonische Busse). Vgl. auch EuGH, Urteil v. 22.06.1993, Rs. C-243/89, Slg. 1993, I-3353 Rdnr. 37 - Kommission / Dänemark (Storebaelt).

Damit die Bieter ihre Angebote unter gleichen Bedingungen genau an den zu vergebenden Auftrag anpassen und die Auftraggeber diese objektiv miteinander vergleichen können, werden die öffentlichen Auftraggeber gem. §§ 9, 9a VOB/A, §§ 8, 8a VOL/A und § 8 VOF zu einer eindeutigen und erschöpfenden Leistungsbeschreibung verpflichtet. In § 97 Abs. 2 GWB wird explizit die Gleichbehandlung aller Bieter normiert, die wiederum in den §§ 2 Nr. 2, 8 Nr. 1 VOB/A, §§ 2 Nr. 2, 7 Nr. 1 Abs. 1 VOL/A, § 4 Nr. 2 VOF präzisiert wird.

Die im Verfahren entscheidenden bieterbezogenen Voraussetzungen sind gem. § 97 Abs. 4 1. Hs. GWB Fachkunde, Leistungsfähigkeit und Zuverlässigkeit. Das Zuschlagskriterium für das Angebot ist gem. § 97 Abs. 5 GWB die Wirtschaftlichkeit. Für die Leistung nicht unbedingt notwendige, also in Bezug auf den Gegenstand des Auftrags unverhältnismäßige Anforderungen (§ 8 Nr. 3 Abs. 1 VOL/A) sowie Nachverhandlungen (§ 24 Nr. 3 VOB/A und § 24 Nr. 2 Abs. 1 VOL/A) sind potentiell diskriminierend, stehen einem freien Wettbewerb entgegen und sind daher verboten. Ausnahmen vom Grundsatz der Gleichbehandlung sind in § 97 Abs. 2, 2. Hs. GWB (siehe etwa § 12 VgV) und in § 97 Abs. 4, 2. Hs. GWB vorgesehen.[129]

Wettbewerbsverzerrungen können darüber hinaus aufgrund von marktbeherrschenden Positionen sowohl auf der Nachfrager- als auch auf der Bieterseite entstehen. Um einerseits der erheblichen Nachfragemacht des Staates entgegenzuwirken, ist der beschaffende „Staat" gemäß dem nach der Flughafen-Schönefeld-Entscheidung[130] eingeführten § 16 VgV zur Neutralität bei der Auftragsvergabe verpflichtet. Um andererseits Submissionsabsprachen zu verhindern, sind Namen der Bieter und Inhalte der Angebote bis zum Eröffnungstermin geheim zu halten (§§ 22 Nr. 1 VOB/A bzw. VOL/A) sowie abgesprochene Angebote auszuschließen (§ 25 Nr. 1 Abs. 1c VOB/A und § 25 Nr. 1 Abs. 1f VOL/A).

Die bereits ausführlich dargelegte ex-ante Transparenzregelung des § 13 VgV ermöglicht schließlich einen effektiven Primärrechtsschutz, damit sich die Funktionen des Vergabeverfahrens, Nicht-Diskriminierung und Wirtschaftlichkeit, zu

---

129 *Noch*, Vergaberecht kompakt, 2002, S. 35; *Dreher*, in: Immenga/Mestmäcker (Hrsg.), GWB-Kommentar, § 97 GWB Rdnr. 48; *Thieme*, in: Langen/Bunte (Hrsg.), Kartellrecht-Kommentar, § 97 GWB Rdnr. 10, 30 ff.; *Jasper*, DB 1998, S. 2151 ff. (2154); *Sieveking*, VR 1999, S. 337 ff. (340).

130 OLG Brandenburg Vergabesenat, Beschluss v. 03.08.1999, Az.: 6 Verg 1/99, in: NVwZ 1999, 1142. Dazu vgl. *Otting*, NJW 2000, S. 484 ff.

ihrer vollen Wirksamkeit entfalten können und nicht durch Schaffung vollendeter Tatsachen ausgehöhlt werden.

B. Begriffsbestimmungen

Der Anwendungsbereich des Vergaberechts ist in den §§ 98 bis 100 GWB geregelt, welche die Vorgaben der europäischen Richtlinien weitgehend übernehmen. Er ist eröffnet, wenn ein öffentlicher Auftraggeber i.S.d. § 98 GWB die Vergabe eines öffentlichen Auftrages i.S.d. § 99 GWB beabsichtigt, der nicht nach § 100 Abs. 2 GWB vom Anwendungsbereich des GWB ausgenommen ist und dessen Wert den nach § 100 Abs. 1 GWB i.V.m. § 2 VgV festgelegten Schwellenwert erreicht oder übersteigt. Zuallererst wird also der Anwendungsbereich des Gesetzes durch die beiden Begriffe des öffentlichen Auftraggebers und des öffentlichen Auftrags persönlich und sachlich bestimmt. Die Bestimmung dieser Begriffe ist daher für die darauf folgende Untersuchung von zentraler Bedeutung.

3. Kapitel: Öffentlicher Auftraggeber

I. Institutioneller vs. funktioneller Auftraggeberbegriff

Ursprünglich sahen die Richtlinien 71/305/EWG und 77/62/EWG als öffentliche Auftraggeber lediglich den Staat, die Gebietskörperschaften und die in Anhang I der Richtlinie 71/305/EWG aufgeführten juristischen Personen des öffentlichen Rechts vor. Auftraggeber, die zwar staatsnah waren, aber nicht in die klassische Verwaltungsstruktur eingegliedert waren, fielen nicht in den persönlichen Anwendungsbereich der Richtlinien.[131] Da die öffentlichrechtliche Organisationsform das entscheidende Kriterium war, galt im europäischen Recht - wie im nationalen Haushaltsrecht - somit der „institutionelle Auftragebеrbegriff“.

Das durch die Richtlinien verfolgte Ziel eines Gemeinsamen Marktes auch im öffentlichen Vergabewesen konnte jedoch dadurch - wegen der stets möglichen Flucht ins Privatrecht - nicht erreicht werden, so dass sich der EuGH 1988 im Fall „Beentjes“ für eine erweiterte Auslegung des Begriffs des öffentlichen Auftraggebers in Art. 1 lit. b) der Richtlinie 71/305/EWG aussprach und beschloss, dass der Begriff des Staates „im funktionellen Sinne“ zu verstehen sei.[132] Ent-

---

131 *Bayer/Franke/Opitz*, EU-Vergaberecht, 2001, S. 37.

132 EuGH, Urteil v. 20.09.1988, Rs. 31/87, Slg. 1988, 4635 Rdnr. 11 - Gebroeder Beentjes BV / Niederlande. Dazu siehe *Seidel*, ZfBR 1995, S. 227 ff.

scheidend sei daher nicht die förmliche Eingliederung einer Einrichtung in die staatliche Verwaltung, sondern die rechtliche sowie finanzielle Abhängigkeit von der öffentlichen Hand. Bereits hier stellte der EuGH die Kriterien auf, die später Gesetz wurden: „Eine Einrichtung der hier in Rede stehenden Art, deren Zusammensetzung und Aufgaben gesetzlich geregelt sind und die insoweit von der öffentlichen Hand abhängig ist, als diese ihre Mitglieder ernennt, die Beachtung der sich aus ihren Handlungen ergebenden Verpflichtungen gewährleistet und die von ihr vergebenen öffentlichen Aufträge finanziert, ist daher als dem Staat i.S. der vorgenannten Bestimmung zugehörig anzusehen, auch wenn sie formell kein Bestandteil desselben ist.“[133]

Daraufhin wurde 1989 die Definition in den beiden Richtlinien geändert. Heute gelten der Staat, die Gebietskörperschaften und die Einrichtungen des öffentlichen Rechts sowie Verbände, deren Mitglieder entweder Gebietskörperschaften oder Einrichtungen des öffentlichen Rechts sind, als öffentliche Auftraggeber gem. Art. 1 Abs. 9 Richtlinie 2004/18/EG (entspr. Art. 1 lit. b Abs. 1 LKR, BKR und DKR). Der Begriff des Verbands ist ebenfalls im Sinne dieser funktionalen Betrachtungsweise weit auszulegen. Er umfasst Zusammenschlüsse aller Art, ungeachtet der jeweiligen Rechtsform.

Auf die Rechtsform kommt es also nicht mehr an, so dass selbst Vergabestellen in privater Rechtsform öffentliche Auftraggeber sein können, wenn sie als „Einrichtungen des öffentlichen Rechts“ zu qualifizieren sind, weil sie unter mittelbarem staatlichem Einfluss stehen und ihre originäre Tätigkeit funktional dem Staat zuzurechnen ist.[134] Es geht um zwei Strukturmerkmale, die den Begriff des öffentlichen Auftraggebers in den klassischen Bereichen prägen: die Beherrschung durch den Staat und die Wahrnehmung nicht gewerblicher Aufgaben für die Allgemeinheit. Abweichend hiervon bezieht die Richtlinie 2004/17/EG auch rein private Auftraggeber mit ein, von denen - auch ohne mittelbare staatliche Einflussnahme - ein ähnliches Marktverhalten zu erwarten ist, da sie in den betroffenen Sektoren durch staatlich verliehene Rechte ein Monopol besitzen.

---

133 EuGH, Urteil v. 20.09.1988, Rs. 31/87, Slg. 1988, 4635 Rdnr. 12 - Gebroeder Beentjes BV / Niederlande.

134 EuGH, Urteil v. 10.11.1998, Rs. C-360/96, Slg. 1998, I-6821 Rdnr. 62 - Gemeente Arnhem und Gemeente Rheden / BFI Holding BV.

Selbst wenn die oben erwähnte Rechtsprechung zu den klassischen Auftraggebern und die darauf folgende Gesetzesänderung das Ziel hatten, den Anwendungsbereich des Vergaberechts durch Erstreckung auf private Unternehmen zu erweitern und Umgehungsmöglichkeiten abzuschaffen, können nun theoretisch - im umgekehrten Fall - auch juristische Personen des öffentlichen Rechts, die zur Wahrnehmung von Aufgaben *gewerblicher* Art gegründet wurden, aus dem Anwendungsbereich des Vergaberechts ausscheiden. Schwieriger müsste allenfalls bei juristischen Personen des öffentlichen Rechts die Verneinung ihrer Staatsgebundenheit ausfallen.

II. Die Einrichtung des öffentlichen Rechts

In Art. 1 Abs. 9 Unterabsatz 2 Richtlinie 2004/18/EG (entspr. Art. 1 lit. b Abs. 2 LKR, BKR und DKR) sind die drei maßgebenden Kriterien für die Bejahung einer „Einrichtung des öffentlichen Rechts“ kodifiziert, die kumulativ („und“) vorliegen müssen:

- Gründung zu dem besonderen Zweck, im Allgemeininteresse liegende Aufgaben zu erfüllen, die nicht gewerblicher Art sind;
- Rechtspersönlichkeit;
- Staatsgebundenheit durch:
  - überwiegende Finanzierung vom Staat, von Gebietskörperschaften oder von anderen Einrichtungen des öffentlichen Rechts *oder*
  - Aufsicht durch letztere hinsichtlich ihrer Leitung *oder*
  - Bestehen des Verwaltungs-, Leitungs- oder Aufsichtsorgans mehrheitlich aus Mitgliedern, die vom Staat, von Gebietskörperschaften oder von anderen Einrichtungen des öffentlichen Rechts ernannt worden sind.

Der funktionale Begriff des öffentlichen Auftraggebers ist in § 98 Nr. 2 GWB fast wortgleich übernommen worden. Auch hier ist die Rede von juristischen Personen des öffentlichen oder des privaten Rechts, welche zur Ausübung von „im Allgemeininteresse liegende[n] Aufgaben nichtgewerblicher Art“ gegründet wurden und vom Staat mittelbar (durch Finanzierung, Aufsicht oder Ernennung der Mitglieder ihrer Organe) beeinflusst werden. Das Merkmal der „Rechtspersönlichkeit“ entspricht der Formulierung „juristische Personen“, die unabhängig von ihrer Rechtsform vom Vergaberecht erfasst werden.

1. Der Anhang III der Richtlinie 2004/18/EG

In allen alten Richtlinien für klassische Auftraggeber wurde in Art. 1 lit. b Abs. 3 Satz 1 BKR, LKR und DKR auf den Anhang I der BKR verwiesen, der die Verzeichnisse der Einrichtungen und Kategorien des öffentlichen Rechts enthielt: „Die Verzeichnisse der Einrichtungen und Kategorien des öffentlichen Rechts, die die in Unterabsatz 2 genannten Kriterien erfüllen, sind in Anhang I enthalten.“ Die Verzeichnisse beruhten auf Meldungen der Mitgliedstaaten selbst und sollten „so vollständig wie möglich“ sein. Sie konnten immer nach einem bestimmten Verfahren (Art. 35 BKR) geändert werden.

Damit war einerseits klargestellt, dass die Verzeichnisse keinen abschließenden Charakter hatten, dass also auch Einrichtungen, welche dort nicht aufgeführt waren, als öffentliche Auftraggeber anzusehen waren, wenn sie die o.g. Kriterien erfüllten. Andererseits bestimmten die Richtlinien, dass die im Anhang I der BKR enthaltenen Einrichtungen auch die o.g. Kriterien der Einrichtung des öffentlichen Rechts erfüllten.

Nach dem Richtlinienwortlaut hatte der Anhang I der BKR somit nicht nur eine deklaratorische, sondern auch eine konstitutive Bedeutung. Die Gesetzesformulierung in den alten EG-Koordinierungsrichtlinien wurde auch in die neue Richtlinie 2004/18/EG übernommen. Nach Artikel 1 Abs. 9 Unterabsatz 3 Richtlinie 2004/18/EG sind die nicht erschöpfenden Verzeichnisse der Einrichtungen und Kategorien von Einrichtungen des öffentlichen Rechts, welche die in Artikel 1 Abs. 9 Unterabsatz 2 Buchstaben a, b und c genannten Kriterien erfüllen, in Anhang III enthalten. Der Anhang III der Richtlinie 2004/18/EG entspricht also dem alten Anhang I in der BKR, ist zwar weiterhin nicht abschließend, aber die hier aufgelisteten Einrichtungen erfüllen - dem klaren Richtlinienwortlaut nach - die Kriterien der Einrichtung des öffentlichen Rechts.

Der EuGH hat zwar noch nicht ausdrücklich zu dieser Frage Stellung genommen, aber er hat bereits ausgeführt, dass aus den dort aufgelisteten Bereichen hergeleitet werden kann, welche Aufgaben in der Regel als Aufgaben nicht gewerblicher Art anzusehen sind.[135] Dies hat aber nur einen Sinn, wenn man davon

---

[135] EuGH, Urteil v. 10.05.2001, Rs. C-223/99, C-260/99, Slg. 2001, I-3605 Rdnr. 36f. - Ente Fiera.

ausgehen muss, dass die im Anhang enthaltenen Einrichtungen als öffentliche Auftraggeber anzusehen sind. Gesetzesauslegung und EuGH-Rechtsprechung sprechen im Ergebnis dafür, dass den Verzeichnissen der öffentlichen Einrichtungen im Hinblick auf die aufgelisteten Institutionen nicht einfach eine Indizwirkung, sondern auch eine konstitutive Bedeutung zukommt.

Der Anhang selbst und der entsprechende Verweis in Art. 1 der alten Vergaberichtlinien sind bei der Umsetzung nicht in das deutsche Recht übernommen worden. Denkbar wäre hier daher sogar ein Verstoß gegen die Umsetzungspflicht, denn die Richtlinien überlassen in diesem Zusammenhang den Mitgliedstaaten keinen Spielraum. Da es jedenfalls die Mitgliedstaaten selbst sind, die der Kommission die Mitteilungen für die Aufnahme in den bzw. Streichung aus dem Anhang liefern, ist mindestens davon auszugehen, dass der deutsche Gesetzgeber die Richtlinien dadurch umgesetzt hat, dass die vorher mitgeteilten Einrichtungen unwiderlegbar die Merkmale eines öffentlichen Auftraggebers erfüllen.[136] Von der Besonderheit des deutschen Vergaberechts geprägt, weisen weder die deutsche Rechtsprechung noch die deutsche Literatur dem Anhang I BKR eine konstitutive Bedeutung zu.[137] Nach herrschender Meinung habe er eine deklaratorische Wirkung, von der lediglich eine Indizwirkung ausgehe, begründe also eine Vermutung für die Auftraggebereigenschaft i.S.d. des Vergaberechts, welche jedoch im Einzelfall grundsätzlich widerlegbar sei.

In dem nicht rechtsverbindlichen Leitfaden der Europäischen Kommission zu den Gemeinschaftsvorschriften für die Vergabe von öffentlichen Bauaufträgen heißt es: „Natürlich kann eine in dem Verzeichnis genannte Einrichtung auch aus dem Anwendungsbereich der Richtlinie herausfallen, wenn mindestens eines der kumulativen Kriterien nicht mehr erfüllt ist."[138] Jedenfalls wird es hier deutlich, dass die Einrichtung bei Aufnahme in das Verzeichnis die o.g. Kriterien er-

---

136 *Boesen*, Vergaberecht-Kommentar, § 98 GWB Rdnr. 31, der deswegen eine nur im Einzelfall zu widerlegende Vermutung dafür annimmt, dass die im deutschen Teil des Richtlinienanhangs I ausgewiesenen juristischen Personen im nationalen Recht als öffentliche Auftraggeber einzustufen sind; *Byok/Jansen*, NVwZ 2005, S. 53 ff. (54).

137 *Eschenbruch*, in: Niebuhr/Kulartz/Kus/Portz, Vergaberecht-Kommentar, § 98 GWB Rdnr. 69; *Marx*, in: Motzke/ Pietzcker/Prieß (Hrsg.), VOB-Kommentar, § 98 GWB Rdnr. 8; *Dreher*, DB 1998, S. 2579 ff. (2583); *Pietzcker*, ZHR 1998, S. 427 ff. (444); *Wollenschläger*, NZBau 2004, S. 655 ff. (656); VK Bund, Beschluss v. 05.09.2001, VK 1 23/01; VK Lüneburg, Beschluss v. 21.09.2004, 203 VgK 42/2004; BayObLG, Beschluss v. 24.05.2004, Verg 6/04, in: NZBau 2004, 623.

138 http://europa.eu.int/comm/internal_market/publicprocurement/docs/guidelines/works

füllt haben muss. Erfüllt sie später ein oder mehrere Kriterien *nicht mehr*, dann unterliegt sie auch nicht mehr der Richtlinie. Bei der Prüfung im Einzelfall bedeutet dies, dass Einrichtungen, die im Verzeichnis aufgelistet sind, keiner besonderen Prüfung bedürfen, solange sie sich unter keinem Gesichtspunkt geändert haben. Zwar ist nach der Kommission eine Widerlegung möglich, aber sie kann nur aufgrund nachträglich eingetretener Tatsachen erfolgen.

2. Im Allgemeininteresse liegende Aufgaben nicht gewerblicher Art

Der Begriff der Aufgaben, die im Allgemeininteresse liegen und nicht gewerblicher Art sind, dient zunächst der Unterscheidung zwischen Staats- und Nichtstaatsaufgaben, also der funktionalen Zurechnung von Tätigkeiten.[139] Dabei kommt es nicht darauf an, ob eine Einrichtung neben den im Allgemeininteresse liegenden Aufgaben noch andere Tätigkeiten ausüben darf und ob die Erfüllung der im Allgemeininteresse liegenden Aufgaben tatsächlich nur einen relativ geringen Teil der Tätigkeiten der Einrichtung ausmacht, solange sie weiterhin die Aufgaben wahrnimmt, die sie als besondere Pflicht zu erfüllen hat.[140]

Anders als beim Unternehmensbegriff im Wettbewerbsrecht, ist hier also nicht die Tätigkeit, die das konkrete Vergabeverfahren betrifft, ausschlaggebend, sondern die originäre Tätigkeit der betroffenen Einrichtung, d.h. der Gründungszweck oder eine relevante spätere Zwecksetzung.[141]

Was das „Allgemeininteresse" betrifft, ist dieses Merkmal weit auszulegen und verlangt lediglich, dass die Aufgaben „eng mit der öffentlichen Ordnung und dem institutionellen Funktionieren des Staates verknüpft"[142] sind bzw. dass der Staat sie „aus Gründen des Allgemeininteresses selbst erfüllen" oder bei ihnen „einen entscheidenden Einfluss behalten möchte"[143]. Die Rechtsprechung des EuGH ist hier stets fallbezogen. Die deutsche Rechtsprechung verwendet in An-

---

139 *Bayer/Franke/Opitz*, EU-Vergaberecht, 2001, S. 44.

140 EuGH, Urteil v. 15.01.1998, Rs. C-44/96, Slg. 1998, I-73 Rdnr. 25f. - Mannesmann Anlagenbau Austria; bestätigt durch EuGH, Urteil v. 10.11.1998, Rs. C-360/96, Slg. 1998, I-6821 Rdnr. 55 - Gemeente Arnhem und Gemeente Rheden / BFI Holding BV.

141 A.A. *Kingreen*, SGb 2004, S. 659 ff. (662); BayObLG, Beschluss v. 24.05.2004 - Verg 6/04, in: NZBau 2004, 623.

142 EuGH, Urteil v. 15.01.1998, Rs. C-44/96, Slg. 1998, I-73 Rdnr. 24 - Mannesmann Anlagenbau Austria u.a. (Österreichische Staatsdruckerei).

143 EuGH, Urteil v. 10.11.1998, Rs. C-360/96, Slg. 1998, I-6821 Rdnr. 51 - Gemeente Arnhem und Gemeente Rheden / BFI Holding BV.

lehnung an die EuGH-Rechtssprechung Begriffe wie „Aufgaben genuin staatlicher Natur“[144], „vom Staat garantierte Gemeinwohlaufgaben“[145], „Aufgaben der Daseinsvorsorge“[146]. Man kann also im Allgemeinen sagen, dass alle Aufgaben, welche einer wichtigen Grundversorgung der Bevölkerung dienen, auch als Aufgaben im Allgemeininteresse zu betrachten sind.

Die weite Auslegung des Begriffs „Allgemeininteresse“ wird durch den präzisierenden Zusatz „nichtgewerblicher Art“ eingeschränkt, denn nicht alle im Allgemeininteresse liegenden Aufgaben sind auch nicht gewerblicher Art.[147] Ob Privatunternehmen eine bestimmte Aufgabe in der Regel nicht erfüllen oder sogar in keinem Fall - was schwer vorstellbar ist - erfüllen können, ist sicherlich ein Indiz dafür, dass es sich um eine Aufgabe nicht gewerblicher Art handelt. Es ist aber nicht allein entscheidend; vielmehr ist die Einkaufspolitik der jeweiligen Einrichtung zu untersuchen, die z.B. auch finanzielle Einbußen hinnehmen könnte, um eine bestimmte Politik der staatlichen Stelle zu verfolgen, mit der sie eng verbunden ist.[148] Es ist im Einzelfall zu untersuchen, ob die betreffende Einrichtung unter normalen Marktbedingungen tätig wird oder eine Sonderstellung innehat, etwa weil der Staat – auch ohne Rechtspflicht – wegen der Bedeutung der Einrichtung deren Insolvenz verhindern wird.[149]

Nichtsdestotrotz ist das „Vorliegen eines entwickelten Wettbewerbs und insbesondere der Umstand, dass die betreffende Einrichtung auf dem betreffenden Markt im Wettbewerb steht“ ein starkes Indiz dafür, „dass es sich nicht um eine im Allgemeininteresse liegende Aufgabe nicht gewerblicher Art handelt“.[150] Allein die Tatsache, dass ein gewisser Wettbewerb vorhanden ist, weil die betroffene Einrichtung kein Monopol für die in Frage stehende Tätigkeit besitzt, ist

---

144 VÜA Bund, Beschluss v. 12.04.1995, Az.: 1 VÜ 1/95.

145 VÜA Bund, Beschluss v. 13.12.1995, Az.: 1 VÜ 6/95.

146 VG Koblenz 2. Kammer, Urteil vom 08.07.1997, Az.: 2 K 2971/96.KO, in: IBR 1997, 485.

147 EuGH, Urteil v. 10.11.1998, Rs. C-360/96, Slg. 1998, I-6821 Rdnr. 36 - Gemeente Arnhem und Gemeente Rheden / BFI Holding BV.

148 EuGH, Urteil v. 10.11.1998, Rs. C-360/96, Slg. 1998, I-6821 Rdnr. 43 ff. - Gemeente Arnhem und Gemeente Rheden / BFI Holding BV.

149 Vgl. EuGH, Urteil v. 22.05.2003, Rs. C-18/01, Slg. 2003, I-5321 Rdnr. 51 ff. – Korhonen.

150 EuGH, Urteil v. 10.11.1998, Rs. C-360/96, Slg. 1998, I-6821 Rdnr. 49 - Gemeente Arnhem und Gemeente Rheden / BFI Holding BV.

hingegen noch kein derartiges Indiz, denn die Einrichtung könnte sich trotzdem durch ihre staatlich bedingte Sonderstellung den Regeln des Wettbewerbs entziehen und genau dieselbe Einkaufspolitik wie ein Monopolist betreiben.[151] Von einem entwickelten Wettbewerb kann etwa dann gesprochen werden, wenn die fragliche Tätigkeit auf internationaler Ebene von verschiedenen Marktbeteiligten ausgeübt wird, die miteinander im Wettbewerb stehen und denen selber die Grundfreiheiten zugute kommen.[152]

Im Ergebnis ist also festzuhalten, dass eine Einrichtung, die bei der Ausübung ihrer originären Aufgabe - und nicht bei der Beschaffung selbst - einem entwickelten Wettbewerb ausgesetzt ist, grundsätzlich keine Tätigkeiten nicht gewerblicher Art ausübt. Ihr Nachfragerverhalten wird in der Regel durch den Markt selbst sowie durch die Art. 81 ff. EGV reguliert werden. Im umgekehrten Fall, in dem eine Einrichtung bei ihrer originären Tätigkeit in gar keinem oder in einem nicht entwickelten Wettbewerb mit anderen Marktteilnehmern steht, besteht die widerlegliche Vermutung, dass sie Aufgaben nicht gewerblicher Art wahrnimmt, weil ihr das den Wettbewerb kennzeichnende Risiko fehlt oder dieses abgeschwächt ist.[153]

Ausnahmen sind also auch hier möglich, so dass zu prüfen ist, ob sich die fragliche Einrichtung trotzdem von wirtschaftlichen Überlegungen (wie z.B. Kostendeckung, Gewinnorientierung, Nachfragebezogenheit) leiten lässt, etwa weil sie selbst in einem wettbewerblich geprägten Umfeld tätig wird oder weil kein Mechanismus zum Ausgleich etwaiger finanzieller Verluste vorgesehen ist. Entscheidend ist dabei nicht so sehr die Gewinnerzielungsabsicht, sondern vielmehr die Ausrichtung der Geschäftsführung an Leistungs-, Effizienz- und Wirtschaftlichkeitskriterien.[154] Steht es fest, dass dies nicht der Fall ist, dann ist es ein erstes Zeichen dafür, dass die Anbieter des besonderen Schutzes des Vergaberechts bedürfen könnten. Ob das Einkaufsverhalten der in Frage stehenden Einrichtung

---

151 Dies gilt z.B. für die öffentlichrechtlichen Kreditinstitute, die mehrere staatliche Privilegien genießen. Vgl. hierzu *Pietzcker*, ZHR 1998, S. 427 ff. (446 f.); *Marx/Prieß*, in: Jestaedt/Kemper/ Marx/Prieß, Das Recht der Auftragsvergabe, 1999, S. 39 f.

152 EuGH, Urteil v. 10.05.2001, Rs. C-223/99, C-260/99, Slg. 2001, I-3605 Rdnr. 29, 41 - Ente Fiera.

153 Schlussanträge des Generalanwalts La Pergola v. 19.02.1998 in der Rs. C-360/96, Slg. 1998, I-6821 - Gemeente Arnhem u. Gemeente Rheden / BFI Holding BV.

154 EuGH, Urteil v. 10.05.2001, Rs. C-223/99, C-260/99, Slg. 2001, I-3605 Rdnr. 30, 40 und 42 - Ente Fiera.

tatsächlich durch Verfahrensvorgaben gesteuert werden soll, entscheidet sich aber erst anhand des dritten Merkmals.

3. Staatliche Einflussnahme (Finanzierung, Organbesetzung, Aufsicht)

Es geht um das Merkmal der staatlichen Einflussnahme. Hier wird in der deutschen Rechtsprechung oft eine Parallele zu § 17 Abs. 1 AktG gezogen.[155] Danach sind abhängige Unternehmen rechtlich selbständige Unternehmen, auf die ein anderes Unternehmen (herrschendes Unternehmen) unmittelbar oder mittelbar einen beherrschenden Einfluss ausüben kann. Dies führt dazu, dass die deutsche Rechtsprechung zur Bejahung dieses dritten Merkmals der öffentlichen Einrichtung verlangt, dass der Staat die Möglichkeit hat, gegenüber der Einrichtung eigene Vorstellungen über das Beschaffungsverhalten durchzusetzen.[156]

Diese Auslegung steht zwar im Widerspruch zum Wortlaut des § 98 Nr. 2 GWB und der EG-Richtlinien, denn das Beschaffungsverhalten an sich wird nicht erwähnt, deckt sich aber mit der Rechtsprechung des EuGH, der eine solche enge Verbindung der Einrichtung mit dem Staat verlangt, welche es der öffentlichen Hand ermöglicht, die Entscheidungen dieser Einrichtung im Bereich öffentlicher Aufträge zu beeinflussen.[157]

Quantifiziert hat der EuGH im Fall „University of Cambridge" den Begriff der überwiegenden staatlichen Finanzierung: „im Sinne von mehr als der Hälfte" im Haushaltsjahr.[158] Bezüglich der erforderlichen Art der Finanzierung, die im Gesetz nicht ausdrücklich geregelt ist, stellt sich die weiter unten[159] in Bezug auf die Auftraggebereigenschaft von Sozialversicherungsträgern zu vertiefende Frage, ob nur die direkte Verteilung von Steuermitteln oder auch die Bezahlung von gesetzlich gesicherten Gebühren bzw. Beiträgen durch den Bürger als staatliche Finanzierung anzusehen ist.[160]

---

155 VÜA Bund, Beschluss v. 20.11.1995, 1 VÜ 5/95 – Abrissarbeiten.

156 VÜA Bund, Beschluss v. 12.04.1995, 1 VÜ 1/95 – Kraftwerkskomponenten.

157 EuGH, Urteil v. 27.02.2003, Rs. C-373/00, Slg. 2003, I-1931 Rdnr. 68 ff. – Adolf Truley / Bestattung Wien GmbH. In diesem Sinne auch OLG Düsseldorf, Beschluss v. 30.04.2003 - Verg 67/02 (Bundeswehrstiefel), ZfBR 2003, 605.

158 EuGH, Urteil v. 03.11.2000, Rs. C-380/98, Slg. 2000, I-8035 Rdnr. 33 - The Queen / H.M. Treasury (University of Cambridge).

159 Vgl. Teil D, 8. Kapitel, III. 1.

160 Hinsichtlich öffentlichrechtlicher Rundfunkanstalten vgl. *Pietzcker*, ZHR 1998, S. 427 ff. (447); *Bechtold*, GWB-Kommentar, 2002, § 98 Rdnr. 17; *Ohler*, Zum Begriff des

Deutlich ist das Gesetz bezüglich der Organbesetzung, während der Begriff der Aufsicht wiederum auslegungsbedürftig ist und daher im Einzelfall zu widerstreitenden Ergebnissen führen kann. Im Hinblick auf den klaren Wortlaut des Richtlinientextes, „Aufsicht hinsichtlich ihrer Leitung", ist jedenfalls die Annahme kaum vertretbar, dass der europäische Gesetzgeber nur eine bestimmte Art der Aufsicht, die Fachaufsicht, als vergaberechtlich relevant ansehe, während eine Rechtsaufsicht nicht genüge.[161] Genau wie bei dem Begriff der Finanzierung wird man hier vielmehr den Einzelfall genau prüfen müssen, um festzustellen, ob die konkrete gesetzliche Ausgestaltung der Finanzierungsart bzw. der Aufsichtsmittel und –reichweite eine solche Abhängigkeit vom Staat schafft, welche ein unwirtschaftliches, möglicherweise diskriminierendes, jedenfalls nicht hinreichend durch Wettbewerb gesteuertes Marktverhalten mit sich bringt.

Eine Besonderheit stellen die Sektorenauftraggeber dar, die eine Tätigkeit im Bereich der Wasser-, Energie- und Verkehrsversorgung sowie der Postdienste ausüben. Deren Eigenschaften sind in Art. 2 Abs. 1 und 2 Richtlinie 2004/17/EG (entspr. Art. 1 Abs. 1 und 2 sowie Art. 2 Abs. 1 SKR) gesondert geregelt. Anders ist hier die Tatsache, dass Unternehmen dann auch als öffentliche Auftraggeber gelten, wenn sie unabhängig vom Gründungszweck unter einem beherrschenden Einfluss der öffentlichen Hand stehen oder die Sektorentätigkeit aufgrund von besonderen oder ausschließlichen Rechten ausüben (so auch § 98 Nr. 4 GWB). Für die Vorschriften der Sektorenrichtlinie gilt Spezialität: Wird ein Sachverhalt durch die Richtlinie 2004/17/EG erfasst, dann ist die Anwendung der anderen Richtlinien ausgeschlossen.[162] Zur Abgrenzung bei gemischten Aufträgen gilt Art. 9 Richtlinie 2004/17/EG. Dies ist von großer Bedeutung, wenn man bedenkt, dass sich die Regelungen in der Richtlinie 2004/17/EG in

---

Öffentlichen Auftraggebers im Europäischen Vergaberecht, 2001, S. 159 - 167. Die Entscheidung des EuGH zum Fall „RAI" (Beschluss v. 26.11.1999, Rs. C-440/98, Slg. 1999, I-8597 - Corte die Conti / RAI) hat in der Sache nichts geklärt, denn der EuGH hat das Ersuchen als unzulässig zurückgewiesen.

161 So aber *Marx*, in: Motzke/Pietzcker/Prieß (Hrsg.), Beck'scher VOB-Kommentar, § 98 GWB Rdnr. 11; *Eschenbruch*, in: Niebuhr/Kulartz/Kus/Portz, Vergaberecht-Kommentar, § 98 GWB Rdnr. 65; *Müller-Wrede*, in: Ingenstau/Korbion (Hrsg.), VOB-Kommentar, § 98 GWB Rdnr. 33; *Dreher*, in: Immenga/Mestmäcker (Hrsg.), GWB-Kommentar, § 98 Rdnr. 51; *Werner*, in: Byok/Jaeger (Hrsg.), Vergaberecht-Kommentar, § 98 GWB Rdnr. 365; a.A. *Koenig/Engelmann/Hentschel*, MedR 2003, 562 ff. (564).

162 EuGH, Urteil v. 07.12.2000, Rs. C-324/98, Slg. 2000, I-10745 Rdnr. 33 - Telaustria Verlags GmbH u.a. / Telekom Austria AG.

vielen Punkten von den Vorschriften der Richtlinie 2004/18/EG deutlich unterscheiden und zum Teil mildere Anforderungen an das Vergabeverfahren stellen.

4. Kapitel: Öffentlicher Auftrag

I. Bau-, Liefer- und Dienstleistungsaufträge

Das Richtlinienrecht und dementsprechend das nationale Umsetzungsrecht sind auf die Vergabe von öffentlichen Bau-, Liefer- und Dienstleistungsaufträgen, von Baukonzessionen und auf die Durchführung von Auslobungsverfahren anzuwenden.[163] Die Frage, wann ein „öffentlicher Auftrag" vorliegt, wird übereinstimmend in Art. 1 Abs. 2 Richtlinie 2004/18/EG und 2004/17/EG (entspr. Art. 1 lit. a LKR, BKR, DKR, Art. 1 Nr. 4 SKR) und in § 99 GWB beantwortet. Verlangt wird ein entgeltlicher Vertrag zwischen einem Unternehmen und einem öffentlichen Auftraggeber. Die Qualifikation als öffentlicher Auftrag ist unabhängig von der Abgrenzung zwischen privatrechtlichen und öffentlich-rechtlichen Verträgen.[164] Das Europarecht kennt diese Unterscheidung nicht, so dass der Charakterisierung eines Vertrages als privatrechtlich oder öffentlich-rechtlich, welche dem jeweiligen nationalen Recht überlassen ist, keine Bedeutung für die Anwendbarkeit des Vergaberechts beizumessen ist. Dies ist nötig, um eine homogene Regelung der öffentlichen Auftragsvergabe in allen Mitgliedstaaten sicherzustellen.[165]

Dem widerspricht im deutschen Recht die amtliche Begründung zum Entwurf des § 99 GWB, welche Leistungen, die „ an Durchführungsorganisationen per Gesetz ... oder öffentlich-rechtlichem Vertrag" vergeben werden, ausnehmen will.[166] Diese enge Auslegung ist jedoch im Lichte des Europarechts, an dem sich die Auslegung des nationalen Umsetzungsrechts orientieren muss, nicht

---

163 *Bayer/Franke/Opitz*, EU-Vergaberecht, 2001, S. 56.

164 EuGH, Urteil v. 12.07.2001, Rs. C-399/98, Slg. 2001, I-5409 Rdnr. 73 - Ordine degli Architetti di Milano e Lodi. Dazu vgl. *Würfel/Burr*, NVWZ 2003, S. 153 ff. Zuletzt auch EuGH, Urteil v. 13.01.2005, Rs. C-84/03, NZBau 2005, 232 - Kommission / Spanien.

165 *Burgi*, NZBau 2002, S. 57 ff.; *Endler*, NZBau 2002, S. 125 ff. (128 ff.); *Dörr*, JZ 2004, S. 703 ff. (709); *Schulte*, NZBau 2000, S. 272 ff. (275 f.).

166 BT-Dr. 2/1158, S. 30 ff.; dem folgen *Dreher*, DB 1998, S. 2579 ff. (2587); *Schwarz*, in: Bechtold, GWB-Kommentar, 2. Auflage (1999), § 99 Rdnr. 1. So auch: BGH Kartellsenat, Urteil vom 12.11.1991, Az.: KZR 22/90, in: BGHZ 116, 339; BVerwG 5. Senat, Urteil vom 30.09.1993, Az.: 5 C 41/91, in: BVerwGE 94, 202.

haltbar.[167] Im Gegenteil, selbst die Beauftragung durch Verwaltungsakt müsste als öffentlicher Auftrag gelten, wenn sie sonst auch durch Vertrag hätte geregelt werden können, um Umgehungsversuche durch die öffentliche Hand zu vermeiden.[168] Dies wird dadurch bestätigt, dass der EuGH in diesem Zusammenhang klargestellt hat, dass der öffentliche Auftrag lediglich eine Rechtsbeziehung zwischen zwei verschiedenen Personen voraussetzt, die über eigene Entscheidungsgewalt verfügen.[169] Entscheidend ist also nur, ob eine entgeltliche Beschaffung von Leistungen vorliegt, d.h. ob der Vertrag auf den Erwerb einer Marktleistung gerichtet ist.

Bezüglich der Entgeltlichkeit[170] fragt sich, ob alle Vergütungsformen diese Voraussetzung erfüllen. Zunächst lässt sich im Hinblick auf den Wortlaut feststellen, dass ein entgeltlicher Vertrag grundsätzlich einen Vertrag über eine Leistung darstellt, der auf eine Gegenleistung gerichtet ist. Letztere kann sowohl in einer Geldzahlung als auch in einer anderen Leistung liegen, die einen Geldwert darstellen kann. Die Vergütungsart ist an sich irrelevant.

II. Dienstleistungskonzessionen

1. Grammatikalische Auslegung

Bei Zugrundelegung der beiden weiten Unterscheidungsmerkmale des Vertrages einerseits und der Entgeltlichkeit andererseits fragt sich, ob auch Bau- und Dienstleistungskonzessionen vom Begriff des öffentlichen Auftrags erfasst werden. Der Begriff der Konzession stammt aus dem Latein „concessio", d.h. Zugeständnis bzw. Einräumung, und bezieht sich auf das Rechtsverhältnis zwischen einem Konzessionsgeber und einem Konzessionär, dem das Recht zur eigenverantwortlichen Verwertung einer gewissen Tätigkeit eingeräumt wird. Insbeson-

---

167 So auch *Mrozynski*, RsDE Nr. 47 (2001), S. 29 ff. (41) m.w.N.; *Pieper*, DVBl. 2000, S. 160 ff. (165); *Koenig/Steiner*, ZESAR 2003, S. 150 ff. (150 f.).

168 *Burgi*, NZBau 2002, S. 57 ff. (62); *Endler*, NZBau 2002, S. 125 ff. (129); *Koenig/Steiner*, ZESAR 2003, S. 150 ff. (151 f.). A.A. *Kulartz*, NZBau 2001, S. 173 ff. (176).

169 EuGH, Urteil v. 18.11.1999, Rs. C-107/98, Slg. 1999, I-8121 Rdnr. 50 - Teckal Srl. / Comune die Viano u.a.; EuGH, Urteil v. 07.12.2000, Rs. C-94/99, Slg. 2000, I-11037 Rdnr. 40 - ARGE Gewässerschutz / Bundesministerium für Land- und Forstwirtschaft.

170 Zum Begriff der „Entgeltlichkeit" im Vergaberecht vgl. *Werner/Köster*, NZBau 2003, S. 420 ff.

dere zur Finanzierung und Realisierung der großen Infrastrukturarbeiten wie des Baus der Eisenbahnverbindungen oder großer Teile des Straßennetzes werden Konzessionen schon lange in einigen Mitgliedstaaten vergeben, um die öffentlichen Haushalte zu entlasten und den privaten Bereich auch bei Tätigkeiten im öffentlichen Interesse einzubeziehen.[171]

Solche Bau- und Dienstleistungskonzessionen sind von den teilweise ebenfalls als Konzessionen bezeichneten Akten, durch die eine Behörde die Genehmigung zur Ausübung einer wirtschaftlichen Tätigkeit erteilt, streng zu unterscheiden. Gemeint sind etwa Taxikonzessionen oder die Genehmigung zur Sondernutzung öffentlichen Grunds oder die Erlaubnis zum Betrieb von Apotheken und Tankstellen; hier hängt ein privatrechtliches Handeln von einer staatlichen, meistens gegen Zahlung eines Entgelts zu erlangenden Gestattung ab.[172] Die vergaberechtlich relevanten Bau- und Dienstleistungskonzessionen sehen hingegen die Einräumung des Verwertungsrechts als Gegenleistung für die Verpflichtung zu einer bestimmten Leistung vor, deren Erfüllung grundsätzlich einem öffentlichen Auftraggeber obliegt. Dabei wird im Wesentlichen das Betriebsrisiko auf den Konzessionär übertragen, der für die tatsächlich erbrachte Leistung erst von den Nutzern ein Entgelt erhält.[173]

Trotz des übernommenen Risikos und der Tatsache, dass die konkrete Leistungserbringung nicht vom Auftraggeber eingekauft wird, sehen auch diese Verträge eine Leistung und ein Gegenleistung vor, und zwar in Form von Übernahme von Pflichten und Gewährung von Rechten, so dass sie als entgeltliche Verträge betrachtet werden könnten.[174] Allerdings können sie schwerlich als Beschaffungsvorgänge betrachtet werden, da hier der Konzessionsgeber eher als Anbieter denn als Nachfrager auftritt.[175] Dies wirft die Frage auf, ob nicht be-

---

171 ABl. EGV vom 29.04.2000, C 121/2. Zum Konzessionssystem als Form der Privatisierung öffentlicher Aufgaben durch „Verwaltungssubstitution" und zu dessen vergaberechtlicher Relevanz vgl. *Hüser*, Ausschreibungspflichten bei der Privatisierung öffentlicher Aufgaben, 2005, S. 88 ff. und 295 ff.

172 ABl. EGV vom 29.04.2000, C 121/5.

173 *Stickler*, in: Reidt/Stickler/Glahs, Vergaberecht-Kommentar, § 99 GWB Tz. 27a.

174 *Dreher*, in: Immenga/Mestmäcker (Hrsg.), GWB-Kommentar, § 99 GWB Rdnr. 8; *Boesen*, Vergaberecht-Kommentar, § 99 Rdnr. 57; a.A. *Stickler*, in: Reidt/Stickler/Glahs, Vergaberecht-Kommentar, § 99 GWB Rdnr. 27b. VG Neustadt an der Weinstrasse, Beschluss v. 06.09.2001 Az.: 7 L 1422/01.NW, in: VergabeR 2002, S. 51.

175 *Gröning*, VergabeR 2002, S. 24 ff. (26); *Kulartz*, NZBau 2001, S. 173 ff. (178).

reits der Begriff der Entgeltlichkeit zwingend voraussetzt, dass der öffentliche Auftraggeber auch unmittelbar über den wirtschaftlichen Erfolg des Auftragnehmers bestimmen kann. Der Wortlaut ist insoweit offen.

2. Historische und teleologische Auslegung

Zuerst wurden Konzessionen, die Bauleistungen zum Gegenstand haben, gesetzlich definiert und anders geregelt als öffentliche Bauaufträge. In Art. 1 Buchstabe d der Richtlinie 89/440/EWG wurden Baukonzessionen legal definiert als „Verträge, die von den [öffentlichen Bauaufträgen] nur insoweit abweichen, als die Gegenleistung für die Arbeiten ausschließlich in dem Recht zur Nutzung des Bauwerks oder in diesem Recht zuzüglich der Zahlung eines Preises besteht". Der europäische Gesetzgeber sah also die Konzession nach den allgemeinen Vorschriften als nicht erfasst an. Begründet wurde die Aufnahme von Baukonzessionen in den Anwendungsbereich der Richtlinie mit deren großer wirtschaftlicher Bedeutung im Bereich öffentlicher Bauten.[176] Definition und Rechtfertigung wurden gleich lautend in Art. 1 Buchstabe d der nachfolgenden Richtlinie 93/37/EWG (BKR) übernommen. Art. 3 der BKR traf dann spezielle Regelungen für Baukonzessionsverträge. Derzeit finden sich die Vorschriften im Bereich öffentlicher Baukonzessionen im 3. Titel der Richtlinie 2004/18/EG. Im Sektorenbereich werden Baukonzessionen gem. Art. 18 der Richtlinie 2004/17/EG nicht von dieser Richtlinie erfasst. Im deutschen Vergaberecht sind Baukonzessionen in § 6 S. 1 VgV i.V.m. §§ 32, 32a Nr. 1 VOB/A geregelt.

Während der deutsche Gesetzgeber noch keine speziellen Vorschriften für Dienstleistungskonzessionen erlassen hat, sind letztere im Gemeinschaftsrecht nun gem. Art. 17 der Richtlinie 2004/18/EG und Art. 18 Richtlinie 2004/17/EG ausdrücklich vom Anwendungsbereich der Vergaberichtlinien ausgeschlossen. Bereits im Jahre 2000 hatte allerdings der EuGH entschieden, dass Dienstleistungskonzessionen aus dem Anwendungsbereich der SKR auszunehmen seien.[177] Diese Entscheidung hatte der EuGH in einem Beschluss vom 30. Mai

---

176 11. Begründungserwägung der Richtlinie.

177 EuGH, Urteil v. 07.12.2000, Rs. C-324/98, Slg. 2000, I-10745 - Telaustria Verlags GmbH u.a. / Telekom Austria AG; besprochen wird das Urteil u.a. von *Gröning*, NZBau 2001, S. 123 ff.

2002 bekräftigt, in dem auch die DKR im Falle von Dienstleistungskonzessionen für nicht anwendbar erklärt wurde.[178]

a) Der Fall „Telaustria“

Der EuGH stützte sich bei seiner Entscheidung im „Telaustria“-Fall insbesondere auf die Entstehungsgeschichte der Vergaberichtlinien. Diese sei im Folgenden kurz dargelegt. In ihrem Vorschlag für eine Richtlinie des Rates über die Koordinierung der Verfahren zur Vergabe öffentlicher Dienstleistungsaufträge[179] und in ihrem geänderten Vorschlag für eine Richtlinie des Rates betreffend die Auftragsvergabe durch Auftraggeber im Bereich der Wasser-, Energie- und Verkehrsversorgung sowie im Telekommunikationssektor[180] hatte die Kommission mit dem Ziel, kohärente Vergabeverfahren einzuführen, einige Vorschriften über die Vergabe von Dienstleistungskonzessionen aufgenommen.[181] In Art. 1 lit. h) des Vorschlags für die Richtlinie 92/50/EWG wurde die Dienstleistungskonzessionsvergabe von der Auftragsvergabe über die Vergütungsart abgegrenzt. Eine Dienstleistungskonzession war danach ein Vertrag, aufgrund dessen „der Auftraggeber die Ausführung einer Tätigkeit zu Gunsten der Öffentlichkeit, die seiner Verantwortung untersteht, einer anderen Stelle seiner Wahl überträgt, die die Tätigkeit gegen das Recht zur Nutzung dieser Tätigkeit oder gegen dieses Recht zuzüglich der Zahlung eines Preises ausführt.“[182] Hier wurde daher in Anlehnung an die Legaldefinition der Baukonzession betont, dass das wichtigste Erkennungsmerkmal der Dienstleistungskonzession, im Gegensatz zu sonstigen entgeltlichen Verträgen, darin besteht, dass die Gegenleistung durch die Einräumung des Rechts zur Verwertung der zu erbringenden Dienstleistung erfolgt.

Beide Vorschläge wurden jedoch vom Rat während des Gesetzgebungsverfahrens abgelehnt. Die Richtlinie 92/50/EWG (DKR) sprach also nur von öffentli-

---

178 EuGH, Beschluss v. 30.05.2002, Rs. C-358/00, Slg. 2002, I-4685 - Buchhändlervereinigung GmbH / Saur Verlag GmbH & Co. KG, Die Deutsche Bibliothek.

179 KOM(90) 372 endg. (ABl. 1991 C 23, S. 1), bezüglich der Richtlinie 92/50.

180 KOM(89) 380 endg. (ABl. 1989 C 264, S. 22), bezüglich der Richtlinie 90/531/EWG, Vorgängerrichtlinie der Richtlinie 93/38.

181 EuGH, Urteil v. 07.12.2000, Rs. C-324/98, Slg. 2000, I-10745 Rdnr. 47 - Telaustria Verlags GmbH u.a. / Telekom Austria AG. Zum erneuten Appell der Kommission, Dienstleistungskonzessionen bei öffentlich-private Partnerschaften in das Vergaberecht einzubeziehen vgl. zuletzt KOM(2004), 327 endg. (Frage 7).

182 ABl. 1991 Nr. C 23, S. 1.

chen Dienstleistungsaufträgen. Die Sektorenrichtlinie 93/38/EWG, die am selben Tag wie die 93/37/EWG (BKR) erlassen wurde, beinhaltete keine spezifischen Regeln über Bau- und Dienstleistungskonzessionen. Wäre man nun mangels spezieller Vorschriften davon ausgegangen, dass die Vorschriften für öffentliche Dienstleistungsaufträge und für öffentliche Aufträge im Sektorenbereich auch für Konzessionen zu gelten hatten, dann wären die vergaberechtlichen Vorgaben für Konzessionen im Dienstleistungs- und im Sektorenbereich strenger gewesen als die in der BKR. Dies wäre im Hinblick auf die besonders große wirtschaftliche Bedeutung von Konzessionen im Bereich öffentlicher Bauten ein Widerspruch gewesen. Deswegen ist auch die Kommission in den Fällen, die sie zu bearbeiten hatte, dieser Auslegung nicht gefolgt.[183]

Eine solche Auslegung konnte auch nur schwer mit dem ausdrücklichen Willen des Gemeinschaftsgesetzgebers vereinbart werden, Baukonzessionen zwar in die BKR aufzunehmen, jedoch wegen der besonderen Vertragsform, die den wirtschaftlichen Vorteil für den Konzessionär durch die hinzukommende Unsicherheit beschränkt, unter aufgelockerten Bedingungen zu regeln. Die mangelnde Regelung von Konzessionen in den DKR und SKR musste daher konsequenterweise als ausdrückliche Weigerung des europäischen Gesetzgebers gedeutet werden, die Konzession – abgesehen vom besonders geregelten Fall der Baukonzession in der BKR – überhaupt in den Anwendungsbereich des europäischen Vergaberechts aufzunehmen.[184]

Im o.g. Fall „Telaustria" ging es um einen Vertrag, der die Herstellung gedruckter und elektronisch nutzbarer Telefonbücher und ihre Herausgabe zur allgemeinen Verbreitung einem privaten Unternehmen übertrug. Dieser sei „beim derzeitigen Stand des Gemeinschaftsrechts vom Anwendungsbereich dieser Richtlinie [93/38/EWG] insbesondere deshalb ausgenommen, weil die Gegenleistung, die das erstgenannte Unternehmen dem zweitgenannten erbringt, darin besteht, dass Letzteres als Vergütung das Recht zur Verwertung seiner eigenen Leistung er-

---

183 ABl. 2000 Nr. C 121, Fn. 15.

184 Schlussanträge des Generalanwalts La Pergola v. 19.02.1998 in der Rs. C-360/96, Slg. 1998, I-6821 Rdnr. 26 - Gemeente Arnhem u. Gemeente Rheden / BFI Holding BV; Schlussanträge des Generalanwalts Fennelly v. 18.05.2000 in der Rs. C-324/98, Slg. 2000, I-10745 Rdnr. 21ff. - Telaustria Verlags GmbH u.a. / Telekom Austria AG.

hält."[185] Der EuGH übernahm in diesem Urteil die Argumentation der Generalanwälte La Pergola und Fennelly und zielte dabei offensichtlich auf eine teleologische Reduktion des weiten Unterscheidungsmerkmals der Entgeltlichkeit ab, um die Auftragsvergabe von der Konzessionsvergabe abzugrenzen.[186] Der weite Entgeltbegriff ist demnach im Vergaberecht eng auszulegen und schließt das Recht zur Verwertung eigener Leistungen nicht ein.

b) Zusammenfassung

Dem Urteil im Fall „Telaustria" lässt sich demnach entnehmen, dass die normative Funktion des Vergabeverfahrens bezüglich der Vergabe entgeltlicher Verträge, die eine Leistung mit einem Verwertungsrecht vergüten, also für den Konzessionär als Leistungserbringer ein Investitionsrisiko mit enthalten, vom Gesetzgeber gar nicht gewollt ist. „Entgeltlich" im Sinne des Vergaberechts bedeutet daher nur eine beim Abschluss des Vertrags genau, wenn auch nur abstrakt[187] festgesetzte Vergütung. Nach dieser teleologisch reduzierten Auslegung des Entgeltlichkeitsbegriffs werden Konzessionen im Allgemeinen nicht vom vergaberechtlichen Begriff des öffentlichen Auftrags erfasst. Bei dem Art. 17 Richtlinie 2004/18/EG und dem Art. 18 Richtlinie 2004/17/EG handelt es sich daher lediglich um eine Klarstellung des bereits vom EuGH im Wege der historisch und teleologisch ausgerichteten Auslegung gewonnenen Inhalts des Begriffs des öffentlichen Auftrags.

Es ist also die besondere Vergütungsart bei Konzessionen, die an sich schon zu deren prinzipiellem Ausschluss aus dem sachlichen Anwendungsbereich des europäischen und konsequenterweise auch des nationalen Vergaberechts führt, es sei denn dieser wird vom Gesetzgeber durch spezielle Vorschriften wiederum erweitert. Dies ist bisher nur für Baukonzessionen geschehen, auf die das Vergaberecht in Form der oben erwähnten Vorschriften anzuwenden ist. Dienstleistungskonzessionen fallen hingegen nicht in den sachlichen Anwendungsbereich der Richtlinien über das öffentliche Auftragswesen. Dementsprechend muss die Vergabe von Dienstleistungskonzessionen auch nicht unter Beachtung des Gesetzes gegen Wettbewerbsbeschränkungen, der Bestimmungen der Vergabever-

---

185 EuGH, Urteil v. 07.12.2000, Rs. C-324/98, Slg. 2000, I-10745 - Telaustria Verlags GmbH u.a. / Telekom Austria AG.

186 *Bayer/Franke/Opitz*, EU-Vergaberecht, 2001, S. 59.

187 EuGH, Urteil v. 26.04.1994, Rs. C-272/91, Slg. 1994, I-1409 Rdnr. 25 - Kommission / Italien (Lottomatica).

ordnung und der einschlägigen Verdingungsordnungen erfolgen. Sie unterliegt insbesondere auch nicht dem Nachprüfungsverfahren des vierten Teils des GWB.

3. Parameter zur Begriffsumgrenzung

Steht also nunmehr eindeutig fest, dass die Vergabe von Dienstleistungskonzessionen rechtlich anders als die Vergabe von Dienstleistungsaufträgen zwischen öffentlichen Auftraggebern und Unternehmen zu behandeln ist, weil Dienstleistungskonzessionen nicht den Bestimmungen des europäischen oder nationalen Vergaberechts unterliegen, so stellt sich die weitere Frage nach einer präzisen Umgrenzung des Begriffs der Dienstleistungskonzession, um über die Anwendbarkeit des Vergaberechts im konkreten Fall entscheiden zu können. Es müssen allgemeingültige, für alle Mitgliedstaaten gleiche Parameter geschaffen werden, welche die typisierte Feststellung ermöglichen, ob der in Frage stehende Vertrag einen Dienstleistungsauftrag oder eine Dienstleistungskonzession darstellt.

Der Begriff der Konzession taucht zwar im EG-Vertrag nicht auf. Sowohl die Bau- als auch die Dienstleistungskonzession sind aber nun in den neuen Richtlinien legal definiert. Gem. Art. 1 Abs. 3 lit. a Richtlinie 2004/17/EG und Art. 1 Abs. 3 Richtlinie 2004/18/EG ist eine Baukonzession „ein Vertrag, der von einem Bauauftrag nur insoweit abweicht, als die Gegenleistung für die Bauleistungen ausschließlich in dem Recht zur Nutzung des Bauwerks oder in diesem Recht zuzüglich der Zahlung eines Preises besteht“. Gem. Art. 1 Abs. 3 lit. b Richtlinie 2004/17/EG und Art. 1 Abs. 4 Richtlinie 2004/18/EG ist eine Dienstleistungskonzession „ein Vertrag, der von einem Dienstleistungsauftrag nur insoweit abweicht, als die Gegenleistung für die Erbringung der Dienstleistungen ausschließlich in dem Recht zur Nutzung der Dienstleistung oder in diesem Recht zuzüglich der Zahlung eines Preises besteht.“

Eine Definition des Begriffs der Dienstleistungskonzession enthält auch die rechtlich unverbindliche Mitteilung der Kommission zu Auslegungsfragen im Bereich Konzessionen im Gemeinschaftsrecht vom 12.4.2000: danach handelt es sich bei der Dienstleistungskonzession um einen Akt, „durch den eine Behörde einem Dritten entweder vertraglich oder durch einen einseitigen Akt mit Zustimmung dieses Dritten die vollständige oder teilweise Durchführung von Dienstleistungen überträgt, die grundsätzlich in ihre Zuständigkeit fallen und für die der Dritte die Nutzung trägt.“[188] Es wird hier hervorgehoben, dass der Konzessionär ein Dritter sein muss, der eine Tätigkeit, deren Erfüllung grundsätzlich einer öffentlichen Stelle obliegt, selbständig durchführt und deswegen das wirtschaftliche Risiko bei der Aufgabenerfüllung trägt.

Über die Definitionen hinaus kann aber vor allem eine durch Rechtsprechung entstandene Kasuistik zur begrifflichen Abgrenzung im konkreten Fall verhelfen. Einschlägig ist hier die Rechtsprechung des EuGH, der sich - noch vor dem Urteil „Telaustria“ - bereits in einigen Fällen mit der schwierigen Abgrenzung zwischen öffentlichen Aufträgen und Dienstleistungskonzessionen auseinandersetzen musste. Der Rechtsprechung des EuGH lässt sich auch eine systematisierende Dogmatik entnehmen.

Im Urteil „Telaustria“ greift der EuGH selber auf seine vorherige Rechtsprechung zu den Konzessionen[189] zurück und trifft die fragliche Unterscheidung zwischen Dienstleistungsauftrag und Dienstleistungskonzession - wie bereits vorher - über die Vergütungsart. Wie vom Generalanwalt La Pergola aufgeführt[190], haben sich in der Rechtsprechung des EuGH vier Erkennungsmerkmale der öffentlichen Dienstleistungskonzession herauskristallisiert:

- erstens erbringt der Konzessionär die Dienstleistung direkt gegenüber den Bürgern;
- zweitens tritt der Konzessionär in die Pflichten des Konzessionsgebers bezüglich der Sicherstellung der Leistungserbringung;
- drittens erhält der Konzessionär, wenn überhaupt, nur zusätzlich zum Nutzungsrecht auch einen Preis;
- viertens trägt der Konzessionär das wirtschaftliche, vom Ausmaß der Nutzung abhängige Risiko aus der Erbringung und Verwaltung der Dienstleistung.

---

188 ABl. 2000 Nr. C 121, S. 5.

189 EuGH, Urteil v. 26.04.1994, Rs. C-272/91, Slg. 1994, I-1409 - Kommission / Italien (Lottomatica); EuGH, Urteil v. 10.11.1998, Rs. C-360/96, Slg. 1998, I-6821 - Gemeente Arnhem und Gemeente Rheden / BFI Holding BV; EuGH, Urteil v. 09.09.1999, Rs. C-108/98, Slg. 1999, I-5219 - RI.SAN Srl / Comune di Ischia.

190 Schlussanträge des Generalanwalts La Pergola v. 19.02.1998 in der Rs. C-360/96, Slg. 1998, I-6821 Rdnr. 26 - Gemeente Arnhem u. Gemeente Rheden / BFI Holding BV.

Zusammenfassend lässt sich feststellen, dass sich Bau- und Dienstleistungskonzessionen von öffentlichen Aufträgen insbesondere dadurch unterscheiden, dass die öffentliche Hand bei der Vergabe von Konzessionen selber nicht direkt einkauft, sondern einem Dritten die Ausübung einer ihr obliegenden Tätigkeit überträgt, der seinerseits verpflichtet ist, diese Tätigkeit in eigener Verantwortung auszuüben und sie dafür für sich verwerten darf. Der Konzessionär trägt das Unternehmerrisiko für den Absatz seiner Leistungen allein. Wie hoch die Gewinnchancen im konkreten Fall dann sind, spielt für die Bestimmung der Vertragsart an sich keine Rolle. Die Frage, ob eine bestimmte Tätigkeit mehr oder weniger sichere Einnahmen verspricht, darf daher nicht mit der Frage, wer das wirtschaftliche Risiko trägt, verwechselt werden. Das Kriterium des Nutzungsrechts mit den sich typischerweise daraus ergebenden Investitionsrisiken und den damit verbundenen Verpflichtungen ist somit das entscheidende Erkennungsmerkmal der Dienstleistungs- wie der Baukonzession.[191]

Deswegen hat der EuGH noch zuletzt hervorgehoben, die Dienstleistungskonzession sei durch den Übergang der mit der Erbringung der fraglichen Dienstleistungen verbundenen Gefahren auf den Konzessionär gekennzeichnet.[192] Der Konzessionär weiß nicht, ob er seine Leistung gegen Entgelt erbringen wird, und er ist selber für jeden Schaden haftbar, der durch ein Fehlverhalten bei der Erbringung der fraglichen Dienstleistung verursacht wird.

Der Konzessionär tritt quasi an die Stelle der öffentlichen Hand und erbringt die Leistung unmittelbar für die Bürger, die selbst entscheiden können, ob und wo sie die Leistung einkaufen. Nicht die öffentliche Hand, sondern der Nutzer ist der Nachfrager der einzelnen konkreten Leistung. Der Konzessionär trägt das wirtschaftliche Risiko, dass seine Leistung am Markt nicht nachgefragt wird. Im Falle eines öffentlichen Auftrags erhält der Auftragnehmer dagegen für die Erledigung des Auftrags gegenüber dem Auftraggeber einen konkret bzw. abstrakt festgelegten Preis („pretium“) und hat selbst gegenüber den Nutznießern der Leistung keine Pflichten und keine Rechten.

---

191 ABl. 2000 Nr. C 121.

192 EuGH, Urteil v. 27.10.2005, Rs. C-234/03, NVwZ 2006, 187 - Contse u.a. In diesem Fall hatte die spanische staatliche Sozialversicherungsanstalt Insalud häusliche Atemtherapien und andere Techniken der Ventilationsunterstützung ausgeschrieben.

Umstritten ist die Einordnung eines Vertrags als Dienstleistungskonzession, wenn der öffentliche Auftraggeber mehrere Aufgaben überträgt, von denen aber nicht alle eine wirtschaftliche Nutzungsmöglichkeit bieten. Betrachtet man den ganzen Vorgang als einen einzigen Vertrag, kommt man zu der Schlussfolgerung, dass nur eine Dienstleistungskonzession vorliegt.[193] Spaltet man die Vorgänge, wird die Vergabe nicht verwertbarer Aufgaben jedenfalls nicht als Konzession angesehen.[194] Die Besonderheit der gemischten Fälle liegt gerade darin, dass der öffentliche Auftraggeber zwar eine nicht weiter verwertbare Leistung gegen Bezahlung eines von Anfang an festgelegten Preises einkauft, also einen öffentlichen Auftrag i.S.d. europäischen und nationalen Vergaberechts vergibt, aber der vereinbarte Preis seinerseits keine Geldsumme, sondern die Vergabe einer Dienstleistungskonzession darstellt. Würde man den Vorgang nicht spalten, weil ein einziger Vertrag abgeschlossen wird, so würde diese Konstruktion es dem Auftraggeber erlauben, die Vorschriften des GWB zu umgehen. Allein die als Preis vergebene Dienstleistungskonzession ist daher als solche dem Anwendungsbereich des GWB zu entziehen.

III. Rahmenvereinbarungen

Weiterhin ist bei der Auslegung des Begriffs des öffentlichen Auftrags der Fall der Rahmenvereinbarung genauer zu untersuchen, denn gerade diese Vertragsform begegnet sehr oft im sozialen Leistungserbringungsrecht.

1. Legaldefinition

In den alten Richtlinien fand sich eine Legaldefinition der Rahmenvereinbarung nur in der Sektorenrichtlinie. Gem. Art. 1 Abs. 5 SKR war eine Rahmenübereinkunft „eine Übereinkunft zwischen einem Auftraggeber im Sinne des Artikels 2 und einem oder mehreren Lieferanten, Unternehmen oder Dienstleistungserbringern, die zum Ziel hat, die Bedingungen für die Aufträge, die im Laufe eines bestimmten Zeitraums vergeben werden sollen, festzulegen, insbesondere in Bezug auf den in Aussicht genommenen Preis und gegebenenfalls die in Aussicht genommene Menge“. Diese Definition wurde gleich lautend im deutschen Verga-

---

193 *Gröning*, VergabeR 2002, S. 24 ff. (28 f.); OLG Koblenz, Beschluss v. 06.11.2000 Az.: Verg 4/00, in: NZBau 2001, 283.

194 VG Neustadt an der Weinstrasse, Beschluss v. 06.09.2001 Az.: 7 L 1422/01.NW, in: VergabeR 2002, S. 51.

berecht (§ 5b Nr. 1 VOB/A und VOL/A) und in der neuen Sektorenrichtlinie (Art. 1 Abs. 4 Richtlinie 2004/17/EG) übernommen, wobei der Begriff der Rahmenübereinkunft durch den der Rahmenvereinbarung ersetzt wurde.

Neu ist die weitgehend gleiche Regelung für Rahmenvereinbarungen in der Richtlinie für die klassischen Bereiche. Laut Art. 1 Abs. 5 Richtlinie 2004/18/EG ist eine Rahmenvereinbarung „eine Vereinbarung zwischen einem oder mehreren öffentlichen Auftraggebern und einem oder mehreren Wirtschaftsteilnehmern, die zum Ziel hat, die Bedingungen für die Aufträge, die im Laufe eines bestimmten Zeitraums vergeben werden sollen, festzulegen, insbesondere in Bezug auf den Preis und gegebenenfalls die in Aussicht genommene Menge."

Die Definitionen sind also für alle Bereiche quasi identisch. Die rechtlichen Regelungen für den Abschluss von Rahmenvereinbarungen weichen aber stark voneinander ab. Vor Darlegung der einschlägigen Verfahrensbestimmungen sollen aber zum einen die rechtliche Natur der Rahmenvereinbarung untersucht, zum anderen der wesentliche Unterschied zwischen Rahmenvereinbarung und Dienstleistungskonzession herausgearbeitet werden.

2. Rahmenvertrag vs. Rahmenvereinbarung im engeren Sinne

Nach deutschem Rechtsverständnis stellt die Rahmenvereinbarung eine vorvertragliche Abmachung dar, die einen späteren (Haupt-)Vertrag verbindlich vorbereiten soll.[195] Die Inhalte der praktisch möglichen Vereinbarungen sind fließend. Es handelt sich jedenfalls um Verträge, Rahmenverträge, die eine auf Dauer angelegte Geschäftsverbindung eröffnen, indem sie Einzelheiten künftig abzuschließender Verträge festlegen. Da die öffentlichen Auftraggeber in den Grenzen der Vertragsfreiheit in der Gestaltung des Inhalts ihrer Verträge freigestellt sind, dürfen sie grundsätzlich frei entscheiden, ob sie zuerst eine Rahmenvereinbarung abschließen oder gleich einen konkreten Auftrag vergeben. In der deutschen Praxis wurde deswegen die Rahmenvereinbarung trotz mangelnder Regelung im Vergaberecht auch von den klassischen öffentlichen Auftraggebern genutzt und von den nationalen Nachprüfungsinstanzen als zulässig angesehen.[196] Die Auftraggeber wurden lediglich daran gehalten, bei der Ausschreibung einer

---

195 *Eckert*, in: Bamberg/Roth, BGB-Kommentar, § 145 Rdnr. 20 ff.

196 VÜA Bund, Beschluss v. 12.12.1994 - 1 VÜ 9/94; BKartA, Beschluss v. 19.06.2000 - VK 2 - 10/00.

Rahmenvereinbarung in gleicher Weise wie bei der Vergabe eines Einzelauftrags die vergaberechtlichen Grundsätze zu beachten.

In der Richtlinie 2004/17/EG wird die Rahmenvereinbarung in den „Vorschriften für Aufträge" geregelt. Es wird klargestellt, dass Rahmenvereinbarungen zwar keine Aufträge sind, aber als solche angesehen werden können (Art. 14 Abs. 1 Richtlinie 2004/17/EG). Dem Wortlaut des Art. 14 Abs. 4 Richtlinie 2004/17/EG lässt sicht entnehmen, dass der Abschluss von Rahmenvereinbarungen grundsätzlich erlaubt ist, die Auftraggeber jedoch Rahmenvereinbarungen nicht dazu missbrauchen dürfen, den Wettbewerb zu verhindern, einzuschränken oder zu verfälschen. Für den Sektorenbereich betrachtet also auch der europäische Gesetzgeber Rahmenvereinbarungen als Vertragstypus, dessen Gestaltung nur durch den Grundsatz des freien Wettbewerbs als Grenze der Vertragsfreiheit eingeschränkt wird.

In dem Erwägungsgrund Nr. 16 der Richtlinie 2004/18/EG wird die Rahmenvereinbarung hingegen neben zentralen Beschaffungsstellen, dynamischen Beschaffungssystemen, elektronischen Auktionen und Verhandlungsverfahren erwähnt. Der europäische Gesetzgeber scheint hier die Rahmenvereinbarung als eine zusätzliche Verfahrensart zu betrachten. Bestätigt wird dies dadurch, dass die Rahmenvereinbarung im Kapitel V der Richtlinie 2004/18/EG, d.h. in dem Kapitel über die Verfahren, behandelt wird. Dabei heißt es in Art. 32 Abs. 1 Richtlinie 2004/18/EG, dass die Mitgliedstaaten für die öffentlichen Auftraggeber die Möglichkeit des Abschlusses von Rahmenvereinbarungen vorsehen können. Da die zulässigen Beschaffungsarten im Vergaberecht ausdrücklich und abschließend geregelt sind, bedeutet dies im Ergebnis, dass der Abschluss von Rahmenvereinbarungen für den klassischen Bereich nur zulässig ist, wenn das nationale Vergaberecht dies auch vorsieht.

An dieser Stelle muss man jedoch eine wichtige Unterscheidung einführen. Obwohl immer nur von „Rahmenvereinbarung" die Rede ist, sind - gerade wegen der grundsätzlichen Gestaltungsfreiheit beim Abschluss von Verträgen - zwei unterschiedliche Sachverhalte denkbar: Rahmenvereinbarungen, in denen alle Bedingungen für die künftigen Verträge bereits verbindlich festgelegt sind, und Rahmenvereinbarungen, bei denen bestimmte Bedingungen später noch festgelegt werden müssen. Die europäische Kommission spricht deswegen von Rahmenvertrag und Rahmenvereinbarung im engeren Sinne.[197]

Beim ersten Fall handelt es sich auch nach europäischem Verständnis um eine sowohl im Sektoren- als auch im klassischen Bereich schon immer erlaubte Vertragsart, die jedoch zur Wahrung des Wettbewerbsgrundsatzes wie ein öffentlicher Auftrag anzusehen ist, obwohl es an einer direkten Zahlungsverpflichtung aus der Rahmenvereinbarung, also an der Entgeltlichkeit, fehlt.[198] Der öffentliche Auftraggeber darf sich nicht für einen Rahmenvertrag entscheiden, um die allgemeinen Verfahrensvorschriften – etwa wegen der meistens geringen Schwellenwerte der einzelnen kleinen Aufträge – zu umgehen. In diesen Fällen sah der EuGH schon immer die Pflicht des Auftraggebers, den Abschluss eines Rahmenvertrages den allgemeinen Regeln des Vergaberechts zu unterwerfen.[199] Der geschätzte Wert entsprach in analoger Anwendung des Art. 14 Abs. 9 SKR (übernommen in Art. 17 Abs. 3 Richtlinie 2004/17/EG und Art. 9 Abs. 9 Richtlinie 2004/18/EG) dem geschätzten Gesamtwert ohne MwSt aller für die gesamte Laufzeit der Rahmenvereinbarung geplanten Aufträge. In diesem Sinne regelt auch im deutschen Vergaberecht § 3 Abs. 8 VgV die Schätzung des Auftragswerts für Rahmenvereinbarungen.

Allein der zweite Fall, die Rahmenvereinbarung im engeren Sinne, betrifft eine ausdrücklich zu regelnde Beschaffungsart, denn die Rahmenvereinbarung kann hier noch nicht zur Ausführung von Leistungen nach Art eines Vertrages führen, sondern es sind später noch weitere Verhandlungen zwischen Auftraggeber und Bietern notwendig. Diese zusätzlichen Vereinbarungen bedürfen ihrerseits spezifischer Verfahrensregelungen, so dass der Abschluss von Rahmenvereinbarungen im engeren Sinne nur dann zulässig sein kann, wenn der Gesetzgeber Bestimmungen auch für die Vergabe von Aufträgen auf deren Grundlage getroffen hat. Dass eine solche Unterscheidung im Sektorenbereich unterblieben ist, beruht vermutlich darauf, dass hier die Auftraggeber in der Wahl der Verfahrensart weitgehend frei sind (Art. 40 Abs. 2 Richtlinie 2004/17/EG).

---

[197] CC/2005/03_rev1 vom 14.7.2005.

[198] So bereits *Bayer/Franke/Opitz*, EU-Vergaberecht, 2001, S. 64. In Bezug auf die Grundverträge im Rehabilitationsrecht, wo der individuelle Kostenerstattungsanspruch erst im Einzelfall entsteht, vgl. *Kunze/Kreikebohm*, NZS 2003, S. 5 ff. (8).

[199] EuGH, Urteil v. 04.05.1995, Rs. C-79/94, Slg. 1995, I-1071 Rdnr. 15 - Kommission / Griechenland (Verbandmaterial).

Die unterschiedliche Sichtweise im deutschen und europäischen Recht dürfte letztlich ohne Folgen bleiben. Auch wenn man in Deutschland davon ausgeht, dass jede Art von Rahmenvereinbarung als Sonderform des Vertrags generell zulässig ist, wird man eine Rahmenvereinbarung im engeren Sinne - außer in den seltenen Fällen, wo das Verhandlungsverfahren zulässig ist - nicht nach den Bestimmungen für öffentliche Aufträge vergeben können, da noch nicht alle Bedingungen der konkreten Aufträge festgelegt sind, Nachverhandlungen aber im offenen und im nichtoffenen Verfahren verboten sind. Zuerst muss also das europarechtlich vorgesehene Verfahren für den Abschluss von Rahmenvereinbarungen im engeren Sinne ins deutsche Vergaberecht umgesetzt werden, bevor die Auftraggeber solche Verträge in vergaberechtlich zulässiger Weise abschließen können.

3. Abgrenzung zu Dienstleistungskonzessionen

Es sei nun kurz auf den Unterschied zwischen Rahmenvereinbarungen und Dienstleistungskonzessionen eingegangen. Wie Dienstleistungskonzessionen können auch Rahmenvereinbarungen für den Auftragnehmer mit der Übernahme wirtschaftlicher Risiken verbunden sein. Der Abschluss einer Rahmenvereinbarung, die noch nicht auf eine auftragstypische Leistung gerichtet ist, und die Erteilung der künftigen Einzelaufträge, in denen erstmals die konkreten Leistungen und Gegenleistungen bindend vereinbart werden, sind zeitlich verschoben. Auch wenn die Rahmenvereinbarung als Rahmenvertrag bereits alle Bedingungen für die Einzelaufträge festlegt und der öffentliche Auftraggeber sogar verpflichtet ist, Leistungen nur bei dem/den Vertragspartner(n) der Rahmenvereinbarung in Auftrag zu geben, ist es Wesensmerkmal einer Rahmenvereinbarung die Unsicherheit bezüglich der Zahl sowie des Umfangs der künftigen Aufträge.[200] Gerade deswegen, weil das Auftragsvolumen nicht im voraus abschließend ermittelt werden kann, entscheidet sich der Auftraggeber für den Abschluss einer Rahmenvereinbarung, die ihn grundsätzlich nicht verpflichtet, unmittelbar hieraus auch abzurufen. Das wirtschaftliche Risiko trägt also bei einer Rahmenvereinbarung wie bei einer Dienstleistungskonzession der Auftragnehmer.

Die Rahmenvereinbarung unterscheidet sich aber von der Dienstleistungskonzession in einem bedeutenden Punkt. Es ist hier der öffentliche Auftraggeber

---

200 Zur Zulässigkeit von Rahmenverträgen ohne Abrufverpflichtung des Auftraggebers vgl. 3. VK Bund, Beschluss v. 28.01.2005 - VK 3-221/04.

selbst und nicht ein am Vertrag nicht beteiligter Dritter derjenige, der die künftigen Einzelaufträge erteilt und damit den wirtschaftlichen Erfolg des Auftragnehmers unmittelbar beeinflusst. Während der Konzessionär seine Leistung noch nicht auf dem Markt platziert hat, also das Risiko trägt, von den Leistungsempfängern überhaupt ausgewählt zu werden, trägt der Partner einer Rahmenvereinbarung allein das Auslastungsrisiko.

Entscheidend für die Unterscheidung zwischen Dienstleistungskonzession und Rahmenvereinbarung ist also letztlich, wer die Einzelbeauftragung vornimmt. Handelt es sich um einen Dritten, dann ist die Einzelbeauftragung kein öffentlicher Auftrag, und der Grundvertrag stellt lediglich eine Konzession dar. Handelt es sich um den öffentlichen Auftraggeber, dann liegt in der Einzelbeauftragung ein öffentlicher Auftrag vor, und der Grundvertrag stellt eine Rahmenvereinbarung i.S.d. Vergaberechts dar. Zu untersuchen sind im Folgenden die verfahrensrechtlichen Bestimmungen, welche die öffentlichen Auftraggeber für den Abschluss von Rahmenvereinbarungen zu befolgen haben.

4. Regelung in der Richtlinie 2004/17/EG

Hier sind keine Änderungen im Vergleich zur alten Sektorenrichtlinie eingefügt worden. Nur wenn die Rahmenvereinbarung nach den Vorschriften für öffentliche Aufträge vergeben worden ist, können die darauf basierende Aufträge ohne erneutem Aufruf zum Wettbewerb vergeben werden (Art. 14 Abs. 2 Richtlinie 2004/17/EG).

5. Regelung in der Richtlinie 2004/18/EG

Die neue Richtlinie 2004/18/EG sieht für die Verfahrensvorschriften (etwa Veröffentlichung, Fristen, Bedingungen für die Abgabe von Angeboten) bis zur Zuschlagserteilung keine Ausnahmen vor (Art. 32 Abs. 2 Unterabsatz 1). Erst für die Vergabe der Aufträge, die auf der Rahmenvereinbarung beruhen, sind gesonderte Regelungen in den Absätzen 3 und 4 eingeführt worden. Wichtig ist, dass die Rahmenvereinbarung ein geschlossenes System ist: die Parteien der künftigen Aufträge müssen - schon vom Beginn des Verfahrens an - an der Rahmenvereinbarung beteiligt sein und dürfen keine substanziellen Änderungen an den Bedingungen der Rahmenvereinbarung vornehmen.

Unterschieden werden die Fälle, in denen eine Rahmenvereinbarung mit einem einzigen Wirtschaftsteilnehmer geschlossen wird (Art. 32 Abs. 3 Richtlinie 2004/18/EG), von den Fällen, in denen eine Rahmenvereinbarung mit mehreren

Wirtschaftsteilnehmern (mindestens drei) geschlossen wird (Art. 32 Abs. 4 Richtlinie 2004/18/EG). Die Laufzeit der Vereinbarung ist gem. Art. 32 Abs. 2 Unterabsatz 4 Richtlinie 2004/18/EG grundsätzlich auf maximal vier Jahre beschränkt. Nach Abschluss eines Rahmenvertrages können die Einzelaufträge ohne erneuten Aufruf zum Wettbewerb vergeben werden. Wurde der Rahmenvertrag mit mehreren Wirtschaftsteilnehmern abgeschlossen, so ist jedenfalls der Grundsatz der Gleichbehandlung zu beachten. Die Auswahl des Auftragnehmers im Einzelfall ist allerdings nicht ausdrücklich geregelt. Die Auswahl des Vertragspartners, dem ein spezifischer Auftrag erteilt wird, hat daher lediglich anhand von objektiven, transparenten und diskriminierungsfreien Kriterien (Art. 2 Richtlinie 2004/18/EG) zu erfolgen.

Nach Abschluss einer Rahmenvereinbarung im engeren Sinne mit einem einzigen Wirtschaftsteilnehmer darf er - anders als im offenen und nicht offenen Verfahren - aufgefordert werden, sein Angebot zu vervollständigen. Sind mehrere Wirtschaftsteilnehmer an einer Rahmenvereinbarung im engeren Sinne beteiligt, dann müssen die Parteien erneut zum Wettbewerb aufgerufen werden. Bei der Wiedereröffnung des Wettbewerbs sind bestimmte Verfahrensvorschriften zu beachten, um eine Gleichbehandlung der beteiligten Teilnehmer sicherzustellen (Art. 32 Abs. 4 Unterabsatz 2, 2. Spiegelstrich Richtlinie 2004/18/EG). Insbesondere dürfen die Bedingungen der Rahmenvereinbarung nicht substanziell geändert werden (Art. 32 Abs. 2 Unterabsatz 3 Richtlinie 2004/18/EG).

5. Kapitel: Sonstige Begriffe

I. Vergabeverfahren

Nach § 101 Abs. 1 GWB erfolgt die Vergabe von öffentlichen Liefer-, Bau- und Dienstleistungsaufträgen im Wege von offenen Verfahren, nicht offenen Verfahren, Verhandlungsverfahren oder im wettbewerblichen Dialog. Das offene Verfahren führt sofort zur Angebotsbearbeitung ohne vorherige Auswahl der Teilnehmer, denn hier wird eine unbeschränkte Anzahl von Unternehmen europaweit öffentlich (durch Veröffentlichung in Tageszeitungen, amtlichen Veröffentlichungsblättern, Fachzeitschriften und im Amtsblatt der EG) zur Abgabe eines Angebots aufgefordert. In dem nichtoffenen Verfahren wird hingegen nur zur Teilnahme öffentlich aufgefordert; aus dem Bewerberkreis werden dann einige ausgewählt und zur Angebotsabgabe aufgefordert. Beim Verhandlungsverfahren mit oder ohne vorherige öffentliche Aufforderung zur Teilnahme gibt es keine förmlichen Vorgaben für die Angebotsabgabe und -wertung, sondern der Auftraggeber und ausgewählte Unternehmen verhandeln frei über den Auftrag. Die Unternehmen, die im nichtoffenen Verfahren zur Angebotsabgabe und im Verhandlungsverfahren mit Teilnahmewettbewerb zur Verhandlung aufgefordert werden, müssen bewiesen haben, den jeweiligen Anforderungen an Fachkunde, Leistungsfähigkeit und Zuverlässigkeit (sog. Eignungskriterien) zu entsprechen (§ 8b Nr. 1 Abs. 2 VOB/A, § 7a Nr. 3 VOL/A, § 10 Abs. 1 VOF).

Gem. § 101 Abs. 6 Satz 1 GWB genießt das offene Verfahren absolute Priorität, es sei denn, dass auf Grund der in den Verdingungsordnungen geregelten Ausnahmen etwas anderes gestattet ist. Die europäischen Richtlinien sehen hingegen keinen Rangunterschied zwischen offenem und nichtoffenem Verfahren vor; lediglich für die Anwendung des Verhandlungsverfahrens gibt es bei den klassischen Auftraggebern enge Ausnahmeregelungen (Art. 30, 31 Richtlinie 2004/18/EG). Das Verhandlungsverfahren hat Ausnahmecharakter und darf nur in bestimmten genau festgelegten Fällen zur Anwendung kommen. Die Ausnahmen von den Vorschriften, welche die Wirksamkeit der Rechte nach dem EG-Vertrag im Bereich der öffentlichen Aufträge gewährleisten sollen, sind eng auszulegen.[201] Die Richtlinie 2004/17/EG sieht Ausnahmeregelungen in Art. 40 Abs. 3 nur für Verfahren ohne vorherigen Aufruf zum Wettbewerb vor.

Die Richtlinien 2004/18/EG hat eine neue Verfahrensart, den wettbewerblichen Dialog (Art. 29), eingeführt.[202] Diese Regelung ist bereits durch das ÖPP-Beschleunigungsgesetz ins nationale Recht (§ 101 Abs. 1 und 5 GWB, § 6a VgV) umgesetzt worden. Dieses Verfahren ist auf die Vergabe besonders komplexer Aufträge beschränkt. Diesen Fall sehen die Richtlinie und § 6a Abs. 1 VgV als gegeben an, wenn der öffentliche Auftraggeber objektiv nicht in der Lage ist, die Mittel anzugeben, mit denen seine Bedürfnisse und seine Ziele erfüllt werden können, oder zu beurteilen, was der Markt an technischen bzw. finanziellen/rechtlichen Lösungen bieten kann.[203] Ziel des Dialogs mit ausgewählten Bewerbern ist es, die Mittel, mit denen die Bedürfnisse des öffentlichen Auftraggebers am besten erfüllt werden können, zu ermitteln und festzulegen (§ 6a Abs. 3 VgV). Nach Abschluss des Dialogs werden die Teilnehmer auf der Grundlage der eingereichten und in der Dialogphase näher ausgeführten Lösungen zur endgültigen Angebotsabgabe aufgefordert; das wirtschaftlich günstigste Angebot erhält den Zuschlag (§ 6a Abs. 6 VgV). Der wesentliche Unterschied zwischen nicht offenem Verfahren und wettbewerblichem Dialog liegt darin, dass im Dialog jedes Element des Auftrags verhandelbar ist. Der wettbewerbliche Dialog unterscheidet sich aber seinerseits vom Verhandlungsverfahren dadurch, dass die Verhandlungen im Dialog auf eine bestimmte Phase beschränkt sind.

II. Neue Beschaffungssysteme

Die Begriffe der elektronischen Auktion, der zentralen Beschaffungsstelle und des dynamischen Beschaffungssystems tauchen in den Richtlinien 2004/17/EG

---

201 EuGH, Urteil v. 18.05.1995, Rs. C-57/94, Slg. 1995, I-1249 Rdnr. 23 - Kommission / Italien; EuGH, Urteil v. 28.03.1996, Rs. C-318/94, Slg. 1996, I-1949 Rdnr. 13 - Kommission / Deutschland; EuGH, Urteil v.13.01.2005, Rs. C-84/03, NVwZ 2005, 232 Rdnr. 48 und 58 - Kommission / Spanien.

202 Dazu *Knauff*, VergabeR 2004, S. 287 ff.

203 Beispielhaft werden in dem Erwägungsgrund Nr. 31 der Richtlinie 2004/18/EG die Durchführung bedeutender integrierter Verkehrsinfrastrukturprojekte oder großer Computernetzwerke, Vorhaben mit einer komplexen und strukturierten Finanzierung aufgezählt.

und 2004/18/EG zum ersten Mal auf. Hierbei handelt es sich nicht - wie bei der Konzession oder dem Rahmenvertrag - um Variationen des entgeltlichen Vertrages, der grundsätzlich jedem öffentlichen Auftrag zugrunde liegt, sondern - wie bei der Rahmenvereinbarung im engeren Sinne - um zusätzliche Wege, öffentliche Aufträge zu vergeben. In den Erwägungen wird hervorgehoben, dass sich fortlaufend neue Techniken der Online-Beschaffung entwickeln und rasch verbreiten, welche grundsätzlich zu begrüßen sind, denn sie weiten den Wettbewerb aus und verbessern die Effizienz des öffentlichen Beschaffungswesens. Für den Fall, dass sich die öffentlichen Auftraggeber dieser neuen Techniken bedienen wollen, sah man die Notwendigkeit, zu deren Regelung neben den Grundsätzen des EG-Vertrages geeignete Vorschriften in den Vergaberichtlinien vorzusehen. Art. 42 Richtlinie 2004/18/EG und Art. 48 Richtlinie 2004/17/EG regeln dabei die erlaubten Kommunikationsmittel für Mitteilungen.

Da der Einsatz der Online-Beschaffung mittels eines elektronischen Marktplatzes insbesondere bei der Einzelauftragsvergabe nach Abschluss einer Rahmenvereinbarung oder bei der Durchführung einer elektronischen Auktion bzw. eines sog. dynamischen Beschaffungssystems oder bei der Einrichtung einer zentralen Beschaffungsstelle in Frage kommt, wurden diese Beschaffungswege definiert und präzise Vorschriften für deren Einrichtung sowie Arbeitsweise festgelegt.

Auch hier - wie im Falle der Rahmenvereinbarung im engeren Sinne - bleibt es den einzelnen Mitgliedstaaten überlassen, ob sie es den öffentlichen Auftraggebern erlauben, auf zentrale Beschaffungstellen, elektronische Auktionen und dynamische Beschaffungssysteme zurückzugreifen. Dies bedeutet, dass diese Beschaffungssysteme im jeweiligen Mitgliedstaat der ausdrücklichen Regelung bedürfen, um vergaberechtlich zulässig zu sein.

1. Elektronische Auktionen

Die elektronische Auktion (Art. 1 Abs. 7 Richtlinie 2004/18/EG, Art. 1 Abs. 6 Richtlinie 2004/17/EG) ist ein subsidiäres Beschaffungssystem, sie kommt nur nach vollständiger Bewertung der Angebote in Betracht und ist nur dann zu verwenden, wenn für die Aufträge präzise Spezifikationen erstellt werden können und die Zuschlagskriterien (etwa Preis oder ähnliche Komponente) so quantifizierbar sind, dass sie automatisch bewertet werden können. Geistige Leistungen sind deswegen ausgeschlossen. Genau geregelt ist dieses Verfahren in Art. 54 Richtlinie 2004/18/EG und Art. 56 Richtlinie 2004/17/EG.

2. Zentrale Beschaffungsstellen

Zentrale Beschaffungstellen (Art. 1 Abs. 10 Richtlinie 2004/18/EG, Art. 1 Abs. 8 Richtlinie 2004/17/EG) sind solche Stellen, welche die Aufgabe haben, für mehrere öffentliche Auftraggeber Waren/Dienstleistungen zu erwerben oder Aufträge zu vergeben. Dabei muss sichergestellt werden, dass diese Stellen, die auf diese Weise zentral „einkaufen", auch die Vergabevorschriften einhalten. Tun sie das, dann wird vermutet, dass die einzelnen öffentlichen Auftraggeber auch die Vergabevorschriften eingehalten haben (Art. 11 Abs. 2 Richtlinie 2004/18/EG, Art. 29 Abs. 2 Richtlinie 2004/17/EG).

3. Dynamische Beschaffungssysteme

Dynamische Beschaffungssysteme (Art. 1 Abs. 6 Richtlinie 2004/18/EG, Art. 1 Abs. 5 Richtlinie 2004/17/EG) sind vollelektronische Verfahren, welche sich auf marktübliche Leistungen zu beschränken haben, bei denen die allgemein auf dem Markt verfügbaren Merkmale den Anforderungen des öffentlichen Auftraggebers genügen und - wie die elektronische Auktion - nur subsidiär verwendet werden dürfen. Dies bedeutet, dass die Bieter, die an einem zeitlich befristeten dynamischen Beschaffungsverfahren teilnehmen wollen, vorher im Rahmen eines offenen Verfahrens unverbindliche Angebote unterbreitet haben, aus denen hervorgeht, ob sie die Eignungskriterien erfüllen und ihre Angebote mit den Verdingungsunterlagen im Einklang stehen (Art. 33 Abs. 2 Richtlinie 2004/18/EG, Art. 15 Abs. 2 Richtlinie 2004/17/EG).

Die zugelassenen Bieter werden dann zur Einreichung von Angeboten für alle im Rahmen des Systems zu vergebenden Aufträge aufgefordert; das beste Angebot erhält den Zuschlag (Art. 33 Abs. 6 Richtlinie 2004/18/EG, Art. 15 Abs. 6 Richtlinie 2004/17/EG). Der Zuschlagserteilung geht also eine jederzeit, d.h. während der gesamten Laufzeit des dynamischen Beschaffungssystems, mögliche Zulassung aufgrund bestimmter objektiver Kriterien voraus. Auf die zugelassenen Anbieter soll der öffentliche Auftraggeber dann für die Einzelauftragsvergabe relativ schnell auf elektronischem Wege durch gesonderten Aufruf zum Wettbewerb zurückgreifen können.

III. Schwellenwerte

Für die Anwendbarkeit des Vergaberechts ist in § 100 Abs. 1 GWB i.V.m. § 2 VgV vorgesehen, dass die öffentlichen Aufträge gewisse Schwellenwerte erreichen oder überschreiten. Es handelt sich daher um Grenzwerte. Grund für die Entscheidung des europäischen Gesetzgebers, nur oberhalb bestimmter Auftragswerte Harmonisierungsmaßnahmen zu unternehmen, war insbesondere die Überzeugung, Interesse an einem europaweiten Vergabemarkt sei bei kleineren Aufträgen nicht gegeben.[204] Wie sich den Erwägungsgründen der alten Vergaberichtlinien entnehmen lässt, ist es bei der Umsetzung der Richtlinien jedoch dem nationalen Gesetzgeber überlassen, die Vorgaben zu den Schwellenwerten unverändert zu übernehmen oder sie zu verschärfen.[205] Von dieser Möglichkeit hat der deutsche Gesetzgeber nur zu einem kleinen Teil Gebrauch gemacht, vermutlich um eine bessere praktische Handhabung der Schwellenwerte einzuführen, die in den alten Richtlinien zum Teil noch in Sonderziehungsrechten, der Korbwährung der Weltbank, ausgewiesen waren.[206]

Gem. § 2 VgV betragen die Schwellenwerte:

- für Bauaufträge (Nr. 4): 5 Millionen Euro;
- für Liefer- und Dienstleistungsaufträge grundsätzlich (Nr. 3): 200.000 Euro;
- für Liefer- und Dienstleistungsaufträge im Bereich der Trinkwasser- oder Energieversorgung oder im Verkehrsbereich (Nr. 1): 400.000 Euro;
- für Liefer- und Dienstleistungsaufträge der obersten oder oberen Bundesbehörden sowie vergleichbarer Bundeseinrichtungen außer Forschungs- und Entwicklungsdienstleistungen und Dienstleistungen des Anhangs I B der Dienstleistungskoordinierungsrichtlinie und im Verteidigungsbereich für Waren des Anhangs II der Lieferkoordinierungsrichtlinie (Nr. 2): 130.000 Euro

---

204 *Bechtold*, GWB-Kommentar, 2002, § 100 Rdnr. 1.

205 Vgl. 6. Erwägungsgrund Baukoordinierungsrichtlinie; 10. Erwägungsgrund Lieferkoordinierungsrichtlinie.

206 Zu den Schwellenwerten nach altem und neuen europäischem Recht für Liefer- und Dienstleistungsaufträge von klassischen Auftraggebern vgl. Abbildungen 5 und 6.

Die Regelung des § 2 VgV übernimmt grundsätzlich die Vorgaben der europäischen Richtlinien, auch wenn sich die Beträge nicht völlig decken. Die entsprechenden Schwellenwerte der Verordnung Nr. 2083/2005 der Kommission vom 19.12.2005 zur Änderung der Richtlinien 2004/17/EG und 2004/18/EG des Europäischen Parlaments und des Rates im Hinblick auf die Schwellenwerte für die Anwendung auf Verfahren zur Auftragsvergabe betragen für die Zeit vom 1.1.2006 bis zum 31.12.2007 respektive: 5.278.000 Euro, 211.000 Euro, 422.000 Euro, 137.000 Euro.

Für die im Sozialleistungsbereich allein interessierenden Liefer- und Dienstleistungsaufträge von „sonstigen“[207] Auftraggebern beträgt der Schwellenwert also im deutschen Recht 200.000 Euro (§ 2 Nr. 3 VgV), im europäischen Recht 211.000 Euro (Art. 2 Nr. 1 lit. b VO Nr. 2083/2005). Für Lose von Dienstleistungsaufträgen gilt gem. § 2 Nr. 8 VgV und Art. 9 Abs. 5 Richtlinie 2004/18/EG ein Wert von 80.000 Euro, wobei Lose unterhalb dieses Werts zusammenaddiert werden und der Wert ab 20% des Gesamtwerts aller Lose ausschlaggebend ist.

Die Schätzung der Auftragswerte ist in § 3 VgV genau geregelt, der weitgehend Art. 9 Richtlinie 2004/18/EG entspricht. Ob die Schwellenwerte überschritten werden, richtet sich nach dem im voraus geschätzten Gesamtauftragswert ohne Umsatzsteuer. Maßgeblicher Zeitpunkt ist die Einleitung des Vergabeverfahrens, in der Regel der Tag der Absendung der Bekanntmachung der beabsichtigten Auftragsvergabe (§ 3 Abs. 10 VgV). Für alle Bereiche geltend ist in § 3 Abs. 2 VgV das Umgehungsverbot enthalten: „Der Wert eines beabsichtigten Auftrages darf nicht in der Absicht geschätzt oder aufgeteilt werden, ihn der Anwendung dieser Bestimmungen zu entziehen.“ § 3 Abs. 3 bis 6 VgV bestimmt die Auftragswertberechnung für befristete, unbefristete Liefer- und Dienstleistungsaufträge, für regelmäßige Aufträge oder Daueraufträge, für Aufträge mit Losen und Optionsrechten. Zu beachten ist, dass nach § 3 Abs. 8 Satz 1 VgV die Wertberechnung bei Rahmenvereinbarungen auf der Grundlage des geschätzten Höchstwertes aller für den vereinbarten Zeitraum geplanten Aufträge erfolgt.

---

207 Auftraggeber, die keine obersten oder oberen Bundesbehörden sowie vergleichbaren Bundeseinrichtungen sind (siehe § 2 Nr. 2 VgV).

C. Spannungsverhältnis zwischen Sozialrecht und Vergaberecht

Bevor die besonderen Bereiche des Sozialrechts unter die vergaberechtliche Lupe genommen werden, bietet sich aus Verständnisgründen die Vorwegnahme zweier Problemfelder an, welche alle sozialrechtlichen Bereiche in gleichem Maße betreffen und daher als der sonstigen Vergabepraxis fremde Besonderheiten der Beschaffung sozialer Leistungen anzusehen sind. Es handelt sich zum einen um die vergaberechtliche Beurteilung der Beschaffung im sozialen Dreieck nach dem Sachleistungsprinzip[208], zum anderen um die sozialrechtliche Beurteilung von Auswahlentscheidungen der Sozialleistungsträger bei der Beschaffung sozialer Leistungen, und zwar in Bezug auf die Rechte der Leistungsberechtigten und der Leistungserbringer.

6. Kapitel: Besonderheiten der „Beschaffung" sozialer Leistungen

I. Das Sachleistungsprinzip aus vergaberechtlicher Sicht

Bezüglich der Frage nach der Grundrechtsbindung öffentlicher Auftraggeber wurde oben[209] dargelegt, dass es im Sozialleistungserbringungsrecht nicht um die übliche fiskalische Hilfstätigkeit eines öffentlichen Auftraggebers geht, etwa die Materialbeschaffung, die Ausführung von Bauvorhaben oder die Beschaffung von Dienstleistungen, die lediglich *mittelbar* der Erfüllung einer staatlichen Aufgabe dienen. Die Rechtsverhältnisse, welche im Folgenden unter die Lupe genommen werden sollen, haben als Gegenstand gerade die *unmittelbare* Erfüllung einer staatlichen Aufgabe, eben die Erbringung einer breiten Palette von sozialen Naturalleistungen, deren Durchführung nach dem sog. Sachleistungsprinzip gesetzlich vorgeschrieben und normiert ist. Die Frage nach ihrer vergaberechtlichen Relevanz lässt sich deswegen nur im untrennbaren Zusammenspiel zwischen Leistungs- und Leistungserbringungsrecht untersuchen.

Es wurde bereits erläutert, dass das Unterscheidungsmerkmal privat- vs. öffentlich-rechtlicher Vertrag in dem richtlinienkonform, d.h. unter Beachtung der

---

208 Vgl. Einleitung, I 1.

209 Vgl. Teil A, 1. Kapitel, II. 1b.

Rechtsprechung des Europäischen Gerichtshofs[210] auszulegenden Vergaberecht keine Rolle spielt. Da das öffentliche Recht sowohl im Verwaltungsverfahrensgesetz als auch im SGB X die Figur des subordinationsrechtlichen Austauschvertrages[211] kennt, ist das Vorliegen eines öffentlich-rechtlichen Vertrages jedenfalls kein Indiz dafür, dass es sich dabei nicht um einen Marktvorgang handelt. Das rechtliche Korsett für den Sozialleistungsträger ist lediglich zum Schutz der Vertragspartner etwas schärfer als im Zivilrecht.[212] Ob die leistungserbringungsrechtlichen Verträge dem öffentlichen bzw. dem privaten Recht zuzuordnen sind, was oft strittig ist, kann also in diesem Zusammenhang offen bleiben. Sogar ein Verwaltungsakt könnte ein öffentlicher Auftrag sein. Es ist nicht die formelle Ausgestaltung der Rechtsbeziehung zwischen öffentlichem Auftraggeber und Auftragnehmer, welche über die Anwendbarkeit des Vergaberechts entscheidet, sondern die Rechtsfolge, die diese Rechtsbeziehung begründet.

Aus vergaberechtlicher Sicht stellt sich daher - nach Klärung der öffentlichen Auftraggebereigenschaft von Sozialleistungsträgern - die Frage, ob die im Sozialgesetzbuch kodifizierten Rechtsbeziehungen zwischen Sozialleistungsträgern und Leistungserbringern als öffentliche Aufträge i.S.d. Vergaberechts zu betrachten sind oder lediglich die Pflicht zur Leistungserbringung und das Recht zu deren Verwertung i.S.d. oben näher beschriebenen, aus dem sachlichen Anwendungsbereich des Vergaberechts ausgenommenen Dienstleistungskonzession begründen.[213]

Was die Subsumtion der sozialen Leistungserbringungsverträge unter die Kategorien des öffentlichen Auftrags bzw. der Dienstleistungskonzession betrifft, ist allerdings vorab auf eine Besonderheit des Sozialrechts hinzuweisen. Es gehört zum Inbegriff der sozialen Sachleistung im Dreieck, dass der Sozialleistungsberechtigte keine Vorkosten trägt und die Geldströme deswegen nur zwischen So-

---

210 EuGH, Urteil v. 12.07.2001, Rs. C-399/98, Slg. 2001, I-5409 Rdnr. 53-55 - Ordine degli Architetti.

211 *Maurer*, Allg. VerwR, 2004, § 14 Rdnr. 12 ff.

212 Zur Nicht-Anwendbarkeit der §§ 53 - 61 SGB X auf das Vertragsarztrecht vgl. *Boerner*, SGb 2000, S. 389 ff.

213 Zum Teil wird in der Literatur pauschal im Bereich des Sozialrechts vom Vorliegen einer Dienstleistungskonzession gesprochen. Vgl. *Nielandt*, RsDE Nr. 57 (2005), S. 44 ff. (47), die dies damit begründet, dass die Sozialleistungserbringungsverträge keine synallagmatischen Verträge sind.

zialleistungsträgern und Leistungserbringern fließen.[214] Die Leistungsempfänger zahlen grundsätzlich keine Entgelte an die Leistungserbringer, um sie dann als Versicherungsleistung erstattet zu bekommen. Die Leistungserbringer erhalten vielmehr die Vergütung für die erbrachten Leistungen unmittelbar vom Sozialleistungsträger, denn die Versicherungsleistung ist die Sachleistung.

Dies darf aber nicht zu der falschen Schlussfolgerung führen, dass die Leistung des Leistungserbringers auch vergaberechtlich immer als Leistung an den Sozialleistungsträger zu betrachten ist. Sinn und Zweck des förmlichen Verfahrens des Vergaberechts ist die Förderung von Wirtschaftlichkeit und fairem Wettbewerb da, wo der „Staat“ Leistungen einkauft, also über den wirtschaftlichen Erfolg von Unternehmen entscheidet. Das muss auch das entscheidende Argument bei der Abgrenzung zwischen öffentlichem Auftrag und Dienstleistungskonzession im Sozialleistungserbringungsrecht sein. Außer Acht bleiben muss hingegen das vom EuGH entwickelte Kriterium der unmittelbaren Gebührenerhebung durch den Konzessionär. Bei der klassischen Dienstleistungskonzession erhält der Konzessionär das Entgelt für die erbrachten Leistungen von dem individuellen Leistungsempfänger und nicht vom Konzessionsgeber. Im sozialrechtlichen Sachleistungssystem erhält der Konzessionär hingegen die Vergütung grundsätzlich vom Konzessionsgeber selbst. Dies ändert jedoch nichts an der Tatsache, dass auch in diesem System das wirtschaftliche Risiko aus der Erbringung der Leistung auf den Leistungserbringer verlagert werden kann, und zwar dann, wenn allein der Leistungsempfänger entscheiden kann, ob und in welchem Umfang er die Dienste eines bestimmten Leistungserbringers in Anspruch nimmt. Unter diesen Voraussetzungen ist das Vorliegen einer Dienstleistungskonzession im sozialrechtlichen Modell der Sachleistung nicht a priori ausgeschlossen.[215]

Beim sozialrechtlichen Dreiecksverhältnis sind vielmehr zwei Grundsituationen zu unterscheiden:

- der Berechtigte nimmt die ihm zustehende soziale Leistung bei einem Leistungserbringer seiner Wahl in Anspruch, so dass der Sozialleistungsträger bei der Vergütung lediglich als Angewiesener leistet;

214 Dieser Grundsatz relativiert sich oft im GKV-Bereich durch die Einführung von Zuzahlungs- und Zuschusspflichten für die Versicherten.

215 So auch *Ebsen*, in: FS f. Manfred Zuleeg, 2005, S. 439 ff. (451).

- der Sozialleistungsträger ruft die einzelne Leistung bei einem Leistungserbringer seiner Wahl ab und steuert den Berechtigten dahin.

Auch wenn die erste Situation kein Recht für den Leistungserbringer zur Erhebung von Gebühren oder sonstigen Entgelten bei den Leistungsempfängern begründet, trägt er hier zweifelsohne das wirtschaftliche Risiko, denn trotz seiner Rechtsbeziehung zum Sozialleistungsträger muss er sich um die Inanspruchnahme durch einen am Leistungserbringungsvertrag unbeteiligten Dritten, den nachfragenden Leistungsberechtigten, bemühen, um abrechnungsfähige Leistungen zu erbringen. Bei der zweiten Situation hängt hingegen der wirtschaftliche Erfolg des Leistungserbringers nur von der Entscheidung seines Vertragspartners ab. In Anwendung der obigen Ausführungen zu den zentralen vergaberechtlichen Begriffen ist somit die erste Situation als Dienstleistungskonzession einzustufen, die zweite als öffentlicher Auftrag (evtl. mit vorgeschalteter Rahmenvereinbarung).

Fest steht also, dass das für das Sozialrecht einschlägige Kriterium zur Abgrenzung zwischen öffentlichen Aufträgen und Konzessionen allein „das Nutzungsrecht und seine natürlichen Folgen, nämlich der Transfer der mit der Nutzung verbundenen Risiken“[216] ist. Ausschlaggebend für die Zuordnung von Rechtsbeziehungen zwischen Sozialleistungsträgern und Sozialleistungserbringern zu der einen oder zu der anderen Kategorie wird daher die Klärung der Frage sein, ob die wirtschaftlich relevante Auswahlentscheidung (d.h. die konkrete Beauftragung zur Erbringung einer abrechnungsfähigen Leistung) durch den Sozialleistungsträger oder durch den Sozialleistungsberechtigten erfolgt.

II. Zulassungs- versus Einkaufsmodell

Unabhängig von der gerade dargelegten Abgrenzung zwischen öffentlichem Auftrag und Dienstleistungskonzession sind bereits im voraus zwei weitere Grundformen der Leistungserbringung durch Dritte im Sozialrecht zu unterscheiden:

- das „Zulassungsmodell“, bei dem der in einem staatlich regulierten Verfahren ausgewählte Leistungserbringer durch Verwaltungsakt i.V.m. einem kollektiven Vertrag oder allein durch einen kollektiven Vertrag zur

---

216 KOM(2004) 327 endg., Rdnr. 36.

generellen Leistungserbringung in einem gewissen Bereich berechtigt bzw. verpflichtet wird, *und*

- das „Einkaufsmodell", bei dem der unmittelbar durch den Sozialleistungsträger ausgewählte Leistungserbringer auf einzelvertraglicher Basis zur Leistungserbringung in einem bestimmten Bereich verpflichtet wird.

Dieser Unterscheidung liegt die Erkenntnis zugrunde, dass die vielfältigen Rechtsverhältnisse, welche im Sozialleistungserbringungsrecht anzutreffen sind, grundsätzlich zwei übergeordneten Modellen zugeordnet werden können.

Das Zulassungsmodell ist das heute noch dominante Modell in der Gesetzlichen Krankenversicherung und betrifft die vertrags(zahn-)ärztliche Versorgung (§§ 82 ff. und §§ 95 ff. SGB V), die Versorgung im Krankenhaus (§§ 108 Nr. 2, 109 Abs. 1 Satz 2, 112 SGB V), die Versorgung mit Heil- und Hilfsmitteln (§§ 124, 125 und §§ 126, 127 Abs. 1 SGB V) und die Versorgung mit Arznei- und Verbandmitteln (§ 129 Abs. 2 - 5 SGB V).[217] Eine Auswahlentscheidung mit Bindungswirkung, welche einer weiteren Prüfung aus vergaberechtlicher Sicht bedarf, erfolgt nur bei der Zulassung durch Verwaltungsakt, und zwar für die Vertragsärzte auf der Ebene der „gemeinsamen Selbstverwaltung"[218], für die Plankrankenhäuser auf der Ebene der zuständigen Landesbehörden, für die Heil- und Hilfsmittelerbringer auf der Verbandsebene der Krankenkassen. Sie richtet sich nach gesetzlich definierten Eignungskriterien sowie teilweise nach einer kollektiven bzw. staatlichen Bedarfsplanung. Die kollektiven Verträge treffen keine Auswahl mehr und regeln in diesen Fällen nur die Bedingungen für die Leistungserbringung und die Vergütung. Sie sind durch Kontrahierungszwang gekennzeichnet und fallen deswegen offensichtlich nicht unter das Vergaberecht. Der Rahmenvertrag nach § 129 Abs. 2 SGB V bewirkt zwar selbst eine Bindung der Parteien und begründet das Recht und die Pflicht der einbezogenen Apotheken zur Versorgung von GKV-Versicherten, durch diesen kollektiven Vertrag wird aber gar keine Auswahl getroffen, so dass er ebenfalls vergaberechtlich irrelevant ist.

Das Einkaufsmodell findet sich hingegen zwar nur punktuell im SGB V (etwa bei den Verträgen zur Erbringung von Rehabilitationsleistungen, Haushaltshilfe, häuslicher Krankenpflege und Soziotherapie und bei dem durch das GMG neu

---

217 So auch *Ebsen*, in: FS f. Manfred Zuleeg, 2005, S. 439 ff. (440 f.)

218 Vgl. *Ebsen/Knieps*, in: Maydell v./Ruland (Hrsg.), SRH, § 14 Rdnr. 134 ff.

eingeführten „Vertragswettbewerb“[219]), stellt aber das „normale“ Muster für den Zugang zum Markt der Leistungserbringung in allen anderen Bereichen des Sozialrechts. Anstelle des „einheitlich und gemeinsam“ wie im Budgetsystem der vertragsärztlichen Versorgung tritt hier ein Vertragssystem einzelner Anbieter(-gruppen) mit einzelnen Nachfrager(-gruppen) hervor.

Im Folgenden wird sich das Augenmerk auf die vergaberechtliche Zuordnung dieser beiden Modelle richten. Die Beantwortung dieser Frage kann nicht pauschal für alle unterschiedlichen Konstellationen erfolgen, sondern hängt sowohl von der genauen Gestaltung der Rechtsbeziehungen zwischen Sozialleistungsträgern und Leistungserbringern als auch vom Umfang der Ansprüche der Leistungsberechtigten ab. Wenn die Sozialleistungsträger nicht nur als Konzessionsgeber gelten, sondern selber die Leistungen abrufen sollen, so müssen Instrumente zur Steuerung der Leistungsinanspruchnahme vorgesehen sein. Denkbar ist, dass die Sozialleistungsträger unmittelbar bestimmen können, welcher vertragsgebundene Leistungserbringer vom Berechtigten im Einzelfall in Anspruch genommen werden darf, aber auch dass sie mittelbar - etwa durch am realen Bedarf orientierte Selektion kombiniert mit finanziellen Anreizen - darauf hinwirken, dass der Berechtigte für eine gewisse Zeit an einen bestimmten Leistungserbringer gebunden bleibt.

Herauszuarbeiten sind in diesem Zusammenhang daher einerseits die Kodifizierung des Leistungserbringungsrechts in den verschiedenen Leistungsbereichen des Sozialrechts und dessen genaue Vorgaben, andererseits die Steuerungsmöglichkeiten der Sozialleistungsträger bezüglich des Leistungsgeschehens gegenüber den Leistungsberechtigten. Erst durch eine solche rechtssystematische Aufbereitung der Konstellationen im jeweiligen Recht der Erbringung von Sozialleistungen ist die an der oben entwickelten Rechtsdogmatik orientierte Prüfung des Merkmals „öffentlicher Auftrag“ überhaupt möglich.

III. Rechtliche Schranken für selektive Entscheidungen im Sozialrecht

Eng verbunden mit der Frage nach der vergaberechtlichen Natur der gesetzlich vorgesehenen Gestaltungsmöglichkeiten für das Handeln der Sozialleistungsträ-

219 *Ebsen/Greß/Jacobs/Szecsenyi/Wasem*, SozSich 2003, S. 128 ff.; *Greß/Ebsen/Haas* et al., Sozialer Fortschritt 2003, S. 105 ff.; *Steinmeyer*, GSP 2003, S. 9 ff.

ger gegenüber den Leistungserbringern ist die Frage, unter welchen Voraussetzungen die Sozialleistungsträger überhaupt berechtigt sind, „selektiv"[220] vorzugehen. Es geht hierbei um die Prüfung, wann die Sozialleistungsträger gezwungen sind, alle in Frage kommenden Leistungserbringer in die Leistungserbringung einzubeziehen, und wann sie frei sind, eine wirtschaftlich motivierte, bedarfsgerechte Auslese zu treffen. Der Begriff „Selektion" wird hier nicht einfach als Synonym von „Auswahl" verwendet, sondern im engeren Sinne von „Auswahl unter gleich geeigneten Mitbewerbern" aufgrund des eigenen (geplanten) Bedarfs. Dass bei der Erteilung eines Auftrags über die Erbringung einer einzigen Leistung „selektiert" werden muss, versteht sich von selbst. Hier geht es aber um die Frage nach der rechtlichen Zulässigkeit vorgeschalteter „Selektion", wodurch entweder ein einziger Leistungserbringer für die Erbringung einer bestimmten Leistungsmenge (Kontingent) gegen eine bestimmten Preis beauftragt wird oder der Bewerberkreis für die künftige Zuschlagserteilung auf der Basis von Bedarfsermittlung auf einige geeignete Kandidaten und ggf. wirtschaftliche Angebote eingegrenzt, ja sogar auf einen einzigen Anbieter reduziert wird.

Die Eröffnung des sachlichen Anwendungsbereichs des Vergaberechts setzt wohl Auswahlentscheidungen voraus, jedoch nicht notwendigerweise „selektive" Auswahlentscheidungen. Dass auch die reine bedarfsunabhängige Vorauswahl aller in Frage kommenden Leistungserbringer anhand von Eignungs- und Zuschlagskriterien vergaberechtlich relevant sein kann, bestätigt z.B. die oben vorgestellte Regelung des anzuwendenden Verfahrens für die Einrichtung eines dynamischen Beschaffungssystems in den neuen Richtlinien (Art. 1 Abs. 6 Richtlinie 2004/18/EG, Art. 1 Abs. 8 Richtlinie 2004/17/EG). Danach müssen alle Bieter, welche die Eignungskriterien erfüllen und ein den Verdingungsunterlagen entsprechendes Angebot unterbreitet haben, zur Teilnahme an diesem für alle offenen und kostenlosen System *zugelassen* werden, sie stehen dann im Wettbewerb um die Einzelaufträge des öffentlichen Auftraggebers zueinander.[221] Ähnliches gilt für den Abschluss von Rahmenvereinbarungen mit mehre-

---

220 Zum Begriff des selektiven Kontrahierens im Recht der GKV vgl. *Ebsen*, KrV 2004, S. 95 ff.

221 Insoweit kann der Ansicht von *Storost*, NZS 2005, S. 82 ff., nicht gefolgt werden, wonach die Anwendbarkeit des Vergaberechts auf das arbeitsmarktpolitische Instrumentarium davon abhänge, ob die Bundesagentur für Arbeit an der wirtschaftlichen Auswahlentscheidung unter den potentiellen Bietern beteiligt sei, also nicht gezwungen sei, mit

ren Wirtschaftsteilnehmern ohne Bedarfsermittlung und entsprechende Eingrenzung der Zahl der Vertragspartner.

Die ausgewählten Bieter erhalten dabei einen in gewisser Weise gesicherten Status, denn der Auftraggeber wird nur einem von ihnen den Zuschlag für den konkreten Auftrag erteilen. Diese noch nicht „selektive“ Vergabe einer vorteilhaften Position setzt eine Auswahlentscheidung seitens des öffentlichen Auftraggebers voraus und kann deswegen in den sachlichen Anwendungsbereich des Vergaberechts fallen. Auch in diesen Fällen muss der Auftraggeber jedenfalls bestimmte Verfahrensbestimmungen einhalten, welche eine faire, gerechte Auswahl sichern sollen. Der Grund, warum nicht „selektive“ Entscheidungen vergaberechtlich relevant sein können, liegt also darin, dass sich der Auftraggeber bereits im Vorfeld geeignete Lieferquellen aussucht, auf die er später zur Erteilung von spezifischen Einzelaufträgen zurückgreifen kann, welche allerdings i.d.R. unterhalb der Schwellenwerte liegen werden. Folglich fallen Verträge zwischen Sozialleistungsträgern und Leistungserbringern nicht schon dann aus dem Anwendungsbereich des Vergaberechts, wenn die Sozialleistungsträger nicht „selektiv“ vorgehen dürfen.

Die vergaberechtliche Zuordnung der Rechtsbeziehung im Sozialleistungserbringungsrecht und die Frage nach den rechtlichen Schranken „selektiver“ Entscheidungen durch die Sozialleistungsträger gegenüber Leistungserbringern sind also zwei analytisch voneinander zu trennende Fragen.[222]

Erstere ist deswegen besonders wichtig, weil sie den entscheidenden Schritt darstellt im Rahmen der Prüfung, ob das spezielle Vergaberecht sachlich überhaupt anwendbar ist.

---

allen fachlich und rechtlich in Betracht kommenden Trägern entsprechende Leistungsvereinbarungsverträge zu schließen.

222 Zum Teil werden aber die beiden Fragen (Anwendbarkeit des Vergaberechts und Zulässigkeit von selektiven Entscheidungen) nicht sauber getrennt gehalten. Vgl. *Kingreen*, SGb 2004, S. 659 ff. (666); *Neumann/Nielandt/Philipp*, Erbringung von Sozialleistungen nach Vergaberecht?, Rechtsgutachten im Auftrag des Deutschen Caritasverbandes und des Diakonischen Werkes der Evangelischen Kirche in Deutschland, 2004. Dass der Grundrechtseingriff nicht in der „Durchführung von Vergabeverfahren“, sondern natürlich nur im Zuschlag an einen anderen Bewerber liegen kann und dass ein Vergabeverfahren auch bei nicht selektiven Entscheidungen sinnvoll sein kann, betont hingegen *Mrozynski*, ZFSH/SGB 2004, S. 451 ff. (458, 461).

Letztere erweist sich in zweierlei Hinsicht ebenfalls von großer Bedeutung für das Handeln der Sozialleistungsträger. Von ihr hängt zum einen ab, ob die Bildung von Leistungskontingenten rechtlich zulässig ist. Nur wenn man nicht alle in Frage kommenden Anbieter zu denselben Konditionen in die Leistungserbringung einbeziehen muss, kann man sich gegenüber einem oder einigen zur Abnahme bestimmter Leistungsmengen verpflichten. Zum anderen können selektive Entscheidungen, verbunden mit einer präzisen und strengen Bedarfsplanung auf dem Markt der Sozialleistungserbringung, faktisch zu Situationen führen, die als vergaberechtlich relevant einzustufen sind, obwohl sie als Dienstleistungskonzession anzusehen sind, da die ausgewählten Leistungserbringer notwendigerweise die zwar vertraglich nicht vereinbarte, aber faktisch sich ergebende Sicherheit erhalten, ihre Leistung auf dem Markt zu platzieren. Ist ein öffentlicher Auftraggeber aber dafür verantwortlich, dass ein Marktteilnehmer für eine gewisse Zeit kein wirtschaftliches Risiko mehr eingeht, dann ist an die Notwendigkeit einer analogen Anwendung des Vergaberechts zu denken, um die Gefahren einer Umgehungspolitik auszuschalten.

Zum Nachteil der Angebotsvielfalt und der individualisierten Bedarfsdeckung führen „selektive" Entscheidungen zu einer durch Bedarfsplanung verursachten Reduzierung der Leistungserbringerzahl und notwendigerweise zu Auswahleinschränkungen bei der Leistungsinanspruchnahme durch den Leistungsberechtigten. Grundsätzlich ist davon auszugehen, dass einerseits die selektierten Leistungserbringer einen erheblichen finanziellen Vorteil bekommen, andererseits sowohl die Wünsche der Leistungsberechtigten als auch die Gewinnmöglichkeiten der ausgeschlossenen Leistungserbringer stark eingeschränkt werden. Die Antwort auf die oben aufgeworfene Frage nach der Zulässigkeit „selektiver" Entscheidungen im Sozialrecht hängt somit von den einfachgesetzlich vorgesehenen Handlungsspielräumen gegenüber den Leistungsberechtigten und von der Schutzwirkung des Art. 12 Abs. 1 GG gegenüber den Leistungserbringern ab.

1. Das Wunsch- und Wahlrecht der Leistungsberechtigten

Das Wunsch- und Wahlrecht des Sozialleistungsberechtigten ist zunächst für alle Bereiche in § 33 SGB I verankert. Hiernach müssen die Sozialleistungsträger, wenn gesetzlich nichts anderes geregelt ist, die persönlichen Verhältnisse des Berechtigten, seinen Bedarf sowie die örtlichen Verhältnisse berücksichtigen und dabei den Wünschen des Berechtigten entsprechen, soweit sie angemessen sind. Bereits hier stellt also der Gesetzgeber klar, dass dem Wunschrecht des Berechtigten auf der einen Seite immer eine Angemessenheitsprüfung seitens des Sozialleistungsträgers auf der anderen Seite entspricht. Ein absolutes Wunschrecht begründet das SGB I nicht. Zwar sollen die Wünsche der Berechtigten in die Ermessensabwägung des Sozialleistungsträgers fließen, dieser kann aber Gesichtspunkte der Wirtschaftlichkeit und Sparsamkeit geltend machen, wenn er selektive Verträge abgeschlossen hat.

Auch die speziellen Vorschriften zum Wunsch- und Wahlrecht räumen kein absolutes Recht ein, das dem Abschluss selektiver Verträge entgegenstehen könnte. Erwähnt seien:

- § 2 Abs. 3 SGB V, dem das Wirtschaftlichkeitsgebot der §§ 2 Abs. 1 Satz 1, 12 SGB V gegenübersteht; selbst das Recht auf freie Arztwahl nach § 76 SGB V ist nicht unbegrenzt, sondern bezieht sich auf den Kreis der zugelassenen bzw. ermächtigten Ärzte;
- § 5 Abs. 1 SGB VIII, dem der Grundsatz der Verhältnismäßigkeit nach § 5 Abs. 2 SGB VIII gegenübersteht;
- § 9 Abs. 1 SGB IX, der sich ausdrücklich auf „berechtigte" Wünsche bezieht und auf § 33 SGB I im Übrigen verweist;
- § 2 Abs. 2 Satz 1 SGB XI, der zwar das Recht auf freie Wahl der Pflegeeinrichtung begründet, aber durch § 72 Abs. 1 Satz 1 SGB XI auf zugelassene Einrichtungen eingeschränkt wird;
- § 9 Abs. 2 und 3 SGB XII, in dem auch von Angemessenheit und Verhältnismäßigkeit die Rede ist.

Zu beachten ist insgesamt, dass das Wunsch- und Wahlrecht grundsätzlich selektiven Entscheidungen der Sozialleistungsträger nicht entgegensteht, denn solche Entscheidungen können in der Regel durch gut vertretbare Gründe wie mehr Qualität, Wirtschaftlichkeit und Sparsamkeit gerechtfertigt werden. Sie müssen lediglich einen gewissen Spielraum für Sonderfälle frei lassen, damit das Wunsch- und Wahlrecht der Sozialleistungsberechtigten nicht völlig ausgehöhlt wird.

Zusammenfassend ist Folgendes zu unterscheiden:

- ➢ das Wahl- und Wunschrecht der Sozialleistungsberechtigten steht grundsätzlich der Zulässigkeit selektiver Auswahlentscheidungen seitens der

Sozialleistungsträger gegenüber in Frage kommenden Leistungserbringern nicht entgegen;

- das freie Wahlrecht[223] hinsichtlich des Leistungserbringers, der im Einzelfall in Anspruch genommen wird, ist die entscheidende Schnittstelle für die vergaberechtliche Einordnung der betroffenen Rechtsbeziehungen als öffentliche Aufträge oder Dienstleistungskonzessionen.

2. Art. 12 Abs. 1 GG

Wie das Wunsch- und Wahlrecht der Sozialleistungsberechtigten lässt sich auch die Reichweite des Art. 12 Abs. 1 GG für alle Bereiche verallgemeinern und soll bereits hier geprüft werden. Stellen selektive Verträge einen Eingriff in die Berufsfreiheit dar, dann steht schon eines fest, und zwar dass die Sozialleistungsträger einer Ermächtigungsgrundlage bedürfen, um selektiv vorzugehen, um also mittels Bedarfsplanung den Kreis der teilnehmenden Leistungserbringer einzuschränken oder nach Bildung von Leistungskontingenten für typisierte Leistungen entsprechende Leistungspakete einzukaufen.

Dass die Sozialleistungsträger im Rahmen ihrer Rechtsbeziehungen zu den Leistungserbringern, gleich welche Handlungsform sie auswählen, unmittelbar an die Grundrechte gebunden sind, wurde oben bereits ausgeführt.[224] Zu prüfen ist nun, ob selektive Entscheidungen, welche zweifelsohne den nicht einbezogenen Leistungserbringern gegenüber „belastend" wirken, auch in ihr Grundrecht auf Berufsfreiheit eingreifen und deswegen einer Ermächtigungsgrundlage und einer verfassungsrechtlichen Rechtfertigung bedürfen.[225]

Art. 12 Abs. 1 GG schützt einheitlich die freie Berufswahl und Berufsausübung. Da die Erbringung sozialer Leistungen problemlos als Beruf i.S.d. Art. 12 Abs. 1 GG anzusehen ist, fällt das Verhalten, dem die in Rede stehenden Maßnahmen gelten, auch in dessen Schutzbereich.[226] Problematischer ist die Qualifizierung

---

223 Zu denken ist hier an gesetzlich geregelte Fälle wie die §§ 76 Abs. 1 Satz 1, 31 Abs. 1 Satz 5 SGB V oder § 2 Abs. 2 Satz 1 SGB XI, aber auch an Fälle, wo sich das freie Wahlrecht aus der Auslegung des Gesetzes ergibt, etwa wie in den §§ 39 Abs. 2, 33 Abs. 2 Satz 4 SGB V sowie § 48 Abs. 1 Satz 2 SGB III.

224 Vgl. Teil A, 1. Kapitel, II. 1b.

225 Für den Rehabilitationsbereich wird diese Frage thematisiert von *Kessler*, in: Neumann (Hrsg.), Handbuch SGB IX, 2004, § 9 Rdnr. 65.

226 A.A. hinsichtlich der staatlichen Auftragsvergabe im allgemeinen, *Breloer*, Europäische Vorgaben und das deutsche Vergaberecht, 2004, S. 126, die darauf abstellt, dass Art. 12

der durch die Sozialleistungsträger getroffenen Selektion als Eingriff in die Berufsfreiheit. Da das Bundesverfassungsgericht[227] für Eingriffe in den Wahlaspekt höhere Anforderungen an die verfassungsrechtliche Rechtfertigung stellt als für Eingriffe in den Ausübungsaspekt, ist überdies zu fragen, welcher dieser beiden Aspekte in Frage kommt.

Im Kassenarzt-Urteil aus dem Jahre 1960 hat das BVerfG klargestellt, dass die Tätigkeit als Kassenarzt kein eigener Beruf im Sinne des Art. 12 Abs. 1 GG, sondern eine besondere Ausübungsform des allgemeinen Berufs des frei praktizierenden Arztes ist, denn die Tätigkeit als Kassenarzt im ganzen ist die gleiche wie die des nicht zu den Kassen zugelassenen Arztes.[228] Selektive Zulassungsbeschränkungen im Vertragsarztrecht - wie etwa ein System der Bedarfszulassung nach Verhältniszahlen - sind daher Eingriffe in die Berufsausübungsfreiheit. Dasselbe gilt für die Nicht-Aufnahme in den Krankenhausplan gem. § 6 KHG, welche nicht das Recht berührt, ein Krankenhaus oder eine Krankenhausabteilung zu führen, aber den Betroffenen einem erheblichen Konkurrenznachteil aussetzt.[229] In gleicher Weise hat die 1989 eingeführte Zulassungsregelung für die Leistungserbringer von Heil- und Hilfsmitteln (§§ 124, 126 SGB V) nicht zu einem Beruf „zugelassener Leistungserbringer" geführt.[230] Nichts anderes kann für die Erbringung sonstiger Leistungen gelten, die im Sozialrecht vorgesehen sind. Der eigentliche Beruf ist demnach die Tätigkeit an sich; die Erbringung auf Kosten eines Sozialleistungsträgers ist nur eine besondere Ausübungsform derselben.

GG dem einzelnen Unternehmer nicht das Recht gewährleistet, dass der Staat überhaupt am Markt in Erscheinung tritt und Aufträge erteilt. Verkannt wird hier, dass der Schutzbereich des Art. 12 GG zwar grundsätzlich nicht eröffnet ist, wenn der Staat Eigeneinrichtungen betreibt und sich nicht privater Dritter bedient, aber jedenfalls berührt ist, sobald der Staat sich für die Einschaltung privater Dritter entscheidet. Ob und ggf. unter welchen Voraussetzungen auch die Eingriffsqualität zu bejahen ist, betrifft eine weitergehende Frage.

227 Zur sog. Stufenlehre grundlegend BVerfG 1. Senat, Entscheidung vom 11.06.1958, Az.: 1 BvR 596/56, in: BVerfGE 7, 377 (Apothekenurteil). Dazu *Pieroth/ Schlink*, Grundrechte, Staatsrecht II, 2004, § 21.

228 BVerfG 1. Senat, Urteil vom 23.03.1960, Az.: 1 BvR 216/51, in: BVerfGE 11, 30 (41).

229 Vgl. BVerfG, Beschluss v. 12.06.1990, Az.: 1 BvR 355/86, in: BVerfGE 82, 209; zuletzt auch BVerfG, Kammerbeschluss v. 14.01.2004, Az.: 1 BvR 506/03, in: DVBl 2004, 431. Hier wird aus Art. 12 GG die Zulässigkeit einer Drittanfechtung bejaht.

230 BSG, Urteil v. 29.11.1995, Az.: 3 RK 25/94, in: BSGE 77, 108.

Geht man davon aus, dass Zulassung und Vertragsabschluss vergleichbar sind, so ergibt sich in Folge der oben erwähnten Rechtsprechung ein eindeutiges Ergebnis. Wenn ein Sozialleistungsträger das Vertragsangebot eines Leistungserbringers ablehnt, verhält es sich, wie wenn sein Antrag auf Zulassung abgelehnt würde. Beides schränkt die Berufsausübungsfreiheit des Leistungserbringers ein. Der Vertragsabschluss mit einem Leistungserbringer hat also - bei selektiven Konstellationen - objektiv eine berufsregelnde Tendenz gegenüber den ausgeschlossenen Leistungserbringern.[231]

Zum Teil wird die Meinung vertreten, dass selektives Kontrahieren keinen Eingriff in Art. 12 Abs. 1 GG darstelle.[232] Gestützt wird diese Auffassung darauf, dass Art. 12 Abs. 1 GG zwar die Wettbewerbsfreiheit schützt, also „das Recht auf den *Versuch* ..., sich durch freie Leistungskonkurrenz als Anbieter und Nachfrager auf dem Markt gegenüber anderen durchzusetzen"[233], aber „keinen Anspruch auf Erfolg im Wettbewerb"[234], also keinen Anspruch auf Vertragsschluss gewährleistet. Vorausgesetzt wird dabei, dass die ausgewählten Leistungserbringer nach Vertragsabschluss keinem Wettbewerb mehr ausgesetzt seien. Art. 3 Abs. 1 GG und Art. 12 Abs. 1 GG würden also nur in der Phase vor Vertragsschluss eine Rolle spielen.

Dem ist jedoch folgendes entgegenzuhalten. Nur öffentliche Aufträge und Rahmenvereinbarungen mit einem einzigen Anbieter schließen für die Vertragslaufzeit den Wettbewerb um Aufträge vollkommen aus, während Dienstleistungskonzessionen und Rahmenvereinbarungen mit mehreren Wirtschaftsteilnehmern den Wettbewerb um Einzelaufträge erst eröffnen. In den letzten beiden Fällen ist somit die Eingriffsqualität genau wie bei der öffentlich-rechtlichen Zulassung zu bejahen, denn nur der Vertragspartner erhält hier die Chance, sich im Einzelfall

---

231 So auch *Puhl*, VVDStRL 60 (2001), S. 456 ff.; *Huber*, Konkurrenzschutz im Verwaltungsrecht, 1991, S. 445; *ders.*, JZ 2000, S. 877 ff. (880).

232 Zur Verneinung eines Eingriffs in Art. 12 GG durch staatliche Auftragsvergabe bei Unterlassen eines Vertragsabschlusses vgl. *Pietzcker*, NZBau 2003, S. 242 ff. (243 ff.), daraus folgert er, die Nichtberücksichtigung eines Bieters sei auch ohne gesetzliche Grundlage zulässig (249); *Hermes*, JZ 1997, S. 909 ff. (913); zur Beschränkung des Eingriffs in Art. 12 GG bei Bestehen einer Monopolstellung vgl. *Burgi*, NZBau 2001, S. 64 ff. (66).

233 *Sodan/Ziekow*, Grundkurs Öff. Recht, 2005, S. 271 m.w.N.

234 BVerfG 1. Senat, Urteil vom 17.12.2002, Az.: 1 BvL 28/95, 1 BvL 29/95, 1 BvL 30/95, in: BVerfGE 106, 275 (299); siehe auch BVerfG, Urteil v. 20.04.2004, Az.: BvR 1748/99, 1 BvR 905/00, in: DVBl. 2004, 705.

gegenüber den Konkurrenten durchzusetzen, also von seinem Recht aus Art. 12 Abs. 1 GG auf den „Versuch" Gebrauch zu machen.

Aber auch in den ersten beiden Fällen, in denen der Wettbewerb tatsächlich gänzlich vorgeschaltet ist, darf nicht übersehen werden, dass der Vertragsabschluss - wegen der beherrschenden, fast monopolistischen Marktposition der Sozialleistungsträger, ihrer Marktstrukturverantwortung und Lenkungsmöglichkeiten - zu einer zukunftsgerichteten Wettbewerbsverzerrung führt, denn die beruflichen Betätigungsmöglichkeiten der nicht vertraglich gebundenen Leistungserbringer sind für die Vertragslaufzeit jedenfalls stark eingeschränkt, wenn sie nicht völlig ausgeschlossen sind. Selbst wenn selektive Verträge neben der Zulassung bestehen, genießen die ausgewählten Leistungserbringer durch die zusätzlichen Einnahmen einen deutlichen Vorteil im Wettbewerb gegen die nicht einbezogenen Leistungserbringer. In diesen Fällen bringt die staatliche Teilnahme am Marktgeschehen deswegen genauso Störungen des Wettbewerbsgeschehens mit sich wie die direkte Einflussnahme des Staates auf den Markt - etwa durch die Gewährung von Beihilfen. Der entscheidende Unterschied zwischen sozialrechtlichen Leistungserbringungsverträgen und sonstiger staatlicher Auftragsvergabe besteht somit darin, dass hier die Sozialleistungsträger als öffentliche Auftraggeber nicht gleichwertig neben anderen privaten Nachfragern auf dem Markt agieren, sondern die maßgeblichen Nachfrager sind.

Da Art. 12 Abs. 1 GG „das berufsbezogene Verhalten der Unternehmen am Markt nach den Grundsätzen des Wettbewerbs"[235] umfasst und sich selektive Entscheidungen von Sozialleistungsträgern auf den wirtschaftlichen Wettbewerb zwischen den Leistungserbringern verzerrend auswirken, greifen solche Entscheidungen im Ergebnis in die Berufsfreiheit nicht einbezogener Anbieter ein.

Wenn aber die Möglichkeit, eine selektive Auswahl unter den in Frage kommenden Leistungserbringern zu treffen, ein in Grundrechte eingreifendes Verhalten ist, so bedarf es zunächst einer gesetzlichen Ermächtigungsgrundlage, welche die Berufsfreiheit „mit hinreichender Deutlichkeit" einschränkt.[236] Die

---

235 BVerfG 1. Senat, Urteil vom 20.04.2004, Az.: 1 BvR 1748/99, 1 BvR 905/00, in: DVBl. 2004, 705. Zum Schutz des Art. 12 GG vor staatlich verursachten Wettbewerbsverzerrungen vgl. auch BVerwG, Urteil v. 17.12.1991, Az.: 1 C 5/88, in: BVerwGE 89, 281; BVerwG, Urteil v. 13.05.2004, Az.: 3 C 2/04., in: NJW 2004, 3134.

236 Vgl. zur Notwendigkeit einer solchen Rechtsgrundlage für die Ablehnung der Zulassung nach §§ 124, 126 SGB V, BSG, Urteil v. 29.11.1995, Az.: 3 RK 25/94, in: BSGE

Sozialleistungsträger können daher nur dann selektiv vorgehen, wenn der Gesetzgeber deutlich gemacht hat, dass sie keinem „Kontrahierungszwang" unterliegen, spiegelbildlich dass die geeigneten Leistungserbringer keinen Anspruch auf Einbeziehung in die Versorgung von Sozialleistungsberechtigten haben.

Dies kann entweder ausdrücklich (etwa durch den Zusatz: „Ein Anspruch auf Vertragsschluss besteht nicht") oder durch auslegungsfähige Hinweise (etwa durch die rechtliche Gestaltung der Verträge als öffentliche Aufträge oder durch die Zulassung von Bedarfsgesichtspunkten neben Geeignetheitskriterien oder durch die Auferlegung einer Ausschreibungspflicht) geschehen. Möglich ist außerdem eine entsprechende Auslegung nach Sinn und Zweck des Gesetzes.

Im Ergebnis lässt sich also festhalten, dass die Sozialleistungsträger nur dann selektiv vorgehen dürfen, wenn sie dazu vom Gesetzgeber ermächtigt worden sind, weil selektive Auswahlentscheidungen einen Eingriff in Art. 12 Abs. 1 GG darstellen. Kommt die Wirkung einer selektiven Entscheidung derjenigen einer objektiven Zulassungsvoraussetzung in Gestalt einer Bedürfnisklausel nahe, so ist sie nur gerechtfertigt, wenn sie durch besonders wichtige Interessen der Allgemeinheit gefordert wird, die anders nicht geschützt werden können.[237] Dies wird allerdings nie der Fall sein, wenn der Sozialleistungsträger keine Monopolstellung in dem betroffenen Bereich hat oder wenn - parallel zu den selektiven Entscheidungsmöglichkeiten - ein System von bedarfsunabhängigen, statusbegründenden Zulassungen bzw. Verträgen weiter besteht.[238] In solchen Fällen reichen zur Rechtfertigung des Eingriffs Gründe von Allgemeininteresse aus, etwa wie Kosteneinsparung und Optimierung der Leistungsqualität.

3. Zwischenergebnis

Nach alledem wird sich die folgende Untersuchung zwar darauf konzentrieren, in Bezug auf das jeweilige Leistungs- und Leistungserbringungsrecht die Rechtsbeziehungen zwischen Sozialleistungsträgern und Leistungserbringern zu systematisieren, um sie den vergaberechtlich denkbaren Konstellationen zuzu-

---

77, 108 (115). Zur Eingriffsqualität der Bildung von Leistungskontingenten vgl. *Nielandt*, RsDE Nr. 57 (2005), S. 44 ff. (48 f.).

237 Zu dieser Argumentation bei Zulassungen im Kassenarztrecht vgl. BVerfG 1. Senat, Urteil vom 23.03.1960, Az.: 1 BvR 216/51, in: BVerfGE 11, 30 (44).

238 Die Ablehnung eines Vertragsabschlusses im Einkaufsmodell wird auch deswegen als schlichte Berufsausübungsregelung gesehen, weil die Vertragslaufzeit begrenzt ist. Vgl. *Neumann*, NZS 2002, S. 561 ff. (564).

ordnen. Aber auch die rechtliche Zulässigkeit selektiver Entscheidungen ist im Einzelfall zu untersuchen, um deren Konsequenzen für die Vergabepolitik der Sozialleistungsträger darzulegen. Dabei wird das Augenmerk - unter Bezugnahme auf die grundlegende Unterscheidung zwischen „öffentlichem Auftrag" und „Dienstleistungskonzession" - darauf gerichtet sein, festzustellen, ob die Sozialleistungsträger gemäß dem ihnen vom Gesetzgeber erteilten Auftrag:

- feste Kontingente an Waren bzw. an Dienstleistungen zu einem bestimmten, evtl. pauschalierten Preis einkaufen *oder*
- die wesentlichen Bedingungen (z.B. Versorgungsangebot, Qualitätsstandards, Dokumentation, Zusammenarbeit, Vergütung) für künftige Einzelaufträge in einem bestimmten Zeitraum vereinbaren, welche sie dann selbst an einen vertraglich gebundenen Leistungserbringer erteilen, wobei sie dem Leistungserbringer von Anfang an auch eine gewisse Menge in Aussicht stellen können, *oder*
- die wesentlichen Bedingungen für die Leistungserbringung zwar selbst vereinbaren, aber die Entscheidung für die Einzelauftragserteilung an einen bestimmten vertraglich gebundenen Leistungserbringer den Sozialleistungsberechtigten überlassen.

Vorab lässt sich jedenfalls bereits für alle Bereiche des Sozialrechts folgendes Ergebnis darstellen. In den Fällen, wo der Sozialleistungsberechtigte nicht nur ein vom Sozialeistungsträger bei der Ermessensausübung zu berücksichtigendes Wunsch- und Wahlrecht, sondern das Recht auf freie Wahl des Leistungserbringers hat, wird grundsätzlich nur die dritte Konstellation (Dienstleistungskonzession) gegeben sein.

Ausnahmen sind lediglich in den Fällen denkbar, wo die Sozialleistungsträger selektiv handeln und mittels Bedarfsplanung das Angebot auf die Nachfrage genau abstimmen können. In den Fällen, wo die Sozialleistungsträger von Gesetzes wegen oder im Einvernehmen mit den Sozialleistungsberechtigten die Einrichtungen, die die Leistungen im Einzelfall erbringen, nach pflichtgemäßem Ermessen selbst bestimmen, sind die Rechtsbeziehungen zu den Leistungserbringern als öffentliche Aufträge bzw. Rahmenvereinbarungen einzustufen.

D. Vergaberecht und Recht der Gesetzlichen Krankenversicherung

7. Kapitel: Die Ausschlusswirkung des § 69 SGB V

I. Gesetzesauslegung

1. Grammatikalische Auslegung

Im Bereich des Leistungserbringungsrechts der Gesetzlichen Krankenversicherung könnte die Anwendbarkeit des Kartellvergaberechts bereits a priori ausgeschlossen sein.

Im Rahmen des GKV-Gesundheitsreformgesetzes 2000[239] wurde die erste Vorschrift des leistungserbringungsrechtlichen Teils des SGB V, § 69 SGB V, neu gefasst.[240] Nach dem klaren Wortlaut des § 69 Satz 1 SGB V regelt das 4. Kapitel des SGB V einschl. §§ 63,64 SGB V abschließend die Rechtsbeziehungen der Krankenkassen und ihrer Verbände zu Ärzten, Zahnärzten, Psychologen, Apotheken sowie sonstigen Leistungserbringern und ihren Verbänden. Für den Krankenhausbereich bestimmt § 69 Satz 2 SGB V, dass zusätzlich zu den o.g. Vorschriften des SGB V auch das KHG und das KHEntgG und die hiernach erlassenen Verordnungen anwendbar sind.

Die Vorschriften des BGB gelten für die Rechtsbeziehungen nach Satz 1 und 2 entsprechend, soweit sie mit den Vorgaben des § 70 SGB V (Qualität, Wirtschaftlichkeit und Humanität) und den übrigen Aufgaben und Pflichten der Beteiligten vereinbar sind (§ 69 Satz 3 SGB V). Gem. § 69 Satz 4 gilt das alles auch, „soweit durch diese Rechtsbeziehungen Rechte Dritter betroffen sind".

Eindeutig hat der Gesetzgeber somit dem neuen § 69 SGB V einen abschließenden Charakter verliehen. Materiell-rechtlich bedeutet dies, dass die von § 69 SGB V erfassten Rechtsbeziehungen sozialversicherungsrechtlicher und nicht privatrechtlicher Natur sind und dass sie ausschließlich am Maßstab des 4. Kapitels des SGB V zu beurteilen sind.[241] Demzufolge hat auch der dritte Senat des

---

239 Gesetz v. 22.12.1999, BGBl. I S. 2626.

240 Zur älteren Rechtslage vgl. *Ebsen*, ZSR 2000, S. 298 ff.

241 Nicht gefolgt werden kann der Meinung, die in der Regelung des § 69 SGB V lediglich eine Rechtswegzuweisung zu den Sozialgerichten sieht, so aber BSG 6. Senat, Urteil vom 28.06.2000, Az.: B 6 KA 26/99 R, in: BSGE 86, 223. Für eine analoge Anwen-

BSG entschieden, dass die Rechtsbeziehungen der Krankenkassen und ihrer Verbände zu den Leistungserbringern und ihren Verbänden seit dem 1.1.2000 öffentlichrechtlicher Natur sind und dass das nationale Wettbewerbsrecht (UWG und GWB) auf diese Rechtsbeziehungen seit diesem Zeitpunkt nicht mehr anwendbar ist.[242] Zwar bezog sich das BSG in seinen Urteilen nur auf das Wettbewerbs- und Kartellrecht, aber das tragende Argument des abschließenden Charakters des § 69 SGB V ist unverändert auf das Vergaberecht übertragbar.

2. Historische Auslegung

Nun könnte man die Entstehungsgeschichte des § 69 SGB V hinzuziehen, um zu beweisen, dass der Gesetzgeber entgegen dem eindeutigen Wortlaut nur den Ausschluss des Wettbewerbs- und Kartellrechts beabsichtigte.[243] In der Gesetzesbegründung wird tatsächlich ausgeführt: „... regelt § 69 S. 1 als Grundsatznorm des Leistungserbringungsrechts, dass die dort genannten Rechtsbeziehungen allein sozialversicherungsrechtlicher und nicht privatrechtlicher Natur sind. Dies folgt aus der Vorgabe der abschließenden Regelung dieser Beziehungen in dem 4. Kapitel des SGB V. Die Krankenkassen und ihre Verbände erfüllen in diesen Rechtsbeziehungen ihren öffentlich-rechtlichen Versorgungsauftrag und handeln nicht als Unternehmen im Sinne des Privatrechts, einschließlich des Wettbewerbs- und Kartellrechts.“[244]

Der Begriff des „Unternehmens“, auf den sich die Gesetzesmaterialien beziehen, spielt nur im Kartellrecht (§ 1 GWB) eine Rolle, das Wettbewerbsrecht spricht von Handlungen „im geschäftlichen Verkehre“ (§ 1 UWG), welche jedoch wie-

---

dung des UWG und des GWB durch die Sozialgerichte plädieren Engelmann, NZS 2000, S. 213 ff. (220 ff.); *Diekmann/Wildberger*, NZS 2004, S. 15 ff.

242 BSG 3. Senat, Urteil vom 31.08.2000, in: BSGE 87, 95; BSG 3. Senat, Urteil vom 25.09.2001, Az.: B 3 KR 3/01 R, in: BSGE 89, 24. Befürwortend: *Boecken*, NZS 2000, S. 269 ff. (270 f.); *Knispel*, NZS 2001, S. 466 ff. (468). Die Ausschlusswirkung des § 69 SGB V verneinend: *Engelmann*, NZS 2000, S. 213 ff.; *Koenig/Engelmann*, WRP 2002, S. 1244 ff.; *Schwerdtfeger*, PharmInd 2000, S. 105 ff.; *Neumann*, WuW 1999, S. 961 ff. Der sechste Senat des BSG hat in einem obiter dictum hingegen zu erkennen gegeben, dass die Sozialgerichte nun die GWB-Vorschriften anzuwenden haben, vgl. BSG, Urteil v. 28.6.2000, Az.: B 6 KA 26/99 R, in: BSGE 86, 223. Die Vorschriften des GWB angewandt hat auch noch der BGH Kartellsenat, Urteil v. 11.12.2001, Az.: KZR 5/00, in: JZ 2002, 781. Zum Meinungsstand in Literatur und Rechtsprechung vgl. *Emmerich*, in: Festschrift f. Thomas Raiser, 2005, S. 648 ff.

243 So etwa *Koenig/Steiner*, ZESAR 2003, S. 98 ff. (100).

244 BT-Drucks. 14/1245, S. 67 f. zu Nr. 29.

derum ebenfalls von Unternehmen vorgenommen werden. Adressaten des Vergaberechts sind hingegen öffentliche Auftraggeber (§ 98 GWB). Der sachliche Anwendungsbereich des Vergaberechts ist nach § 99 Abs. 1 GWB gerade erst eröffnet, wenn Verträge zwischen öffentlichen Auftraggebern und Unternehmen abgeschlossen werden sollen, wobei öffentliche Auftraggeber grundsätzlich nach § 98 Nr. 1 und 2 GWB entweder Gebietskörperschaften oder juristische Personen sind, die u.a. zum Zwecke gegründet wurde, Aufgaben *nicht gewerblicher* Art zu erfüllen. Auch wenn es nicht ausgeschlossen ist, dass ein öffentlicher Auftrageber punktuell als Unternehmen im Sinne des Wettbewerbsrechts handeln kann, hat dies für die Frage der Anwendbarkeit des Vergaberechts gar keine Bedeutung.

Im Ergebnis ist also festzustellen, dass die nach der Gesetzesbegründung ausdrücklich auszuschließenden Regelungsbereiche nicht auch das Kartellvergaberecht umfassen. Dies bedeutet aber lediglich, dass der Gesetzgeber in seiner beispielhaften Auflistung der ausgeschlossenen Bereiche das Vergaberecht einfach nicht erwähnt hat. Eine positive Schlussfolgerung dahingehend, dass der Gesetzgeber die Anwendbarkeit des Vergaberechts nicht ausschließen wollte, verbietet sich.

3. Systematische Auslegung

Systematisch hängt die materiell-rechtliche Regelung des § 69 SGB V zusammen mit der prozessrechtlichen Vorschrift des § 51 Abs. 2 SGG. Im Zuge der Ausschussberatungen wurden - zusätzlich zu der Änderung des § 51 SGG - prozessrechtliche Änderungen im Kartellrecht (§§ 87 Abs. 1 und 96 GWB) beschlossen, wodurch für den Bereich der §§ 69 ff. SGB V die ausschließliche Zuständigkeit der Sozialgerichte begründet wurde.[245] Die Regelungen im GWB sind jedoch lediglich klarstellender Natur, während § 51 Abs. 2 Satz 1 SGG deutlich anordnet, dass die Gerichte der Sozialgerichtsbarkeit über privatrechtliche Streitigkeiten in Angelegenheiten der Gesetzlichen Krankenversicherung entscheiden, auch soweit durch diese Angelegenheiten Dritte betroffen werden. Auch der Satz 2, wonach die §§ 87, 96 GWB keine Anwendung finden, sollte seinerseits wiederum Klarheit schaffen, da die Zivilgerichte auch nach dem Ge-

---

[245] BT-Drucks. 14/1977 S. 131 zu Art. 10a Nr. 1, 2 und BT-Drucks. 14/1245 S. 8 zu Art. 1 Nr. 29.

sundheitsreformgesetz[246] vom 20.12.1988 die Auffassung weiter vertraten, die GWB-Vorschriften seien trotz § 51 Abs. 2 Satz 1 SGG spezieller, und daher die eigene Zuständigkeit bejahten.[247]

Die ausschließliche Zuständigkeit der Sozialgerichte ist nun - jeden Zweifel ausschließend - gesetzlich normiert. § 51 Abs. 2 SGG bestätigt insgesamt den Willen des Gesetzgebers, alle Streitigkeiten im leistungserbringungsrechtlichen Bereich der GKV den Sozialgerichten zuzuweisen.[248] Damit ist aber auch die Sonderzuständigkeit für vergaberechtliche Streitigkeiten nach §§ 116 ff. GWB aufgehoben, selbst wenn diese nicht ausdrücklich erwähnt wird.[249] Insofern könnte das GWB-Vergaberecht ohnehin nur modifiziert - d.h. unter Ausschluss der Vorschriften über das Nachprüfungsverfahren - angewandt werden.

Die ausdrückliche Erwähnung des UWG und GWB in der Gesetzesbegründung lässt sich erklären, wenn man an die damals aktuellen Streitigkeiten darüber denkt, ob die Beziehungen der Krankenkassen zu den Leistungserbringern und davon betroffenen Dritten dem öffentlichen oder dem privaten Recht zuzuordnen sind und ob die Zuständigkeit der Zivil- oder der Sozialgerichte gegeben ist. Außer dem Vertragsarztrecht und dem Krankenhausrecht, denen schon vor der Änderung des § 69 SGB V ein rein öffentlich-rechtlicher Charakter zugesprochen wurde, wurden die restlichen Verträge überwiegend als zivilrechtlich angesehen.[250]

Im Übrigen bejahte die Zivilrechtssprechung - auch für zweifelfrei öffentlich-rechtliche Akte - eine sog. „Doppelnatur" der Handlungen der Krankenkassen, welche in bürgerlich-rechtlichen Wettbewerbsbeziehungen zu den betroffenen

---

246 BGBl. I S. 2477, zum 1.1.1989 in Kraft getreten.

247 BGH Kartellsenat, Urteil vom 12.03.1991, Az.: KZR 26/89, in: BGHZ 114, 218. Das BSG vertrat eine vermittelnde Auffassung und beschränkte die Zuständigkeit der Kartellgerichte auf ausschließlich auf kartellrechtliche Ansprüche gestützte Klagen, vgl. BSG 3. Senat, Urteil vom 24.01.1990, Az.: 3 RK 10/88, in: Soz-R 3-2500 § 125 Nr. 1. Nach Einführung des Satzes 2 vgl. BGH, Beschluss v. 14.03.2000, Az.: KZB 34/99, in: SGb 2001, 138 mit einer Anmerkung von *Kummer* zur Rechtsprechungsentwicklung; BSG 3. Senat, Urteil v. 25.09.2001, Az.: B 3 KR 3/01 R, in: BSGE 89, 24.

248 So auch *Engelmann*, NZS 2000, S. 213 ff. (218 f.). A.A. *Koenig/Steiner*, ZESAR 2003, S. 98 ff. (100).

249 A.A. *Koenig/Engelmann/Hentschel*, MedR 2003, S. 562 ff. (564).

250 BSG 3. Senat, Urteil vom 10.07.1996, Az.: 3 RK 11/95, in: BSGE 79, 28; BSG 3. Senat, Urteil vom 10.07.1996, Az.: 3 RK 29/95, in: SozR 3-2500 § 125 Nr 6.

Leistungsanbietern - mit Ausnahme der Ärzte, Zahnärzte und Hebammen - stehen, obwohl diese Beziehungen dem Zweck dienen, den Krankenkassen die Erfüllung ihrer öffentlich-rechtlichen Fürsorgepflicht gegenüber den Anspruchsberechtigten zu ermöglichen.[251] Aktuell war damals eben nur die Frage nach der Anwendung des deutschen Wettbewerbs- und Kartellrechts. Mit der Anordnung der ausschließlichen Geltung öffentlichen Rechts im Bereich des Leistungserbringungsrechts und der ausschließlichen Zuständigkeit der Sozialgerichte für Streitigkeiten aus diesem Bereich hat der Gesetzgeber dem o.g. Streit sowohl aus prozessualer als auch aus materiell rechtlicher Sicht ein Ende gesetzt.[252]

4. Teleologische Auslegung

Schließlich bestärkt der Sinn und Zweck dieser Vorschrift den klaren Wortlaut des § 69 SGB V und die systematische Auslegung. Der § 69 SGB V wurde mit dem Ziel eingeführt, die Handlungen der Krankenkassen gegenüber Leistungserbringern nunmehr ausschließlich dem öffentlichen Recht zuzuordnen und der Entscheidungsbefugnis der sonst für den eng verwandten Bereich des Leistungsrechts zuständigen Sozialgerichte zu unterwerfen. Die Ausschlusswirkung soll sich dementsprechend nicht nur auf Wettbewerbs- und Kartellrecht, sondern auch auf das Kartellvergaberecht erstrecken.

II. Zwischenergebnis

1. Kein punktueller Verweis auf das GWB-Vergaberecht

Im SGB V findet sich punktuell der Hinweis auf die Notwendigkeit einer Ausschreibung nach objektiven Kriterien. Dies könnte eine Rückausnahme des oben

---

251 BGH Kartellsenat, Entscheidung vom 26.10.1961, Az.: KZR 1/61, in: BGHZ 36, 91 (Gummiströmpfe); BGH 1. Zivilsenat, Urteil vom 18.12.1981, Az.: I ZR 34/80, in: BGHZ 82, 375, 382 (AOK-Brillen-Selbstabgabestellen); Gemeinsamer Senat der obersten Gerichtshöfe des Bundes, Beschluss vom 29.10.1987, Az.: GmS-OGB 1/86, in: BGHZ 102, 280 (Rollstühle); Gemeinsamer Senat der obersten Gerichtshöfe des Bundes, Beschluss vom 10.04.1986, Az.: GmS-OGB 1/85, in: BGHZ 97, 312 (Orthopädische Hilfsmittel); OLG Düsseldorf Kartellsenat, Urteil vom 28.08.1998, Az.: U (Kart) 19/98, in: NZS 1998, 567; OLG München Kartellsenat, Urteil vom 20.01.2000, Az.: U (K) 4428/99, in: NZS 2000, 457.

252 BGH Kartellsenat, Beschluss vom 14.03.2000, Az.: KZB 34/99, in: NJW 2000, 2749 (Anm. Kummer, SGb 2001, S. 138 ff.); LG Dortmund, Urteil vom 11.05.2000, 13 O 58/00 (Kart.).

darlegten Ausschlusses durch § 69 SGB V begründen. Es geht im Einzelnen um folgende Fälle:

- hausarztzentrierte Versorgung: gem. § 73b Abs. 2 Satz 1 SGB V haben die Krankenkassen zur Sicherstellung der hausarztzentrierten Versorgung mit besonders qualifizierten Hausärzten Verträge zu schließen; gem. § 73b Abs. 2 Satz 3 2. Hs. SGB V ist die Aufforderung zur Abgabe eines Angebots unter Bekanntgabe objektiver Auswahlkriterien öffentlich auszuschreiben;
- Förderung der Qualität in der vertragsärztlichen Versorgung: gem. § 73c Abs. 2 Satz 2 SGB V können die Krankenkassen mit Vertragsärzten Verträge zur Durchführung der nach Abs. 1 gesamtvertraglich vereinbarten Versorgungsaufträge schließen; gem. § 73c Abs. 2 Satz 3 SGB V ist die Aufforderung zur Abgabe eines Angebots unter Bekanntgabe objektiver Auswahlkriterien öffentlich auszuschreiben;
- Versorgung mit Hilfsmitteln: gem. § 127 Abs. 2 Satz 1 SGB V können die Krankenkassen mit einzelnen Leistungserbringern Verträge zu niedrigeren Preisen als in den Verträgen nach Absatz 1 bei gleicher Qualität schließen; gem. § 127 Abs. 2 Satz 2 SGB V soll hierzu die Aufforderung zur Abgabe eines Angebots unter Bekanntgabe objektiver Auswahlkriterien öffentlich ausgeschrieben werden;
- Arzneimittelversorgung: gem. § 129 Abs. 5b Satz 1 SGB V können Apotheken an vertraglich vereinbarten Versorgungsformen beteiligt werden; die Angebote sind öffentlich auszuschreiben.

In allen Fällen handelt es sich um Leistungserbringung auf einzelvertraglicher, bedarfsabhängiger Basis, also um Fälle, wo weder ein Anspruch auf Beteiligung noch ein Zulassungsverfahren vorgesehen sind. Hier hat der Gesetzgeber durch die Vorgabe, vor dem Vertragsschluss eine öffentliche Ausschreibung durchzuführen, zwar eindeutig die Voraussetzungen für eine diskriminierungsfreie Auswahl schaffen wollen[253], aber weder einen Rechtsgrund- noch einen Rechtsfolgenverweis auf das Kartellvergaberecht begründet.

---

253 Vgl. die amtliche Begründung zu §§ 73b, 73c, 129 Abs. 5b SGB V in BT-Drucks. 15/1525, resp. S. 97, 122.

Wegen der ausdrücklichen Regelung des § 69 SGB V hätte es zum einen einer ebenfalls ausdrücklichen Ausnahmeregelung bedürft, um die Anwendbarkeit des Vergaberechts zu begründen. Zum anderen spricht der Gesetzgeber hier - im Gegensatz etwa zu den Verweisen im SGB III[254] - weder von Vergaberecht noch von einem wettbewerbsrechtlichen Vergabeverfahren, sondern allein von „öffentlicher Ausschreibung". Die oben aufgeführten Vorschriften sind daher eindeutig als lex specialis im Verhältnis zum Haushaltsrecht auszulegen und gehen der generellen Bereichsausnahme des § 22 Abs. 1 Satz 1 SVHV vor. Sie normieren jedoch nicht einfach eine Ausschreibungspflicht im haushaltsrechtlichen Sinne[255], denn sie sind spezielle Regelungen des Leistungserbringungsrechts und begründen deswegen subjektive Rechte der Leistungserbringer auf Einhaltung eines entsprechenden Verfahrens, wie sich den Gesetzesmaterialien deutlich entnehmen lässt.[256] Die verbindliche Geltung des ersten Abschnitts der Verdingungsordnungen wird allerdings ebenso wenig wie in § 22 Abs. 2 SVHV angeordnet; vielmehr bleibt es den Krankenkassen überlassen, eigene Richtlinien zu erlassen, die dem Gebot der Gleichbehandlung und der Transparenz entsprechen.[257]

Im Ergebnis ist festzuhalten, dass die punktuelle systemimmanente Anordnung einer öffentlichen Ausschreibung vor Abschluss selektiver Verträge durch die Kassen nicht auf das GWB-Vergaberecht verweist.

2. Spannungsverhältnis zum europäischen Vergaberecht

Unter allein national rechtlichem Blickwinkel ist also die Anwendbarkeit des deutschen Vergaberechts im Recht der GKV a priori ausgeschlossen. § 69 SGB

---

254 Vgl. Teil E, 13. Kapitel, I. 1.

255 So *Kücking* et al., ZESAR 2005, S. 62 ff. (66, Fn. 12).

256 Zu §§ 73b und 73c SGB V vgl. BT-Drs. 15/1525, S. 97: „Sie [die Krankenkassen] müssen nicht jeden Hausarzt unter Vertrag nehmen, sondern haben nur mit so vielen Hausärzten diskriminierungsfrei einen Vertrag zu schließen, wie für an dieser hausarztzentrierten Versorgung teilnehmende Versicherte notwendig sind." „Satz 2 trifft eine Regelung für den Fall, dass ein derartiger Anspruch des einzelnen Vertragsarztes gesamtvertraglich nicht begründet wird; in diesem Fall können die Krankenkassen zur Durchführung der Versorgungsaufträge - diskriminierungsfrei - Einzelverträge mit Vertragsärzten schließen." Zu § 129 Abs. 5b SGB V vgl. BT-Drs. 15/1525, S. 22: „Durch die Verpflichtung zur Ausschreibung werden Regelungen getroffen, um eine Gleichbehandlung der Apotheken bei dem Abschluss von Einzelverträgen zu gewährleisten."

257 Zum Meinungsstand zu § 22 Abs. 2 SVHV vgl. *Hesse*, Die Sozialversicherung 1997, S. 88 ff. (89) m.w.N.

V normiert einen materiell-rechtlichen Ausnahmebereich von der Anwendung des deutschen Vergaberechts.[258] Zum Teil wird in der Literatur jedoch die Auffassung vertreten, ein Ausschluss der das EG-Vergaberecht umsetzenden Vorschriften des deutschen Kartellvergaberechts sei angesichts des Anwendungsvorrangs des europäischen Gemeinschaftsrechts vor jedwedem nationalen Recht gar nicht möglich, so dass das Kartellvergaberecht trotz § 69 SGB V anzuwenden sei.[259]

Hierzu sei Folgendes präzisiert. Der Grundsatz des Anwendungsvorrangs[260] bezieht sich auf Kollisionslagen zwischen den Rechtsquellen des Gemeinschaftsrechts und nationalem Recht. Die Verhinderung einer Normenkonkurrenz auf rein nationaler Ebene durch ausdrückliche Regelung verbietet das Europarecht hingegen grundsätzlich nicht. Aus der Tatsache, dass das Kartellvergaberecht nationales Umsetzungsrecht von sekundärem Gemeinschaftsrecht ist, ergibt sich jedoch folgendes Bild:

- Erstens ist sämtliches nationales Recht, das in den Geltungsbereich der europäischen Vergaberichtlinien fällt, im Lichte des Wortlauts und des Zwecks derselben und der dazu ergangenen EuGH-Rechtsprechung auszulegen (Grundsatz der „richtlinienkonformen Auslegung“[261]).

- Zweitens führt - im persönlichen und sachlichen Anwendungsbereich der europäischen Vergaberichtlinien - eine durch nationales Recht angeordnete, durch Auslegung nicht aufhebbare Einschränkung der Anwendbarkeit des deutschen Vergaberechts zwar nicht zur Unanwendbarkeit der Konkurrenzregelung, aber zu einer Verletzung der Umsetzungspflicht gem. Art. 249 Abs. 3 EGV und ggf. zur unmittelbaren, vorrangigen Wirkung von Richtlinienbestimmungen[262].

---

258 I.E. so auch *Ebsen*, in: FS f. Manfred Zuleeg, 2005, S. 439 ff. (445). Die Schaffung dieses Ausnahmebereichs ist in der Literatur teilweise sehr kritisch beurteilt worden. Vgl. *Neumann*, WuW 1999, S. 961 ff. (962); Stellungnahme der Deutschen Vereinigung für gewerblichen Rechtsschutz und Urheberrecht, GRUR 1999, 968 ff. (969).

259 *Kingreen*, SGb 2004, S. 659 ff. (661); *Koenig/Engelmann/Hentschel*, MedR 2003, S. 562 ff. (563, Fn. 10); *Wollenschläger*, NZBau 2004, S. 655 ff. (655).

260 *Schroeder*, in: Streinz, EUV/EGV Kommentar, 2003, § 249 Rdnr. 40 ff.

261 *Schroeder*, in: Streinz, EUV/EGV Kommentar, 2003, § 249 Rdnr. 125 ff.

262 Nach der ständigen Rechtsprechung des Gerichtshofes sind in allen Fällen, in denen Bestimmungen einer Richtlinie inhaltlich unbedingt und hinreichend genau erscheinen, die einzelnen berechtigt, sich gegenüber dem Staat auf diese Bestimmungen zu berufen,

Der nationale Gesetzgeber hat bei der Umsetzung von Richtlinien gewisse Spielräume und kann die europäischen Vorgaben auch verschärfen. Die Entscheidung über die Anwendbarkeit von Umsetzungsrecht bedarf deswegen eines gesetzgeberischen Akts. Die Gerichte können nicht einfach eine Kollisionsnorm wie § 69 SGB V unangewendet lassen, denn sie würden eine Entscheidung treffen, die dem Gesetzgeber vorbehalten ist. Nicht der Grundsatz des Anwendungsvorrangs, sondern die Grundsätze der Umsetzungspflicht und der richtlinienkonformen Auslegung sind in solchen Fällen zu beachten. Diese verlangen nur, dass *zwingende* Bestimmungen europäischer Richtlinien ins nationale Recht übernommen und nicht durch (später ergangenes) nationales Recht ausgeschlossen werden.

Zu untersuchen gilt daher zunächst, ob die EG-Vergaberichtlinien auf die Leistungserbringungsverträge im GKV-Bereich überhaupt anwendbar sind und ggf. welchen zwingenden europäischen Vorschriften der Abschluss dieser Verträge unterliegt. Erst dann kann beurteilt werden, ob § 69 SGB V gegen EU-Recht verstößt und welche Rechtsfolgen sich daraus ergeben. Da die Krankenkassen offensichtlich nicht im sog. Sektorenbereich tätig sind, werden der folgenden Untersuchung allein die Bestimmungen der Richtlinie 2004/18/EG zugrunde gelegt.

wenn der Staat die Richtlinien nicht fristgemäß in nationales Recht umsetzt oder eine unzutreffende Umsetzung der Richtlinie vornimmt. Vgl. EuGH, Urteil v. 26.02.1986, Rs. 152/84, Slg. 1986, 723 Rdnr. 48 f. - Marshall; EuGH, Urteil v. 08.10.1987, Rs. 80/86, Slg. 1987, 3969 (3985f.) - Kolpinghuis Nijmegen; EuGH, Urteil v. 13.11.1990, Rs. C-106/89, Slg. 1990, I-4135 (4158) - Marleasing; EuGH, Urteil v. 14.07.1994, Rs. C-91/92, Slg. 1994, I-03325, Rdnr. 20 - Faccini Dori; EuGH, Urteil v. 26.09.2000 - Rs. C-443/98, Slg. 2000, I-07535 - Unilever Italia SpA/Central Food SpA. Speziell zu den Vergaberichtlinien vgl. EuGH, Urteil v. 20.09.1988, Rs. 31/87, Slg. 1988, 04635 Rdnr. 38 ff.- Beentjes.

8. Kapitel: Die gesetzlichen Krankenkassen als öffentliche Auftraggeber i.S.d. europäischen Vergaberechts (persönlicher Anwendungsbereich)

Der persönliche Anwendungsbereich des europäischen Vergaberechts ist eröffnet, soweit es sich bei den gesetzlichen Krankenkassen um „öffentliche Auftraggeber“ im Sinne des Art. 1 Abs. 9 Richtlinie 2004/18/EG handelt. Gem. § 29 Abs. 1 SGB IV sind die Krankenkassen rechtsfähige Körperschaften des öffentlichen Rechts mit Selbstverwaltung.[263] Sie sind also nicht als Gebietskörperschaften bzw. deren Sondervermögen nach Art. 1 Abs. 9 Unterabsatz 1 Richtlinie 2004/18/EG anzusehen. Sie könnten vielmehr „Einrichtungen des öffentlichen Rechts“ gem. Art. 1 Abs. 9 Unterabsatz 2 Richtlinie 2004/18/EG sein.

Entscheidend für die Bejahung einer „Einrichtung des öffentlichen Rechts“, die juristische Personen sowohl des öffentlichen als auch des privaten Rechts umfasst, ist - wie oben[264] ausgeführt - die Natur der durch sie wahrzunehmenden Originäraufgaben und die rechtliche oder finanzielle oder personelle Abhängigkeit vom Staat.

I. Einrichtungen des Anhangs III der Richtlinie 2004/18/EG

Es sei zunächst angemerkt, dass das „Verzeichnis der Einrichtungen des öffentlichen Rechts und der Kategorien von Einrichtungen des öffentlichen Rechts nach Artikel 1 Absatz 9 Unterabsatz 2“ im Anhang III der Richtlinie 2004/18/EG für Deutschland unter III. (Deutschland), 1.1 (Juristische Personen des öffentlichen Rechts - Körperschaften) die Krankenkassen ausdrücklich nennt.

Im Gegensatz zu den Stimmen in der deutschen Literatur und Rechtssprechung, die diesem Verzeichnis nur eine Indizwirkung zusprechen, wurde oben dargelegt, dass es zwar nicht abschließend ist, jedoch im Hinblick auf die aufgeführten Einrichtungen konstitutive Bedeutung hat oder zumindest eine nur aufgrund später eingetretener Änderungen widerlegbare Vermutung dafür begründet, dass diese Einrichtungen als öffentliche Auftraggeber einzustufen sind.[265]

---

263 Dem entspricht die Regelung in § 4 SGB V.

264 Vgl. Teil B, 3. Kapitel, II.

265 Vgl. Teil B, 3. Kapitel, II. 1.

Schon deswegen, weil sie sowohl im alten Anhang I der BKR als auch im neuen Anhang III der Richtlinie 2004/18/EG aufgeführt sind, muss daher ohne weitere Prüfung davon ausgegangen werden, dass die - jedenfalls seit 2004 - in ihrer Organisation unverändert gebliebenen gesetzlichen Krankenkassen die Tatbestandsmerkmale der Einrichtung des öffentlichen Rechts erfüllen. Nichtsdestotrotz soll im Folgenden auf die einzelnen Merkmale eingegangen werden, um nachzuweisen, dass die Aufnahme der Krankenkassen in das Verzeichnis des Anhangs III der Richtlinie 2004/18/EG im März 2004 auch korrekterweise geschehen ist.

II. Gründung zur Erfüllung von im Allgemeininteresse liegenden Aufgaben nicht gewerblicher Art

Die Durchführung der sozialen Krankenversicherung als Solidargemeinschaft ist der Zweck, wozu die Krankenkassen gegründet wurden. Die Aufgaben, die damit verbunden sind und aufgrund einer solidarischen Umverteilung der vorhandenen Mittel wahrgenommen werden, dienen der wichtigen Grundversorgung der Bevölkerung mit Sach- und Geldleistungen zur Erhaltung, Wiederherstellung, Besserung des Gesundheitszustandes von Kranken sowie zur finanziellen Versorgung von Versicherten im Krankheitsfall. Sie sind daher zweifelsfrei den Aufgaben im Allgemeininteresse zuzuordnen, welche die Wahrnehmung der Belange des Staates betreffen und die der Staat selbst erfüllen oder bei denen er einen entscheidenden Einfluss behalten möchte.[266]

Problematischer ist das Merkmal „nichtgewerblicher Art“. Dies allerdings nicht schon wegen der Möglichkeit einer freiwilligen Versicherung nach § 9 SGB V, die auch eine Versicherungspflicht nach § 20 Abs. 3 SGB XI auslöst Diese könnte zwar die Grundlage für einen gewissen Wettbewerb zwischen den Krankenkassen und den privaten Versicherungsunternehmen darstellen, betrifft aber - im Gegensatz zur Versicherungspflicht kraft Gesetzes - gerade nicht diejenigen Aufgaben, für die die Krankenkassen gegründet wurden, sondern erweitert le-

266 Zur Bejahung des Allgemeininteresses für den Bereich der Müllabfuhr aus Gründen der öffentlichen Gesundheit und des Umweltschutzes vgl. EuGH Urteil v. 10.11.1998, Rs. C-360/96, Slg. 1998, I-6821 Rdnr. 52, Gemeente Arnhem und Gemeente Rheden / BFI Holding BV.

diglich das Spektrum ihrer Tätigkeit auf Fälle, welche grundsätzlich der spezifischen Solidarität in der Sozialversicherung nicht bedürfen.

Die Frage, ob die originären, im Allgemeininteresse liegenden Aufgaben der Krankenkassen auch nicht gewerblicher Art sind, stellt sich jedoch deswegen, weil die Krankenkassen - mit Ausnahme der Seekasse und der Bundesknappschaft (§§ 176, 177 SGB V) - im Wettbewerb um Versicherte zueinander stehen, seitdem das Kassenwahlrecht nach § 173 SGB V 1996 eingeführt worden ist.[267]

Die Vergabekammer des Bundes hat in einer Entscheidung vom 5.9.2001 die Krankenkassen als öffentliche Auftraggeber gem. § 98 Nr. 2 GWB (entspr. Art. 1 Abs. 9 Unterabsatz 2 Richtlinie 2005/18/EG) angesehen mit dem Argument, dass es dahinstehen könne, ob zwischen den Krankenkassen ein entwickelter Wettbewerb bestehe, da die Anwendung des § 98 Nr. 2 GWB bei Personen des öffentlichen Rechts nur dann verneint werden könne, wenn eindeutig ausschließlich private oder eigene Interessen verfolgt würden, was bei den Krankenkassen sicherlich nicht der Fall sei.[268] Stellt man hingegen für die Bejahung des Merkmals „nichtgewerblicher Art" auf das Abgrenzungskriterium des Fehlens eines entwickelten Wettbewerbs ab, dann ist zu fragen, ob der Wettbewerb zwischen den Krankenkassen untereinander ein ausreichend regulierender Marktmechanismus ist, der das Einkaufsverhalten der Krankenkassen so weit lenkt, dass es keiner vergaberechtlichen Vorgaben zum Schutz der Bieter und der öffentlichen Finanzen mehr bedarf.

Dieser systemimmanente Wettbewerb ergibt sich aus dem Recht der freien Krankenkassenwahl, aus der Festlegung der Beitragshöhe durch die Krankenkassen und aus einem gewissen Entscheidungsspielraum hinsichtlich der angebotenen Leistungen (Satzungsleistungen). Der mit Wirkung zum 1.1.1994 durch das Gesundheitsstrukturgesetz[269] in die §§ 266 ff. SGB V eingeführte Risikostrukturausgleich (RSA), der zum 1.1.2007 auch morbiditätsorientiert sein wird, verfolgt dabei den Zweck, eine gerechtere Beitragsbelastung der Versicherten zu erreichen und Wettbewerbsverzerrungen zwischen den Krankenkassen abzubau-

---

267 Dazu *Müller/Schneider*, ASP 1997, S. 11 ff.; *Schlenker*, RPG 2000, S. 16 ff.; *Mühlhausen*, Der Mitgliederwettbewerb innerhalb der gesetzlichen Krankenversicherung, 2002.

268 VK Bund, Beschluss v. 05.09.2001, VK 1 23/01; so auch VK Hamburg, Beschluss v. 21.04.2004, Az.: VgK FB 1/04.

269 GSG vom 21.12.1992 (BGBl I S. 2266).

en.[270] Nach der Gesetzesbegründung soll der RSA „wettbewerbsfördernd" wirken.

Der RSA führt in der Tat durch einen Vergleich zwischen abstraktem Beitragsbedarf und konkreter Finanzkraft der jeweiligen Kasse zu einem finanziellen Ausgleich zwischen den Krankenkassen, um die nachteiligen Auswirkungen ihrer unterschiedlichen Risikostrukturen (etwa wegen einer hohen Konzentration von beitragsfrei mitversicherten Familienangehörigen, von Versicherten mit niedrigem Einkommen, von besonders morbiden bzw. älteren Versicherten) auszuschalten. Ein solches Verfahren würde man auf dem freien Markt eher für eine Schwächung als für eine Förderung des Wettbewerbs halten. Ziel des RSA ist aber nur die Ausschaltung des unsozialen Wettbewerbs um die „guten" Risiken. Unberührt bleibt der Wettbewerb um „mehr" Mitglieder durch niedrigere Beitragssätze und bessere Leistungsangebote. Dies erklärt, warum die Gesetzesmaterialien zum RSA von Abbau möglicher „Wettbewerbsverzerrungen" sprechen. Jedenfalls ist der RSA nicht mit einem Mechanismus zum Ausgleich sämtlicher finanzieller Verluste vergleichbar. Verliert eine Kasse immer mehr Mitglieder, so hilft ihr der RSA nicht weiter. Das wirtschaftliche Risiko ihrer Tätigkeit trägt also letztlich jede Krankenkasse für sich.

Auf dem freien Markt bedeutet Wettbewerb Konkurrenz zwischen mindestens zwei Subjekten um ein bestimmtes Ziel, wobei der Erfolg eines Subjekts die Niederlage des/der anderen bedingt. Die Ziele verhalten sich daher antagonistisch. In der GKV verfolgen die Krankenkassen sicherlich ein komplementäres Ziel, d.h. die Erfüllung der sozialstaatlichen Aufgabe einer wirtschaftlich und qualitativ guten medizinischen Versorgung der Versicherten sowie die Optimierung des Systems der Gesetzlichen Krankenversicherung. Es kann allerdings nicht geleugnet werden, dass sie sich grundsätzlich antagonistisch verhalten, wenn sie um Mitglieder werben. Trotz Wahrnehmung hoheitlicher Aufgaben in einem solidarischen System stehen die gesetzlichen Krankenkassen als Anbieter von sozialen Versicherungsleistungen gerade dank dem RSA im Wettbewerb untereinander.

Nichtsdestotrotz lässt sich feststellen, dass der Begriff „Wettbewerb" im Kontext der GKV anders als auf dem freien Markt privater Wirtschaftsteilnehmer

---

270 BT-Drucks. 12/3608, S. 68 f., S. 117 f.

konnotiert ist.[271] Zum einen unterliegt das wettbewerbliche Handeln der Kassen untereinander strengeren Regeln, nämlich den Vorschriften über den Risikostrukturausgleich, als das wettbewerbliche Handeln privat wirtschaftlicher Versicherungsunternehmen.[272] Der Wettbewerb unter den Kassen soll eben sozial verträglich sein. Zum anderen geht es bei dem Kassenwettbewerb weniger um den eigenen finanziellen Erfolg zu Lasten der Konkurrenten als um die Größe - im Sinne von Mitgliederzahlen - und die damit verbundene Bedeutung der Kasse. Eine Gewinnerzielungsabsicht, die mit derjenigen privater Unternehmen vergleichbar wäre und für eine Tätigkeit wettbewerblicher Art im Sinne des Vergaberechts kennzeichnend ist, verfolgen die Krankenkassen nicht. Gem. § 220 Abs. 3 SGB V sind eventuelle Überschüsse durch Beitragssenkungen an die Solidargemeinschaft zurückzugeben. Schließlich sind die Spitzenverbände der Krankenkassen (§ 213 SGB V) per Gesetz in vielen Fällen verpflichtet, „gemeinsam und einheitlich" zu handeln.

Schließlich sei darauf hingewiesen, dass die Tätigkeit der Krankenkassen auch nicht auf internationaler Ebene von verschiedenen Marktbeteiligten angeboten wird. Das System der GKV, somit der Kassenwettbewerb ist ein rein nationales. Die Krankenkassen werden nicht in einem wettbewerblich geprägten Umfeld tätig, denn Pflichtversicherte haben nur sehr beschränkte wirtschaftliche Anreize für die Kassenwahl. Das Versicherungsgeschäft der Krankenkassen ist durch Formen des Kontrahierungszwangs und durch ein vorgegebenes Leistungsangebot stark reglementiert. Trotz Kassenwettbewerb entspricht es insgesamt nicht im vollen Umfang dem privatwirtschaftlichen Handeln von Versicherungsunternehmen. Es ist daher nicht sichergestellt, dass die Kassen, wenn sie außerhalb des korporatistischen Zulassungssystems durch Einzelverträge Sozialleistungen für ihre Versicherten einkaufen, wie ein auf Gewinn gerichtetes Unternehmen am Markt agieren und ihre Auswahl allein an erwerbswirtschaftlichen Grundsätzen, wie Leistungs-, Effizienz- und Wirtschaftlichkeitskriterien, ausrichten.

---

271 Hinsichtlich des Kassenwettbewerbs spricht Ebsen etwa vom „Einbau ökonomischer Anreize in die staatliche Verwaltung als Form des New Public Management", was jedenfalls nicht mit dem Wettbewerb unter Wirtschaftsunternehmen vergleichbar sei. Vgl. *Ebsen*, in: Sodan (Hrsg.), Die sozial-marktwirtschaftliche Zukunft der Krankenversicherung, 2005, S. 59 ff. (73).

272 Vgl. BVerfG, Beschluss v. 09.06.2004, Az.: 2 BvR 1248/03, 2 BvR 1249/03, in: DVBl 2004, 1161. Das BVerfG sieht einen untrennbaren Funktionszusammenhang zwischen „Wettbewerb" und RSA und vertritt die Meinung, dass die Krankenkassen nicht in einer als „privat" zu qualifizierenden Stellung als „Wettbewerber" auf dem Markt agieren.

Ein Wettbewerb, der den Schutz des Vergaberechts überflüssig machen könnte, besteht also trotz „Kassenwettbewerb" nicht.[273] Es sind vielmehr die Leistungserbringer, die vor möglicherweise unwirtschaftlich denkenden, meistens marktbeherrschenden Geschäftspartnern zu schützen gilt. Dies ist aber gerade das Ziel des Vergaberechts.

In seiner Entscheidung zu den Festbeträgen hat auch der EuGH klargestellt, dass die Krankenkassen bei der Erfüllung ihrer Hauptaufgabe, der Erbringung gesetzlich vorgeschriebener Leistungen, keine Tätigkeit wirtschaftlicher Art ausüben, somit nicht als Unternehmen i.S.d. Wettbewerbsrechts zu betrachten sind, da sie weder miteinander noch mit privaten Einrichtungen konkurrieren.[274] Es ist also davon auszugehen, dass jedenfalls ein entwickelter, funktionierender Wettbewerb im Bereich der gesetzlichen Leistungen, zu deren Erbringung die Krankenkassen gegründet wurden, nicht vorliegt. In ihrem originären Geschäft nehmen die Krankenkassen also Aufgaben nicht gewerblicher Art wahr.[275] Dies bestätigt die auf Anhang III Richtlinie 2004/18/EG beruhende, an sich unwiderlegliche Vermutung für ein nicht gewerbliches Handeln der Krankenkassen.

III. Staatliche Gebundenheit

1. Sozialversicherungsbeiträge als öffentliche Finanzierung

Es ist also festzuhalten, dass die Krankenkassen juristische Personen des öffentlichen Rechts sind, die zu dem besonderen Zweck gegründet wurden, im Allge-

---

273 So auch *Ebsen*, in: Sodan (Hrsg.), Die sozial-marktwirtschaftliche Zukunft der Krankenversicherung, 2005, S. 59 ff. (72 f.); a.A. *Kingreen,* SGb 2004, S. 659 ff. (663): „Wenn aber der Wettbewerb als Koordinations- und Verteilungsmodus erst einmal etabliert ist, erfasst er die Gesamtheit der Organisationsstruktur und der Verhaltensweisen einer Personenmehrheit ganz unabhängig von ihrer Binnenstruktur und ihren Zielen."

274 EuGH, Urteil v. 16.03.2004, Rs. C-264/01, C-306/01, C-354/01 und C-355/01, in: EuZW 2004, 241, Rdnr. 54 ff. - Festbeträge.

275 Im Sinne des funktionalen Unternehmensbegriff des Wettbewerbsrechts bleibt es offen, ob die Krankenkassen in Einzelfällen doch als Unternehmen zu betrachten sind, so auch der EuGH im „Festbetrags-Urteil", Rdnr. 58: „Es lässt sich jedoch nicht ausschließen, dass die Krankenkassen und die sie vertretenden Einheiten, d.h. die Kassenverbände, außerhalb ihrer Aufgaben rein sozialer Art im Rahmen der Verwaltung des deutschen Systems der sozialen Sicherheit Geschäftstätigkeiten ausüben, die keinen sozialen, sondern einen wirtschaftlichen Zweck haben. In diesem Fall wären die von ihnen zu treffenden Entscheidungen möglicherweise als Beschlüsse von Unternehmen oder Unternehmensvereinigungen anzusehen."

meininteresse liegende Aufgaben nicht gewerblicher Art zu erfüllen.[276] Was das zweite Merkmal, die staatliche Gebundenheit, betrifft, ist zunächst an die erste Alternative, „überwiegende Finanzierung" durch den Staat zu denken. Abzustellen ist hier auf die Finanzierung der juristischen Person insgesamt. Werden etwa einzelne Teile seiner Aufgaben finanziert, so handelt es sich um eine direkte Subventionierung i.S.v. Art. 8 Richtlinie 2004/18/EG. Der EuGH hat in dem grundlegenden Fall „University of Cambridge" entschieden, dass eine überwiegend staatliche Finanzierung jedenfalls vorliegt, wenn die Einrichtung für den Zeitraum eines Jahres zu mehr als der Hälfte von der öffentlichen Hand getragen werde; jede Finanzierung müsse aber im Einzelfall auf ihre Bedeutung hin überprüft werden.[277]

Finanziert werden die Krankenkassen nicht zu mehr als der Hälfte durch die Gebietskörperschaften, also aus Steuermitteln, denn sie finanzieren sich grundsätzlich durch die Beiträge der Versicherten und Arbeitgeber. Staatlich sind lediglich die Finanzierung einzelner Aufgaben (etwa nach § 251 Abs. 4 oder 221 Abs. 1 SGB V).

Wie im Falle der kontrovers diskutierten Finanzierung von öffentlich-rechtlichen Rundfunkanstalten, stellt sich hier jedoch die Frage, ob die Beitragsfinanzierung als eine staatliche Finanzierung zu betrachten ist.[278] Dabei geht es um die Besonderheit, dass die Beitragsfinanzierung der gesetzlichen Krankenkassen - genauso wie die Gebührenfinanzierung der öffentlichen Rundfunkanstalten - gesetzlich gesichert ist und deswegen zu einem Marktverhalten führt, das dem des Staates selbst ähnelt.[279] In Art. 1 Abs. 9 Unterabsatz 2 lit. c Richtlinie 2004/18/EG wird die Art und Weise der Finanzierung nicht bestimmt. Diese muss sich lediglich irgendwie auf den Staat oder anderen Einrichtungen des öf-

---

276 So auch BayObLG, Beschluss vom 24.05.2004 - Verg 6/04, in: NZBau 2004, 623.

277 EuGH, Urteil v. 03.11.2000, Rs. C-380/98, Slg. 2000, I-8035 - The Queen / H.M. Treasury (University of Cambridge).

278 Bezüglich der Rundfunkanstalten vgl. *Pietzcker*, ZHR 1998, S. 427 ff. (447); *Marx/ Prieß* in: Jestaedt/Kemper/Marx/Prieß, Das Recht der Auftragsvergabe, 1999, S. 40 f.; *Bechtold*, GWB-Kommentar, 2002, § 98 Rdnr. 17; *Boesen*, Vergaberecht-Kommentar, § 98 Rdnr. 72 ff. Bezüglich der Selbstverwaltungsinstitutionen der Freiberufler vgl. *E-schenbruch/Hunger*, NZBau 2003, S. 471 ff. (474 f.).

279 Die Eigenschaft der Rundfunkgebühren als öffentliche Finanzierung i.S.d. Vergaberechts bejaht *Ohler*, Zum begriff des Öffentlichen Auftraggebers im Europäischen Vergaberecht, 2001, S.167.

fentlichen Rechts zurückführen lassen. Dahinter steht der Gedanke, dass staatliche Mittel nicht unbedingt ökonomisch eingesetzt werden, da sie unabhängig vom wirtschaftlichen Handeln der Einrichtung zufließen, und dass der Staat durch die Finanzierung auch Einfluss auf die Einrichtung nehmen kann.

Einen wichtigen Hinweis in diesem Zusammenhang stellt folgende Feststellung des EuGH im Fall „University of Cambridge" dar: „Nicht alle Zahlungen eines öffentlichen Auftraggebers begründen oder festigen eine besondere Unterordnung oder Verbindung. Nur die Leistungen, die als Finanzhilfe ohne spezifische Gegenleistung die Tätigkeiten der betreffenden Einrichtung finanzieren oder unterstützen, können als öffentliche Finanzierung eingestuft werden."[280] In diesem konkreten Fall entschied der EuGH, dass Fördermittel oder Zuwendungen durch öffentliche Auftraggeber zur Unterstützung der Forschung bzw. Hörgelder von örtlichen Erziehungsbehörden zugunsten von bedürftigen Studenten als öffentliche Finanzierung i.S.d. Vergaberechts anzusehen seien, denn die Institution in ihrer Gesamtheit könne diese Mittel unabhängig von einer vertraglichen Gegenleistung im Rahmen ihrer Forschungstätigkeit verwenden.[281] Gelder für die Durchführung bestimmter Forschungsarbeiten oder die Veranstaltung bestimmter Seminare oder Tagungen würden hingegen nicht unter den Begriff öffentliche Finanzierung fallen.[282] Daraus ergibt sich, dass nur reine Unterstützungsleistungen als öffentliche Finanzierung gelten, während Gegenleistungen für bestimmte Leistungen im Rahmen eines Vertrages als normale, frei ausgehandelte Geschäftsbeziehungen anzusehen sind, welche die o.g. enge Verbindung im Sinne von Unwirtschaftlichkeit und Einflussnahme ausschließen.

Die Mitgliedsbeiträge, welche die Kassen kraft Gesetzes erheben dürfen, könnten in diesem Sinne mittelbar dem Staat zugerechnet werden. Im Recht der Gesetzlichen Rentenversicherung und der sozialen Pflegeversicherung werden sogar die Beitragssätze durch Gesetz festgesetzt (§§ 158, 160 Nr. 1 SGB VI; § 69 ALG; § 55 SGB XI). Aber auch wenn die Krankenkassen ihre Beiträge selbst festsetzen können, so sind die Rahmenbedingungen (Bemessung nach §§ 220

---

280 EuGH, Urteil v. 03.11.2000, Rs. C-380/98, Slg. 2000, I-8035 Rdnr. 21 - The Queen / H.M. Treasury (University of Cambridge).

281 EuGH, Urteil v. 03.11.2000, Rs. C-380/98, Slg. 2000, I-8035 Rdnr. 22f. - The Queen / H.M. Treasury (University of Cambridge).

282 EuGH, Urteil v. 03.11.2000, Rs. C-380/98, Slg. 2000, I-8035 Rdnr. 24f. - The Queen / H.M. Treasury (University of Cambridge).

Abs. 1 Satz 2, 223 Abs. 2 und 3 SGB V; Erhöhung durch die Aufsichtsbehörde nach §§ 220 Abs. 2 Satz 3 SGB V; Verwendung und Verwaltung der Mittel nach §§ 259 ff. SGB V; trägerübergreifende Ausgleichsregelungen nach §§ 265 ff SGB V; Grundsatz der Beitragssatzstabilität nach §§ 71 SGB V) weitgehend gesetzlich geregelt. Man kann daher nicht davon sprechen, dass die Krankenkassen den finanziellen Rahmen für ihre Einkaufspolitik selbstständig festlegen können. Sie stehen vielmehr alle unter der Einflussnahme des Staates.[283]

Es ist zwar nicht zu leugnen, dass die Zahlung von Beiträgen im Zusammenhang mit dem Anspruch auf Leistungen des jeweiligen Sozialversicherungsträgers steht. Ein Zurückbehaltungsrecht steht aber genauso wenig dem Versicherten wie dem Sozialversicherungsträger zu, denn die Krankenversicherungsleistungen hängen grundsätzlich nicht von der vorherigen Beitragsbezahlung ab. Die Beiträge werden nicht als Gegenleistung für bestimmte Leistungen im Rahmen eines synallagmatischen Verhältnisses gezahlt, fließen vielmehr nach gesetzlicher Anordnung dem Sozialversicherungsträger zu, der sie im Rahmen des umlagefinanzierten Systems verwenden kann.

Der Staat als Gesetzgeber reguliert nicht nur die Einnahmen der gesetzlichen Krankenkassen durch Vorschriften zur Zwangsmitgliedschaft und zur Beitragspflicht, sondern auch durch Vorschriften zur Umverteilung der erhobenen Beiträge unter den Sozialversicherungsträgern. Die Beitragszahlung ist daher nicht Ausdruck normaler Geschäftsbeziehungen. Die große Solidargemeinschaft, die gebildet wird, kann man nicht als Geschäftspartner der Sozialversicherungsträger betrachten, der mit ihnen frei verhandelt und sie dadurch zu einem wirtschaftlichen Marktverhalten zwingt. Im Gegenteil, die von der Solidargemeinschaft aufgebrachten Beiträge sind insbesondere wegen der gesetzlich vorgegebenen Parameter für die Versicherungspflicht dem Staat zuzurechnen, der die Finanzierung der Sozialversicherungsträger durch Ausweitung bzw. Einschränkung des Kreises der Versicherungs- und somit Beitragspflichtigen unmittelbar bestimmt.[284] Allein durch den oben geschilderten Kassenwettbewerb können die Kassen selbst die Zahl der Mitglieder, somit die Höhe der Einnahmen steuern.

---

283 A.A. BayOLG Vergabesenat, Beschluss v. 21.10.2004, Verg 17/04, in: NZBau 2005, 173.

284 Dies ist ein wichtiger Unterschied zu den Rundfunkgebühren, die erst durch die freie Entscheidung für die Benutzung eines Radios bzw. Fernsehers fällig werden. Hier ist der staatliche Einfluss auf die Einnahmenmenge deswegen wesentlich geringer.

Auf den Unterschied zwischen Steuermitteln und Beitragsaufkommen der Versicherten kommt es deshalb nicht an, um das Merkmal der öffentlichen Finanzierung i.S.d. Vergaberechts zu bejahen.[285] Dieses Ergebnis steht auch im Einklang mit der Pflicht der Krankenkassen, die Vorschriften des nationalen Haushaltsrechts in der Verordnung über das Haushaltswesen in der Sozialversicherung zu beachten, denn Rechtssubjekte, welche das Haushaltsrecht anzuwenden haben, gelten als durch die öffentliche Haushalte finanziert.[286]

2. Personelle Einflussnahme als „Ausnahmefall"

Während die öffentliche Finanzierung anhand von gewichtigen Argumenten bejaht werden kann, steht hinsichtlich der dritten Alternative fest, dass der Bund oder die Länder die Mitglieder der Organe der gesetzlichen Krankenkassen grundsätzlich nicht bestimmen, wie sich deutlich aus den §§ 43 ff. SGB IV ergibt. Wesensmerkmal der Selbstverwaltung ist es gerade, dass die Entscheidungsorgane durch die von den Verwaltungsaufgaben Betroffenen selbst gewählt werden. Es handelt sich um mittelbare Staatsverwaltung wie etwa bei den kommunalen Gebietskörperschaften mit dem Unterschied, dass hier nicht die Allgemeinheit der Bürger einer Kommune, sondern die Träger bestimmter Interessen Verwaltungsaufgaben, die sie betreffen, selbst erledigen. Man spricht daher von *funktionaler* Selbstverwaltung, die anders als die kommunale Selbstverwaltung nicht durch das Gebietsvolk, sondern durch die Betroffenen geführt wird.[287]

Eine personelle Einflussnahme durch den Staat ist allerdings für Ausnahmefälle vorgesehen, in denen die Wahl zu den Selbstverwaltungsorganen nicht zu Stande kommt (§ 46 Abs. 4 Satz 2 SGB IV), also die Selbstverwaltung scheitert. Überträgt man hier die Argumentation des EuGH, der im Hinblick auf die staatliche „Aufsicht über die Leitung" auch eine rein potentielle Einflussnahme für

---

285 So auch VK Lüneburg, Beschluss v. 21.09.2004, 203 VgK 42/2004; *Noch*, BauRB 2004, S. 318 ff. (320); *Marx*, in: Beck'scher Kommentar VOB, 2001, § 98 GWB Rdnr. 27 (bezüglich der Selbstverwaltungsinstitutionen der Freiberufler); a.A. BayObLG, Beschluss v. 24.05.2004 - Verg 6/04, in. NZBau 2004, 623.

286 *Noch*, BauRB 2004, S. 318 ff. (318).

287 Zum Begriff der funktionalen Selbstverwaltung vgl. *Böckenförde*, in: Isensee/Kirchhof (Hrsg.), Handbuch des Staatsrechts, Bd. 2, § 24 Rdnr. 33 ff.

ausreichend hält[288], auf die staatliche „Organbesetzung“, dann ist auch die dritte Alternative des dritten Merkmals erfüllt.

3. Staatliche Nähe durch Rechtsaufsicht

Noch näher liegend ist die zweite Alternative des dritten Merkmals, denn die Krankenkassen unterliegen staatlicher Aufsicht (§§ 87 ff. SGB IV). Fraglich ist, ob diese konkrete Form der Aufsicht auch die Kriterien der „Aufsicht über die Leitung“ i.S.d. Vergaberechts erfüllt. Am 24.5.2004 hat der Vergabesenat des Bayerischen Oberlandesgerichts in einem Beschluss[289] entschieden, dass die AOK Bayern, welche europaweit den Abschluss eines Hilfsmittellieferungsvertrages zur Versorgung ihrer Versicherten mit Systemen zur Schlafapnoebehandlung sowie Reparaturen, Wartungen, Zubehör, Verbrauchsmaterial und Entsorgung ausgeschrieben hatte, keine öffentliche Auftraggeberin i.S.d. § 98 Nr. 2 GWB sei, die Ausschreibung daher nicht dem Vergaberecht unterfalle.

Das entscheidende Argument lautet wie folgt: die AOK Bayern sei zwar zweifelsohne als juristische Person des öffentlichen Rechts zu dem besonderen Zweck, im Allgemeininteresse liegenden Aufgaben nicht gewerblicher Art zu erfüllen, gegründet worden, aber als Selbstverwaltungsträger nicht staatlich determiniert. Sie werde nicht durch eine staatliche Stelle durch Beteiligung oder auf sonstige Weise finanziert, denn die Finanzierung erfolge durch die Beiträge der Versicherten und sonstige Einnahmen. Der Staat würde auch nicht mehr als die Hälfte der Mitglieder eines zur Geschäftsführung oder Aufsicht berufenen Organs der AOK berufen, denn in die Wahlen für den Verwaltungsrat und den hauptamtlichen Vorstand seien keine staatliche Stellen eingeschaltet. Letztlich sei die Rechtsaufsicht nach § 87 Abs. 1 Satz 2 SGB IV nicht ausreichend, denn sie könne die unternehmerische Vergabepolitik nicht inhaltlich beeinflussen. Ausnahmen seien nur im Bereich der Unfallversicherung wie in den Sonderfällen des Selbsteintrittsrechts bei Versagen der Selbstverwaltung zu finden.

Der Entscheidung ist insgesamt nicht zuzustimmen. Hinsichtlich der Finanzierung und der Organbesetzung durch den Staat sei auf die obigen Ausführungen

---

288 EuGH, Urteil v. 01.02.2001, Rs. C-237/99, Slg. 2001, I-939 Rdnr. 56 - Kommission / Französische Republik.

289 BayObLG, Beschluss v. 24.05.2004 - Verg 6/04, in: NZBau 2004, 623. Die Frage wurde von der 3. VK des Bundes in einer späteren Entscheidung offen gelassen, vgl. Beschluss v. 02.11.2005, VK 3 – 127/05.

verwiesen. Insbesondere die Auslegung des Merkmals der „Aufsicht über die Leitung" kann aber nicht begrüßt werden.[290] Zum einen verkennt das Gericht, dass die Krankenkassen trotz oder vielleicht gerade wegen ihres Selbstverwaltungsrechts eng mit dem Staat „verbunden"[291] sind und dass diese Verbundenheit jedenfalls nicht so ausgestaltet sein muss, dass „zwischen der staatlichen Stelle und der juristischen Person praktisch kein Unterschied mehr besteht"[292]. Zum anderen steht die Einschätzung des Bayerischen Oberlandesgerichts im offensichtlichen Widerspruch zu der Intention der europäischen Richtlinien[293], den persönlichen Anwendungsbereich möglichst umfassend zu gestalten, um diskriminierende Verhaltensweisen auf dem Markt zu verhindern. Sie wird insbesondere der wirtschaftlichen Bedeutung nicht gerecht, die der Beschaffungstätigkeit der Krankenkassen insgesamt beizumessen ist.

Zu bedenken ist in diesem Zusammenhang, dass die Kommunen, obwohl sie ebenfalls der staatlichen Rechtsaufsicht unterliegende Selbstverwaltungsorgane sind, als Gebietskörperschaften bereits nach Art. 1 Abs. 9 Unterabsatz 1 Richtlinie 2004/18/EG in den persönlichen Anwendungsbereich des Vergaberechts fallen. Das europäische Vergaberecht führt ausdrücklich neben dem Staat die Gebietskörperschaften als öffentliche Auftraggeber auf, welche keine besonderen Kriterien ausfüllen müssen, um in den persönlichen Anwendungsbereich der Richtlinien zu kommen.

Das ist ein deutlicher Hinweis darauf, dass in den Fällen, wo der Auftraggeber in öffentlich-rechtlicher Rechtsform auftritt und - wie eine staatliche Stelle - demokratisch (durch die eigenen Mitglieder gewählte Vertreterversammlung, welche ihrerseits den Vorstand wählt) organisiert ist, nicht nur dem Kriterium der staatlichen Nähe keine überhöhten Anforderungen zu stellen sind, sondern

---

290 Die Literatur hatte sich bislang nicht mit dieser Frage auseinandergesetzt und die staatliche Verbundenheit ohne weiteres bejaht. Vgl. *Beule*, GesR 2004, S. 209 ff. (214); *Koenig/Steiner*, ZESAR 2003, S. 98 ff. (100); *Koenig/Busch*, NZS 2003, S. 461 ff. (463 f.); *Kuhlmann*, Das Krankenhaus 2004, S. 417 ff. (424 f.).

291 EuGH, Urteil v. 15.01.1998, Rs. C-44/96, Slg. 1998, I-73 Rdnr. 20 - Mannesmann Anlagenbau Austria u.a. (Österreichische Staatsdruckerei).

292 BayOLG, Beschluss v. 24.05.2004 - Verg 6/04, in: NZBau 2004, 623.

293 Die erste Richtlinie 70/32/EWG vom 17.12.1969 sprach noch von „sonstigen juristischen Personen des öffentlichen Rechts". Dies bestätigt, dass der Begriff der „Einrichtung des öffentlichen Rechts" zur Erweiterung des persönlichen Anwendungsbereichs auf juristische Personen des privaten Rechts eingeführt wurde.

dieses Merkmal gar nicht zu prüfen ist. Der Auftraggeber ist nämlich selbst Staat. Gerade die Organisationsform der Körperschaft des öffentlichen Rechts mit Selbstverwaltungsrecht ist ein Zeichen dafür, dass diese juristischen Personen eben nicht der vom Staat unabhängigen Freiheitssphäre des Einzelnen zugeordnet werden können, sondern dezentralisierte, organisatorisch verselbständigte Teile der Staatsgewalt sind.[294]

Jede Art von *Selbst*verwaltung stellt eine dezentralisierte Form der Verwaltung dar und gehört der vollziehbaren Gewalt zu.[295] Insbesondere die funktionale Selbstverwaltung, wie die der Sozialleistungsträger, bedarf wegen der defizitären demokratischen Rückbindung weitgehend steuernder Regelung im staatlichen Gesetz sowie wirksamer Kontrolle durch die staatliche Aufsicht.[296] Aus vergaberechtlicher Sicht darf daher zwischen Gebietskörperschaften und sonstigen Trägern von Selbstverwaltung kein Unterschied gemacht werden, denn beide sind eng an den Staat gebunden, ja sie sind sogar Teile des Staates und nicht einfach Einrichtungen des öffentlichen Rechts. Dies erklärt auch, warum die "bundesunmittelbaren Körperschaften, Anstalten und Stiftungen des öffentlichen Rechts" bereits im Anhang I der ersten Fassung der BKR als öffentliche Auftraggeber aufgeführt wurden, obwohl hier noch nicht der funktionelle, sondern lediglich der institutionelle Auftraggeberbegriff galt.[297]

Aber auch wenn man diesem Gedankengang nicht folgen will, ist das Merkmal der Aufsicht über die Leitung jedenfalls - unter Berücksichtigung der Bedeutung der Teilnahme von Sozialversicherungsträgern am Marktgeschehen - im Lichte

---

294 Vgl. BVerfG, Beschluss v. 09.06.2004, Az.. 2 BvR 1248/03, 2 BvR 1249/03, in: DVBl 2004, 1161, wo die Grundrechtsfähigkeit der Krankenkassen verneint wird. Vgl. auch *Kingreen*, SGb 2004, S. 659 ff. (663), der Grundrechtsfähigkeit und Staatsgebundenheit als zwei sich gegenseitig ausschließende Merkmale ansieht. Vgl. auch *Ebsen*, FS f. Manfred Zuleeg, 2005, S. 439 ff. (Fn. 25), wo hervorgehoben wird, dass die Gründe für die Existenz von Vergaberecht auch bei Selbstverwaltungskörperschaften gelten; *Ebsen*, in: Sodan (Hrsg.), Die sozial-marktwirtschaftliche Zukunft der Krankenversicherung, 2005, S. 59 ff. (73), wo die Nähe zwischen Krankenkassen und Gebietskörperschaften bezüglich ihrer Entscheidunkstruktur hervorgehoben wird.

295 Vgl. *Böckenförde*, in: Isensee/Kirchhof (Hrsg.), Handbuch des Staatsrechts, Bd. 2, § 24 Rdnr. 32.

296 Vgl. *Böckenförde*, in: Isensee/Kirchhof (Hrsg.), Handbuch des Staatsrechts, Bd. 2, § 24 Rdnr. 33.

297 Vgl. ABl. 1971 Nr. L 185, S. 5 - 14.

der Rechtsprechung des EuGH[298] richtlinienkonform auszulegen und darf nicht a priori auf die Fachaufsicht beschränkt werden.[299] Vielmehr muss die Position der Krankenkassen gegenüber dem Staat dahingehend untersucht werden, ob die Staatsgebundenheit aufgrund staatlicher Aufsicht dieselbe Intensität erreicht wie diejenige, die aufgrund der beiden anderen Alternativen des dritten Merkmals (öffentliche Finanzierung bzw. Ernennung von Organmitgliedern) bestehen würde, also eine vergleichbare Situation der Abhängigkeit schafft, welche letztlich auch Auswirkungen auf die Vergabepolitik haben könnte.

Nicht nötig ist hingegen, dass der Staat in der Lage ist, die Unternehmenspolitik zu „beherrschen"[300] oder über das Verfahren der Vergabe öffentlicher Aufträge eine tatsächliche oder potentielle Kontrolle auszuüben.[301] Die Prüfung hat sich mit dem gesamten Spektrum der Aktivitäten des Sozialversicherungsträgers und mit den Aufsichtsregelungen in ihrer Gesamtheit zu befassen, denn das Vorliegen der staatlichen Aufsicht ist nicht hinsichtlich eines jeden Beschaffungsvorgangs zu bestimmen, sondern im Hinblick auf die gesamte Aufgabenwahrnehmung der in Rede stehenden Einrichtung. Dies ergibt sich aus dem eindeutigen

---

298 Grundlegend EuGH, Urteil v. 01.02.2001, Rs. C-237/99, Slg. 2001, I-939 - Kommission / Französische Republik; bestätigt durch EuGH, Urteil v. 27.02.2003, Rs. C-373/00, Slg. 2003, I-1931 - Adolf Truley GmbH / Bestattung Wien GmbH.

299 Dafür, dass diese Unterscheidung nicht zwingend ist, vgl. *Kingreen*, MedR 2004, S. 188 ff. (194 f.); *Ziekow*, VergabeR 2003, S. 483 ff. (501); *Gaßner/Braun*, NZS 2005, S. 26 ff. (30), Anm. zu BayOLG, Beschluss v. 24.05.2004; VK Nordbayern, Beschluss v. 23.01.2003, 320.VK-3194-47/02 (bzgl. Zwangskörperschaften). A.A. *Marx*, in: Beckscher VOB-Kommentar 2001, § 98 GWB Rdnr. 11; *Eschenbruch*, in: Niebuhr/Kulartz/Kus/Portz, Vergaberecht-Kommentar, § 98 GWB Rdnr. 65; *Werner*, in: Byok/Jäger, Vergaberecht-Kommentar, § 98 GWB Rdnr. 362 ff. Bei dem Ausschluss der Rechtsaufsicht ist jedenfalls aktuell von „noch" herrschender Meinung die Rede, vgl. *Noch*, BauRB 2004, S. 318 ff. (319).

300 So aber BayOLG, Beschluss v. 10.09.2002, Verg 23/02, in: NZBau 2003, 348.

301 Der Grundsatz der staatlichen Kontrolle über die öffentlichen Aufträge, den der EuGH tatsächlich in dem Fall „Connemara Machine Turf" (Urteil v. 17.12.1998, Rs. C-306/97, Slg. 1998, I-8761) und „Kommission / Irland" (Urteil v. 17.12.1998, Rs. C-353/96, Slg. 1998, I-8565) anwendet, ist auf die dort betroffene Richtlinie 77/62/EWG zurückzuführen, die selbst diese besondere Voraussetzung statuierte, und kann nicht auf weitere Fälle angewandt werden. Zum gleichwertigen Merkmal der öffentlichen Finanzierung vgl. auch Schlussanträge des Generalanwalts Alber, Rs. C-380/98, Slg. 2000, I-8035 Rdnr. 37 - The Queen / H.M. Treasury (University of Cambridge).

Wortlaut der Vergaberichtlinien, welche von „Leitung“ und nicht etwa von einem Beschaffungsvorgang sprechen.[302]

Überraschenderweise bejaht das Bayerische Oberlandesgericht in einem Beschluss vom 21.10.2004[303] das Vorliegen einer besonderen Einflussnahme des Staates auf die Landesversicherungsanstalten, obwohl sie ebenfalls Selbstverwaltungskörperschaften sind und nur der Rechtsaufsicht unterliegen. Hier würde der Staat über die Leitung der Antragsgegnerin, der Landesversicherungsanstalt für Ober- und Mittelfranken, in einem für die Anwendung des § 98 Nr. 2 GWB ausreichenden Maße die Aufsicht ausüben. Das Gericht sieht einen großen Unterschied zwischen Krankenkassen und Landesversicherungsanstalten bezüglich des Spielraums zur Selbstverwaltung. Dieser Entscheidung ist zwar zu folgen, soweit sie die Träger der Gesetzlichen Rentenversicherung als öffentliche Auftraggeber ansieht, aber die Ausführungen zu der unterschiedlichen Bewertung der Träger der Gesetzlichen Krankenversicherung überzeugen nicht.

Die staatliche Aufsicht gegenüber *allen* Sozialversicherungsträgern „erstreckt sich auf die Beachtung von Gesetz und sonstigem Recht, das für die Sozialversicherungsträger maßgebend ist“ (§ 87 Abs. 1 Satz 2 SGB IV). Entsprechend dem Selbstverwaltungsgedanken beschränkt sich die staatliche Aufsicht grundsätzlich auf eine Rechtsaufsicht; Fachaufsicht besteht nur für den Bereich der Prävention im Unfallversicherungsrecht (§ 87 Abs. 2 SGB IV).[304] Andererseits bedeutet „Selbstverwaltung“ keinen völligen Ausschluss staatlichen Einflusses auf die Tätigkeit der Sozialversicherungsträger, sondern lediglich eine Einschränkung der Einflussmöglichkeiten. Die Rechtsaufsicht ist für *alle* Sozialversicherungsträger qualifizierter Art.

---

302 So auch die Rechtssprechung des EuGH: Urteil v. 01.02.2001, Rs. C-237/99, Slg. 2001, I-939 - Kommission / Französische Republik; bestätigt durch Urteil v. 27.02.2003, Rs. C-373/00, Slg. 2003, I-1931 - Adolf Truley GmbH / Bestattung Wien GmbH. A.A. *Kingreen*, SGb 2004, S. 659 ff. (664), der davon ausgeht, dass der EuGH den Einfluss des Staates auf die Tätigkeit der betroffenen Einrichtung jeweils im Hinblick auf den konkreten Beschaffungsvorgang prüfe.

303 BayOLG, Beschluss v. 21.10.2004, Verg 17/04, in: NZBau 2005, 173, wonach die Abhängigkeit der beklagten LVA sogar über die bloße Aufsicht über die Leitung hinausgehe und die LVA quasi als teil der staatlichen Verwaltung erscheinen lasse. Hier sieht das BayObLG offensichtlich die Besonderheit mittelbarer Staatsverwaltung.

304 Falsch ist daher die Behauptung, die Staatsaufsicht im Sozialversicherungsrecht würde die Fachaufsicht umfassen, nach *Byok/Jansen*, NVwZ 2005, S. 53 ff. (55).

Um ihre Kontrolltätigkeit auszuführen, können die Aufsichtsbehörden die gesamte Geschäfts- und Rechnungsführung des zur Information verpflichteten Sozialversicherungsträgers überprüfen (§ 88 Abs. 1 und 2 SGB IV). Die Aufsichtsmittel (Beratung, Verpflichtung und deren Vollstreckung) sind in § 89 SGB IV geregelt. Im Recht der Gesetzlichen Krankenversicherung ist sogar vorgesehen, dass die Aufsichtsbehörde eine Krankenkasse schließen kann, wenn deren finanzielle Leistungsfähigkeit nicht mehr dauerhaft gewährleistet ist (§§ 146a Satz 1, 153 Satz 1 Nr. 3, 163 Satz 1 Nr. 3, 170 Satz 1 SGB V). Auch wenn sonstige Fälle des Selbsteintrittsrechts der Aufsichtsbehörde als Ausnahme bei Nichtzustandekommen von Wahlen oder bei Untätigkeit vorgesehen sind (§ 37 Abs. 1 Satz 1 SGB IV), betrifft diese Befugnis die Geschäftspolitik der Sozialversicherungsträger und impliziert eine ständige Kontrolle der Tätigkeit der Selbstverwaltungsorgane.[305]

Die Befugnisse der Aufsichtsbehörde sind nicht nur auf eine a posteriori Kontrolle beschränkt, was in der Tat nicht ausreichen würde, um eine Aufsicht über die Leitung i.S.d. Vergaberechts zu bejahen.[306] Der Erlass von Satzungen durch die Sozialversicherungsträger ist an ein Genehmigungserfordernis gebunden (§ 34 Abs. 1 Satz 2 SGB IV), was gleichzeitig die Genehmigung der selbständig festgelegten Beitragssätze bedeutet. Satzungsspielräume existieren wegen § 31 SGB I sowieso nur für die Eigenorganisation oder in den im Gesetz ausdrücklich vorgesehenen seltenen Fällen. In ähnlicher Weise wird eine staatliche haushaltsmäßige Kontrolle des Haushaltsplans durch präventive Aufsichtsmittel gesichert (§§ 67 ff. SGB IV). Zwar stimmt es, dass die Aufsichtsbehörde nur bei den Rentenversicherungsträgern den Haushaltsplan unter bestimmten Voraussetzungen selbst feststellen kann (§ 70 Abs. 3 Satz 4 SGB IV), also diese Sozialversicherungsträger in einer noch engeren Verbindung zum Staat stehen. Dies ändert aber nichts daran, dass bereits die allen Sozialversicherungsträgern, also auch den Krankenkassen obliegende Pflicht, auf Verlangen der Aufsichtsbehörde den Haushaltsplan vorzulegen, dem Staat die vergaberechtlich ausreichende

---

305 Zum vergaberechtlich relevanten Recht der Aufsicht, nur in Ausnahmefällen selbst einzugreifen, vgl. EuGH, Urteil v. 01.02.2001, Rs. C-237/99, Slg. 2001, I-939, Rdnr. 56 - Kommission / Französische Republik.

306 EuGH, Urteil v. 27.02.2003, Rs. C-373/00, Slg. 2003, I-1931 Rdnr. 70 - Adolf Truley GmbH / Bestattung Wien GmbH.

Möglichkeit verschafft, über die wirtschaftliche Tätigkeit der Sozialversicherungsträger Kontrolle auszuüben.

Im Übrigen ist an die sehr detaillierten gesetzlichen Vorgaben im Leistungs- und Leistungserbringungsrecht zu denken, welche die Handlungsspielräume der Krankenkassen weiter stark einschränken.[307] Ermessensvorschriften sind in der Sozialversicherung selten zu finden. In diesem Zusammenhang sei an das schon ältere Urteil des EuGH in der Sache „Bentjes"" erinnert, wo das Gericht zum Begriff des öffentlichen Auftraggebers folgendes ausführte: „Das Ziel der Richtlinie, die die tatsächliche Verwirklichung der Niederlassungsfreiheit und des freien Dienstleistungsverkehrs auf dem Gebiet der öffentlichen Bauaufträge anstrebt, wäre gefährdet, wenn sie allein deswegen unanwendbar wäre, weil ein öffentlicher Bauauftrag von einer Einrichtung vergeben wird, die geschaffen wurde, um ihr durch Gesetz zugewiesene Aufgaben zu erfüllen, die jedoch nicht förmlich in die staatliche Verwaltung eingegliedert ist."[308] Gerade im Hinblick auf das Verhältnis zwischen detaillierten Vorschriften und Rechtsaufsicht hat der EuGH in einer jüngeren Entscheidung betont, dass „die bloße Überwachung der Einhaltung dieser Regeln für die Führung der Geschäfte, da diese sehr detailliert sind, für sich allein schon dazu führen, dass der öffentlichen Hand ein bedeutender Einfluss eingeräumt wird."[309]

Nach den zwischen dem Staat und den Krankenkassen bestehenden Regelungen in ihrer Gesamtheit ist daher auch das dritte Merkmal in der zweiten Alternative, Aufsicht über die Leitung der juristischen Person durch die Gebietskörperschaften oder andere Einrichtungen des öffentlichen Rechts, zu bejahen.[310] Die enge

---

307 Zu den engen Spielräumen der Krankenkassen, deren Funktion in der Wahrnehmung gesetzlich zugewiesener und geregelter öffentlicher Aufgaben bestehe, vgl. BVerfG, Beschluss v. 09.06.2004, Az.. 2 BvR 1248/03, 2 BvR 1249/03, in: DVBl 2004, 1161; BVerfG 2. Senat, Beschluss vom 09.04.1975, Az.: 2 BvR 879/73, in: BVerfGE 39, 302 (313); *Schnapp*, in: Schulin (Hrsg.), Handbuch des Sozialversicherungsrechts, Bd. 1, 1994, § 52 Rdnr. 12; *Kingreen*, SGb 2004, S. 659 ff. (664). Zur Selbstverwaltung in der Sozialversicherung vgl. *Hufen*, SDSRV Nr. 34 (1991), S. 43 ff. (50 ff.).

308 EuGH, Urteil v. 20.09.1988, Rs. 31/87, Slg. 1988, 4635 Rdnr. 11 - Beentjes / Königreich der Niederlande.

309 EuGH, Urteil v. 01.02.2001, Rs. C-237/99, Slg. 2001, I-939 Rdnr. 52 - Kommission / Französische Republik.

310 Hinsichtlich der Krankenkassen vgl. VK Lüneburg, Beschluss v. 21.09.2004, 203 VgK 42/2004, allerdings ohne weitere Ausführungen, sondern nur mit dem Hinweis darauf, dass keine überhöhten Anforderungen an den Beherrschungsbegriff des § 98 Nr. 2 GWB bei den Krankenkassen, bei denen die Funktion als Träger des öffentlichen Ge-

Verbundenheit zwischen Staat und Kassen kommt in allen drei Varianten vor und beweist die oben angeführte These, die gesetzlichen Krankenkassen seien selber Teil der Staatsgewalt. Dieses Ergebnis steht auch im Einklang mit der gesetzlichen Anordnung der öffentlichen Auftraggebereigenschaft der Kommunen als Gebietskörperschaften und vermeidet eine zwar noch nicht absehbare, in ihren Auswirkungen jedenfalls unvorsehbare Entwicklung von der „Flucht ins Privatrecht" zu der „Flucht ins Selbstverwaltungsrecht"[311].

IV. Zwischenergebnis

Als Einrichtungen mit eigener Rechtspersönlichkeit, die zu dem besonderen Zweck gegründet wurden, im Allgemeininteresse liegende Aufgaben nicht gewerblicher Art zu erfüllen, und mit dem Staat eng verbunden sind, sind die Träger der GKV als Einrichtungen des öffentlichen Rechts nach Art. 1 Abs. 9 Unterabsatz 2 Richtlinie 2004/18/EG, also als „öffentliche Auftraggeber" i.S.d. Vergaberechts anzusehen. Daraufhin sind deren Verbände, die auf Landes- oder Bundesebene gebildet werden, ebenfalls als öffentliche Auftraggeber anzusehen (Art. 1 Abs. 9 Unterabsatz 1 Richtlinie 2004/18/EG).

---

sundheitswesens eindeutig im Mittelpunkt stehe, gestellt werden dürfen. Zur kritischen Auseinandersetzung mit dem Beschluss des BayOLG v. 24.05.2004 vgl. *Wollenschläger*, NZBau 2004, S. 655 ff. (660). Zum bescheidenen Umfang der Freiräume für eigenverantwortliches Handeln im Recht der Gesetzlichen Krankenversicherung vgl. *Axer*, Die Verwaltung 35 (2002), S. 377 ff.

311 *Gaßner/Braun*, NZS 2005, S. 28 ff. (29), Anm. zu Beschluss des BayOLG v. 24.05.2004.

9. Kapitel: Die Leistungserbringungsverträge im SGB V als öffentliche Aufträge i.S.d. europäischen Vergaberechts (sachlicher Anwendungsbereich)

Nachdem die Eröffnung des persönlichen Anwendungsbereichs des europäischen Vergaberechts für die Beschaffungsaktivität der gesetzlichen Krankenkassen bejaht worden ist, soll im Rahmen der folgenden Prüfung untersucht werden, ob die Rechtsbeziehungen zwischen den Trägern der GKV und den Leistungserbringern in den sachlichen Anwendungsbereich der Richtlinie 2004/18/EG fallen. Es fragt sich also, ob die unterschiedlichen Vertragsgestaltungen des Vierten Kapitels des SGB V „öffentliche Aufträge" i.S.d. Art. 1 Abs. 2 lit. a Richtlinie 2004/18/EG oder Rahmenvereinbarungen i.S.d. Art. 1 Abs. 5 Richtlinie 2004/18/EG sind. Im Hinblick auf den Gegenstand der nach dem SGB V zu erbringenden Leistungen werden im Einzelnen nur Liefer- und Dienstleistungsaufträge (Art. 1 Abs. 2 lit. c und d Richtlinie 2004/18/EG) in Frage kommen. Von entscheidender Bedeutung wird dabei die unter Berücksichtigung der im 6. Kapitel ausgeführten Überlegungen zu treffende Unterscheidung zwischen öffentlichem Auftrag und Dienstleistungskonzession sein.

I. Ärztliche Versorgung

1. Vertrags(zahn-)ärztliche Versorgung

Im Recht der Gesetzlichen Krankenversicherung regeln die §§ 28, 29, 30 SGB V den Umfang des Anspruchs auf Krankenbehandlung durch ärztliche, zahnärztliche und psychotherapeutische Behandlung. Gegenüber den berechtigten Versicherten werden diese Leistungen grundsätzlich als Sachleistungen von Ärzten, Psychotherapeuten und Zahnärzten erbracht, die ihrerseits in einem Vertragsverhältnis zu den Krankenkassen stehen. Dominant sind in diesem Bereich immer noch die Zulassung (§ 95 Abs. 2 SGB V i.V.m. den Zulassungsverordnungen) und die Regelung der Vertragsbeziehungen in Kollektivverträgen zwischen den Verbänden der Krankenkassen und den Verbänden der zugelassenen Leistungserbringer, nämlich den Kassen(zahn-)ärztlichen Vereinigungen, sowohl auf Landes- als auch auf Bundesebene. Ein System, das sich Anfang des 20. Jahrhunderts entwickelt hat, um die Machtmissverhältnisse zwischen den Trägern der GKV und den Ärzten auszugleichen.[312]

Im hoheitlichen System des Zulassungswesens haben die Kassen bzw. deren Verbände nicht nur keine Möglichkeit, unter den Leistungserbringern im Hinblick auf das günstigste oder wirtschaftlichste Angebot einzelne auszuwählen. Auch über den Zulassungsakt bestimmen die Kassen nicht. Die in das Arzt- oder Zahnarztregister eingetragenen Leistungserbringer haben vielmehr einen Anspruch auf Durchführung eines formalisierten Verwaltungsverfahrens durch die unabhängigen Zulassungs- und Berufungsausschüsse (§§ 96, 97 SGB V), bei dem dann auch Bedarfsgesichtspunkte geprüft werden. Unter den Kassen besteht daher in diesem Grundmodell gar kein Wettbewerb um die besten Anbieter, denn sie haben nur die Pflicht, den zugelassenen Leistungserbringern die rechtmäßig erbrachten Leistungen zu vergüten. Unter den zugelassenen Anbietern betrifft der Wettbewerb ebenfalls nicht das ohnehin kollektivierte Vertragsverhältnis zu den Kassen, sondern allein die Beziehungen zu den Versicherten, die das Recht auf freie Arztwahl zwischen den zugelassenen bzw. ermächtigten (§ 76 Abs. 1 SGB V) Leistungserbringern haben, also letztlich entscheiden, welcher Leistungserbringer den Einzelauftrag bekommt.

Es sind hier nicht die Sozialleistungsträger, welche die konkrete Inanspruchnahme gegenüber den Leistungsberechtigten mit verbindlicher Wirkung durch Verwaltungsakt gem. § 31 SGB X festlegen, sondern die Versicherten können die Leistungen der Vertrags(zahn-)ärzte und Psychotherapeuten unmittelbar in Anspruch nehmen und diese dadurch in das Leistungsgeschehen zu Lasten der GKV konkret einbeziehen. Die Aushändigung der Krankenversichertenkarte (§§ 15 Abs. 2, 291 SGB V) gilt bereits als Nachweis, dass die zuständige Krankenkasse die Leistungserbringung im Einzelfall bei dem vom Versicherten allein ausgewählten Leistungserbringer a priori bewilligt hat. Als Nachfrager bei den Anbietern tritt allein der GKV-Versicherte auf, während der Sozialversicherungsträger im Einzelfall nur die Finanzierungsfunktion übernimmt und keinerlei Möglichkeiten zur Steuerung des Leistungsgeschehens hat.

Auch nach Zulassung, darauf folgender Pflichtmitgliedschaft bei der jeweils zuständigen Kassen(zahn)ärztlichen Vereinigung und entsprechender Einbezie-

---

312 *Schnapp*, in: Schnapp/Wigge (Hrsg.), Handbuch des Vertragsarztrechts, 2006, § 1 Rdnr. 6 f.

hung in den Kollektivvertrag zu den einzelnen Kassenverbänden trägt der Vertrags(zahn)arzt also immer selber das wirtschaftliche Risiko. Er muss um Versicherte werben, um die Leistungen, die er gegenüber den GKV-Versicherten erbringen muss und durch Abrechnung gegenüber der eigenen Kassenärztlichen Vereinigung verwerten darf, auch erbringen zu können. Er hat daher grundsätzlich finanzielle Einbußen zu befürchten, denn er hat seine Leistung noch nicht verkauft, sondern muss sie auf dem Markt in Konkurrenz mit den anderen zugelassenen Ärzten platzieren. Dass es in einigen Fällen – etwa in unterversorgten Gebieten - wahrscheinlich ist, dass die Zulassung gewinnbringend verwertet werden kann, führt auch nicht zu einer anderen Bewertung, denn das Verlustrisiko ist jedenfalls nicht von vorneherein ausgeschlossen oder auch nur minimal.

Die Beziehungen im Vertragsarztrecht unterscheiden sich auch deutlich von Vertragsgestaltungen etwa im Bereich des Schienenpersonennahverkehrs, wo das Vorliegen vergabefreier Dienstleistungskonzessionen kaum angenommen wird, obwohl die Unternehmen die Leistungen im eigenen Namen und auf eigene Rechnung erbringen.[313] Weder zahlen die Krankenkassen einen im öffentlichen Interesse liegenden Zuschuss an die zugelassenen Ärzte, noch gleichen sie eventuelle Fehlbeträge zwischen den tatsächlichen Einnahmen aus der Leistungserbringung und den anfallenden Kosten aus. Nach alledem stellt die Zulassung, die gem. § 95 Abs. 3 Satz 1 SGB V „zur Teilnahme an der vertragsärztlichen Versorgung berechtigt und verpflichtet", eindeutig keinen „öffentlichen Auftrag" i.S.d. des Art. 1 Abs. 2 lit. a Richtlinie 2004/18/EG dar, sondern eine Dienstleistungskonzession.[314]

2. Neue Versorgungsformen

Dass die letzteren Reformschritte im Gesundheitswesen nicht nur systemimmanente Änderungen, sondern auch strukturelle Veränderungen mit sich bringen, zeigt die Einführung neuer medizinischer Versorgungsformen, bei denen die Kassen - von den Regelungen über die vertragsärztliche Versorgung abweichend - Vereinbarungen mit den Leistungserbringern auf einzelvertraglicher Basis treffen können.[315] Ziel ist die Sicherung eines hohen und zeitgemäßen Behand-

---

313 *Thieme/Schlüter*, NVwZ 2004, S. 162 ff. (164).

314 So auch im Ergebnis auch *Bieback*, RsDE Nr. 49 (2001), S. 1 ff. (27).

315 Einen Überblick über die Erweiterung der Vertragskompetenz der Krankenkassen durch das GMG liefert aus der Sicht der Kassen *Pfeiffer*, VSSR 2004, S. 149 ff., aus der Sicht der Vertragsärzte *Rehborn*, VSSR 2004, S. 157 ff.

lungsniveaus durch direkte Einwirkung auf die Versorgungsstrukturen. Es handelt sich um das oben bereits erwähnte Einkaufsmodell, das derzeit neben dem klassischen Zulassungsmodell besteht. Zu untersuchen ist, ob diese neu eingeführten Vertragsgestaltungen - anders als das Zulassungswesen - vergaberechtlich relevante Konstellationen darstellen.

a) Hausarztzentrierte Versorgung

Gem. § 73b Abs. 1 Satz 1 SGB V impliziert die hausarztzentrierte Versorgung die Pflicht des teilnehmenden Versicherten, ambulante fachärztliche Leistungen[316] nur auf Überweisung des unter den teilnehmenden Hausärzten ausgewählten Hausarztes in Anspruch zu nehmen. Danach soll dem Hausarzt eine koordinierende und tragende Rolle in der Behandlung des Versicherten zukommen. An Stelle der Kollektivverträge zwischen den Krankenkassen und den Kassenärztlichen Vereinigungen auf Verbandsebene wird durch § 73b Abs. 2 Satz 1 SGB V den Krankenkassen selbst die Befugnis eingeräumt, zur Sicherstellung der hausarztzentrierten Versorgung mit besonders qualifizierten zugelassenen Hausärzten Verträge zu schließen. Die Verträge können mit einzelnen zugelassenen Hausärzten, mit Gemeinschaften dieser Hausärzte oder mit zugelassenen medizinischen Versorgungszentren, die die Bedingungen für die hausarztzentrierte Versorgung erfüllen, geschlossen werden (§ 73b Abs. 2 Satz 2 SGB V).

Dem Wortlaut des § 73b Abs. 1 Satz 1 SGB V („Versicherte können ...") ist zu entnehmen, dass die Teilnahme an der hausarztzentrierten Versorgung für den Versicherten freiwillig ist. Die Gewährung finanzieller Anreize (etwa die Bonierung bei der Praxisgebühr) ist durch § 65a Abs. 2 Satz 1 SGB V gedeckt.[317] Darüber hinaus bestimmt § 73b Abs. 4 SGB V, dass die Krankenkassen das Nä-

---

316 Gem. § 73 Abs. 1a Satz 2 SGB V nehmen alle Ärzte an der fachärztlichen Versorgung teil, die nicht gem. § 73 Abs. 1a Satz 1 SGB V an der hausärztlichen Versorgung teilnehmen. Es geht zwar im Wesentlichen um Psychotherapeuten und Ärzte mit Gebietsbezeichnung nach § 95a Abs. 1 Nr. 2 und Abs. 5 Satz 2 SGB V, aber es können auch Ärzte ohne Gebietsbezeichnung oder Ärzte für Allgemeinmedizin sein.

317 Nach § 65a Abs. 2 SGB V kann eine Krankenkasse für Versicherte, die an einer hausarztzentrierten Versorgung, an einem strukturierten Behandlungsprogramm oder an einer integrierten Versorgung teilnehmen, in ihrer Satzung für die Dauer der Teilnahme Zuzahlungen ermäßigen oder die Beiträge ermäßigen. § 65a Abs. 4 SGB V stellt klar, dass die Aufwendungen für die Boni aus Einsparungen und Effizienzsteigerungen finanziert werden müssen und dass Beitragserhöhungen zum Zwecke der Einführung von Bonusregelungen nicht zulässig sind. Zum Ausnahmecharakter dieser Regelegung vgl. *Koenig/Engelmann/Hentschel*, SGb 2003, S. 189 ff. (190).

here zur Durchführung der Teilnahme der Versicherten in ihren Satzungen regeln. Hier sind also mehrere Wege zur Steuerung von Versicherten denkbar. Entscheidet sich ein Versicherter für die hausarztzentrierte Versorgung und verpflichtet sich schriftlich zur Teilnahme, so ist er gem. § 73b Abs. 1 Satz 2 SGB V an die hausarztzentrierte Versorgung und an den ausgewählten Hausarzt mindestens ein Jahr gebunden. Ein Wechsel des Hausarztes ist nur bei Vorliegen eines wichtigen Grundes möglich (§ 73b Abs.1 Satz 2 a.E. SGB V).[318] Ein solcher Grund dürfte wohl erst bei Umzug, Praxisaufgabe, Urlaubsvertretung und zerstörtem Vertrauensverhältnis vorliegen. Diese zeitlich begrenzte Einschränkung des freien Wahlrechts des Versicherten bezüglich des Hausarztes steht im Dienste sowohl der Kostensenkung als auch der Effizienz, denn dadurch werden etwa Doppeluntersuchungen vermieden, Medikamentenverordnungen aufeinander abgestimmt und langfristige Vertrauensverhältnisse zum Hausarzt aufgebaut. Nach Überweisung hat der Versicherte jedoch weiterhin freie Arztwahl in der fachärztlichen Versorgungsebene.

§ 73b Abs. 2 Satz 3 SGB V stellt klar, dass die Verträge nach Abs. 2 Satz 1 selektiv sein dürfen, da ein Anspruch der Ärzte auf Vertragsschluss ausgeschlossen wird. Zudem wird die Pflicht der Krankenkassen zur öffentlichen Ausschreibung der Aufforderung zur Abgabe eines Angebots unter Bekanntgabe objektiver Auswahlkriterien begründet. Eindeutig brauchen daher die Kassen nicht alle qualifizierten, an sich geeigneten Hausärzte, die teilnehmen möchten, unter Vertrag zu nehmen. Sie können vielmehr selektiv vorgehen, also mit so vielen Hausärzten einen Vertrag schließen, wie für die Versorgung der teilnehmenden Versicherten notwendig ist. Weder hat die einzelne Krankenkasse hier eine Monopolstellung noch ist die Teilnahme an einem Hausarztprogramm die einzige Möglichkeit, GKV-Versicherte zu behandeln, deswegen sind solche Verträge als eine einfache, durch die Einsparmöglichkeiten und die Verbesserung der medizinischen Versorgung gerechtfertigte Berufsausübungsregelung zu betrachten.[319] Art. 12 Abs. 1 GG steht hier dem Einkauf von Leistungskontingenten bei Ausschluss anderer geeigneter Hausärzte nicht im Wege.

---

318 Eine entsprechende Regelung gilt auch für die vertragsärztliche Versorgung nach § 76 Abs. 3 Satz 1 SGB V.

319 So auch *Auktor*, in: Kruse/Hänlein (Hrsg.), Das neue Krankenversicherungsrecht, 2004, S. 112.

Grundsätzlich wäre die Vergabe öffentlicher Dienstleistungsaufträge sozialrechtlich zulässig. Das Gesetz sieht aber ein Modell vor, das eindeutig als „Dienstleistungskonzession" einzuordnen ist. Aus dem Kreis der Hausärzte nach § 73b Abs. 2 SGB V kann der Versicherte zunächst einen frei wählen und bei ihm dann die abrechnungsfähigen Einzelleistungen in Anspruch nehmen. Der Abschluss eines Vertrages nach § 73b Abs. 2 Satz 1 SGB V begünstigt zwar den Hausarzt gegenüber den nicht teilnehmenden, aber er hebt das wirtschaftliche Risiko einer mit höherem Aufwand verbundenen Teilnahme an der hausarztzentrierten Versorgung nicht auf, denn der Hausarzt muss eine unbestimmte Zahl von Versicherten versorgen und kann einzelne Leistungen nur bei Abruf durch den Versicherten auch abrechnen. Es ist also weiterhin der Versicherte, der über den wirtschaftlichen Erfolg des Hausarztes entscheidet. Die Vorteile, welche dem Hausarzt für seine Teilnahme versprochen werden, stehen ihm erst zu, wenn ein Versicherter ihn aus dem Kreis der verfügbaren Hausärzte wählt. Die Vergütung für die im Rahmen der hausarztzentrierten Versorgung zu erbringenden Einzelleistungen ist auch nur dann fällig, wenn der Versicherte sie abruft.

Das Hausarzt-Modell hat z.B. die AOK Sachsen-Anhalt für ihr Hausarztprogramm[320] gewählt, wo ein Hausarzt, der die verschiedenen Bedingungen für die Teilnahme erfüllt, einfach durch Ausfüllen der Teilnahmeerklärung jederzeit seinen Beitritt erklären kann. Ist der Vertrag abgeschlossen, können sich die AOK-Versicherten in der Praxis dieses Hausarztes durch Ausfüllen einer Teilnahmeerklärung einschreiben. Als Teilnehmer am Hausarztprogramm erhält der Versicherte von der Krankenkasse eine Befreiung von der Praxisgebühr bis auf 20 Euro im Jahr, einen entsprechenden Aufkleber für die Chipkarte und darf die Präventionsangebote im Rahmen des Hausarztprogramms nutzen. Der Vorteil für den Hausarzt besteht in dem entbürokratisierenden Wegfall der Praxisgebühr für die eingeschriebenen Patienten, in dem Erhalt von zusätzlich 3 Euro pro Quartal und pro eingeschriebenen Patienten unabhängig davon, ob der Versicherte in dem Quartal bei ihm war, sowie unter bestimmten Voraussetzungen in der Beteiligung an erzielten Einsparungen der Kassen. Darüber hinaus kann eine aufgrund der Teilnahme an dem Vertrag geänderte Verordnungsweise als Praxisbesonderheit anerkannt werden und zu einem höheren Praxisbudget führen.

---

320 Zu finden im Internet unter „www.mein-dok.de/index.html".

Quartalweise kann er aus dem Vertrag aussteigen. Ein vergleichbares Hausarztmodell, das gem. § 129 Abs. 5b Satz 1 SGB V mit der Wahl einer bestimmten Apotheke verbunden ist, hat die Barmer Ersatzkasse am 1.3.2005 eingeführt.[321] Versuche mit einem ähnlichen Programm haben bereits auch andere Krankenkassen, wie die AOK Bayern[322] und die Techniker Krankenkasse[323], gemacht. Es handelt sich dabei um erste Erfahrungen, welche sicherlich in Zukunft noch Modifizierungen unterliegen werden.

In den kurz vorgestellten Programmen wurde eindeutig die vertragliche Konstellation der Dienstleistungskonzession gewählt. Allerdings stehen in diesem Bereich den Krankenkassen größere Handlungsspielräume zur Verfügung. Sie können selektiv vorgehen und durch gezielte Bedarfsplanung das Anfangswahlrecht der Versicherten hinsichtlich des Hausarztes unterlaufen, indem sie nur so viele Hausärzte unter Vertrag nehmen, wie sie für die eingeschriebenen Versicherten benötigen. Die interessierten Versicherten würden sich notwendigerweise auf die vorhandenen Hausärzte verteilen, die kein Risiko mehr eingehen würden und deswegen zu günstigeren Konditionen arbeiten könnten. Wegen der gesetzlich angeordneten Bindung an den gewählten Hausarzt wäre selbst die Einzelbeauftragung durch den Versicherten nicht anders zu beurteilen als die Erteilung eines Einzelauftrags durch die Kasse nach Abschluss einer Rahmenvereinbarung. Die Sicherheit für den Hausarzt wäre ja sogar größer, denn der einmal eingeschriebene Versicherte - anders als der öffentliche Auftraggeber bei einer Rahmenvereinbarung mit mehreren Wirtschaftsteilnehmern - kann nur zu einem anderen Hausarzt wechseln, wenn er einen wichtigen Grund hat.

Momentan können die Kassen jedenfalls nicht alleine über die Anforderungen an eine hausarztzentrierte Versorgung sowie über die Vergütung hierfür entscheiden. § 73b Abs. 3 SGB V ordnet die Mitwirkung der Kassenverbände auf Landesebene und der Kassenärztlichen Vereinigung an. Vorstellbar ist allerdings, dass der Hausarzt nicht aufgrund jeder konkreten Einzelleistungserbringung vergütet wird, sondern pauschal pro Versicherten und Morbidität. Dann würde sich die oben dargelegte Konstellation faktisch sogar wie ein öffentlicher Auftrag gestalten, auch wenn sich die betroffene Krankenkasse nicht zum Ein-

---

321 Näheres hierzu im Internet unter „www.barmer.de“.

322 Näheres hierzu im Internet unter „www.aok.de“.

323 Näheres hierzu im Internet unter „www.tk-online.de“.

kauf eines Kontingents verpflichtet. Der Hausarzt, der einen solchen Vertrag mit einer Krankenkasse abschließt, würde bereits von vorneherein wissen, wie viele Versicherte er bekommt und auch was für einen Preis ihm - unabhängig von der einzelnen Inanspruchnahme durch die eingeschriebenen Versicherten - für deren Behandlung in einem bestimmten Zeitraum zusteht. Von wirtschaftlichem Risiko kann hier gar nicht mehr die Rede sein. Die Gesamtmenge und die Gesamtvergütung für die Laufzeit des Vertrages wären von Anfang an klar. Eine solche Vertragskonstellation wäre faktisch mit einem öffentlichen Dienstleistungsauftrag vergleichbar. Beide Modelle könnten überdies zum Abschluss von Rahmenvereinbarungen bzw. zur Vergabe öffentlicher Dienstleistungsaufträge führen, wenn die eingeschriebenen Versicherten freiwillig ihr Wahlrecht zugunsten der Kasse aufgeben würden.

Entscheidend für die Frage, ob die Verträge mit den Hausärzten vergaberechtlich relevant sind, sind daher letztlich die vertraglich vereinbarten Bedingungen und die Stellung des Versicherten im Rahmen der hausarztzentrierten Versorgung. Wird der ausgewählte Leistungserbringer durch den Vertrag mit einer gesetzlichen Krankenkasse so weit privilegiert, dass er für die Erbringung der vom Vertrag abgedeckten Leistungen kein wirtschaftliches Risiko mehr trägt, dann sind Dienstleistungskonzessionen ausgeschlossen. Dies hätte andererseits äußerst positive Auswirkungen auf die Finanzierbarkeit des GKV-Systems. Gestalten die Krankenkassen die Verträge als öffentliche Dienstleistungsaufträge und versprechen den Ärzten, mit denen sie kontrahieren, ein sicheres Einkommen, ist eine Kostensenkung schon deswegen zu erwarten, weil das wirtschaftliche Risiko, das für die Ärzte dadurch entfällt, nicht mehr in die Vergütung der einzelnen Dienstleistungen mit einzukalkulieren ist. Der preisregulierende und qualitätsfördernde Einfluss des Wettbewerbs unter den Ärzten um Verträge mit den Kassen kommt noch hinzu.

b) Förderung der Qualität in der vertragsärztlichen Versorgung

Gem. § 73c Abs. 1 Satz 1 SGB V sollen in den Gesamtverträgen Versorgungsaufträge vereinbart werden, deren Durchführung bestimmte qualitative oder organisatorische Anforderungen an die Vertragsärzte stellt. Es könnte z.B. die Versorgung von Krebspatienten, Dialysepatienten oder Patienten mit Diabetes Typ II betreffen.[324] Nach § 73c Abs. 2 Satz 1 SGB V ist in diesen Verträgen zu

---

324 Vgl. *Hiddemann/Muckel*, NJW 2004, S. 7 ff. (9).

regeln, ob die Vertragsärzte bei Erfüllung der Voraussetzungen auch einen Anspruch auf Durchführung der Versorgungsaufträge haben. In § 73c Abs. 2 Satz 2 SGB V ist für den Fall, dass eine Vereinbarung nach Satz 1 nicht zustande kommt, die Möglichkeit vorgesehen, dass die Krankenkassen mit den Vertragsärzten Einzelverträge zur Durchführung der Versorgungsaufträge schließen. Dass diese Verträge nach Satz 2 selektiv sein können, bestimmt Satz 3, wonach die Aufforderung zur Abgabe eines Angebots unter Bekanntgabe objektiver Auswahlkriterien öffentlich auszuschreiben ist. Wie bei der hausarztzentrierten Versorgung ergibt sich also aus Art. 12 Abs. 1 GG kein Kontrahierungszwang der Krankenkasse.[325] Je nach Bedarf können daher die Krankenkassen mit den in Frage kommenden Vertragsärzten auf einzelvertraglicher Basis verhandeln, wobei sie den kollektivvertraglich vorgegebenen Rahmen zu respektieren haben. Wegen des weiterhin bestehenden Rechts auf freie Arztwahl nach § 76 Abs. 1 Satz 1 SGB V und mangels Steuerungsmöglichkeiten gegenüber den Versicherten durch finanzielle Anreize sind die Verträge nach § 73c Abs. 2 Satz 2 SGB V allerdings nur als Dienstleistungskonzession denkbar.

c) Integrierte Versorgung

Diese Versorgungsform, die zwar bereits durch das GKV-Reformgesetz 2000[326] eingeführt wurde, aber erst durch die Änderungen des GMG die Grundlage für einzelvertragliche Ausgestaltung bietet, zielt auf eine sektoren- bzw. fachübergreifende Behandlung ab, um die fehlgesteuerte, unwirtschaftliche mehrfache bzw. nicht kontinuierliche Inanspruchnahme von Haus-, Fachärzten und Krankenhäusern zu verhindern.[327] Mehrere Verknüpfungsmöglichkeiten, etwa zwischen Hausärzten, Fachärzten, Zahnärzten, Krankenhäusern, Rehabilitationskliniken, Apotheken, sind denkbar. Entsprechend flexibel ist die Regelung der Gestaltungsmöglichkeiten für die Verträge, welche den Kassen größere Spielräume gewährt. Ziel ist eine effizientere Versorgung bei Verbesserung der Qualität und Wirtschaftlichkeit.[328]

---

325 Ebenso *Auktor*, in: Kruse/Hänlein (Hrsg.), Das neue Krankenversicherungsrecht, 2004, S. 113 (Fn. 195).

326 Gesetz vom 22.12.1999 (BGBl. I S. 2626).

327 BT-Drucks. 14/1245, S. 53ff. (zum GKV-GRG 2000); *Knieps*, in: Schnapp/Wigge (Hrsg.), Handbuch des Vertragsarztrechts, 2006, § 12 Rdnr. 1 ff.

328 *Platzer*, RPG 2004, S. 115 ff. (116).

Den Krankenkassen wird erlaubt, abweichend von den übrigen Regelungen des Vierten Kapitels Einzelverträge über eine verschiedene Leistungssektoren übergreifende Versorgung der Versicherten oder eine interdisziplinär-fachübergreifende Versorgung mit den in § 140b Abs. 1 genannten Vertragspartnern abzuschließen (§ 140a Abs. 1 Satz 1 SGB V). Danach können alle zur Versorgung von GKV-Versicherten berechtigten Leistungserbringer, einschließlich des stationären Bereichs (§ 140b Abs. 1 Nr. 2 SGB V), an einer Vernetzung integrierter Versorger teilnehmen. Die inhaltliche Gestaltung der Verträge ist im Übrigen weitgehend frei und den Verhandlungen zwischen den Vertragspartnern überlassen. Z.B. ist weder die Verbindung von stationärer und ambulanter Versorgung noch die Einbeziehung der hausärztlichen Versorgung gesetzlich vorgeschrieben. Dies soll nach den Gesetzesmaterialien für „innovatives unternehmerisches Denken“[329] sorgen. Gem. § 140a Abs. 3 SGB V haben interessierte Versicherte gegenüber ihrer Krankenkasse den Anspruch auf eine umfassende Information über diese Verträge. Sie werden deswegen nicht verpflichtet, sich für eine integrierte Versorgung zu entscheiden. Die Teilnahme ist gem. § 140a Abs. 2 Satz 1 SGB V grundsätzlich frei.

Zwar sind die kassenärztlichen Vereinigungen nicht mehr beteiligt und deren Sicherstellungsauftrag ist für diesen Bereich aufgehoben, da die Kassen nun - nach Aufhebung der Einflussnahmemöglichkeiten durch Rahmenvereinbarungen nach § 140d SGB V - in Eigenverantwortung mit den Leistungserbringern Einzelverträge abschließen dürfen.[330] Aber gem. § 140b Abs. 1 SGB V können die Kassen solche Verträge *„nur“* mit nach dem Vierten Kapitel zugelassenen/berechtigten Leistungserbringern abschließen.

Der Kreis der potentiellen Vertragspartner ist durch das GMG erweitert worden, insbesondere können Leistungserbringer in unterschiedlichster Gesellschaftsform an einer integrierten Versorgung teilnehmen. Die Einbeziehung neuer Leistungserbringer, die nicht am System der Kollektivvereinbarungen teilnehmen, sieht das Gesetz bisher nicht vor, so dass die integrierte Versorgung lediglich als Nebenerscheinung betrachtet werden kann, welche keine zusätzlichen Zu-

---

329 Vgl. BT-Drucks. 15/1525, S. 129.

330 Vgl. BT-Drucks. 15/1525, S. 129: „Die bislang nach geltendem Recht vorgesehene Verschränkung zwischen dem Sicherstellungsauftrag und der einzelvertraglichen Absprache zur integrierten Versorgung machte die Rechtslage und die Abwicklung der vertraglichen Rechtsbeziehungen unübersichtlich und unberechenbar.“

gangsmöglichkeiten zum Versorgungssystem der GKV schafft. Die integrierte Versorgung ist wie die hausarztzentrierte Versorgung nicht als Ersatz, sondern als Ergänzung des Zulassungsmodells konzipiert worden.

Während das Leistungsfeld für die integrierte Versorgung bei Vertragsschluss vom vorhandenen Zulassungsstatus abhängt, ist die Durchführung der integrierten Versorgung nur an berufsrechtliche Voraussetzungen und nicht an den Zulassungs- bzw. Ermächtigungsstatus gebunden (§ 140b Abs. 4 Satz 3 SGB V). Die sektorbezogenen Grenzen sollen ja gerade im Namen einer unter Qualitäts- und Wirtschaftlichkeitsgesichtspunkten effizienteren Versorgung aufgehoben werden. Die integrierte Versorgung weicht daher nicht nur das Kollektivvertragssystem auf, sondern schafft zusätzliche Anreize für einen funktionierenden Wettbewerb um die Verträge mit den Krankenkassen, obwohl die in Frage kommenden Anbieter bereits ihre Stellung im Kollektivsystem haben.

Bezüglich der vergaberechtlichen Zuordnung der Verträge über die integrierte Versorgung gilt im Grundsatz dasselbe, was zur hausarztzentrierten Versorgung dargelegt wurde: der Gesetzgeber hat sie als Dienstleistungskonzessionen konzipiert. Auch hier kaufen die Kassen grundsätzlich keine Kontingente ein und erteilen keine Einzelaufträge an die integrierten Versorger. Sie nehmen den Versicherten nicht das Recht, sich frei für die Inanspruchnahme eines bestimmten integrierten Versorgers zu entscheiden. Die integrierten Versorger stehen daher auch nach dem Abschluss eines Vertrages mit einer Kasse weiter im Wettbewerb untereinander um die Nachfrage der Versicherten dieser Kasse, die bei Bedarf den abrechnungsfähigen Einzelauftrag erteilen.

Nicht einmal die zeitlich befristete Bindung der Versicherten an dem ausgewählten integrierten Versorger ist im Gesetz vorgesehen. Eine gewisse Steuerung der Versicherten, die den Kassen die Vergabe von Dienstleistungsaufträgen bzw. den Abschluss von Rahmenvereinbarungen ermöglichen soll, lässt sich jedoch über Anreize nach § 65a Abs. 2 Satz 1 SGB V erreichen. Dabei stellt sich die Frage, ob Versicherte, die an der integrierten Versorgung teilnehmen, diese beliebig verlassen dürfen, um Leistungen, auf die sich der Versorgungsvertrag erstreckt, bei anderen nicht teilnehmenden Leistungserbringern abzurufen.

Obwohl die Gesetzesbegründung dieses Recht verneint[331], ist nach dem Wortlaut des § 140 c Abs. 1 Satz 3 SGB V die Frage nach der Berechtigung zur Leis-

---

[331] Vgl. BT-Drucks. 15/1525, S. 131.

tungsinanspruchnahme außerhalb der integrierten Versorgung eindeutig nur für die Zuordnung zum richtigen Vergütungstopf erheblich. Ein Verbot für die Versicherten, zwischen Kasse und integriertem Versorger vertraglich vereinbarte Leistungen bei anderen zur Erbringung dieser Leistungen zugelassenen bzw. ermächtigten Leistungserbringern abzurufen, lässt sich weder dieser noch anderen Vorschriften entnehmen. Auch aus der Bonusregelung des § 65a Abs. 4 Satz 3 SGB V, welche die Bonusgewährung an tatsächliche Einsparungen koppelt, ergibt sich die - allein durch finanzielle Anreize zu konterkarierende - grundsätzliche Freiheit des Versicherten, jederzeit die integrierte Versorgung zu verlassen.[332]

Selbst wenn sie aber dabei bleiben, haben die Versicherten immer noch die Auswahlmöglichkeit unter den an der integrierten Versorgung teilnehmenden Leistungserbringern. Die Lenkung kann hier nur durch ein knappes Angebot an integrierten Versorgern erfolgen. Dies alles dürfte allerdings den Gestaltungsspielraum der Kassen, die sich im voraus gegenüber einem integrierten Versorger zur Abnahme bestimmter Kontingente verpflichten wollen, deutlich einschränken und wegen der zu großen Unvorhersehbarkeit hinsichtlich des Versichertenverhaltens sowie wegen des damit verbundenen Verlustrisikos sogar ökonomisch wenig sinnvoll machen. Dass der Gesetzgeber mit hinreichender Deutlichkeit - etwa durch die Einräumung weiter Spielräume für die Vertragsgestaltung[333] (§ 140b Abs. 4 Satz 1 SGB V) und die Regelung des Beitritts Dritter (§ 140b Abs. 5 SGB V) - den selektiven Charakter der einzelvertraglichen Regelungen in den §§ 140a ff. SGB V hervorgehoben hat, damit zu dem durch das Ziel einer effizienteren und wirtschaftlicheren Versorgung gerechtfertigten Eingriff in die freie Berufsausübung der nicht teilnehmenden, jedoch weiterhin zugelassenen Ärzten ermächtigt hat, hilft somit den Kassen nicht wirklich weiter. Sie können zwar einerseits die Zahl der integrierten Versorger bestimmen, mit denen sie kontrahieren, dürfen aber andererseits die Versicherten bei Bedarf nicht selber einem bestimmten Versorger zuweisen bzw. an den ausgewählten Versorger wenigstens für ein Jahr binden. Selbst eine präzise Bedarfsplanung kann die breite Entscheidungsfreiheit auf Seite des Versicherten nicht unterlaufen, solange der Versicherte jederzeit die integrierte Versorgung verlassen kann.

---

332 Vgl. *Becker*, NZS 2001, S. 505 ff. (507).

333 So auch in der Gesetzesbegründung, vgl. BT-Drucks. 15/1525, S. 129.

Öffentliche Aufträge dürften daher in der Regel als Alternative ausscheiden.[334] Nur wenn die Versicherten ihr Wahlrecht freiwillig aufgeben, können die Kassen auch Kontingente einkaufen.

Jedenfalls denkbar sind faktische Rahmenvereinbarungen, z.B. bei Verträgen zur integrierten Versorgung, welche mit der Behandlung besonderer Erkrankungen verbunden werden. Hier schließt eine Krankenkasse mit einem einzigen Versorger, in der Regel mit einem Krankenhaus, einen Vertrag über die Behandlung besonders komplizierter Erkrankungen. Z.B. haben schon die AOK Bayern und die Barmer Ersatzkasse ab 1.1.2005 mit dem Klinikum Nürnberg und zwei Rehakliniken bzw. die Barmer Ersatzkasse ab 1.2.2004 mit den Krankenhäusern des Albertinen-Diakoniewerks einen solchen Vertrag im Bereich der koronaren Herzerkrankungen abgeschlossen.[335] Gedacht ist dieses Programm für Patienten nach einem Herzinfarkt oder einer schweren Herzoperation. Hier hat der betroffene Patient, der sich wegen der medizinischen Vorteile und sonstiger Vergünstigungen für die integrierte Versorgungsform entscheidet, keine Auswahl unter mehreren integrierten Versorgern, sondern wird phasenübergreifend und ohne Wartezeiten von den einzigen vertraglich gebundenen Leistungserbringern betreut. Die Inanspruchnahme des integrierten Versorgers im Einzelfall ist daher als Abruf durch die Kasse anzusehen. Der Vertrag stellt sich also als Rahmenvereinbarung dar.

d) Strukturierte Behandlungsprogramme

Es handelt sich um standardisierte Behandlungsprogramme (Disease-Management-Programs, DMP) zur Verbesserung der Versorgung von chronisch Erkrankten (§ 137f Abs. 1 Satz 1 SGB V), die der Zulassung durch das Bundesversicherungsamt bedürfen (§ 137g Abs. 1 Satz 1 SGB V). Die Teilnahme an einem solchen Programm ist für die Versicherten freiwillig (§ 137f Abs. 3 Satz 1 SGB V). Nach umfassender Information durch die Kasse können sie ihre Einwilligung zur Teilnahme schriftlich abgeben und jederzeit widerrufen. Danach gelten sie als eingeschrieben und werden nach den im Programm festgelegten Kriterien

---

334 So auch *Koenig/Engelmann/Hentschel*, MedR 2003, S. 562 ff. (569), die ebenfalls darauf abstellen, ob die Krankenkasse die Möglichkeit hat, die Versicherten dazu anzuhalten, einen bestimmten Leistungserbringer in Anspruch zu nehmen.

335 Näheres unter „www.klinikum-nuernberg.de“ und „www.albertinen.de“.

behandelt. Die konkrete Auswahl des Leistungserbringers erfolgt auch hier durch die Versicherten.

Die Verträge zur Durchführung von strukturierten Behandlungsprogrammen sind nicht explizit im Gesetz geregelt. Auf deren Existenz verweisen lediglich § 137f Abs. 5 Satz 2 SGB V („Durchführung von mit zugelassenen Leistungserbringern vertraglich vereinbarten Programmen") und § 137g Abs. 1 Satz 1 SGB V („die Programme und die zu ihrer Durchführung geschlossenen Verträge"). Eindeutig kann die Durchführung eines solchen Programms mit einem Vertrag zur integrierten Versorgung nach § 140b SGB V oder mit einem Vertrag zur ambulanten Behandlung im Krankenhaus nach § 116b Abs. 1 SGB V[336] geregelt werden. Zur Verfügung stehen auch die kollektiven Strukturverträge nach § 73a SGB V oder die Vereinbarungen über die Durchführung von Modellvorhaben nach § 64 SGB V.[337] Das Modellvorhaben, das gem. § 63 Abs. 1 SGB V dem Ziel der Verbesserung der Qualität und Wirtschaftlichkeit der Versorgung dienen muss, bietet sich am ehesten. Ziele, Dauer (i.d.R. maximal 8 Jahre gem. § 63 Abs. 5 Satz 2 SGB V) und genaue Ausgestaltung des Modellvorhabens regeln die Kassen in ihrer Satzung.[338] Die Teilnahme an Modellvorhaben ist für die Versicherten freiwillig.[339]

Abgesehen von den Strukturverträgen bieten alle anderen Vertragskonstellationen den Krankenkassen breite Spielräume für die selektive Auswahl der Leistungserbringer, die Vertragsgestaltung bis hin zu einer ergebnisbezogenen Vergütung und die Steuerung der Versicherten über den Bonus für gesundheitsbewusstes Verhalten nach § 63 Abs. 3 Satz 3 SGB V bzw. § 65a SGB V. Wie in den oben besprochenen Fällen haben die Kassen bzw. ihre Verbände die Möglichkeit, solche Verträge als Dienstleistungskonzession zu gestalten oder - auf der Grundlage von Kooperationen mit den eigenen Versicherten - öffentliche Aufträge zu vergeben/Rahmenvereinbarungen abzuschließen. Bedarfsplanung,

---

336 Danach können die Krankenkassen mit Krankenhäusern, die an strukturierten Behandlungsprogrammen teilnehmen, Verträge über die ambulante ärztliche Behandlung schließen, wenn die in den Verträgen über strukturierte Behandlungsprogramme vorgesehenen Anforderungen an die ambulante Leistungserbringung die ambulante Behandlung im Krankenhaus erfordern.

337 *Vollmöller*, NZS 2004, S. 63 ff. (64).

338 *Höfler*, in: Kasseler Kommentar, § 63 SGB V Rdnr. 14.

339 BT-Drucks. 13/7264, S. 62; BSG, Urteil v. 24.09.2002, Az.: B 3 A 1/02 R, in: BSGE 90, 84.

Gewährung von an die Inanspruchnahme von bestimmten Leistungserbringern anknüpfenden Boni und Vereinbarung von Kopfpauschalen können überdies zu einer Bewertung der Verträge als faktische öffentliche Aufträge bzw. Rahmenvereinbarungen führen.[340]

e) Zusammenfassung

Während das Zulassungsmodell eindeutig nur als eine Art von Dienstleistungskonzession betrachtet werden kann, muss beim Einkaufsmodell in jedem einzelnen Fall letztlich geprüft werden, wie die Krankenkassen bzw. deren Verbände den Vertrag genau gestalten. Generell kann man festhalten, dass auch die Verträge zur Durchführung der neu eingeführten Versorgungsformen als Dienstleistungskonzessionen grundsätzlich nicht in den sachlichen Anwendungsbereich des Vergaberechts fallen, denn die wirtschaftlich ausschlaggebende Auswahlentscheidung trifft auch hier nach der gesetzlichen Konzeption der Versicherte.

Allein deswegen, weil sie selektiv sein können, also weil die Krankenkassen bzw. deren Verbände in Frage kommende Leistungserbringer je nach Bedarf ein- und ausschließen können, fallen diese Verträge nicht in den sachlichen Anwendungsbereich des Vergaberechts. Die Versicherten sind auch in diesem Bereich in der Wahl des Leistungserbringers grundsätzlich frei. Sie können nur über finanzielle Anreize überhaupt bewegt werden, an diesen neuen Versorgungsformen teilzunehmen. Sie dürfen auch nach Einschreibung grundsätzlich weiterhin unter den Leistungserbringern, die einen entsprechenden Vertrag abgeschlossen haben, frei wählen. Nur bei der hausarztzentrierten Versorgung sind sie für ein Jahr an den ausgewählten Hausarzt gebunden. Außerdem können die Versicherten jederzeit aussteigen und andere zugelassenen Leistungserbringer in Anspruch nehmen, die nicht an dem betroffenen Programm teilnehmen.

Auch wenn sie mit den Leistungserbringern auf einzelvertraglicher Basis kontrahieren und keinem Kontrahierungszwang unterliegen, bestimmen die Kassen nicht die konkrete Inanspruchnahme des Vertragspartners, sondern fungieren - wie im klassischen Zulassungsmodell - lediglich als Zahler. Setzen die Vertragspartner nur Rahmenbedingungen fest, ohne den künftigen Leistungsaustausch zu bestimmen, dann stellen selbst selektive Vertragsformen Dienstleistungskonzessionen dar.

---

340 *Vollmöller*, NZS 2004, S. 63 ff. (66); *Quaas*, VSSR 2004, S. 175 ff. (191).

Anders ist es, wenn die Kassen mit ausgewählten Leistungserbringern spezielle Konditionen aushandeln, so dass die Verträge sich ausnahmsweise als eine Beschaffungstätigkeit der Kassen darstellen. Dies ist der Fall, wenn die Krankenkassen im Gegensatz zu Konzessionsgebern als unmittelbare Einkäufer der zu erbringenden Leistung auf dem Markt auftreten, also sich freiwillig im Vertrag zur Abnahme einer bestimmten oder zumindest - z.B. aufgrund des Morbiditätsbilds der zu behandelnden Versicherten - bestimmbaren Menge an Leistungen gegen einen im voraus determinierten Preis, etwa eine morbiditäts- und qualitätsabhängigen Kopfpauschale, verpflichten.

Wirtschaftlich tragbar ist eine solche Entscheidung selbstverständlich nur dann, wenn es den Kassen gelingt, durch Gewährung von finanziellen Anreizen, aber auch durch Überzeugung mit mehr Qualität ihre Versicherten hin zu den ausgewählten Leistungserbringern zu steuern. Dass die Krankenkassen direkt für ihre Versicherten im Einzelfall den Leistungserbringer bestimmen und die Einzelleistungen abrufen, ist hingegen in keinem einzigen Fall gesetzlich vorgesehen und daher auch nicht erlaubt. Möglich ist allein ein Kooperationsmodell auf freiwilliger Basis. Dieses Vorgehen, das sich als ein Beschaffungsvorgang der Krankenkassen darstellen würde, könnte einerseits die Entscheidungsfreiheit der Versicherten wahren, andererseits ihre Nachfragerrolle im Direktverhältnis zum Leistungserbringer ausschließen.

Sozialpolitisch ist der Abschluss solcher Verträge über Leistungskontingente zu begrüßen. Erst dadurch kann selektives Kontrahieren die Qualität der Aufgabenerfüllung im System der GKV deutlich verbessern. Der daraus entstehende Wettbewerb zwischen den Leistungserbringern um Verträge mit den Krankenkassen wird sowohl für gute Versorgungsqualität und hohe Patientenorientierung als auch für niedrigere Kosten sorgen. Wenn die Kassen die Leistungen für ihre Versicherten wirtschaftlich einkaufen, können sie auch ihrem sozialen Auftrag ohne Kürzungen im Leistungsbereich und bei Wahrung der Beitragsatzstabilität gerecht werden.

II. Versorgung mit Arznei- und Verbandmitteln

1. Der Regelfall

Dem Anspruch der Versicherten auf Versorgung mit Arznei- und Verbandmitteln nach § 31 SGB V entsprechen im Leistungserbringungsrecht die Vorschriften über die Beziehungen zu Apotheken und pharmazeutischen Unternehmen (§§ 129 - 131 SGB V). Als Regefall ist die Konstellation vorgesehen, in der die Versicherten für diese Versorgung unter den Leistungserbringern, für die der Rahmenvertrag nach § 129 Abs. 2 SGB V Geltung hat, frei wählen können (§ 31 Abs. 1 Satz 5 SGB V).

Die Konstellation ist mit der vertragsärztlichen Versorgung vergleichbar und stellt somit eindeutig eine Dienstleistungskonzession dar. Deswegen ist es auch schwer vorstellbar, dass die Krankenkassen oder ihre Verbände tatsächlich die ihnen durch § 130a Abs. 8 Satz 2 SGB V eingeräumte Möglichkeit zur Vereinbarung von jährlichen Umsatzvolumina mit den pharmazeutischen Unternehmen, mit denen sie Rabatte für die zu ihren Lasten abgegebenen Arzneimittel gem. § 130a Abs. 8 Satz 1 SGB V vereinbart haben, zum Abschluss von öffentlichen Aufträgen nutzen werden.[341]

2. § 129 Abs. 5b SGB V

Eine einzige Ausnahme ergibt sich aus § 129 Abs. 5b Satz 1 SGB V, nach dem Apotheken an vertraglich vereinbarten Versorgungsformen beteiligt werden können und die Angebote öffentlich auszuschreiben sind. Wiederum hat der Gesetzgeber die Befugnis der Krankenkassen zum Abschluss selektiver Einzelverträge ausdrücklich begründet. Denkbar sind unterschiedliche Konstellationen, etwa ein Monopolvertrag zwischen einer Kasse und einem integrierten Versorger bzw. einem Hausarzt auf der einen und einer Apotheke auf der anderen Seite oder ein Vertrag zwischen einer Kasse und einem Zentrum, zu dem sowohl Hausärzte und/oder Fachärzte als auch eine Apotheke gehören. Allen gemeinsam ist, dass die Apotheken in die Verträge zwischen Krankenkassen und ärztlichen Leistungserbringern eingebunden werden. Der Versicherte, der sich z.B. für die hausarztzentrierte oder die integrierte Versorgung entscheidet, wird dann nur durch die ebenfalls vertraglich gebundene Apotheke versorgt.

Die vergaberechtliche Beurteilung des Vertrages nach § 129 Abs. 5b Satz 1 SGB V entspricht daher derjenigen für den Vertrag mit dem Hauptversorger. Trägt der Hauptversorger das wirtschaftliche Risiko, so gilt dies auch für die verbundene Apotheke. Die Beteiligung teilt in diesem Fall die rechtliche Würdigung des Hauptvertrages als Dienstleistungskonzession. Dass es sich hier bei der

---

[341] Vgl. *Hess*, in: Kasseler Kommentar, § 130 a SGB V Rdnr. 9; *Ebsen*, FS f. Manfred Zuleeg, 2005, S. 439 ff. (449).

erbrachten Leistung nicht um Dienste, sondern um die Lieferung von Waren (Arzneimitteln) handelt, spielt im Ergebnis keine Rolle, denn es ist nicht die Kasse selbst der Empfänger, sondern es sind unmittelbar die Versicherten. Gegenüber der Kasse erbringen die Apotheken nur einen Dienst, nämlich die Versorgung von Versicherten mit Arzneimitteln. Diese Frage wird aber ausführlicher unten[342] bei den vergaberechtlich eher relevanten Verträgen zur Leistungserbringung im Hilfsmittelbereich näher erörtert.

III. Versorgung mit Heil- und Hilfsmitteln

1. Heilmittel

Als Teil der Krankenbehandlung (§ 27 Abs. 1 Satz 2 Nr. 3 SGB V) besteht für die Versicherten gem. § 32 Abs. 1 Satz 1 SGB V ein Anspruch auf die Versorgung mit Heilmitteln, soweit sie nicht nach § 34 SGB V ausgeschlossen sind. Diese kann grundsätzlich auch Bestandteil der ärztlichen Behandlung nach § 27 Abs. 1 Satz 2 Nr. 1 SGB V oder der ambulanten Behandlung in Krankenhäusern, Rehabilitations- und anderen Einrichtungen sein (§ 32 Abs. 2 Satz 2 SGB V). Heilmittel sind persönlich zu erbringende medizinische Leistungen und betreffen Maßnahmen der physikalischen Therapie, der podologischen Therapie, der Atemtherapie, der Stimm-, Sprech- und Sprachtherapie sowie der Ergotherapie.

Heilmittel, die als Dienstleistung abgegeben werden, dürfen gem. § 124 Abs. 1 SGB V an Versicherte nur von zugelassenen Leistungserbringern abgegeben werden. § 124 Abs. 2 SGB V regelt abschließend die Voraussetzungen für die Erteilung der Zulassung durch die Verbände der Krankenkassen. Liegen sie vor, so hat der Heilmittelerbringer einen Anspruch auf die Erteilung der Zulassung. Eine Bedarfsplanung ist nicht vorgesehen. Aber auch die Höhe der Vergütung oder die Art der Heilmittelversorgung dürfen keine Rolle spielen.[343] Von einem Wettbewerb kann also gar keine Rede sein. Gem. § 124 Abs. 5 Satz 2 SGB V berechtigt die Zulassung grundsätzlich zur Versorgung von GKV-Versicherten. Die Einzelheiten über die Versorgung mit Heilmitteln, also auch über die Preise,

---

342 Vgl. Teil D, 9. Kapitel, III. 2.

343 So auch *Stelzer*; ZESAR 2005, S. 21 ff. (26).

werden auf Verbandsebene für die Kassen und auf Verbandsebene oder einzeln für die Leistungserbringer nach § 125 Abs. 2 SGB V vertraglich vereinbart.

Ob es die Kassen oder die Versicherten sind, welche den im Einzelfall in Anspruch genommenen Leistungserbringer bestimmen, lässt sich dem Gesetz nicht entnehmen. Zur Ergänzung sind daher einerseits die Richtlinien des Gemeinsamen Bundesausschusses über die Verordnung von Heilmitteln in der vertragsärztlichen Versorgung (Heilmittel-Richtlinien)[344], andererseits die Entstehungsgeschichte des § 32 SGB V im Gesetzgebungsverfahren zum GMG heranzuziehen. Laut Heilmittel-Richtlinien setzt die Abgabe von Heilmitteln zu Lasten der Gesetzlichen Krankenkassen eine Verordnung durch einen Vertragsarzt voraus (Kap. II Nr. 9). Die ebenfalls beschriebenen Verordnungsvordrucke enthalten jedoch keine Angaben über den Heilmittelerbringer. Ergo, der Versicherte kann unter den zugelassenen frei wählen. Dieses Ergebnis wird durch die im GMG nicht übernommene Fassung der §§ 32, 125 SGB V im Gesetzesentwurf der SPD und den Grünen[345] untermauert. § 32 Abs. 1 Satz 2 SGB V hätte demnach folgenden Wortlaut gehabt: „Bietet die Krankenkasse an, die Leistungen wohnortnah sowie in zumutbarer Weise durch Personen erbringen zu lassen, mit denen sie einen Vertrag nach § 125 Abs. 2 Satz 4 geschlossen hat, und wählen Versicherte statt dessen einen anderen zugelassenen Leistungserbringer, trägt die Krankenkasse die Kosten in Höhe des niedrigsten Preises, den die Krankenkasse mit diesen Leistungserbringern vereinbart hat.“

Es steht also fest, dass die Versicherten im Bereich Heilmittelversorgung den Leistungserbringer bestimmen können.[346] Die Kassen können über den wirtschaftlichen Erfolg der zugelassenen Heilmittelerbringer genauso wenig wie bei der vertragsärztlichen Versorgung Einfluss ausüben. Die Rechtsbeziehungen zu den Leistungserbringern sind daher allenfalls als Dienstleistungskonzessionen denkbar. Dies gilt für die Verträge nach § 125 Abs. 2 SGB V; andere Konstellationen sind nur im Rahmen integrierter Versorgung möglich. Bezüglich der Zulassung nach § 124 Abs. 2 SGB V müsste man zusätzlich mit Hinweis auf § 70 SGB V trotz des eindeutigen Wortlauts des § 124 Abs. 5 Satz 2 SGB V auch eine Verpflichtung der zugelassenen Leistungserbringer zur Heilmittelversorgung

---

344 Bundesanzeiger Nr. 106a vom 9.6.2004.

345 Bundestag-Drucks. 15/1170.

346 I.E. auch *Koenig/Engelmann/Hentschel*, MedR 2003, S. 562 ff. (565), die auf die personenbezogene Qualität von Heilmitteln abstellen.

bejahen.[347] Andernfalls ist die Zulassung einfach als eine vergaberechtlich irrelevante Genehmigung zu betrachten.

2. Hilfsmittel

a) Der Regelfall

Die Versorgung mit Hilfsmitteln (Körperersatzstücke sowie orthopädische und andere Hilfsmittel) ist ebenfalls Teil der Leistungen zur akuten Kranken- bzw. Heilbehandlung (§§ 27 Abs. 1 Satz 2 Nr. 3; 33 SGB V). Das Recht der Gesetzlichen Krankenversicherung regelt die Rechtsbeziehungen zwischen den Krankenkassen und den Hilfsmittellieferanten in den §§ 126 ff. SGB V ausführlich.

§ 33 SGB V begründet den Anspruch auf Versorgung mit Hilfsmitteln, die im Einzelfall erforderlich sind, um den Erfolg der Krankenbehandlung zu sichern, einer drohenden Behinderung vorzubeugen oder eine Behinderung auszugleichen, soweit die Hilfsmittel nicht als allgemeine Gebrauchsgegenstände des täglichen Lebens anzusehen oder nach § 34 SGB V ausgeschlossen sind. Die notwendige Änderung, Instandsetzung und Ersatzbeschaffung von Hilfsmitteln sowie die Ausbildung in ihrem Gebrauch ist ebenfalls Teil des Anspruchs (§ 33 Abs. 1 Satz 3 SGB V). Für Sehhilfen sind weit reichende Einschränkungen vorgesehen. Dieser Anspruch wird darüber hinaus in § 33 Abs. 5 SGB V insoweit eingeschränkt, als die Kassen die Hilfsmittel auch leihweise überlassen können und die Bewilligung davon abhängig machen können, dass die Versicherten sich das Hilfsmittel anpassen oder sich in seinem Gebrauch ausbilden lassen.

Grundsätzlich können die GKV-Versicherten die notwendigen Hilfsmittel bei jedem gem. § 126 SGB V zugelassenen Leistungserbringer beziehen, sie können frei wählen. Der Kreis der Vertragspartner für Hilfsmittel ist - wie für die Versorgung mit Heilmitteln nach § 124 SGB V - gesetzlich nicht festgelegt worden. Vielmehr haben auch hier alle geeigneten Leistungserbringer unabhängig von ihrer Berufsgruppe bei Erfüllung der gesetzlichen Voraussetzungen einen bedarfsunabhängigen Rechtsanspruch auf Zulassung zur Versorgung der Versicherten. Dies lässt sich eindeutig dem Wortlaut des § 126 Abs. 1 Satz 2 SGB V entnehmen: „Zuzulassen ist, wer …“[348] Der Zugang zum Markt der Versorgung von GKV-Versicherten mit Hilfsmitteln wird daher durch ein öffentlich-

[347] Ohne Bezugnahme auf die Problematik der Dienstleistungskonzession vgl. dazu *Stelzer*, ZESAR 2005, S. 21 ff. (30).

[348] BSG, Urteil vom 25.09.2001 - B 3 KR 3/01 R, Rdnr. 22 m.w.N, in: BSGE 89, 24.

rechtliches Zulassungssystem geregelt. Zuständig für die Erteilung der Zulassung sind die Landesverbände der Krankenkassen, die Verbände der Ersatzkassen sowie die Seekrankenkasse (§ 126 Abs. 3 i.V.m. § 124 Abs. 5 SGB V). Nach Erteilung der Zulassung steht diese Vielzahl von Leistungserbringern in einem Wettbewerbsverhältnis zueinander um die Inanspruchnahme durch die Versicherten.

Ist für das bezogene Hilfsmittel ein Festbetrag nach § 36 SGB V festgesetzt worden, so übernimmt die Krankenkasse die Kosten nur bis zur Höhe des Festbetrages (§ 33 Abs. 2 SGB V). Die Abrechnung der Festbeträge wird in den kollektiven Verträgen nach § 127 Abs. 1 Satz 2 SGB V geregelt. Erklärt sich ein Leistungserbringer bereit, Hilfsmittel zu den festgesetzten Festbeträgen abzugeben, so können die Krankenkassen ihre Versicherten hierüber informieren (§ 127 Abs. 2 Satz 3 SGB V). In den anderen Fällen übernimmt die Krankenkasse grundsätzlich gem. § 33 Abs. 2 Satz 2 SGB V die ebenfalls in den kollektiven Verträgen nach § 127 Abs. 1 Satz 1 SGB V festgelegten Preise. Soweit Festbeträge noch nicht festgelegt sind oder nicht festgelegt werden können, ermächtigt § 127 Abs. 1 Satz 1 SGB V nämlich die Landesverbände der Krankenkassen sowie die Verbände der Ersatzkassen, mit Wirkung für ihre Mitgliedskassen Verträge über die Einzelheiten der Versorgung mit Hilfsmitteln und deren Wiedereinsatz sowie über die Preise und deren Abrechnung mit den Verbänden der Leistungserbringer abzuschließen. Wie bereits oben angedeutet handelt es sich bei diesen kollektiven, der Zulassungserteilung nachgeschalteten Verträgen lediglich um Rahmenregelungen, bei denen gar keine Auswahlentscheidung mehr stattfindet und die daher vergaberechtlich außer Betracht bleiben müssen.

b) § 127 Abs. 2 SGB V

Gem. § 127 Abs. 2 Satz 1 SGB V können die einzelnen Krankenkassen allerdings auch Verträge mit einzelnen Leistungserbringern zu niedrigeren Preisen als in den Verträgen nach Abs. 1 schließen, wenn die Qualität gleich bleibt. Ist dies geschehen und ist die Versorgung durch diese Vertragspartner für die Versicherten zumutbar, dann trägt die Krankenkasse gem. § 33 Abs. 2 Satz 3 SGB V nur die Kosten des Durchschnittspreises des unteren Preisdrittels nach § 127 Abs. 3 Satz 2 bis 4 SGB V, höchstens die tatsächlich entstandenen Kosten. Aus § 33 Abs. 2 Satz 3 und 4 SGB V ergibt sich folgendes deutliches Bild. Liegt der in einem Vertrag nach § 127 Abs. 2 Satz 1 SGB V vereinbarte Preis unter dem ermittelten Durchschnitt, dann trägt die Kasse den vereinbarten Preis (= die tatsächlich entstandenen Kosten). Liegt der vereinbarte Preis hingegen oberhalb des ermittelten Durchschnitts, dann trägt die Kasse nur den Durchschnittspreis des unteren Preisdrittels (= die Differenz zahlen Versicherte an den Leistungserbringer).

Nach § 127 Abs. 3 Satz 1 SGB V haben die Kassen die Versicherten und die zugelassenen Leistungserbringer über die Durchschnittspreise des unteren Preisdrittels der Preise zu informieren, die sie nach Absatz 2 vereinbart haben. Auf Nachfrage informieren die Kassen die Versicherten auch über die Leistungserbringer, die Hilfsmittel zum Durchschnittspreis nach den Sätzen 2 bis 4 oder zu einem niedrigeren Preis abgeben (§ 127 Abs. 3 Satz 5 SGB V). Die Leistungserbringer haben ihrerseits die Pflicht, wenn sie Hilfsmittel oberhalb der Preise nach § 127 Abs. 3 Satz 2 bis 4 SGB V abgeben, die Versicherten über die zu zahlende Differenz zu informieren (§ 127 Abs. 3 Satz 6 SGB V). Insgesamt soll den Versicherten die Möglichkeit gegeben werden, sich bei der Wahl des Leistungserbringers rational zu verhalten, um Zuzahlungen zu sparen.[349]

Während § 127 Abs. 1 Satz 1 SGB V auf kollektiver Ebene den Verbänden der Kassen vorschreibt, mangels Festsetzung von Festbeträgen mit den Verbänden der Leistungserbringer Preise vertraglich zu vereinbaren, eröffnet § 127 Abs. 2 Satz 1 SGB V auf einzelvertraglicher Basis den Krankenkassen die Möglichkeit, mit den Leistungserbringern niedrigere Preise zu vereinbaren. Da dies offensichtlich die Gefahr von sachwidrigen Ungleichbehandlungen[350] mit sich bringt, sieht das Gesetz vor, dass die Kassen vor Abschluss solcher Verträge die Aufforderung zur Abgabe eines Angebots unter Bekanntgabe objektiver Auswahlkriterien öffentlich ausschreiben sollen (§ 127 Abs. 2 Satz 2 SGB V).

Wie oben bereits dargelegt handelt es sich dabei jedoch nicht um einen Rechtsgrund- bzw. Rechtsfolgenverweis auf das Vergaberecht, sondern lediglich um eine spezielle Regelung zum Leistungserbringungsrecht. Im Zusammenhang mit dem klaren Wortlaut des oben analysierten § 69 SGB V, der die Anwendbarkeit des Vergaberechts im Recht der GKV ausschließt, ist diese Regelung zudem als spezieller gegenüber § 22 Verordnung über das Haushaltswesen in der Sozial-

---

349 BT-Drucks. 15/1525, S. 329.

350 Zum verfassungsrechtlichen Schutz gegen Ungleichbehandlungen bei § 127 SGB V vgl. *Boecken*, NZS 2000, S. 269 ff. (275 f.).

versicherung anzusehen, denn sie begründet eine Ausschreibungspflicht, obwohl die Verträge der Erbringung gesetzlicher Versicherungsleistungen dienen.

Es stellt sich in diesem Zusammenhang die Frage, ob die Zusatzmöglichkeit des § 127 Abs. 2 Satz 1 SGB V nur für Hilfsmittel ohne Festbetragsregelung gilt oder allgemein für alle Hilfsmittel. Im Wortlaut bezieht sich die Regelung des Abs. 2 Satz 1 zwar ausdrücklich auf den Abs. 1. Der Gesetzgeber bestimmt aber dabei nicht, dass Verträge nach Abs. 2 Satz 1 nur in denselben Fällen des Abs. 1 (keine Festbeträge) abgeschlossen werden dürfen, sondern nur, dass die einzelvertraglich vereinbarten Preise niedriger als die nach Abs. 1 sein können. Nach dem Wortlaut bleibt es also offen, ob die Verträge nach Abs. 2 Satz 1 auch die Versorgung mit Hilfsmitteln umfassen, für die Festbeträge festgelegt wurden. Lediglich Abs. 2 Satz 3 spricht von Vereinbarungen hinsichtlich der Festbeträge, wobei hier jedoch nur der Fall berücksichtigt wird, in dem die Leistungserbringer die Hilfsmittel zum Festbetrag und nicht darunter abgeben.

Sinn und Zweck des Gesetzes ist jedenfalls, wie sich auch aus Abs. 2 Satz 2 ergibt, die Stärkung des Wettbewerbs unter den Leistungserbringern, was auch für Vereinbarungen über Preise unter Festbetrag spricht.

Systematisch hängt die leistungserbringungsrechtliche Vorschrift mit der leistungsrechtlichen Regelung des § 33 SGB V zusammen. Im Wortlaut des § 33 Abs. 2 Satz 3 SGB V wird der Fall des Vorliegens von Verträgen nach § 127 Abs. 2 Satz 1 SGB V eindeutig nicht auf Fälle mangelnder Festbetragsregelungen beschränkt, vielmehr ist diese drittmögliche Konstellation von den beiden in Satz 1 (Festbetrag) und Satz 2 (kein Festbetrag) aufgeführten Konstellationen unabhängig.

Teleologische und systematische Auslegung werden durch die historische Betrachtung unterstützt. Gemäß dem Fraktionsentwurf zum GSG 1993[351] sollte die Änderung des § 127 Abs. 2 SGB V dazu beitragen, den Wettbewerb unter den Leistungserbringern gerade auch durch Ermöglichung einer Abgabe unter Festbetrag und entsprechende Information der Versicherten gefördert werden. Dies spricht dafür, dass auch die spätere Änderung des Abs. 2 durch Gesetz vom 14.11.2003, welches den Wettbewerb in der GKV noch weiter zu stärken beabsichtigte, eben nicht auf die Abschaffung der Vereinbarung von Abgabe unter Festbetrag abzielte. Dass im Koalitionsentwurf zum GMG noch der ausdrückli-

351 FraktE-GSG 1993 BT-Drucks. 12/3608 Art. 1 Nr. 65, S. 106.

che Hinweis[352] darauf enthalten war, dass die Leistungserbringer sich in den Verträgen nach Satz 1 bereit erklären können, Hilfsmittel zu den festgesetzten Festbeträgen abzugeben, führt zu keinem anderen Ergebnis, nachdem die Begründung identisch geblieben ist.[353] In der endgültigen Fassung wurde klargestellt, dass Einzelpreisabsprachen *auch* von den Kollektivvereinbarungen nach Abs. 1 Satz 1 abweichen können. Eine Begrenzung von Erklärungen zur Abgabe zum Festbetragspreis auf Verträge nach Satz 1 wurde aufgehoben.

Der § 127 Abs. 2 Satz 1 SGB V, dessen Bedeutung nach der grammatikalischen Interpretation grundsätzlich offen bleibt, ist im Hinblick auf die anderen möglichen Auslegungshilfen im Ergebnis so zu verstehen, dass Preisvereinbarungen zwischen einzelnen Kassen und einzelnen Leistungserbringern im ganzen Hilfsmittelbereich erlaubt sind.[354] Bestehende Festbetragsregelungen bzw. Vereinbarungen auf kollektiver Ebene sind dabei lediglich als zur Kostendämpfung festgelegte Preisobergrenze zu betrachten.

c) Umfassende Bewertung

Nachdem die gesetzlich vorgesehenen Vertragsmodelle in ihren Besonderheiten skizziert wurden, stellt sich die Frage nach ihrer vergaberechtlichen Relevanz. Eindeutig sind es in all den dargestellten Konstellationen nicht die Krankenkassen selbst, welche die Hilfsmittel bzw. die damit verbundenen Nachsorgeleistungen von den Leistungserbringern einkaufen, sondern es sind die Versicherten, die einen Leistungserbringer unter den zugelassenen auswählen, das jeweils erforderliche Hilfsmittel einkaufen, sonstige ihnen zustehende Zusatzleistungen in Anspruch nehmen und an den ausgewählten Leistungserbringer ggf. die Differenz zwischen Abgabepreis und Festbetrag bzw. Preis nach § 127 Abs. 1 Satz 1 oder Abs. 3 Satz 2 bis 4 SGB V zahlen.[355]

Geht man davon aus, dass der Arzt - wie bei der Arzneimittelverordnung - als Vertreter der Krankenkassen ein bestimmtes Hilfsmittel verschreibt und der gesetzlich Krankenversicherte keine Verpflichtung mehr hat, ein vertragsärztlich

352 BT-Drucks. 15/1170, S. 26.

353 BT-Drucks. 15/1170, S. 100 vs. BT-Drucks. 15/1525, S. 121.

354 A.A. *Hartmann*, MTD 2004, S. 8 ff. (9). Zu der älteren Rechtslage vgl. *Hess*, in: Kasseler Kommentar, § 127 SGB V Rdnr. 3.

355 Zum Wahlrecht der Versicherten unter den zugelassenen Hilfsmittellieferanten vgl. BSG, Urteil v. 23.01.2003, Az.: B 3 KR 7/02 R, in: BSGE 90, 220.

verordnetes Hilfsmittel vorab von der Krankenkasse genehmigen zu lassen, so haben die Krankenkassen gar keinen Einfluss auf das unberechenbare Einkaufsverhalten der Versicherten.[356] Zwar steht den Versicherten im Bereich nichtärztlicher Leistungen - anders als im Bereich vertragsärztlicher Versorgung im engeren Sinne - kein Recht auf unmittelbare Inanspruchnahme der Leistung zu, denn die Entscheidungsbefugnis liegt grundsätzlich bei der Kasse.[357] Aber die Genehmigung durch die Krankenkasse, ggf. vertreten durch einen Vertragsarzt, betrifft nur die Leistung an sich und nicht die Auswahl des Leistungserbringers.

Obwohl ein positives Recht auf freie Wahl des Leistungserbringers im Bereich Hilfsmittel nirgends im Gesetz verankert ist, ergibt sich das freie Wahlrecht des Versicherten unter den zugelassenen (§ 126 SGB V) und vertragsgebundenen (§ 127 SGB V) Hilfsmittelerbringern hier unmittelbar aus § 33 Satz 2 SGB I.[358] Die Unangemessenheit der Wünsche kann wegen § 33 Abs. 2 SGB V faktisch nie begründet werden, denn hier ist allein von Kostentragung die Rede, wobei den Versicherten eine finanzielle Belastung aufgebürdet werden kann, wenn sie einen teureren Leistungserbringer auswählen. Der Versicherte kann sogar einen nicht vertragsgebundenen Leistungserbringer auswählen, wenn er dadurch seine Eigenbeteiligung vermeiden oder reduzieren kann: auch in diesem Fall wäre sein Wunsch angemessen i.S.d. § 33 Satz 2 SGB I.[359] Dies bestätigt § 127 Abs. 3 SGB V, wo ausdrücklich nur die Befugnis der Krankenkassen zur „Information" von Versicherten begründet wird. Fehlt es an der Möglichkeit, wirtschaftliche Gesichtspunkte für die Ermessensausübung zu berücksichtigen, reduziert sich das Ermessen der Krankenklassen auf Null, d.h. sie müssen hinsichtlich des Leistungserbringers die Auswahlentscheidung der Versicherten respektieren.

---

356 A.A. *Koenig/Engelmann/Hentschel*, MedR 2003, S. 562 ff. (565), die auf die objektbezogene Qualität von Hilfsmitteln abstellen.

357 Zum Regel-Ausnahme-Verhältnis bezüglich des Genehmigungserfordernisses im SGB V vgl. BSG, Urteil v. 24.09.2002, Az.: B 3 KR 2/02 R, in: SozR 3-2500 § 132a Nr 3, wonach das Regelprinzip die vorherige Beantragung und Bewilligung von Krankenkassenleistungen ist, während Ausnahmen nur bei Eilbedürftigkeit gegeben sind, also bei akuter Krankenbehandlung durch Vertrags-(Zahn-)Ärzte und zugelassene Krankenhäuser sowie bei Verordnung eines Arzneimittels. Vgl. auch *Castendiek*, RsDE Nr. 51 (2002), S. 25 ff.

358 So auch BSG, Urteil v. 23.01.2003, Az.: B 3 KR 7/02 R, in: BSGE 90, 220.

359 BSG, Urteil v. 23.01.2003, Az.: B 3 KR 7/02 R, in: BSGE 90, 220.

Darüber hinaus wird im SGB V die Befugnis der Kassen, den Leistungserbringer nach pflichtgemäßem Ermessen selbst zu bestimmen, im Rehabilitationsbereich ausdrücklich geregelt. Wo eine solche Regelung fehlt, ist daher grundsätzlich davon auszugehen, dass die Kassen auch nicht zur Bestimmung des Leistungserbringers befugt sind (arg. e contrario aus §§ 40 Abs. 3 Satz 1, 41 Abs. 2 SGB V).

Der Versicherte kann zwar nicht den Umfang des konkreten Auftrages bestimmen, diesen legen entweder die Kasse durch Einzelfallgenehmigung oder der Vertragsarzt durch Verordnung fest. Der Versicherte wählt aber den Leistungserbringer aus, der im Einzelfall durch die Übergabe des notwendigen Hilfsmittels die Sachleistungsverpflichtung der Kasse gegenüber dem Versicherten erfüllt. Wenn die Einzelleistung eines zugelassenen Leistungserbringers durch die Versicherten abgerufen wird, dann stehen die Leistungserbringer im Wettbewerb um Einzelaufträge durch die Versicherten zueinander und tragen das wirtschaftliche Risiko ihrer Tätigkeit. Somit scheiden nach dem klassischen Versorgungssystem für den Hilfsmittelbereich grundsätzlich sowohl öffentliche Aufträge als auch Rahmenvereinbarungen aus.

Die Zulassung nach § 126 SGB V schafft wie die Zulassung nach § 124 Abs. 2 SGB V für beide Parteien keine bindende Wirkung (§ 126 Abs. 3 i.V.m. § 124 Abs. 5 Satz 2 SGB V). Im Gegensatz zu den an der vertragsärztlichen Versorgung teilnehmenden Leistungserbringern sind die zugelassenen Leistungserbringer von Hilfsmitteln zur Versorgung der Versicherten nur berechtigt und nicht verpflichtet. Von einer Konzession im vergaberechtlichen Sinne kann daher im klassischen System der Hilfsmittelversorgung (Zulassung und Festsetzung von Festbeträgen) nicht die Rede sein, es sei denn, man entnimmt die Verpflichtung zur Leistungserbringung dem bereits oben erwähnten § 70 SGB V. Im Rahmen der Kollektivverträge nach § 127 Abs. 1 Satz 1 SGB V oder der Einzelverträge nach § 127 Abs. 2 SGB V können die Leistungserbringer jedenfalls dazu verpflichtet werden, Sozialleistungsberechtigte zu versorgen.

Dies wird wohl bei den Preisabsprachen nach § 127 Abs. 2 SGB V immer der Fall sein, denn der Leistungserbringer, der sich bereit erklärt, bei gleich bleibender Qualität Hilfsmittel zu den festgesetzten Festbeträgen oder darunter bzw. zu niedrigeren Preisen als kollektiv vereinbart abzugeben, und einen entsprechenden Vertrag mit einer Kasse abschließt, wohl auch vertraglich verpflichtet sein wird, bei Inanspruchnahme durch Versicherte die Hilfsmittel zu den vereinbarten Konditionen abzugeben. Dies bestätigt auch § 127 Abs. 3 Satz 5 SGB V, aus dem klar herausgeht, dass die Preisabsprache nach § 127 Abs. 2 Satz 1 SGB V auch eine Pflicht zur Abgabe des geforderten Hilfsmittels mit einbezieht.

In Verbindung mit dem Zulassungssystem eröffnen somit die vertraglichen Konstellationen des § 127 Abs. 1 und 2 SGB V eindeutig den Weg zur Vergabe von Konzessionen, und zwar mit Elementen der Lieferung (Verkauf von Hilfsmitteln) sowie der Dienstleistung (Änderung, Instandsetzung, Anpassung, Ausbildung), wobei der Schwerpunkt sicherlich bei der Warenlieferung liegt.[360]

Fraglich ist, ob man in diesen Fällen wegen des oben angesprochenen Überwiegens von Lieferelementen tatsächlich von „Lieferkonzession" sprechen muss. Zum Teil wird das Vorliegen einer Lieferkonzession als begrifflich ausgeschlossen betrachtet, mit dem Argument, dass die Warenlieferung bei Lieferverträgen immer unmittelbar an den Auftraggeber erfolgen soll.[361] Denkbar seien nur Bau- und - für alle anderen Fälle - Dienstleistungskonzessionen. Zudem tritt der Begriff weder im europäischen noch im deutschen Vergaberecht auf. Dagegen lässt sich aber aufführen, dass sich ein Vertrag wie derjenige nach § 127 Abs. 1, 2 SGB V von einer Dienstleistungskonzession dadurch unterscheidet, dass die gegen Einräumung eines Verwertungsrechts zu erbringende Leistung eben keine Dienstleistung, sondern eine Lieferung ist.

Anstatt sich die zu beschaffenden Waren anliefern zu lassen und sie dann selbst oder durch Dritte an die Anspruchsberechtigten abzugeben, überträgt die Kasse jedoch dem Leistungserbringer eine Aufgabe, die sie selbst sonst wahrnehmen müsste: die Belieferung von Versicherten. Verbunden wird dies mit dem Recht, diese Leistung zu verwerten. Die Tatsache, dass die Warenlieferung nicht im unmittelbaren Verhältnis zum Auftraggeber stattfindet, führt also dazu, dass die von Konzessionsnehmer erbrachte Leistung nur gegenüber dem Dritten eine Lieferung darstellt. Gegenüber dem Konzessionsgeber erbringt er eine Dienstleistung, indem er die Erfüllung seiner Aufgaben übernimmt.

---

360 Gem. § 1a Nr. 1 (2) VOL/A werden Aufträge, deren Gegenstand Lieferungen und Dienstleistungen sind, nach den Regelungen über die diejenigen Aufträge vergeben, deren Wert überwiegt. Diese Regelung, die auf den Schwerpunkt des Vertrages abstellt, könnte man auch auf Konzessionen analog anwenden. Zur Abgrenzung Bau- und Dienstleistungskonzession mittels der Schwerpunkttheorie vgl. Mitteilung der Kommission, ABl. 2000/C 121/5 (Fn. 4).

361 *Reidt/Stickler*, in: Motzke/Pietzcker/Prieß (Hrsg.), VOB-Kommentar, § 32 VOB/A Rdnr. 7. A.A. VK Schleswig-Holstein, Beschluss vom 09.02.2001 - VK-SH 01/01.

Das Vorliegen einer Lieferkonzession ist daher tatsächlich nicht denkbar, denn der Konzessionsnehmer, der an Dritte Ware liefern muss, erbringt im Verhältnis zu dem Konzessionsgeber immer eine Dienstleistung. Die Verträge im Hilfsmittelbereich, die eine Pflicht zur Leistungserbringung bei Inanspruchnahme durch einen GKV-Versicherten begründen, stellen somit zusammen mit der Zulassungserteilung grundsätzlich Dienstleistungskonzessionen dar. Versicherte haben im Hilfsmittelbereich - wie oben dargelegt - ein Recht zur freien Wahl des Leistungserbringers, so dass die Krankenkassen die Versorgungsleistung zwar bezüglich des Gegenstands konkretisieren können, aber nach Einreichung einer ärztlichen Verordnung über ein Hilfsmittel eine entsprechende Versorgung über eine bestimmte Abgabestelle nicht veranlassen können. Öffentliche Dienstleistungsaufträge sind daher ausgeschlossen, solange die Versicherten nicht freiwillig auf ihr Wahlrecht verzichten.

Der Abschluss öffentlicher Lieferaufträge i.S.d. Art. 1 Abs. 2 lit. c Richtlinie 2004/18/EG kann hingegen in Einzelfällen in Betracht kommen. Zu fragen ist dabei, wann den Kassen das Recht eingeräumt wird, Hilfsmittel einzukaufen, um diese den Versicherten selber oder wiederum durch Einschaltung eines Dritten abzugeben oder leihweise zu überlassen.

§ 140 Abs. 2 Satz 1 SGB V steht i.d.R. der Versorgung von Versicherten durch eigene Einrichtungen der Krankenkassen entgegen mit der Folge, dass die Kassen die eingekauften Hilfsmittel nicht selbst weitergeben dürften. Die Regelung des § 140 SGB V betrifft die Grundstruktur der Beziehungen zwischen den Krankenkassen als Leistungsträger einerseits und den Leistungserbringern andererseits. Danach obliegt es den Krankenkassen, die Versorgung der Versicherten mit Leistungen grundsätzlich durch deren Beschaffung bei Dritten sicherzustellen.[362] Allein im Bereich Gesundheitsvorsorge und Rehabilitation, also nicht bei Aufgaben der Krankenbehandlung im Übrigen, können die Krankenkassen gem. § 140 Abs. 2 Satz 1 SGB V auch zur ggf. in Betracht kommenden Hilfsmittelversorgung Eigeneinrichtungen dann schaffen, wenn sie anders die Erfüllung der Aufgaben nicht sicherstellen können. Hier wäre der Weg zu öffentlichen Lieferaufträgen eröffnet.

---

362 *Hauck/Noftz*, SGB V-Kommentar, K § 140 Rdnr. 1.

§ 33 Abs. 5 SGB V könnte überdies eine Ausnahme vom Regelprinzip darstellen und als speziellere Regelung dem § 140 SGB V vorgehen.[363] Für eine Krankenkasse wäre damit im Grundsatz möglich, wieder verwendbare Hilfsmittel im Wege der Selbstabgabe an ihre Versicherten in Erfüllung des Versorgungsanspruchs zu überlassen. Sie könnte einen Verleihdienst für geeignete Hilfsmittel errichten, auch wenn dies zu einer Reduzierung der Absatzchancen der betroffenen Leistungserbringer führt.[364] Schon der Wortlaut des § 33 Abs. 5 SGB V, „die Krankenkasse kann … überlassen", setzt sich deutlich von den im Leistungsrecht üblichen Formulierungen, „Versicherte haben Anspruch auf …", ab und spricht für die Annahme einer Ermächtigung zur Selbstabgabe. Dagegen spricht auch nicht die Systematik des Gesetzes, denn die Regelung des § 33 Abs. 5 SGB V ist zwar Teil des Leistungsrechts, das die Beziehungen der Kassen zu den Versicherten betrifft, aber das Leistungserbringungsrecht kann nicht losgelöst von den Vorschriften im Leistungsrecht ausgelegt werden. Vielmehr lassen sich oft die Vorschriften im Leistungserbringungsrecht nur unter Zuziehung des Leistungsrechts verstehen.

Darüber hinaus erscheint eine reine Begrenzung des Versorgungsanspruchs der Versicherten als überflüssig, da dieser sich bereits nach § 12 Abs. 1 Satz 1 SGB V auf die Leihe von notwendigen Hilfsmitteln beschränken könnte.[365] Was § 33 Abs. 5 SGB V einschränkt, ist die Berufsausübung der betroffenen Leistungserbringer, welche sonst die Versicherten durch den Verkauf von verordneten Hilfsmitteln versorgen. § 33 Abs. 5 SGB V ist somit dahingehend auszulegen, dass der Anspruch der Versicherten auf die leihweise Überlassung *durch die Kasse selbst* begrenzt werden darf. § 140 SGB V tritt hier im Wege der Spezialität zurück. Ein Verstoß gegen Art. 12 Abs. 1 GG ist ebenfalls zu verneinen, denn die Rechtsgrundlage des § 33 Abs. 5 SGB V betrifft nur den kleinen Bereich der wieder verwendbaren Hilfsmitteln und ist somit als verhältnismäßig anzusehen.[366]

Denkbar ist außerdem die weitere Beauftragung von Dritten mit der leihweisen Überlassung von Hilfsmitteln. Wegen des grundsätzlichen Rechts der Versicher-

---

363 Offen gelassen durch BSG, Urteil v. 09.02.1989, Az.: 3 RK 7/88, in: BSGE 64, 260.

364 *Hauck/Noftz*, SGB V-Kommentar, K. § 140 Rdnr. 8.

365 BSG, Urteil v. 09.02.1989, Az.: 3 RK 7/88, in: BSGE 64, 260.

366 BSG, Urteil v. 09.02.1989, Az.: 3 RK 7/88, in: BSGE 64, 260.

ten zur freien Auswahl des Leistungserbringers, ggf. verbunden mit der Pflicht zur Zuzahlung, werden die Krankenkassen hier auch nur Dienstleistungskonzessionen vergeben können. Die Kassen könnten aber eine andere Vertragskonstruktion wählen: Sie könnten zentrale Lager für die selbst eingekauften Hilfsmittel errichten und eigene Pools, die mit der Überlassung, Anpassung, Instandsetzung und Umrüstung der Hilfsmittel verbunden sind, von Dritten lediglich verwalten lassen. Diese vertragliche Gestaltung wäre vergaberechtlich zum einen als Lieferauftrag (Lieferung von Hilfsmitteln), zum anderen als Dienstleistungsauftrag (Verwaltung eines Hilfsmittelpools) zu betrachten. Dabei stellt sich die Frage nach der Anwendbarkeit des Ausnahmetatbestandes des Art. 21 Richtlinien 2004/18/EG[367] für Dienstleistungsaufträge nach Anhang II Teil B dieser Richtlinie. Während die Versorgung mit wieder verwendbaren Hilfsmitteln als Dienstleistung der Kategorie 25 (Dienstleistungen im Gesundheitsbereich) zählt, fällt die Instandhaltung und Reparatur der Hilfsmittel unter die Kategorie 1 des Anhangs II Teil A (etwa für Rollstühle CPV-Code 5042110-3). Entscheidend für die Zuordnung wird also der höhere Wert sein (Art. 22 Richtlinie 2004/18/EG).

Sollte man der oben ausgeführten These zur Spezialität des § 33 Abs. 5 SGB V nicht zustimmen, dann wäre hier jedoch noch zu fragen, ob die Konstellation Lieferauftrag verbunden mit durch Dritte verwalteten oder gänzlich privaten Abgabepools - wegen des eventuellen Umgehungscharakters - ebenfalls nur unter den Voraussetzungen des § 140 Abs. 2 Satz 1 SGB V analog zulässig ist. Hier sind die zwei möglichen Konstellationen unterschiedlich zu beurteilen. Gehört der Pool der Krankenkasse und wird er nur von Dritten verwaltet, dann wird man wohl das Vorliegen einer Eigeneinrichtung bejahen müssen. Gehört hingegen der Pool dem privaten Dritten, der die von der Kasse beschafften Hilfsmittel verwaltet und die Versicherten betreut, so werden die Kassen nur bei der Hilfsmittelbeschaffung, nicht aber auch bei der Versichertenversorgung selbst wirtschaftlich tätig und schmälern somit hier nicht die Absatzchancen der betroffenen Leistungserbringer, welche an der Versorgung weiterhin teilnehmen können. Dieser zweite Fall, in dem die Krankenkassen nicht direkt auf dem Markt tätig werden, dürfte daher nicht mit der Errichtung einer Eigeneinrichtung ver-

---

[367] Hierzu vgl. Teil D, 10. Kapitel, II. 2.

gleichbar sein.[368] Eine analoge Anwendung des § 140 SGB V könnte nichtsdestotrotz in Frage kommen, weil die Krankenkassen durch Verpflichtung der Poolbetreiber, Hilfsmitteln nur bei der vertraglich gebundenen Kasse zu beziehen, letztlich auch selber am wirtschaftlichen Erfolg des privaten Betreibers partizipieren.

Öffentliche Lieferaufträge, auf die ggf. öffentliche Dienstleistungsaufträge folgen, sind also in diesen beiden Fällen der Hilfsmittelversorgung denkbar:

- beim Einkaufen von sämtlichen Hilfsmitteln, die zur Erfüllung von Aufgaben der Gesundheitsvorsorge (§§ 20 ff. SGB V) oder der medizinischen Rehabilitation (§§ 40, 41 SGB V, §§ 26 Abs. 1 Nr. 6, 31 SGB IX) durch Eigeneinrichtungen der Krankenkassen (vorbehaltlich des § 140 Abs. 2 Satz 1 SGB V) an Versicherte abgegeben werden sollen;
- beim Einkaufen, Leasen und Mieten von wieder verwendbaren Hilfsmitteln, die durch private Pools oder durch kasseneigene, ggf. privat verwaltete Pools (je nach Auslegung des § 33 Abs. 5 SGB V evtl. nur im Vorsorge- und Rehabilitationsbereich und vorbehaltlich des § 140 Abs. 2 Satz 1 SGB V) den Versicherten zur Verfügung gestellt werden sollen.

Erlaubt das Gesetz grundsätzlich die Vergabe von öffentlichen Lieferaufträgen zum Einkauf von Hilfsmitteln, dann ist noch nach der Rechtsgrundlage zum Abschluss selektiver Lieferverträge zu fragen. In Betracht kommt § 127 Abs. 2 Satz 1 SGB V. Unklar ist, ob nicht nur die Abgabe, sondern auch der Einkauf von Hilfsmitteln von dieser Vertragskonstellation umfasst ist. Das Gesetz ermächtigt hier die Krankenkassen zum Abschluss von „Verträgen" mit „einzelnen" Leistungserbringern und bestimmt dabei nur, dass die Versorgung, welche über solche Verträge vorgenommen wird, die gleiche Qualität, jedoch einen niedrigeren Preis als dem kollektiv festgelegten Preis/Festbetrag haben muss. Nicht von Verträgen „über", sondern von Verträgen „zu" niedrigeren Preisen ist im Gesetz die Rede. Eindeutig kann es sich dabei deswegen um sonstige Verträge handeln, welche allein die o.g. Voraussetzungen beachten müssen.

Dass es vorrangig um Preisvereinbarungen für die Hilfsmittelabgabe geht, ist zwar nach der Systematik der oben dargelegten Rechtsfolgen nicht zu leugnen,

---

368 OLG Stuttgart, Urteil v. 30.04.1999, Az.: 2 U 265/98, in: NJWE-WettbR 1999, 267; BGH Kartellsenat, Urteil v. 24.06.2003, Az.: KZR 18/01, in: Breith 2003, 724.

aber dem Wortlaut ist eine ausschließliche Beschränkung auf Preisregelungen nicht zu entnehmen. Letztere lässt sich auch sonst nicht begründen. Vielmehr spricht die amtliche Begründung zur Neufassung des § 127 Abs. 2 SGB V von Verträgen mit hohem Auftragswert, beispielsweise von industriell gefertigten Produkten, die direkt vom Hersteller bezogen werden.[369] Die historische Auslegung bestätigt somit die Möglichkeit, über § 127 Abs. 2 SGB V Lieferaufträge zu vergeben. Auch wenn eine Vertragskonstellation zum Einkaufen, Leasen oder Mieten von Hilfsmitteln vom Gesetzgeber nicht ausdrücklich vorgesehen wurde, ist sie durch §127 Abs. 2 Satz 1 SGB V jedenfalls gedeckt.

Die Verträge nach § 127 Abs. 2 Satz 1 SGBV sind vom Gesetzgeber auch eindeutig als selektiv konzipiert worden und eignen sich zum Abschluss von öffentlichen Lieferaufträgen. Dies ergibt sich daraus, dass die Kassen „mit einzelnen Leistungserbringern" kontrahieren können und dass sie dabei der Ausschreibungspflicht unterliegen. Die Kassen sind hier in verfassungsmäßiger Weise dazu ermächtigt, im Rahmen der Versorgung nach § 33 SGB V unter geeigneten Leistungserbringern je nach Bedarf einige auszuwählen, die sich nicht mehr dem Wettbewerb um die Nachfrage der Versicherten zu stellen brauchen.[370] Wegen des parallelen Weiterbestehens des Zulassungssystems erreicht der Eingriff in Art. 12 Abs. 1 GG nicht die Intensität einer Berufsauswahlbeschränkung. Zu seiner verfassungsrechtlichen Rechtfertigung reichen daher Gesichtspunkte der Zweckmäßigkeit aus, welche hier zweifelsohne in der Kostensenkung und ggf. in der Sicherstellung der Leistung zu finden sind.

Beschränken sich die Kassen beim Abschluss von Verträgen nach § 127 Abs. 2 Satz 1 SGB V hingegen auf Preisabsprachen, dann kaufen sie keine Leistungskontingente ein, sondern vergeben Dienstleistungskonzessionen, welche nicht in den sachlichen Anwendungsbereich des Vergaberechts fallen. Die untechnische Ausschreibungspflicht nach Satz 2 deckt sich in diesem Fall mit der Forderung

---

369 BT-Drucks. 15/1525, S. 121.

370 A.A. - im Hinblick auf die alte Rechtslage - OLG Dresden, Urteil v. 23.08.2001, Az.: U 2403/00 Kart, in: Breith 2001, 844, wonach das Leitbild des gesamten SGB V ein Markt sei, auf dem nur die Versicherten der Krankenkassen die nachfragenden Akteure darstellen würden; § 33 Abs. 5 SGB V stelle keine Ausnahme dar. Soweit es die beklagte Krankenkasse zur Unterlassung selektiver Verträge mit Leistungserbringern von wieder verwendbaren Hilfsmitteln verurteilt hat, ist das Urteil des OLG Dresden durch BGH, Urteil v. 24.06.2003, Az.: KZR 18/01, in: Breith 2003, 724, aufgehoben worden.

des EuGH, auch auf Dienstleistungskonzessionen die Grundsätze des EG-Vertrages, insbesondere das Diskriminierungsverbot anzuwenden.

Der Vorgabe des Gesetzgebers folgend schrieb die AOK Bayern im Januar 2004 europaweit die Ausrüstung für Sauerstofftherapie und Beatmungsgeräte aus. Gegenstand des geplanten Vertrages war die Versorgung der Versicherten mit Systemen zur Schlafapnoebehandlung sowie Reparaturen, Wartungen, notwendiges Zubehör, Verbrauchsmaterial und Entsorgung. Die AOK machte in den Ausschreibungsunterlagen darauf aufmerksam, dass es sich dabei nicht um einen vergaberechtlich relevanten Auftrag handle, sondern um einen Vertrag nach § 127 Abs. 2 Satz 1 SGB V. Ein Anbieter begehrte bei der Vergabekammer Südbayern eine Nachprüfung nach den §§ 107 ff. GWB und führte zur Begründung aus, der Anwendungsbereich des GWB sei eröffnet und die AOK, die durch die Ausschreibung lediglich einen Referenzpreis ermitteln wolle, würde gegen § 16 Nr. 2 VOL/A[371] verstoßen. Der Antrag wurde als unzulässig verworfen.

Daraufhin beantragte der Anbieter beim Bayerischen Oberlandesgericht, die aufschiebende Wirkung gemäß § 118 Abs. 1 Satz 3 GWB bis zur Entscheidung des Senats in der Hauptsache zu verlängern. Dieser Antrag hatte ebenfalls keinen Erfolg.[372] Zu einer Entscheidung über die Beschwerde ist nicht mehr gekommen, denn die sofortige Beschwerde nach §§ 116 ff. GWB wurde am 6.7.2004 zurückgenommen.[373] Der oben besprochene Beschluss des BayObLG wertete die Erfolgsaussichten der sofortigen Beschwerde gleich null, denn er ging davon aus, dass die AOK keine öffentliche Auftraggeberin i.S.d. § 98 Nr. 2 GWB sei, somit das Vergaberecht auf diesen Fall nicht anzuwenden sei. Über die Zuordnung der Verträge nach § 127 Abs. 2 Satz 1 SGB V aus vergaberechtlicher Sicht führte das Gericht lediglich aus, es würden nach vorläufiger Prüfung erhebliche Zweifel bestehen, ob ein dem Vergaberecht unterliegender Beschaffungsvorgang vorliege.

In Verbindung mit der gezielten Information von Versicherten über die Sparmöglichkeiten bei Inanspruchnahme des günstigsten Leistungserbringers könnten allerdings solche Preisabsprachen, die oben als Dienstleistungskonzessionen

---

371 § 16 Nr. 2 VOL/A lautet: „Ausschreibungen für vergabefremde Zwecke (z.B. Ertragsberechnungen, Vergleichsanschläge, Markterkundung) sind unzulässig."

372 BayObLG, Beschluss vom 24.05.2004 - Verg 6/04, in: NZBau 2004, 623.

373 MTD-Instant, 26. Woche/2004, Rdnr. 13.

eingestuft wurden, diesen Anbieter so weit aus dem Kreis der zugelassenen Hilfsmittellieferanten herausnehmen, dass dessen Abrechnungsvolumen für die Laufzeit des Vertrages bereits feststehen würde, wie wenn die Krankenkasse ihm bereits von Anfang an die Abgabe einer bestimmten Menge an Hilfsmitteln zu dem im Vertrag mit der Krankenkasse vereinbarten Preis an die quasi von der Kasse gesteuerten Versicherten zugesichert hätte. Diese Konstellation, die übrigens einen Anreiz für Leistungserbringer schaffen würde, sich an Ausschreibungen nach § 127 Abs. 2 Satz 2 SGB V ernsthaft zu beteiligen, wäre faktisch mit einem Rahmenvertrag zum Abschluss künftiger öffentlicher Dienstleistungsverträge vergleichbar und müsste daher auch als ein solcher behandelt werden. Sie wird allerdings kaum realisierbar sein, denn die Krankenkassen sind nicht ermächtigt, die Information nach § 127 Abs. 3 Satz 5 SGB V auf Partner der Verträge nach § 127 Abs. 2 Satz 1 SGB V zu beschränken.

In der Praxis publizieren jedenfalls bereits mehrere Krankenkassen über die „otop AG", den Anbieter eines Internet-Marktplatzes für die Vermittlung von Aufträgen der Krankenkassen, Einzelaufträge für genehmigungspflichtige Hilfsmittel (zu 59% Rollstühle) unter Angabe eines Höchstpreises.[374] Nach Ende des Anfragezeitraums wählen die teilnehmenden Kassen auf der Basis der von der otop ermittelten Informationen das wirtschaftlichste Angebot aus und informieren den erfolgreichen Leistungserbringer, der das angefragte Hilfsmittel auf Geheiß der Krankenkasse an den Versicherten liefert und den Rechnungsbetrag von der Kasse erhält. Man kann hier von einer Zwangsversorgung durch einen von der Krankenkasse ausgewählten Leistungserbringer sprechen.

Dieses Vorgehen schaltet das Wahlrecht der Versicherten völlig ab und schafft dadurch ein Versorgungssystem, das nach den obigen Ausführungen unzulässig ist, soweit der Versicherte nicht zugestimmt hat.[375] Da es sich um eine Durchlieferung im Streckengeschäft[376] handelt, sind die über die otop AG zustande gekommenen Verträge jedenfalls als öffentliche Lieferaufträge einzustufen, welche in den sachlichen Anwendungsbereich des Vergaberechts fallen, wobei sie - einzeln betrachtet - den einschlägigen Schwellenwert in der Regel nicht errei-

---

374 BVMed, Pressemitteilung v. 12.3.2004 - 18/04.

375 A.A. *Kirchhof*, Rechtsgutachten im Auftrag der otop AG, unveröffentlicht (Zusammenfassung in: MTD 12/2001 S. 8 ff. (10).

376 Zum Geheißerwerb vgl. *Medicus*, Bürgerliches Recht, 2004, § 22 Rdnr. 563 ff.

chen werden.[377] Allerdings richten die Krankenkassen, welche sich der otop AG für die E-Vergabe bedienen, eindeutig ein dynamisches Beschaffungssystem i.S.d. neuen Vergaberichtlinie 2004/18/EG ein: vorher zugelassene Leistungserbringer werden auf elektronischem Wege zur Einreichung von Angeboten für einen bestimmten Auftrag aufgefordert. Dieses System ist gerade besonders geeignet, wenn marktübliche Leistungen, etwa wie standardisierte Hilfsmittel, regelmäßig und in großem Umfang eingekauft werden.[378]

Bei der Umsetzung der Richtlinie 2004/18/EG, welche bei Lieferaufträgen keine Ausnahme für den Gesundheitsbereich vorsieht, wird sich zunächst zeigen, ob der deutsche Gesetzgeber die Errichtung dynamischer Beschaffungssysteme überhaupt zulassen wird. Dies vorausgesetzt, ist dann zu beachten, dass der zu berücksichtigende Wert eines dynamischen Beschaffungssystems - genauso wie der einer Rahmenvereinbarung - dem geschätzten Gesamtwert ohne MwSt aller für die gesamte Laufzeit (in der Regel vier Jahre) des dynamischen Beschaffungssystems geplanten Aufträge gleich ist (Art. 9 Abs. 9 Richtlinie 2004/18/EG). Bei dieser Berechnungsmethode wird der für den Zeitraum vom 1.1.2006 bis zum 31.12.2007 in der EG-Verordnung Nr. 2083/2005[379] für Lieferaufträge von nicht zentralstaatlichen Auftraggebern vorgesehene Schwellenwert von 211.000 Euro aller Voraussicht nach auch erreicht sein. Problematisch wird dann insbesondere einerseits das Erfordernis freier Zugänglichkeit zum System (Einrichtung im Offenen Verfahren) sein, da die Teilnahme am Hilfsmittelmarktplatz eine Anmeldung bei der otop AG voraussetzt, andererseits die Vorgabe des europäischen Gesetzgebers, keine Bearbeitungsgebühren in Rechnung zu stellen (Art. 33 Abs. 7 Satz 3 Richtlinie 2004/18/EG).

IV. Krankenhausbehandlung

Gem. § 39 Abs. 1 Satz 3 SGB V umfasst die Krankenhausbehandlung im Rahmen des Versorgungsauftrages des Krankenhauses alle Leistungen, die im Einzelfall nach Art und Schwere der Krankheit für die medizinische Versorgung der

377 Zur Hilfsmittelbeschaffung durch eine Internetplattform und die Auftragswertberechnung vgl. *Koenig/Busch*, NZS 2003, S. 461 ff., der allerdings auf die Problematik des Wahlrechts des Versicherten nicht eingeht.

378 *Rechten*, NZBau 2004, S. 366 ff. (371) weist auf Büroartikel hin.

379 Amtsblatt der EU v. 20.12.2005, L 333/28.

Versicherten im Krankenhaus notwendig sind. Zwar werden also während der Krankenhausbehandlung auch die notwendigen Sachmittel zur Arznei- und Hilfsmittelversorgung bereitgestellt, hier liegt aber der Schwerpunkt i.S.v. Art. 1 Abs. 2 lit. d Richtlinie 2004/18/EG auf den Handlungen des ärztlichen und pflegerischen Personals, die als Dienstleistungen anzusehen sind. Auch die Verordnung über das Gemeinsame Vokabular für öffentliche Aufträge (CPV)[380] führt unter dem Titel „ Dienstleistungen des Gesundheits- und Sozialwesens" verschiedene Arten der Krankenhausbehandlung auf.

Die Krankenhausbehandlung kann vollstationär, teilstationär, vor- und nachstationär sowie ambulant erbracht werden (§ 39 Abs. 1 Satz 1 SGB V). Jedenfalls dürfen die Krankenkassen - auch im Zusammenhang mit der Durchführung integrierter Versorgungsformen (§ 140b Abs. 1 Satz 1 Nr. 2 SGB V) bzw. von Disease-Management-Programmen (§ 137f Abs. 5 Satz 2 SGB V) - jede Form der Krankenhausbehandlung *nur* durch zugelassene Krankenhäuser erbringen lassen (§ 108 SGB V). Dies sind Hochschulkliniken im Sinne des Hochschulbauförderungsgesetzes, Plankrankenhäuser und Krankenhäuser, die einen Versorgungsvertrag mit den Landesverbänden der Krankenkassen und den Verbänden der Ersatzkassen abgeschlossen haben.[381]

1. Hochschulkliniken

Die Hochschulkliniken werden gem. § 4 HBFG durch Rechtsverordnung in das Hochschulverzeichnis aufgenommen, was deren Zulassung bewirkt. Es findet hier gar keine Auswahl statt, sondern jede Hochschulklinik wird als solche durch gesetzlichen Akt zur Versorgung von GKV-Versicherten zugelassen.

Schon deswegen berührt dieses Zulassungsverfahren nicht einmal den Randbereich der Dienstleistungskonzession.[382]

---

380 VO Nr. 2195/2002 des Europäischen Parlaments und des Rates v. 5.11.2002, ABl. EGV 2002 Nr. L 340.

381 Zur Anwendbarkeit des Vergaberechts im Krankenhausbereich vgl. *Becker/Bertram*, KH 2002, S. 541 ff.

382 Im Ergebnis so auch *Koenig/Steiner*, ZESAR 2003, S. 150 ff. (153), die allerdings nur auf das Vorliegen eines öffentlichen Auftrags eingehen und dies für die Zuteilung der Betten, die der Versorgung der GKV-Versicherten dienen, auch bejahen.

2. Plankrankenhäuser

Der Regelfall ist allerdings die Aufnahme eines Krankenhauses in den Krankenhausplan eines Landes. Die Zulassung erfolgt per Verwaltungsakt[383] nach Geeignetheits- und Bedarfskriterien. Die Aufstellung von Krankenhausplänen und die Regelung des Planungsverfahrens sind nach § 6 KHG Sache der Länder. Es geht um ein im KHG geregeltes Verfahren, bei dem die Kassen keine entscheidenden Einflussmöglichkeiten haben. Nur die Gestaltungen der Leistungsbeziehungen durch Pflegesatzvereinbarungen obliegen den Sozialversicherungsträgern in Verhandlung mit den Krankenhausträgern. Öffentlicher Auftraggeber wäre also hier allenfalls das Land, das aber gar nicht am Leistungsgeschehen beteiligt ist. Die Krankenkassen schließen lediglich über die Fiktion des § 109 Abs. 1 Satz 2 SGB V einen Versorgungsvertrag zu den Plankrankenhäusern, unterliegen damit einem gesetzlich angeordneten Kontrahierungszwang.

Dem § 39 Abs. 2 SGB V lässt sich eindeutig entnehmen, dass es der einweisende Arzt oder der Versicherte selbst sind, die das Krankenhaus im Einzelfall auswählen. Gem. § 112 Abs. 1 SGB V wird durch Verträge zwischen den Landesverbänden der Krankenkassen und den Verbänden der Ersatzkassen gemeinsam einerseits und der Landeskrankenhausgesellschaft oder der Vereinigung der Krankenhausträger in einem Land andererseits nur sichergestellt, dass Art und Umfang der Krankenhausbehandlung den Anforderungen dieses Gesetzbuchs entsprechen. Weder das Land noch die Kassenverbände üben daher bei der Einzelbeauftragung irgendeinen entscheidenden Einfluss aus, sie treffen keine bindende Auswahl zwischen den im Wettbewerb um die konkrete Leistungserbringung stehenden zugelassenen Krankenhäusern.

Bei der Zulassung in die Krankenhauspläne handelt es sich somit zwar - im Gegensatz zur Zulassung einer Hochschulklinik - um eine Auswahlentscheidung, aber diese stellt - wie bei der Zulassung zur vertragsärztlichen Versorgung - eine Dienstleistungskonzession dar, da das zugelassene Krankenhaus sich nun um Einzelaufträge durch die Versicherten kümmern muss, um wirtschaftlich Erfolg zu haben.[384] Dass die Plankrankenhäuser eine zusätzliche Förderung von den

383 *Klückmann*, in: Hauck/Noftz , SGB V-Kommentar, K. § 108 Rdnr. 9.

384 A.A. *Koenig/Steiner*, ZESAR 2003, S. 150 ff. (152), die auf die Fiktion des § 109 Abs. 1 Satz 2 SGB V abstellen und die Zulassung durch Feststellungsbescheid als öffentlichen Auftrag zwischen Kassenverbänden und Plankrankenhäusern ansehen.

Ländern für den stationären Bereich erhalten, ändert nichts an diesem Ergebnis, denn die Übertragung eines Verwertungsrechts als Gegenleistung im Konzessionsvertrag kann auch - wie oben dargelegt - mit der Bezahlung eines Preises verbunden werden, solange dieser nicht mit dem Preis der Leistungserbringung identisch ist.

Auch wenn die Rahmenverträge nach § 112 SGB V Art und Umfang der Leistungserbringung festlegen, ist die Zulassung i.V.m. diesen Vereinbarungen nicht als eine Rahmenvereinbarung im Sinne des Vergaberechts anzusehen, weil es nicht die Partner des Rahmenvertrages, also die Kassenverbände, sind, die künftig die Leistung einfordern, sondern der Versicherte selbst derjenige ist, der eine Krankenhausbehandlung in einem bestimmten Krankenhaus in Anspruch nimmt.[385] Dass der Einzelauftrag sich dann nach den Vorgaben des Rahmenvertrages gem. § 112 SGB V richtet, ergibt sich allein aus dem öffentlich-rechtlichen Charakter des Leistungsanspruchs im GKV-System, welcher gesetzlich genau definiert ist.

3. Versorgungsverträge nach § 109 SGB V

Der Abschluss von Versorgungsverträgen i.S.d. § 108 Nr. 3 SGB V ist in § 109 SGB V geregelt. Es handelt sich nicht um einen kollektiven Vertrag, sondern um einen Vertrag zwischen den Kassenverbänden und dem einzelnen Krankenhausträger. § 109 Abs. 2 Satz 1 SGB V stellt fest, dass ein Anspruch auf Abschluss eines Versorgungsvertrages nicht besteht. Das Krankenhaus hat nur einen Anspruch auf eine ermessensfehlerfreie Entscheidung, welche die Kriterien einer bedarfsgerechten, leistungsfähigen und wirtschaftlichen Krankenhausbehandlung zu berücksichtigen hat (§ 109 Abs. 2 Satz 2 SGB V). Gem. § 109 Abs. 3 Satz 2 SGB V werden Abschluss und Ablehnung des Versorgungsvertrages zwar erst mit der Genehmigung durch die zuständigen Landesbehörden wirksam, aber es sind eindeutig die Landesverbände der Krankenkassen und die Verbände der Ersatzkassen, die hier die entscheidende Auswahl treffen und sogar auch selektiv vorgehen können, wie sich deutlich aus § 109 Abs. 3 Satz 1 Nr. 2 SGB V ergibt.

---

385 A.A. *Koenig/Steiner*, ZESAR 2003, S. 98 ff. (104 f.), die in der Zulassung die Auftragserteilung im vergaberechtlichen Sinne sehen, allerdings auf den Unterschied zwischen Rahmenvereinbarung und Dienstleistungskonzession nicht eingehen.

Die Krankenhäuser werden jedoch durch diese Vorauswahl nicht dem Wettbewerb untereinander und zu den Plankrankenhäusern um die Erteilung eines Einzelauftrages durch die Versicherten entzogen. Sie tragen auch nach Abschluss eines Versorgungsvertrages weiterhin das wirtschaftliche Risiko, so dass die Verträge nach § 109 SGB V, welche gem. § 109 Abs. 4 Satz 2 SGB V die Pflicht zur Krankenhausbehandlung von Versicherten begründen, ebenfalls als Dienstleistungskonzession zu betrachten sind.[386] Eine Gestaltung solcher Verträge als Rahmenvereinbarung oder gar öffentliche Aufträge ist auch nicht zulässig, denn sie würde das freie Wahlrecht der Versicherten ausschalten, die hingegen gem. § 39 Abs. 2 SGB V grundsätzlich berechtigt sind, ein anderes als das in der ärztlichen Einweisung genanntes Krankenhaus zu wählen, dabei nur die eventuellen Mehrkosten ggf. zu tragen haben.

4. Verträge nach § 116b SGB V

Im Bereich der ambulanten Behandlung im Krankenhaus hat der Gesetzgeber durch das Gesetz zur Modernisierung der Gesetzlichen Krankenversicherung (GKV-Modernisierungsgesetz - GMG) vom 14.11.2003[387] mit Wirkung vom 1.1.2004 den § 116b SGB V eingeführt. Es handelt sich um eine neue Versorgungsform, die sich in die Landschaft der vor- und nachstationären Behandlung im Krankenhaus (§ 115a SGB V) und des ambulanten Operierens im Krankenhaus (§ 115b SGB V) einfügt. Insgesamt sind hier Parallelen zur integrierten Versorgung festzustellen.

Es wird in Abs. 1 Satz 1 die Möglichkeit für die Krankenkassen, die Landesverbände der Krankenkassen oder die Verbände der Ersatzkassen vorgesehen, mit zugelassenen Krankenhäusern, die an der Durchführung eines strukturierten Behandlungsprogramms nach § 137 g SGB V teilnehmen, Einzelverträge über die ambulante ärztliche Behandlung zu schließen, soweit die Anforderungen an die ambulante Leistungserbringung in den Verträgen zu den strukturierten Behandlungsprogrammen dies erfordern. Die Vergütungsform ist frei wählbar, nachdem

---

386 So auch *Zuck*, f&w 2002, S. 534 ff. (536); *Quaas*, VSSR 2004, S. 175 ff. (191); a.A. hingegen *Becker/Bertram*, KH 2003, S. 541 ff. (544), die auf den Vergütungsanspruch des Krankenhausträgers gegen die Krankenkassen abstellen; *Koenig/Steiner*, ZESAR 2003, S. 150 ff. (151), die ebenfalls nur das synallagmatische Verhältnis zwischen Krankenkasse und Krankenhaus betonen und nicht auf die Unterscheidung zwischen öffentlichem Auftrag und Dienstleistungskonzession eingehen.

387 BGBl I S. 2190.

§ 116b Abs. 5 SGB V nur für Verträge nach Abs. 2 eine Regelung trifft. Der Wortlaut („Die Krankenkassen ... können ...“) und die gewollten finanziellen Einsparungen gegenüber der vertragsärztlichen Versorgung sprechen eindeutig für eine Ermächtigung zum Abschluss selektiver Verträge. Dadurch könnten Krankenhäuser auch in Verträge zur integrierten Versorgung eingebunden werden, um auch bei chronischen Krankheiten eine effiziente, qualitativ hochwertige Versorgung aus einer Hand anzubieten.

Die vergaberechtliche Einordnung der Verträge nach § 116b Abs. 1 Satz 1 SGB V gleicht derjenigen bei Verträgen über strukturierte Behandlungsprogramme bzw. zur integrierten Versorgung. Grundsätzlich sind sie als Dienstleistungskonzession konzipiert und können auch nicht vertraglich als Rahmenvereinbarungen oder öffentliche Aufträge gestaltet werden, denn der eingeschriebene Versicherte kann bei jeder Einzelbeauftragung frei unter den vertraglich gebundenen Leistungserbringern wählen. Nur durch Anreize für die Versicherten und Bedarfsplanung gegenüber den Leistungserbringern können sie vergaberechtlich relevant werden. Vorstellbar ist etwa, dass der Versicherte freiwillig sein Wahlrecht aufgibt, dafür ein hochwertiges, umfangreiches und abschließendes Leistungspaket bei einem Anbieter erhält, das gezielt eine Lösung für sein Krankheitsbild darstellt.

Gem. § 116b Abs. 2 Satz 1 SGB V können die Krankenkassen, die Landesverbände der Krankenkassen oder die Verbände der Ersatzkassen mit zugelassenen Krankenhäusern Verträge über die ambulante Erbringung hochspezialisierter Leistungen sowie zur Behandlung seltener Erkrankungen und Erkrankungen mit besonderen Krankheitsverläufen schließen. Hier ist schon durch den Hinweis in § 116b Abs. 5 Satz 2 SGB V darauf, dass die Vergütung der Vergütung vergleichbarer vertragsärztlicher Leistungen zu entsprechen hat, ausgeschlossen, dass der Gesetzgeber diese Verträge als selektiv konzipiert hat, denn es fehlt an jedem finanziellen Anreiz.[388] Der Einkauf von Kontingenten ist somit nach dem Leistungserbringungsrecht des SGB V unzulässig. Die Vergabe von öffentlichen

---

[388] Dass die Krankenkassen dann auch Verträge nach § 116b Abs. 2 - 4 SGB V mit geeigneten behandlungswilligen Krankenhäusern abschließen können, ja sogar müssen, obwohl an sich der Bedarf bereits durch Vertragsärzte gedeckt ist, führt zur weiteren Frage, ob die Bedarfsplanung im Bereich der vertragsärztlichen Versorgung und zwar bezüglich der Leistungen des § 116b Abs. 3 Satz 1 SGB V noch gerechtfertigt werden kann. Vgl. dazu *Hänlein*, in: Kruse/Hänlein (Hrsg.), Das neue Krankenversicherungsrecht, 2004, S. 130f.

Aufträgen kommt deswegen nicht in Frage. Aber auch von Rahmenvereinbarungen kann nicht die Rede sein, nachdem die Versicherten das Recht zur Auswahl des behandelnden Krankenhauses haben.

V. Haushaltshilfe, häusliche Krankenpflege, Soziotherapie und sozialmedizinische Nachsorgemaßnahmen

Sowohl § 132 Abs. 1 Satz 1 SGB V als auch § 132a Abs. 2 Satz 10 SGB V enthalten einen Fremdkörper im System der GKV: hier dürfen die Krankenkassen Leistungen der Haushaltshilfe und der häuslichen Krankenpflege auch durch eigenes Personal erbringen, anstatt externe, vertraglich gebundene Leistungserbringer in Anspruch zu nehmen. Diese Regelungen sind jeweils als lex specialis zu § 140 SGB V anzusehen.[389] Sie limitieren das Wunsch- und Wahlrecht der Versicherten und grenzen den Pluralisierungsanspruch nach § 2 Abs. 3 SGB V ein.[390]

Den §§ 37 Abs. 4 und 38 Abs. 4 Satz 1 SGB V lässt sich zudem ausdrücklich entnehmen, dass die Kassen grundsätzlich die Kraft für die häusliche Krankenpflege oder die Haushaltshilfe stellen. Nur wenn sie es nicht können oder Grund besteht, davon abzusehen, sind den Versicherten die Kosten für eine selbstbeschaffte Kraft zu erstatten. Den Krankenkassen steht daher auf der Leistungsseite eine Steuerungskompetenz zu, und die Verträge nach §§ 132 Abs. 1 Satz 2 und 132a Abs. 2 Satz 1 SGB V sind als Beschaffungsverträge anzusehen.

Fraglich ist jedoch, ob auch eine Selektion der Leistungserbringer auf der Einkaufsseite möglich ist. Der Gesetzgeber hat für diesen Bereich keine Bedarfsplanung als Rechtfertigung vorgesehen.[391] Vielmehr wird in den §§ 132 Abs. 2 Satz 2, 132a Abs. 2 Satz 9 SGB V die Pflicht zur Sicherstellung der Vielfalt von Leistungserbringern begründet. Dabei handelt es sich eindeutig um Hinweise auf einen umfassenden Kontrahierungszwang mit geeigneten Leistungserbringern. Die Rechtfertigung für die Krankenkassen, die mit einem geeigneten Leistungs-

---

389 *Kranig*, in: Hauck/Noftz, SGB V-Kommentar, K §132 Rdnr. 1a.

390 A.A. BSG, Urteil v. 24.09.2002, Az.: B 3 A 1/02 R, in: BSGE 90, 84, wo bereits die Befugnis der Krankenkassen zur Unterhaltung eines hauseigenen Pflegedienstes in Zweifel gestellt wird, jedenfalls die Berechtigung der Krankenkassen ihre Versicherten darauf zu verweisen, allein diesen Pflegedienst in Anspruch zu nehmen, verneint.

391 Frings, RsDE Nr. 43 (1999), S. 24 ff.; Plantholz, RsDE Nr. 46 (2000), S. 59 ff.

erbringer keinen Vertrag abschließen wollen, ergibt sich auch nicht daraus, dass die Krankenkassen in diesem Bereich zur Einstellung eigener Kräfte ermächtigt sind und - was allerdings nicht unumstritten ist[392] - die Leistungen ausschließlich durch eigenes Personal erbringen könnten.[393] Die Verträge zur Versorgung der Versicherten mit Haushaltshilfe und häuslicher Krankenpflege sind im Ergebnis als Rahmenvereinbarungen mit mehreren Wirtschaftsteilnehmern anzusehen, weil es hier die Krankenkassen sind, die später den konkreten Einzelauftrag vergeben. Einen Vertragsabschluss dürfen sie wegen fehlenden Bedarfs jedoch nicht ablehnen.

Anders präsentiert sich das Bild für die Erbringung von soziotherapeutischen Leistungen und sozialmedizinischen Nachsorgemaßnahmen. Hier sehen die §§ 132b Abs. 1 und 132c Abs. 1 SGB V eine Bedarfsprüfung vor bei der Entscheidung über den Abschluss von Versorgungsverträgen („soweit dies für eine bedarfsgerechte Versorgung notwendig ist"). Da es bei solchen Leistungen gerade um Versicherte geht, die nicht in der Lage sind, ärztliche oder ärztlich verordnete Leistungen selbständig in Anspruch zu nehmen (§ 37a Abs. 1 Satz 1 SGB V), ist hier die Krankenkasse notwendigerweise diejenige, die den Leistungserbringer im Einzelfall beauftragt. Die selektiven Verträge zu den Erbringern von Soziotherapie und sozialmedizinischen Nachsorgemaßnahmen können also von den Krankenkassen oder deren Verbänden wahlweise als Rahmenvereinbarungen abgeschlossen bzw. als öffentliche Dienstleistungsaufträge vergeben werden.

VI. Krankentransport

Im Bereich des Krankentransports dürfen die Krankenkassen oder ihre Verbände gem. § 133 Abs. 1 Satz 1 SGB V, soweit Landesrecht nichts anderes bestimmt[394], über die Vergütung für Leistungen des Rettungsdienstes und andere Krankentransporte mit dafür geeigneten Einrichtungen oder Unternehmen Verträge schließen, die sich an möglichst preisgünstigen Versorgungsmöglichkeiten auszurichten haben. Dabei handelt es sich grundsätzlich um reine Vergütungs-

---

392 Vgl. BSG, Urteil v. 24.09.2002, Az.: B 3 A 1/02 R, in: BSGE 90, 84.

393 *Plantholz,* RsDE Nr. 51 (2002), S. 48 ff. (56).

394 Zur vergaberechtlichen Relevanz der landesrechtlichen Modelle (Konzession vs. Submission) des Rettungswesens vgl. *Schulte*, NZBau 2000, S. 272 ff.

vereinbarungen, die noch keinen Beschaffungsvorgang darstellen. Die Regelung des Abs. 1 gilt gem. § 133 Abs. 3 SGB V nicht nur für zugelassene Rettungsdienste nach den Landesrettungsdienstgesetzen, sondern auch für andere Krankentransporte im Rahmen des Personenbeförderungsgesetzes, etwa Taxi- und Mietwagenunternehmen.

Die Krankenkassen können aber im Rahmen ihres Ermessens (§ 60 Abs. 1 Satz 2 SGB V) ihre Versicherten zur Inanspruchnahme eines bestimmten Unternehmens verpflichten, so dass die Vereinbarungen nach § 133 Abs.1 Satz 1 SGB V je nach Gestaltung grundsätzlich als öffentliche Dienstleistungsaufträge oder als Rahmenvereinbarung anzusehen sind.[395] Die erste Konstellation würde eher zum planbaren Bereich des unqualifizierten Krankentransports durch Taxiunternehmen (sog. Sammelfahrten)[396], die zweite zum Bereich des Rettungsdienstes passen. Der Bildung von Leistungskontingenten, somit der Vergabe öffentlicher Aufträge steht jedoch letztlich entgegen, dass die Kassen hier nicht zur Durchführung einer Bedarfsprüfung berechtigt sind. Rechtlich zulässig sind daher im Ergebnis nur Rahmenvereinbarungen.[397]

Zu beachten ist hier die Rechtsprechung des EuGH, die Rettungs- und Krankentransporte unter Begleitung eines Sanitäters sowohl unter Anhang II Teil A, Kategorie 2, als auch unter Anhang II Teil B, Kategorie 25 subsumiert und daher von Art. 22 Richtlinie 2004/18/EG (damals Art. 10 DKR) erfasst sieht.[398] Entscheidend für die Zuordnung gemischter Aufträge ist der Wert der jeweiligen

---

395 Das Vorliegen einer Dienstleistungskonzession verneint auch *Graef*, VergabeR 2004, S. 166 ff. Die vollständige Übertragung der Durchführung des Rettungsdienstes auf eine einzige Hilfsorganisation, etwa wie nach Art. 19 Abs. 1 Satz 1, 2 Bayer. RettDG, ist hingegen als Verleihung eines ausschließlichen Rechts zu betrachten, deren Rechtmäßigkeit am Maßstab von Art. 12 Abs. 1 GG zu prüfen ist, vgl. Bayer. VGH, Urteil v. 19.01.2004, Az.: 21 B 00.2569, in: ZfBR 2004, 725.

396 Zur Zulässigkeit solcher Verträge vgl. BSG, Urteil vom 30.01.2001 – B 3 KR 2/00 R, in: NZS 2002, 31.

397 A.A. *Koenig/Engelmann/Hentschel*, MedR 2003, S. 562 ff. (567), die im Bereich Krankentransporte die Unzulässigkeit einer Kontingentbildung ebenfalls bejahen, trotzdem vom Vorliegen eines Dauerauftrags ausgehen.

398 EuGH, Urteil v. 24.09.1998, Rs. C-76/97 Walter Tögel., Slg. 1998, I-5357 Rdnr. 40. Art. 10 DKR lautete: „Aufträge, deren Gegenstand Dienstleistungen des Anhangs I A und des Anhangs I B sind, werden nach den Vorschriften der Abschnitte III bis VI vergeben, wenn der Wert der Dienstleistungen des Anhangs I A größer ist als derjenige der Dienstleistungen des Anhangs I B. Ist dies nicht der Fall, so werden sie gemäß den Artikeln 14 und 16 vergeben.“ Siehe dazu *Benedict*, EuZW 1999, S. 77 ff.

Dienstleistung. Die Feststellung des höheren Wertes ist besonders wichtig wegen der weiter unten[399] darzustellenden systemimmanten Einschränkungen für Verträge über Dienstleistungen des Anhangs II Teil B der Richtlinie 2004/18/EG, welche nach Art. 21 Richtlinie 2004/18/EG weitgehend geringeren Verfahrensanforderungen unterliegen.

VII. Versorgung im Geltungsbereich des EG-Vertrages und des EWR-Abkommens

Gem. § 140e SGB V dürfen Krankenkassen Verträge mit Leistungserbringern nach § 13 Abs. 4 Satz 2 SGB V abschließen. Dem § 13 Abs. 4 Satz 1 SGB V lässt sich entnehmen, dass es die Versicherten sind, die den Leistungserbringer in den betroffenen Staaten unmittelbar in Anspruch nehmen, also zur konkreten Leistungserbringung auswählen. Die Einzelverträge nach § 140e SGB V sind daher eindeutig als Dienstleistungskonzession einzustufen.

Die Zulässigkeit solcher Verträge ist von großer Bedeutung für die Krankenkassen, welche dadurch die Möglichkeit erhalten, die Kosten für die grenzüberschreitende Inanspruchnahme von Gesundheitsleistungen besser in das System der GKV zu integrieren. Die Kassen könnten auch durch Bekanntgabe der unter Vertrag stehenden Leistungserbringer im EU-Raum bei den Versicherten werben.

Das finanzielle Risiko, das wegen § 13 Abs. 4 Satz 3 SGB V grundsätzlich für den Versicherten mit der grenzüberschreitenden Leistungsinanspruchnahme verbunden ist, wäre durch die - selbstverständlich freiwillige - Inanspruchnahme von vertraglich gebundenen Leistungserbringern auf Null reduziert und könnte deswegen für den interessierten Versicherten einen Anreiz zur Wahl der entsprechenden Kasse darstellen. Aus diesen Gründen dürfte die vergaberechtsähnliche Auswahl der Vertragspartner am Maßstab der Wirtschaftlichkeit im besonderen Interesse der Kassen selber liegen.

---

399 Vgl. Teil D, 10. Kapitel, II. 2.

VIII. Medizinische Rehabilitation

1. Kodifizierung im SGB IX

Leistungen zur medizinischen Rehabilitation sind zwar ein Teil der Krankenbehandlung, haben aber den erst aufgrund der Krankheitsfolgen entstehenden Rehabilitationsbedarf zu decken. Sedes materiae der Versorgungsansprüche in diesem Bereich nach dem Behindertenrecht sind die §§ 26 bis 32 SGB IX. Ziel dieser Leistungen, welche zusammen mit der beruflichen Rehabilitation den Kern des Rehabilitationsrechts darstellen, ist die günstige Beeinflussung des Gesundheitszustands, um die Integration in die Gesellschaft, insbesondere in die Berufswelt zu ermöglichen.[400] Diese Aufgabe steht - mit Ausnahme der Bundesagentur für Arbeit - allen Trägern zu, wobei der Schwerpunkt bei der GKV liegt. § 27 SGB IX stellt in diesem Zusammenhang klar, dass die Ziele des Rehabilitationsrechts (§ 26 Abs. 1 SGB IX) sowie der Grundsatz der Koordination der Leistungen (§ 10 SGB IX) bereits bei der akuten Krankenbehandlung gelten.[401]

Das Recht der Rehabilitation und Teilhabe für behinderte und von Behinderung bedrohte Menschen ist zwar zum 1. Juli 2001 in einem einzigen Gesetzesbuch, dem SGB IX vom 19.6.2001, zusammengefasst und weiterentwickelt worden. Dies führte aber nicht zur Schaffung eines neuen übergreifenden Trägers. Das gegliederte System im Rehabilitations- bzw. Teilhaberecht ist erhalten geblieben, so dass die o.g. Träger als „Rehabilitationsträger" für die Erbringung von Leistungen der Rehabilitation und Teilhabe weiterhin zuständig sind (§ 6 SGB IX). Deren Zuständigkeit im konkreten Fall richtet sich allein nach dem jeweiligen Leistungsgesetz (§ 7 Satz 2 SGB IX).

Sowohl bezüglich des Umfangs der Leistungsansprüche als auch hinsichtlich des Verhältnisses zu den Leistungserbringern sind jedoch auch im Anwendungsbereich des SGB IX die Normzusammenhänge mit den vorrangigen Vorschriften in den Gesetzen der jeweiligen Rehabilitationsträger zu berücksichtigen. Die allgemeinen Normen des SGB IX stehen nämlich unter dem Vorbehalt abweichender Regelungen (§ 7 Satz 1 SGB IX).[402] Sowohl dem Wortlaut („für

---

400 *Löschau* in: GK-SGB IX, § 5 Rdnr. 10.

401 Vgl. auch BT-Drucks. 14/5074, S. 107.

402 Zum Verhältnis des SGB IX zu den besonderen Sozialleistungszweigen vgl. *Igl*, ZSR 2004, S. 365 ff. (379 f.).

die Leistungen zur Teilhabe") als auch der Entstehungsgeschichte[403] ist zu entnehmen, dass der Vorrang der Regelungen im SGB IX bzw. der Vorbehalt abweichender Regelungen nicht nur für das Leistungsrecht, sondern auch für das Leistungserbringungsrecht gilt, da die „Vorschriften für die Leistungen" genauso wie die „Leistungsgesetze" nicht nur den Umfang der Leistungsansprüche, sondern auch deren Gewährung und Ausführung regeln.[404] Die Antwort auf die Frage, ob die Verträge im Rehabilitationsrecht vergaberechtlich relevante öffentliche Aufträge darstellen, muss sich somit zusätzlich zu den gesetzlichen Gestaltungsvorgaben im SGB IX mit den speziellen, für den jeweiligen Rehabilitationsträger geltenden Regelungen in den verschiedenen Leistungsgesetzen auseinandersetzen. Im Folgenden konzentriert sich die Untersuchung auf die Bestimmungen im SGB V, während die anderen relevanten sozialrechtlichen Bereiche im Teil E untersucht werden.

2. Spezielle Regelungen im SGB V

Der Anspruch auf Leistungen der medizinischen Rehabilitation, welche nach § 27 Abs. 1 Satz 2 Nr. 6 SGB V Teil der Krankenbehandlung sind, ist in §§ 11 Abs. 2, 40, 41 SGB V geregelt. § 42 SGB V enthält darüber hinaus den gegenüber anderen Trägern subsidiären Anspruch auf Belastungserprobung und Arbeitstherapie, welche ebenfalls der medizinischen Rehabilitation angehören (§ 26 Abs. 2 Nr. 7 SGB IX). Nach § 11 Abs. 2 Satz 1 SGB V haben die Krankenkassen Leistungen zur medizinischen Rehabilitation zu erbringen, um eine Behinderung oder Pflegebedürftigkeit abzuwenden, zu beseitigen, zu mindern, auszugleichen, ihre Verschlimmerung zu verhüten oder ihre Folgen zu mildern. Auch in diesem Bereich gilt das Sachleistungsprinzip des § 2 Abs. 2 SGB V[405]; nur in den Fällen des § 13 Abs. 3 Satz 2 SGB V i.V.m. § 15 SGB IX (Verzug bei Erbringung der Leistung) werden die Kosten für selbst beschaffte Leistungen der medizinischen Rehabilitation erstattet. Das Wahlrecht des § 9 Abs. 2 SGB IX wird durch das speziellere Recht des SGB V verdrängt.

§ 140 SGB V stellt darüber hinaus klar, dass die Versorgung der GKV-Versicherten im Rahmen der medizinischen Rehabilitation grundsätzlich nicht in

---

[403] BT-Drucks. 14/5074, S. 100 zu § 7.

[404] *Lachwitz*, SDSRV 49 (2002), S. 73 ff. (76).

[405] Dies ist als eine andere gesetzliche Bestimmung i.S.d. § 10 Abs. 3 Satz 1 SGB XII zu betrachten.

Eigeneinrichtungen erbracht werden darf. Eine Ausnahme besteht nur für Eigeneinrichtungen, die am 1.1.1989 bestehen (§ 140 Abs. 1 SGB V), bzw. für den Fall, dass die Krankenkassen die Durchführung ihrer Aufgaben bei der Gesundheitsvorsorge oder der Rehabilitation auf andere Weise nicht sicherstellen können (§ 140 Abs. 2 Satz 1 SGB V). In Anbetracht der Regelungen zum Sachleistungsprinzip und zu den Eigeneinrichtungen steht also fest, dass die Erbringung von Leistungen zur medizinischen Rehabilitation im Recht der GKV fast ausschließlich durch vertragsgebundene Leistungserbringer erfolgt.

Grundsätzlich sind die Rehabilitationsleistungen im System der ambulanten (zahn-)-ärztlichen und psychotherapeutischen Krankenbehandlung einschließlich der Versorgung mit Arznei-, Verband-, Heil- und Hilfsmitteln zu erbringen (§ 40 Abs. 1 SGB V). Es bedarf in diesem Fall keiner Vereinbarung mit zusätzlichen besonderen Leistungserbringern. Erreicht die ambulante Krankenbehandlung nach den §§ 28 ff. SGB V jedoch nicht dieses Ziel, so *können* die Krankenkassen ambulante bzw. stationäre Leistungen zur medizinischen Rehabilitation in dafür geeigneten Rehabilitationseinrichtungen erbringen, mit denen ein Vertrag nach den § 111 SGB V besteht (§ 40 Abs. 1 und 2 SGB V). Während vollstationäre Leistungen nur in Einrichtungen, mit denen ein Vertrag nach § 111 SGB V besteht, erbracht werden können, können ambulante und teilstationäre Leistungen auch in wohnortnahen Einrichtungen erbracht werden, soweit dies für eine bedarfsgerechte, leistungsfähige und wirtschaftliche Versorgung der Versicherten mit medizinischen Leistungen ambulanter Rehabilitation erforderlich ist (§ 40 Abs. 1 a.E. SGB V). Wohnortnahe Einrichtungen sind im Gegensatz zu vollstationären Einrichtungen nach Geeignetheitsprüfung ohne Berücksichtigung von Bedarfsgesichtspunkten durch Verwaltungsakt zuzulassen.[406]

Die Leistungen nach § 40 Abs. 1 und 2 SGB V - wie auch die medizinische Rehabilitation für Mütter und Väter nach § 41 SGB V in Einrichtungen, mit denen ein Vertrag nach § 111a SGB V besteht - sind nach dem Wortlaut des Gesetzes ins Ermessen der Träger gestellt und werden im System der GKV nur subsidiär erbracht (§ 40 Abs. 5 SGB V). Die beiden Vorschriften im Leistungsrecht der GKV präzisieren die Vertragsnotwendigkeit, die sich bereits allgemein für die Ausführung von Leistungen durch Rehabilitationsdienste und -einrichtungen,

406 BSG, Urteil v. 05.07.2000, Az.: B 3 KR 12/99 R, in: BSGE 87, 14.

die nicht in Trägerschaft eines Rehabilitationsträgers stehen, aus § 21 SGB IX ergibt.

Da die GKV-Versicherten neben dem Anspruch auf medizinische Rehabilitation auch den Anspruch auf medizinische Leistungen zur Vorsorge (§§ 23 Abs. 4-8, 24 SGB V) in dafür geeigneten Einrichtungen haben, gelten die einschlägigen Vorschriften über die Rechtsbeziehungen der Krankenkassen zu den Rehabilitationseinrichtungen auch für Vorsorgeeinrichtungen (§§ 111 bis 111b SGB V). Rehabilitation und Prävention gehören zum selben Gesundheitskonzept: die Akutbehandlung soll möglichst vermieden werden.[407] Den beiden Leistungsarten gemeinsam ist darüber hinaus die Tatsache, dass die Krankenkasse selbst die konkrete Einrichtung, in der der Versicherte behandelt werden soll, „nach pflichtgemäßem Ermessen" bestimmt (§§ 23 Abs. 5 Satz 1, 40 Abs. 3 Satz 1, 41 Abs. 2 SGB V).

Im Gegensatz zur ambulanten Krankenbehandlung und der Krankenhausbehandlung, bei denen der Versicherte selbst bzw. der behandelnde Arzt den konkreten Leistungserbringer auswählen, haben hier die Krankenkassen die Möglichkeit, das Verhalten der Versicherten zu steuern. Gerade diese Steuerungsmöglichkeit modifiziert das Handeln der Krankenkassen gegenüber den Leistungserbringern: sie verlassen den Boden des rein hoheitlichen Handelns wie im Kassenarzt- und Krankenhausrecht und wenden sich der Marktteilnahme zu. Einzige Grenze ist das Recht des Versicherten auf eine ermessensfehlerfreie Entscheidung seitens der Kasse. Zu berücksichtigen ist hier das Wunschrecht nach den §§ 33 SGB I und 9 Abs. 1 SGB IX. Die gesetzlich zugebilligte Ermessensausübung kann aber zu Einschränkungen hinsichtlich der Wünsche des Einzelnen führen.

Was eine Vorsorge- oder Rehabilitationseinrichtung i.S.d. SGB V ist, definiert § 107 Abs. 2 SGB V. Die Verträge mit diesen Einrichtungen, in denen die Versicherten ambulant bzw. stationär behandelt werden, wenn keine Krankenhausbehandlung nach § 39 SGB V erforderlich ist, sind in § 111 Abs. 2 bis 6 SGB V geregelt, worauf auch § 111a Abs. 1 Satz 2 SGB V verweist. Die Rechtsbeziehungen sind in diesem Bereich grundsätzlich individualrechtlich ausgestaltet, was die Entwicklung eines Marktes und eines Wettbewerbs um den Zugang zur

---

407 Gutachten 2000/2001 des Sachverständigenrates für die Konzertierte Aktion im Gesundheitswesen, Band I, BT-Drucksache 14/5660, S. 71 ff.

Leistungserbringung zulässt.[408] Es gibt keine hoheitliche Zulassung wie im Vertragsarztrecht, und die kollektiven Elemente beschränken sich auf Rahmenempfehlungen nach § 111b SGB V. Die Verträge sind öffentlich-rechtlicher Natur und begründen die Teilnahmeberechtigung.[409] Die Abschlusskompetenz steht den Landesverbänden der Krankenkassen bzw. den Verbänden der Ersatzkassen zu, welche mit der Einrichtung für alle Kassen eines bestimmten Landes gemeinsam und einheitlich geltende Verträge abschließen. Gesetzlich vorgegeben sind die Qualitätsanforderungen an der Einrichtung (§ 111 Abs. 2 Satz 1 Nr. 1 i.V.m. § 107 Abs. 2 SGB V) und das Recht der Träger der GKV bei der Entscheidung, ob sie überhaupt einen Vertrag mit einer geeigneten Einrichtung abschließen, Gesichtspunkte der Bedarfsplanung („bedarfsgerechte, leistungsfähige und wirtschaftliche Versorgung") zu berücksichtigen (§ 111 Abs. 2 Satz 1 Nr. 2 SGB V). Damit ist klargestellt, dass die Einrichtungen keinen Anspruch auf Abschluss eines Vertrages haben.[410]

Was im Einzelnen in diesem Vertrag festzulegen ist, regelt das Gesetz nicht abschließend und überlässt die Details den Vertragspartnern. Die Dauer des Vertrages ist auch nicht vorgeschrieben, § 111 Abs. 4 Satz 1 SGB V bestimmt nur, dass die vertraglich gebundene Einrichtung für die Dauer des Vertrages zur Erbringung von Vorsorge- oder Rehabilitationsleistungen gegenüber GKV-Versicherten zugelassen ist und dass der Vertrag mit einer Frist von einem Jahr gekündigt werden kann, wenn die Voraussetzungen des Abs. 2 Satz 1 nicht mehr gegeben sind. Auch zu den Vergütungen schreibt der Gesetzgeber nichts vor, sondern überlässt dieses Thema den freien Verhandlungen zwischen den Krankenkassen und dem Träger der Einrichtung (§ 111 Abs. 5 SGB V). Empfehlungen für die Konkretisierung der Qualität und Wirtschaftlichkeit der Leistungserbringung werden durch die Spitzenverbände der Krankenkassen gemeinsam und einheitlich und die für die Wahrnehmung der Interessen der betroffenen Einrichtungen zuständigen Spitzenorganisationen erstellt (§ 111b SGB V).

Dem Gesetzeswortlaut lässt sich nicht entnehmen, dass die Verträge mit den Rehabilitationseinrichtungen tatsächlich auch die Vereinbarung über ein gewisses Kontingent an Leistungen bzw. Behandlungsfällen enthalten müssen, welche

---

408 *Kunze/Kreikebohm*, NZS 2003, S. 62 ff. (65).

409 *Hess*, in: Kasseler Kommentar, § 111 SGB V Rdnr. 2.

410 BT-Drucks 12/3608 Art. 1 Nr. 59 Buchst a S. 101.

der jeweilige Kassenverband von der betroffenen Einrichtung bereits bei Vertragsabschluss einkauft. Entscheidet sich der Verband daher nicht freiwillig zu diesem Vorgehen, etwa um parallel über günstigere Preise verhandeln zu können, dann liegt sicherlich zu diesem Zeitpunkt noch kein öffentlicher Auftrag vor, sondern lediglich ein Rahmenvertrag. Ein öffentlicher Auftrag i.S.d. Vergaberechts ist erst mit der einzelnen Beauftragung durch Einweisung des Versicherten gegeben.

Gesetzlich sind die Krankenkassen aber jedenfalls dazu verpflichtet, mit dem Vertragspartner Vergütungen für die künftig zu erbringenden Leistungen nach § 111 Abs. 1 SGB V zu vereinbaren. Gegenstand der zu erbringenden Leistung und Preis stehen also vor Vergabe des Einzelauftrags fest. Die vertraglich gebundene Einrichtung steht darüber hinaus nicht mehr im vollen Wettbewerb mit den anderen gleichartigen Einrichtungen um die Versicherten, da die Bestimmung der behandelnden Einrichtung im Einzelfall, welche der Krankenkasse obliegt, lediglich unter den vertraglich mit einbezogenen Einrichtungen erfolgt. Die Menge der voraussichtlich tatsächlich anfallenden Leistungen für einen bestimmten Zeitraum ergibt sich außerdem notwendigerweise aus der vorgeschalteten Bedarfsplanung, so dass insgesamt der Vertrag nach § 111 Abs. 2 SGB V eindeutig die Merkmale einer Rahmenvereinbarung nach Art. 1 Abs. 5 Richtlinie 2004/18/EG aufweist.

Dadurch, dass nach § 2 Abs. 1 Satz 1 SGB V das Wunschrecht der Versicherten nach § 2 Abs. 3 SGB V durch das vorrangige Wirtschaftlichkeitsgebot eingeschränkt ist, können hier die Verbände der Kassen selektiv vorgehen. Die Aufnahme des Kriteriums „bedarfsgerecht“ in § 111 Abs. 2 Satz 1 Nr. 2 SGB V macht auch aus dieser Vorschrift eine ausreichende Ermächtigungsgrundlage für den damit verbundenen Eingriff in Art. 12 Abs. 1 GG. Zwar wird hier nicht wie in § 109 Abs. 3 Satz 1 SGB V die Formulierung „darf nicht“ verwendet, der Hinweis auf die Bedarfsplanung als Auswahlkriterium ist aber ausreichend. Der Gesetzgeber führt hier lediglich kein ausdrückliches Verbot ein und überlässt damit den Kassen einen größeren Entscheidungsspielraum[411], was im Einklang

---

411 Vgl. BSG, Urteil v. 23.07.2002, Az.: B 3 KR 63/01 R, in: BSGE 89, 294, wonach „bedarfsgerecht“ nur den gesetzlichen Auftrag der Kassenverbände, im Rahmen ihrer Planungshoheit und Strukturverantwortung zumindest so viele Versorgungsverträge abzuschließen, wie für die flächendeckende Mindestausstattung eines Bundeslandes mit stationären Rehabilitationseinrichtungen erforderlich sind.

damit steht, dass die Versorgungsverträge nach § 108 Nr. 3 SGB V, nicht aber die nach § 111 Abs. 2 Satz 1 SGB V, genehmigungspflichtig sind. Da im Bereich Rehabilitation die Krankenkassen grundsätzlich keine Monopolstellung haben (vgl. § 40 Abs. 4 SGB V), gleicht der Eingriff in die Berufsausübungsfreiheit auch nicht einer Beschränkung der Berufswahl. Zu seiner Rechtfertigung reichen jegliche Gemeinwohlbelange.

Diese könnten zwar weniger Gesichtspunkte der Kostendämpfung sein, denn die Krankenkassen können hier - im Gegensatz zum Krankenhausbereich - entscheiden, ob und wie lange die Rehabilitationsmaßnahmen durchzuführen sind. Aber die Unterbelegung birgt in sich die Gefahr von Qualitätsmängeln oder gar Konkurs der Einrichtung und kann damit zu Gefährdungen öffentlicher Investitionen führen.[412] Dies ist als Grund des Gemeinwohlinteresses anzusehen und ist im Rahmen der Gewährleistungsverpflichtung der Kassen von besonders großer Bedeutung.

Das vergaberechtlich relevante Selektieren der Kassenverbände gegenüber vollstationären Rehabilitationseinrichtungen ist im Ergebnis sowohl einfachgesetzlich zulässig als auch verfassungsmäßig. Nur in Ausnahmefällen, wo man von einer marktbeherrschenden Stellung im Sinne eines Nachfragemonopols der Gesetzlichen Krankenkassen tatsächlich auszugehen hat, ist der Eingriff in Art. 12 Abs. 1 GG als so schwer anzusehen, dass er bereits einer Beschränkung der Berufswahl nahe kommt und nicht durch die o.g. Gründe gerechtfertigt werden kann.[413]

IX. Zwischenergebnis

Im Recht der Gesetzlichen Krankenversicherung fallen also folgende vertragliche Konstellationen eindeutig in den sachlichen Anwendungsbereich der Richtlinie 2004/18/EG, wenn sie die maßgeblichen Schwellenwerte erreichen oder übersteigen:

---

412 Vgl. BSG, Urteil v. 19.11.1997, Az.: 3 RK 1/97, in: BSGE 81, 189, wobei das Gericht die Frage insb. wegen § 72 Abs. 3 Satz 1 SGB XI offen gelassen hat.

413 Zum monopolistischen Bereich der geriatrischen Rehabilitation vgl. BSG, Urteil v. 23.07.2002, Az.: B 3 KR 63/01 R, in: BSGE 89, 294, wonach allerdings der Begriff „bedarfsgerecht" in § 111 Abs. 2 Satz 1 Nr. 2 SGB V insgesamt nicht mit „Unverzichtbarkeit" gleichzusetzen sei.

- Verträge mit den Erbringern von Haushaltshilfe und häuslicher Krankenpflege (Rahmenvereinbarungen über Dienstleistungen gem. §§ 132 Abs. 1 Satz 2, 132a Abs. 2 Satz 1 SGB V);
- Verträge mit den Erbringern von Soziotherapie und sozialmedizinischen Nachsorgemaßnahmen (öffentliche Dienstleistungsaufträge bzw. Rahmenvereinbarungen, gem. §§ 132b Abs. 1, 132c Abs. 1 SGB V);
- Verträge mit den Erbringern von Krankentransportleistungen (Rahmenvereinbarungen über Dienstleistungen gem. § 133 Abs. 1 Satz 1 SGB V);
- Verträge mit Vorsorge- und Rehabilitationseinrichtungen (öffentliche Dienstleistungsaufträge bzw. Rahmenvereinbarungen, gem. § 111 Abs. 2 Satz 1 SGB V).

Darüber hinaus sieht das Leistungserbringungsrecht der Gesetzlichen Krankenversicherung selektive Verträge vor, die im Gesetz zwar als Dienstleistungskonzessionen geregelt sind, aber auch - abweichend von diesem Regelfall - als öffentliche Aufträge oder Rahmenvereinbarungen gestaltet werden können. Nützen die Krankenkassen bzw. ihre Verbände die ihnen vom Gesetzgeber eingeräumten Handlungsspielräume zum Abschluss bedarfsgerechter Einzelverträge mit ausgewählten Leistungserbringern und verzichten die Versicherten - etwa aufgrund von finanziellen Anreizen - auf ihr grundsätzliches Recht auf freie Wahl des Leistungserbringers, können die gesetzlichen Krankenkassen bzw. deren Verbände in folgenden Fällen vergaberechtlich relevante Vereinbarungen schließen:

- hausarztzentrierte Versorgung (§ 73b SGB V);
- integrierte Versorgung (§§ 140a, 140b SGB V);
- strukturierte Behandlungsprogramme (§§ 137f, 137g SGB V);
- Beteiligung von Apotheken an vertraglich vereinbarten Versorgungsformen (§ 129 Abs. 5b SGB V);
- Hilfsmittelversorgung (§ 127 Abs. 2 SGB V);
- ambulante Behandlung im Krankenhaus im Rahmen von strukturierten Behandlungsprogrammen (§ 116b Abs. 1 SGB V).

Denkbar sind in solchen Fällen in der Regel öffentliche Dienstleistungsaufträge bzw. vorgeschaltete Rahmenvereinbarungen. Eine genaue Bedarfsplanung verbunden mit einer gezielten Steuerung von Versicherten könnte außerdem faktisch vergleichbare Konstellationen schaffen. Die große Ausnahme stellen hingegen öffentliche Lieferaufträge dar. Sie sind ausschließlich im Hilfsmittelbereich möglich, allerdings wegen des grundsätzlichen Verbots zur Errichtung eigener Einrichtungen durch die Krankenkassen (§ 140 SGB V) lediglich unter äußerst engen Voraussetzungen. Zulässig ist der Einkauf von Hilfsmitteln durch die Kassen zur Weitergabe an Versicherte zunächst im Vorsorge- und Rehabilitationsbereich, jedoch vorbehaltlich des § 140 Abs. 2 Satz 1 SGB V. Möglich ist auch die Einrichtung eines Internet-Marktplatzes für Hilfsmittellieferenten, welche von den Kassen nach wirtschaftlichen Kriterien zur Abgabe eines bestimmten Hilfsmittels ausgewählt werden, soweit die Versicherten auf ihr Wahlrecht verzichten. Im Übrigen lässt nur die Auslegung des § 33 Abs. 5 SGB V (Versorgung mit wieder verwendbaren Hilfsmitteln) als lex specialis zu § 140 SGB V den Abschluss öffentlicher Lieferaufträge durch die Krankenkassen zu, die dann eigene oder private Hilfsmittelpools versorgen.

10. Kapitel: Konsequenzen für das Handeln der Krankenkassen

Nachdem einerseits die Auslegung des § 69 SGB V zu dem eindeutigen Ergebnis geführt hat, dass das *deutsche Vergaberecht* auf die Rechtsbeziehungen zwischen Krankenkassen und Leistungserbringern nicht anwendbar ist, andererseits aber die Untersuchung der Vertragsgestaltungsmöglichkeiten im Leistungserbringungsrecht der GKV einige nach *europäischem Vergaberecht* relevante Konstellationen aufgedeckt hat, sind nun in einem dritten Schritt die durch nationales Recht nicht derogierbaren Vorgaben der Richtlinie 2004/18/EG für das Handeln der Krankenkassen im Leistungserbringungsbereich im Einzelnen herauszukristallisieren. Die folgende Untersuchung verfolgt das Ziel, im Detail festzustellen, ob und ggf. inwieweit der deutsche Gesetzgeber gegen das Umsetzungsgebot verstoßen hat, indem er in § 69 SGB V die Anwendbarkeit des Kartellvergaberechts ausgeschlossen hat. Zu prüfen sind also die genauen Anforderungen an Verfahren und Rechtsschutz bei den oben[414] aufgeführten vergaberechtlich relevanten Konstellationen des Vierten Kapitels des SGB V, um abschließend den Handlungsbedarf des deutschen Gesetzgebers beurteilen zu können.

Da die rechtliche Behandlung der öffentlichen Auftragsvergabe je nach Auftragsgegenstand unterschiedlich ist, soll diese Frage nicht abstrakt, sondern mit konkretem Bezug auf die jeweils einschlägigen Bestimmungen beantwortet werden. Vergaberechtlich relevante Vertragskonstellationen sind nach obiger Darstellung fast nur im Dienstleistungsbereich zu finden. Öffentliche Aufträge an Lieferanten von Waren sind jedoch im Hilfsmittelbereich denkbar und nach der hier vertretenen Meinung unter bestimmten Umständen auch zulässig. Da letztere strengeren Bestimmungen unterliegen, ist mit den entsprechenden Vorschriften der Richtlinie 2004/18/EG anzufangen.

I. Vergabe öffentlicher Lieferaufträge

1. Schwellenwerte

Zunächst sei kurz die Einschränkung des sachlichen Anwendungsbereichs der Richtlinie 2004/18/EG durch die Festlegung von Schwellenwerten erwähnt.

---

[414] Vgl. Teil D, 9. Kapitel, IX.

Gem. Art. 7 lit. b i.V.m. Art. 9 Abs. 1 und 2 Richtlinie 2004/18/EG findet diese Richtlinie grundsätzlich auf öffentliche Lieferaufträge Anwendung, wenn der geschätzte Gesamtwert ohne Mehrwertsteuer zum Zeitpunkt der Absendung der Bekanntmachung bzw. der Einleitung des Vergabeverfahrens durch den öffentlichen Auftraggeber einen Wert von 249.000 Euro erreicht oder übersteigt. Mit Wirkung ab 1. Januar 2006 wurde dieser Schwellenwert durch EG-Verordnung Nr. 2083/2005 der Kommission vom 19.12.2005 geändert und auf 211.000 Euro festgesetzt.[415] Die Sonderregelung von Art. 7 lit. a Richtlinie 2004/18/EG betrifft allein die zentralen Auftraggeber nach Anhang IV, zu denen die Krankenkassen nicht gehören. Für öffentliche Lieferaufträge im GKV-Bereich gilt also derzeit ein europäischer Schwellenwert von 211.000 Euro. Der in § 2 Nr. 3 VgV mit 200 000 Euro bestimmte Schwellenwert liegt unterhalb des in der Verordnung der Kommission Nr. 2083/2005 genannten Schwellenwerts von 211.000 Euro (Art. 2 Nr. 1 lit. b). Das deutsche Umsetzungsrecht verschärft in diesem Fall die europäischen Vorgaben.

Die Auftragswertberechnung wird in Art. 9 Richtlinie 2004/18/EG detailliert geregelt, wobei die Laufzeit des Vertrages die entscheidende Rolle spielt und insgesamt das Ziel verfolgt wird, Umgehungsversuchen entgegenzuwirken. Bei öffentlichen Lieferaufträgen für Leasing, Miete, Pacht oder Ratenkauf von Waren gilt Art. 9 Abs. 6 Richtlinie 2004/18/EG. Bei einer Auftragsdauer bis zu einem Jahr ist der Vertragswert gleich dem Auftragswert für die gesamte Laufzeit, bei einer Laufzeit von mehr als 12 Monaten ist der geschätzte Restwert hinzuzurechnen. Für unbefristete Verträge bzw. Verträge mit unbestimmbarer Zeitdauer wird der Auftragswert aus der monatlichen Zahlung multipliziert mit 48 errechnet.

Bei regelmäßigen, d.h. sich in bestimmten Zeitabschnitten wiederholenden Aufträgen, und Daueraufträgen, d.h. Dauerschuldverhältnissen, wird ein Gesamtauftragswert mit Bezug auf die vorangehenden oder folgenden 12 Monate geschätzt

---

415 Amtsblatt der EU vom 20.12.2005, L 333/28. Die Schwellenwerte sind für den Zeitraum vom 1.1.2006 bis zum 31.12.2007 wie folgt neu festgesetzt:

- 137.000 Euro für Art. 7 lit. a Richtlinie 2004/18/EG;
- 211.000 Euro für Art. 7 lit. b Richtlinie 2004/18/EG;
- 422.000 Euro für Art. 16 lit. a Richtlinie 2004/17/EG;
- 5.278.000 Euro für Art. 16 lit. b Richtlinie 2004/17/EG und Art. 7 lit. c Richtlinie 2004/18/EG.

(Art. 9 Abs. 7 Richtlinie 2004/18/EG). Dauer- und regelmäßige Aufträge beziehen sich nach der Begründung zum ersten Entwurf der alten Dienstleistungskoordinierungsrichtlinie auf Leistungen, die ohne vorherige quantitative Begrenzung auf Abruf von vorher fest verpflichteten Vertragspartnern erbracht werden.[416] In beiden Fällen sollen nicht die Einzellieferungen ausschlaggebend sein, da sich der öffentliche Auftraggeber bereits auf eine Lieferquelle verbindlich festgelegt hat. Bei losweiser Vergabe[417] ist der Auftragswert grundsätzlich nach dem geschätzten Gesamtwert aller Lose zu bestimmen (Art. 9 Abs. 5 lit. b Richtlinie 2004/18/EG). Ein Auftrag darf nicht mit der Absicht aufgeteilt werden, ihn der Anwendung von Vergabevorschriften zu entziehen (Art. 9 Abs. 3 Richtlinie 2004/18/EG).

Trotz dieser detaillierten Vorschriften haben die öffentlichen Auftraggeber einen gewissen Spielraum. Es ist z.B. ohne weiteres zulässig, statt eines Kaufvertrages einen unbefristeten Leasingvertrag abzuschließen oder statt eines gemischten Lieferauftrags zwei getrennte Aufträge zu vergeben. Dabei ist aber immer an das grundsätzliche Umgehungsverbot zu denken. Daher muss die Entscheidung mit sachlichen Argumenten begründet werden.[418]

Im Ergebnis ist festzuhalten, dass nur die Vergabe öffentlicher Lieferaufträge, die den genannten Schwellenwert von 211.000 Euro erreichen oder überschreiten, den Bestimmungen der Richtlinie 2004/18/EG unterliegen. Also allein für diesen Fall, der allerdings im GKV-Bereich in der Regel auch eintreten dürfte, kommt ein Verstoß gegen EU-Recht in Betracht.

2. Verfahren

Für Lieferungen im Bereich des Gesundheitswesens gelten keine Ausnahmen. Gem. Art. 28 Richtlinie 2004/18/EG vergibt der öffentliche Auftraggeber seine Lieferaufträge grundsätzlich im Wege des offenen oder nicht offenen Verfahrens. Im offenen Verfahren können alle interessierten Lieferanten ein Angebot abgeben; im nicht-offenen Verfahren können nur die vom öffentlichen Auftrag-

---

416 Papier CCO/89/88 des Beratenden Ausschusses für die Öffnung des Öffentlichen Auftragswesens bzw. CC/89/61 des Beratenden Ausschusses des Öffentlichen Auftragswesens, Begründung des Vorentwurfs der Dienstleistungskoordinierungsrichtlinie, Rdnr. 14.

417 Es handelt sich um die gleichzeitige Vergabe von Einzelaufträgen über gleichartige Leistungen.

418 *Prieß*, Handbuch des europäischen Vergaberechts, 2001, S. 106.

geber aufgeforderten Lieferanten ein Angebot abgeben, nachdem vorher allerdings alle interessierten Bieter an einem vorgeschalteten Wettbewerb teilgenommen haben. Unter den Voraussetzungen des Art. 30 Richtlinie 2004/18/EG können Lieferaufträge im Verhandlungsverfahren mit vorheriger öffentlicher Vergabebekanntmachung vergeben werden. Eine vorherige öffentliche Vergabebekanntmachung bedarf es nur in den schwer zu begründenden Fällen des Art. 31 Richtlinie 2004/18/EG nicht.[419] Durch die Richtlinie 2004/18/EG ist eine neue, oben kurz vorgestellte Verfahrensart, „der wettbewerbliche Dialog" (Art. 29), eingeführt worden, mit dem im Hinblick auf besonders komplexe Beschaffungen mehr Raum für Verhandlungen und Diskussionen mit den Bietern geschaffen wird.

Art. 41 Richtlinie 2004/18/EG regelt die Pflicht zur Vorabinformation über den Zuschlag, welche - wie oben dargelegt - wegen des monistischen deutschen Systems so zu lesen ist, dass der öffentliche Auftraggeber schon vor der Auftragserteilung (= Vertragsabschluss) die unterlegenen Bieter zu benachrichtigen hat, damit sie noch effektiven Primärrechtschutz erlangen können. Dies ist allerdings nur dann notwendig, wenn das nationale Recht - wie im Falle des zwar richtlinienkonformen, für Verträge nach dem SGB V aber gerade nicht anwendbaren § 114 Abs. 2 Satz 1 GWB - die Unaufhebbarkeit des Vertrages bestimmt und nur Schadensersatzansprüche zuerkennt. Andernfalls bedarf es einer solchen Umsetzung, die mit dem für Verträge nach dem SGB V nicht anwendbaren § 13 VgV realisiert wurde, nicht. Näher erörtert wird die Frage weiter unten[420] bei der Prüfung der einschlägigen Rechtsschutzmöglichkeiten.

Im Dienste der Transparenz, Gleichbehandlung und des freien Wettbewerbs stehen die Vorschriften über technische Spezifikationen (Art. 23 Richtlinie 2004/18/EG), Bekanntmachungen im Amtsblatt der EGV (Art. 35 - 37 Richtlinie 2004/18/EG), Eignungskriterien (Art. 45 - 52 Richtlinie 2005/18/EG), Zuschlagskriterien (Art. 53 Richtlinie 2004/18/EG, und zwar nach dem Kriterium des niedrigsten Preises oder auf der Grundlage des wirtschaftlichsten Angebotes). Angemessene, je nach Vergabeverfahren unterschiedliche Fristen konkretisieren zusätzlich das Diskriminierungsverbot (Art. 38 Richtlinie 2004/18/EG).

---

419 Für den Bereich der Arzneimittel vgl. EuGH, Urteil v. 03.05.1994, Rs. C-328/92, Slg. 1994, I-1569 - Kommission / Spanien.

420 Vgl. Teil D, 10. Kapitel, IV.

Insgesamt schließt also § 69 SGB V, bezogen auf die Vergabe öffentlicher Lieferaufträge im Oberschwellenbereich durch die Krankenkassen oder ihre Verbände an Leistungserbringer, zahlreiche umsetzungspflichtige Vorschriften der Richtlinie 2004/18/EG aus.

II. Vergabe öffentlicher Dienstleistungsaufträge

1. Schwellenwerte

Der sachliche Anwendungsbereich wird auch hier durch die Festsetzung von Schwellenwerten eingeschränkt. Gem. Art. 7 lit. b Richtlinie 2004/18/EG gelten für Dienstleistungsaufträge im GKV-Bereich dieselben Schwellenwerte wie für Lieferaufträge. Ab 1. Januar 2006 gilt also ebenfalls ein Schwellenwert von 211.000 Euro (Art. 2 Nr. 1 lit. b EG-Verordnung Nr. 2083/2005).

Die Berechnungsmethode ergibt sich aus Art. 9 Abs. 3, 5 lit. a, 7 und 8 Richtlinie 2004/18/EG. Sie dient wie die oben dargelegte Regelung für Lieferaufträge dem Grundsatz des Umgehungsverbots. Hervorgehoben sei hier der Unterschied in der Berechnung des Auftragswerts bei befristeten Verträgen (Art. 9 Abs. 8 lit. b Richtlinie 2004/18/EG). Ist der Auftrag auf weniger auf 4 Jahre befristet, so ist der Gesamtwert für diese Laufzeit maßgebend. Geht die Laufzeit des Vertrages über 4 Jahre hinaus, so gilt der 48fache Monatswert.

Auch bei Dienstleistungsaufträge gilt das für Lieferaufträge Gesagte: Nur im Rahmen der Vergabe von Aufträgen oberhalb des Schwellenwerts von 211.000 Euro kann europäisches Vergaberecht eine Rolle spielen.

2. Verfahren

Für öffentliche Dienstleistungsaufträge unterscheidet die Richtlinie 2004/18/EG in den Art. 20 bis 22 (entspr. Art. 8 - 10 DKR) zwischen Dienstleistungsaufträgen nach den Anhängen II A und II B. Erst nach Zuordnung zu einer in den beiden Anhängen genannten Kategorie lässt sich das anzuwendende Verfahren bestimmen. Gem. Art. 22 Richtlinie 2004/18/EG entscheidet bei Aufträgen, die sich zu beiden Gruppen zuordnen lassen, der Auftragsteil mit überwiegendem Wert.

Es bestehen erhebliche Differenzen zwischen den beiden möglichen Verfahren. Während die Aufträge nach Anhang II Teil A strengen, mit denen für öffentliche Lieferaufträge identischen Regeln unterworfen sind, können die öffentlichen

Auftraggeber bei Vergabe von Aufträgen nach Anhang II Teil B gem. Art. 21 Richtlinie 2004/18/EG weitgehend frei verfahren.

Für Dienstleistungen im Gesundheits-, Veterinär- und Sozialwesen ist die Kategorie 25 des Anhangs II Teil B einschlägig, die CPC-Referenz-Nummer 93 und die CPV-Referenznummern 74511000-4, und von 85000000-9 bis 85323000-9 (außer 85321000-5 und 85322000-2).[421] Es werden dadurch alle Dienstleistungen, die zur Versorgung von GKV-Versicherten erbracht werden, erfasst, so dass das europäische Vergaberecht für Dienstleistungsaufträge zwischen Krankenkassen oder deren Verbänden und Leistungserbringern im Ergebnis gar keine bieterschützenden Verfahrensvorgaben enthält.

Begründet wird diese Ausnahmeregelung - wie bereits in der DKR - auch in der neuen Richtlinie 2004/18/EG (Erwägungsgrund 19) damit, dass die volle Anwendung der Richtlinie auf die Vergabe von Aufträgen für solche Dienstleistungen beschränkt werden soll, bei denen die europäischen Bestimmungen dazu beitragen, das Potential für mehr grenzüberschreitende Geschäfte voll auszunutzen. Für andere Dienstleistungen, nämlich diejenigen nach Anhang II Teil B, soll hingegen lediglich ein Beobachtungsinstrument geschaffen werden, das der Kommission die einschlägigen Informationen zugänglich machen kann. Dienen die anwendbaren Vorschriften allein der Beobachtung des betroffenen Marktes durch die Kommission, dann haben sie auch keine bieterschützende Wirkung.[422] Andererseits ist zu erwarten, dass die Ausnahme für Leistungen nach Anhang II Teil B nach einer gewissen Beobachtungszeit auch aufgehoben werden wird.

Die öffentlichen Auftraggeber, die Dienstleistungen nach den Kategorien des Anhangs II B zu beschaffen haben, können die Vergabeart frei wählen. Bezüglich des Vergabeverfahrens müssen sie nur die Bestimmungen über die technischen Spezifikationen des Art. 23 Richtlinie 2004/18/EG einhalten und sind ge-

---

421 Diese Referenz umfasst nach der Verordnung des europäischen Parlaments und des Rates über das Gemeinsame Vokabular für öffentliche Aufträge (CPV) vom 05.11.2002 (ABl. 16.12.2002 L 340/1) alle möglichen Dienstleistungen im Gesundheitswesen.

422 So auch *Ebsen*, in: FS f. Manfred Zuleeg, 2005, S. 439 ff. (450). Vgl. auch *Stelzer*, ZESAR 2004, S. 269 ff. (281f.), der die Ausschlusswirkung von Art. 9 DKR derjenigen der Schwellenwertregelungen gleichstellt und insgesamt von einer „generellen Bereichsausnahme“ für das Gesundheits- und Sozialwesen auf europäischer Ebene spricht. Auf die Problematik des nationalrechtlich nicht ausgeschlossenen § 13 VgV geht Stelzer jedoch nicht ein, denn er konzentriert sich allein auf die Frage nach der anzuwendenden Vergabeart.

genüber der Kommission zu einer formalisierten ex-post-Bekanntmachung über die Ergebnisse der durchgeführten Vergabeverfahren (Art. 35 Abs. 4 Richtlinie 2004/18/EG). Sie müssen insbesondere nicht zwingend eine europaweite Ausschreibung durchführen; auf welche Weise das wirtschaftlichste Angebot ermittelt wird, bleibt grundsätzlich ihnen überlassen.

Es sei an dieser Stelle kurz darauf hingewiesen, dass die oben genannten Beschränkungen für das Gesundheitswesen im Rahmen von Dienstleistungsaufträgen ebenfalls für Aufträge im Bereich der Rettungs- und Krankentransporte gelten, wenn diese unter Begleitung eines Notarztes oder eines Sanitäters stattfinden und nach Art. 22 Richtlinie 2004/18/EG der Wert der Dienstleistungen des Anhangs II A (hier Kategorie 2, Landverkehr) nicht größer ist als derjenige der Dienstleistungen des Anhangs II B.[423] Dasselbe dürfte für Dienstleistungsaufträge im Bereich der Versorgung mit wieder verwendbaren Hilfsmitteln gelten, die sowohl die Versichertenversorgung als auch die Reparatur und Instandhaltung der Hilfsmitteln umfassen.

Auch das deutsche Vergaberecht kennt die oben dargelegte Bereichseinschränkung für das Gesundheitswesen (§§ 1a Nr. 2 Abs. 2 VOL/A, 2 Abs. 1 Satz 2 VOF). Es sei aber hervorgehoben, dass das nationale Recht für Aufträge über (auch freiberufliche) Leistungen, die eindeutig und erschöpfend beschrieben werden können (vgl. § 2 Abs. 2 Satz 2 VOF), durch die Verweisung in § 1a Nr. 2 Abs. 2 VOL/A auf die Basisparagraphen der VOL/A noch mehr Anforderungen stellt als die Richtlinie 2004/18/EG. Letztere enthält für Aufträge der Kategorie 25 des Anhangs II B gar keine Verfahrensvorgaben. Zu denken ist insbesondere an § 3 VOL/A, in dem die möglichen Arten der Vergabe geregelt sind und der Vorrang der öffentlichen Ausschreibung gegenüber der beschränkten Ausschreibung und der freihändigen Vergabe begründet wird. Darüber hinaus gelten die Vorschriften des GWB und der VgV uneingeschränkt auch für alle Aufträge über Dienstleistungen des Anhangs II B.

Nach europäischem Vergaberecht haben also die Krankenkassen bei der Vergabe öffentlicher Dienstleistungsaufträge im Oberschwellenbereich an Leistungserbringer nur zwei Bestimmungen der Richtlinie 2004/18/EG zu beachten, welche ihrerseits keine einklagbaren Rechte für die Bieter begründen. Die mögli-

[423] EuGH Urteil v. 24.09.1998, Rs. C-76/97, Slg. 1998, I-5357 - Walter Tögel.

cherweise europarechtswidrige Wirkung des § 69 SGB V ist in diesem Bereich also äußerst gering.

III. Vergabe von Rahmenvereinbarungen

1. Schwellenwerte

Gem. Art. 9 Abs. 9 Richtlinie 2004/18/EG ist der zu berücksichtigende Wert einer Rahmenvereinbarung oder eines dynamischen Beschaffungswesens gleich dem geschätzten Gesamtwert ohne Mehrwertsteuer aller für die gesamte Laufzeit der Rahmenvereinbarung oder des dynamischen Beschaffungssystems geplanten Aufträge. Insgesamt gilt auch hier ein Schwellenwert von 211.000 Euro.

2. Verfahren

Handelt es sich um eine Rahmenvereinbarung, die die spätere Vergabe von einzelnen Lieferaufträgen betrifft, so gilt das in Art. 32 Richtlinie 2004/18/EG geregelte Verfahren.

Sind Gegenstand der Aufträge, denen die Rahmenvereinbarung zugrunde liegt, hingegen Dienstleistungen, so gilt auch hier die systemimmanente Einschränkung des Art. 21 Richtlinie 2004/18/EG. Wie gesehen sind Dienstleistungen nach dem SGB V jedenfalls Dienstleistungen des Anhangs II B. Es wäre offensichtlich systemwidrig dem Abschluss von Rahmenvereinbarungen strengere Anforderungen zu setzen als der Vergabe von öffentlichen Dienstleistungsaufträgen. Rahmenvereinbarungen über Dienstleistungen sind also im Leistungserbringungsrecht der GKV ohne weiteres möglich und unterliegen keinen Verfahrensvorschriften, außer den Art. 23 und 35 Abs. 4 Richtlinie 2004/18/EG.

IV. Rechtsschutz nach der Rechtsmittelrichtlinie

Ein Vorverfahren wie das bei den Vergabeprüfstellen oder einen eigenständigen Rechtsweg wie nach § 113 GWB verlangen die europäischen Richtlinien nicht. Gemäß den Vorgaben der RMR müssen für die unterlegenen Bieter lediglich effektive Primär- und Sekundärrechtsschutzmöglichkeiten - auch im Wege der einstweiligen Verfügung - gegeben sein (Art. 2 Abs. 1 RMR). Auf einen effektiven Primärrechtsschutz wird jedoch für Aufträge über Dienstleistungen des Anhangs II B durch den materiellrechtlichen Ausschluss der Pflicht zur Vorabinformation und die Möglichkeit, gem. Art. 2 Abs. 6 Satz 2 RMR nach Vertragsschluss lediglich Schadensersatz zuzuerkennen, im Ergebnis verzichtet. Den Bietern wird vor Auftragserteilung in den meisten Fällen nicht möglich sein, rechtzeitig die erforderlichen Informationen zu erlangen, um gegen die dem Vertragsschluss vorausgehende Entscheidung des Auftraggebers vorzugehen.

Eine Informationspflicht vor Zuschlagserteilung, welche § 13 Satz 1 VgV hingegen auch für den Gesundheitsbereich vorsieht, ist nach europäischem Recht also nicht erforderlich, wenn Gegenstand des Vertrages Dienstleistungen sind. Es reicht vielmehr - wie bei der Vergabe außerhalb des Anwendungsbereichs der Richtlinien[424] - eine nachträgliche Überprüfung der Zuschlagsentscheidung, die ihrerseits auf die Zuerkennung von Schadensersatz beschränkt werden kann. Das spezifische Rechtsschutzsystem im Kartellvergaberecht hat die durch Art. 2 Abs. 6 Satz 2 RMR eingeräumte Möglichkeit genutzt und bei Ausschaltung des Prinzips der Gesetzmäßigkeit der Verwaltung dem Grundsatz der Rechtssicherheit absoluten Vorrang gegeben (§ 114 Abs. 2 Satz 1 GWB). Dadurch, dass die Anwendbarkeit des § 13 VgV für die Bereiche des Anhangs II B nicht ausgeschlossen wurde und dass die Basis-Paragraphen der VOL/A i.V.m. § 97 Abs. 7 GWB subjektive Rechte der Bieter begründen, würde das nationale Vergaberecht jedoch im Ergebnis - bei uneingeschränkter Bejahung seiner Anwendbarkeit auf das Leistungserbringungsrecht der GKV - weitergehende Anforderungen an den Rechtsschutz der Leistungserbringer stellen als das europäische Recht.

Das Rechtsschutzsystem des SGG entspricht hingegen vollkommen den Anforderungen des europäischen Rechts und begrenzt die Ansprüche der unterlegenen Bieter nach Vertragsschluss auch nicht auf Schadensersatz, denn die öffentlich-rechtlichen Verträge mit den Leistungserbringern des SGB V können unter den Voraussetzungen des § 58 SGB X auch aufgehoben werden.[425] Dies macht die Einführung einer Vorabinformationspflicht selbst für den Bereich öffentlicher Lieferaufträge entbehrlich, da die Effektivität des Primärrechtschutzes wegen der prinzipiellen Aufhebbarkeit des Vertrages im Sozialrecht nicht wie im Kartellvergaberecht am deutschen monistischen System (Zuschlagserteilung = Vertragsschluss) scheitert.

---

424 Vgl. *Gröning*, VergabeR 2002, S. 24 ff. (31).

425 So auch *Ebsen*, in: FS f. Manfred Zuleeg, 2005, S. 439 ff. (454).

Das einzige Problem besteht bei den sozialrechtlich allein möglichen Schadensersatzansprüchen (§ 61 Satz 2 SGB X i.V.m. §§ 280 Abs. 1, 823 Abs. 2 BGB bzw. § 839 BGB i.V.m. Art. 34 GG), welche alle verschuldensabhängig sind. Auf verschuldensunabhängige Ansprüche (etwa aus enteignungsgleichem Eingriff oder aus Ausopferung) kann - trotz der eindeutigen Zuordnung der Leistungserbringungsverträge im SGB V zu dem öffentlichen Recht - mangels Verletzung einer durch Art. 14 GG geschützten Rechtsposition oder eines nichtvermögenswerten Rechtsgutes durch die Nicht-Berücksichtigung eines Anbieters auch nicht zurückgegriffen werden.

Art. 2 Abs. 6 Satz 2 RMR[426] verlangt aber als materiellrechtliche Regelung, dass die Nachprüfungsinstanz die Befugnis haben soll, einer „durch einen Rechtsverstoß“ geschädigte Person Schadensersatz zuzuerkennen. Von Verschulden ist hier wie in dem umsetzenden, wegen § 69 SGB V jedoch nicht anwendbaren § 126 GWB (Anspruch auf Ersatz des Vertrauensschadens) keine Rede. Wenigstens der Ersatz des Vertrauensschadens muss also ohne Schulderfordernis möglich sein. Dabei bleibt ein Anspruch auf das positive Interesse aus Vertragsrecht, Deliktsrecht oder Amtshaftung zwar unberührt (§ 126 Satz 2 GWB), aber die Voraussetzungen hierfür, insbesondere das Verschulden, dessen Zurechnung und die haftungsausfüllende Kausalität, sind i.d.R. schwer zu beweisen.

Die generelle Ausschlusswirkung des § 69 SGB V führt also im Rahmen des Rechtsschutzes zu einer einzigen europarechtswidrigen Lücke: Es fehlt an der präventiven Wirkung einer in der Beweisführung erleichterten Schadensersatzklage, welche den öffentlichen Auftraggeber zur Einhaltung der einschlägigen Vorschriften bewegen soll.

---

426 Zum Erfordernis, diese Richtlinien-Vorschrift durch eine eigenständige Regelung ins nationale Recht umzusetzen vgl. *Schumacher*, Rechtsschutz im öffentlichen Auftragswesen, 1998, S. 132 f.

11. Kapitel: Handlungsbedarf des deutschen Gesetzgebers

I. Reichweite des Verstoßes gegen die Umsetzungspflicht

Da das europäische Vergaberecht - wie gerade dargelegt - keine wirkliche Bereichsausnahme für das Gesundheits- und Sozialwesen vorsieht, begründet § 69 SGB V grundsätzlich eine Verletzung der Umsetzungspflicht. Klar ist, dass die alten Richtlinien insoweit nicht vollständig ins nationale Recht übergeleitet worden sind, als die Verträge zwischen Krankenkassen bzw. deren Verbänden und Leistungserbringern in deren sachlichen Anwendungsbereich fallen.

1. Der Fall öffentlicher Lieferaufträge

Allein für öffentliche Lieferaufträge wiegt aber der Verstoß wirklich schwer, denn hier fehlen all die speziellen Verfahrensvorgaben des materiellen Vergaberechts. Im Hinblick darauf wäre möglicherweise eine besonders enge Auslegung des § 140 SGB V geboten, welche zur sozialrechtlichen Unzulässigkeit öffentlicher Lieferaufträge führen würde, denn diese setzen immer entweder eine Eigeneinrichtung der Krankenkassen oder eine Einrichtung Dritter voraus, welche die Hilfsmittel direkt von den Kassen bezieht bzw. auf Geheiß der Kassen abliefert, somit - nach Sinn und Zweck des § 140 SGB V - einer Eigeneinrichtung gleichgestellt werden könnte. Damit wäre der einzige Fall eines schwerwiegenden Verstoßes gegen Europarecht von vornherein ausgeschlossen.

2. Der Fall öffentlicher Dienstleistungsaufträge

Fast unerheblich ist der Verstoß im Hinblick auf öffentliche Dienstleistungsaufträge, denn sie fallen in aller Regel unter die Kategorie 25 des Anhangs II Teil B der Richtlinie 2004/18/EG. Mögliche Ausnahmen sind allein im Bereich des Krankentransports und der Hilfsmittelpoolverwaltung zu finden. Das europarechtliche „Beobachtungsinstrument" der Art. 23 und 35 Abs. 4 Richtlinie 2004/18/EG enthält jedenfalls keine bieterschützenden Vorschriften.

3. Der Rechtsschutz vor den Sozialgerichten

Schließlich entspricht das bestehende Rechtsschutzsystem des SGG - einschließlich des umfassend gegebenen einstweiligen Rechtsschutzes zum Zwecke der Aussetzung eines Vergabeverfahrens - vollkommen den Anforderungen der

RMR. Materiellrechtlicher Art ist die einzige oben aufgezeigte kleine Lücke im Sekundärrechtsschutz.

II. Lösungsansätze

1. Richtlinienkonforme Auslegung

Um diese Vertragsverletzung zu umgehen, könnte man zunächst an eine richtlinienkonforme Auslegung des § 69 SGB V durch teleologische Reduktion denken. Weil das Kartellvergaberecht nationales Umsetzungsrecht ist, gilt hier der Grundsatz der „richtlinienkonformen Auslegung". Dies bedeutet, dass nicht nur das deutsche Vergaberecht selbst, sondern auch sämtliches nationales Recht, das seinen Geltungsbereich tangiert, grundsätzlich im Lichte der europäischen Vergaberichtlinien und der dazu ergangenen EuGH-Rechtsprechung auszulegen ist. Dazu gehört der § 69 SGB V, der die Anwendbarkeit des deutschen Vergaberechts a priori ausschließt.

Diese Lösung ist jedoch aus zwei Gründen besonders problematisch. Erstens sollten die Grenzen richtlinienkonformer Auslegung grundsätzlich im klaren Wortlaut des nationalen Gesetzes gerade deswegen liegen, weil die Mitgliedsstaaten an das Gebot effektiver Umsetzung[427] gebunden sind. Letzteres erlangt eine besondere Bedeutung bei Richtlinien, die dem Einzelnen gerichtlich durchsetzbare Rechtspositionen verleihen.[428] Dies ist aber genau der Fall bei den Vergaberichtlinien, die subjektive Rechte der Bieter begründen. Nationales Recht, das ausdrücklich der Richtlinie 2004/18/EG widerspricht, kann also nicht durch richtlinienkonforme Auslegung korrigiert werden.

Zweitens könnte eine richtlinienkonforme Auslegung, die zu einer vollen Anwendbarkeit des Kartellvergaberechts führte, nicht die im Laufe der Arbeit aufgezeigten Unterschiede[429] zwischen europäischem und nationalem Vergaberecht berücksichtigen, sondern würde lediglich dazu führen, dass die Gerichte die Ausschlusswirkung des § 69 SGB V auf solche Vertragskonstellationen beschränken, die gänzlich nicht in den Anwendungsbereich des nationalen Verga-

---

[427] *Schroeder*, in: Streinz (Hrsg.), EUV/EGV Kommentar, 2003, Art. 249 Rdnr. 128.

[428] EuGH, Urteil v. 30.05.1991, Rs. C-361/88, Slg. 1991, I-2567 – TA Luft.

[429] Zu einer GKV-spezifischen Gegenüberstellung EU-Vergaberecht vs. Kartellvergaberecht siehe Abbildung 7.

berechts fallen. Dies würde im Ergebnis eine Verschärfung der europäischen Vorgaben mit sich bringen, ohne dass der deutsche Gesetzgeber, der ursprünglich das Leistungserbringungsrecht sogar abschließend im SGB V regeln wollte, die Möglichkeit erhält, im Hinblick auf die verfolgten Ziele der sozialen Gesundheitspolitik die Schaffung eines zusätzlichen europakonformen „Sektoren"-Vergaberechts zu überlegen.

2. Unmittelbare Wirkung der Richtlinie 2004/18/EG

Der § 69 SGB V ist daher einer richtlinienkonformen Auslegung schwer zugänglich. Kann die Verletzung der Umsetzungspflicht gem. Art. 249 Abs. 3 EGV nicht auf diesem Weg vermieden werden, so wäre zunächst an eine unmittelbare Anwendung der in Frage kommenden Richtlinienbestimmungen[430] zu denken. Ob die Gerichte im konkreten Streitfall den Weg der richtlinienkonformen Auslegung gehen werden, sei dahingestellt. Jedenfalls können die betroffenen Leistungserbringer davon ausgehen, dass - bis zu einer tatsächlichen Umsetzung der Richtlinie 2004/18/EG auch für den Bereich des Leistungserbringungsrechts der GKV - die Voraussetzungen für eine unmittelbare Anwendbarkeit grundsätzlich gegeben sind. Zu beachten sind die folgenden Grundsätze.

Nach der Rechtsprechung des EuGH sind Richtlinien ausnahmsweise unmittelbar anwendbar, soweit sie nur den Staat verpflichten, wenn sie trotz Fristablaufs nicht in innerstaatliches Recht umgesetzt worden sind, von ihrem Inhalt her unbedingt und hinreichend bestimmt sind.[431] Diese Voraussetzungen liegen grundsätzlich für alle Vergaberichtlinien vor. Daran ändert auch nichts die Tatsache, dass Vergaberichtlinien belastende Drittwirkung entfalten können.[432] Im GKV-Bereich kommt daher nur eine unmittelbare Wirkung der für öffentliche Lieferaufträge geltenden Vorschriften der Richtlinie 2004/18/EG und der Vorschriften der RMR in Frage. Die betroffenen Leistungserbringer können sich gegenüber den Krankenkassen auf die darin enthaltenen, sie begünstigenden Vorschriften berufen. Die im Gesundheitsbereich geltenden Vorschriften für öffentliche Dienstleistungsaufträge (Art. 23 und 35 Abs. 4 Richtlinie 2004/18/EG) können hingegen keine unmittelbare Wirkung entfalten, denn sie begründen nur Pflich-

---

430 Vgl. EuGH, Urteil v. 20.09.1988, Rs. 31/87, Slg. 1988, 4635 - Gebroeder Beentjes BV / Niederlande; EuGH, Urteil v. 22.06.1989, Rs. 103/88, Slg. 1989, I-1839 - Fratelli Costanzo / Stadt Mailand.

431 EuGH, Urteil v. 19.01.1982, Rs. 8/81, Slg. 1982, 53 Rdnr. 21 ff. – Becker, st. Rspr.

432 *Schroeder*, in: Streinz, EUV/EGV Kommentar, Art. 249 Rdnr. 118.

ten gegenüber der Kommission, die die Vergabe von Aufträgen für Dienstleistungen des Anhangs II Teil B beobachten will.

3. Richtlinienumsetzung im SGB V

Die unmittelbare Anwendbarkeit von Richtlinien entbindet selbstverständlich nicht den deutschen Gesetzgeber von seiner Pflicht, die Vertragsverletzung durch entsprechende Vorschriften im SGB V, welche gezielt die Vorgaben des Europarechts für den GKV-Bereich umsetzen, schnellstmöglich aufzuheben.[433] Dies kann entweder durch die ausdrückliche Einführung der einschlägigen Regelungen in das Leistungserbringungsrecht des SGB V geschehen oder durch Rechtsgrundverweis auf die nationalen Vorschriften, welche diese Regelungen bereits umgesetzt haben. Der zweite Weg ist sicherlich weniger aufwendig, kann aber wiederum die dem umsetzenden Gesetzgeber eröffneten Handlungsspielräume - etwa bezüglich der Schwellenwerte, der Verfahrensauswahl oder der Zuschlagskriterien - für den GKV-Bereich nicht ausnützen, sondern übernimmt die für die anderen Bereiche der Auftragsvergabe bereits getroffenen Entscheidungen.

4. Zusammenfassung

Insgesamt ist auf die eingangs gestellte Frage zu antworten, dass eine richtlinienkonforme Auslegung des § 69 SGB V schon deswegen abzulehnen ist, weil sie gegen den Grundsatz der effektiven Umsetzung verstößt, jedenfalls aber deswegen, weil sie eine nur durch den Gesetzgeber herbeizuführende Verschärfung der europäischen Vorgaben herbeiführen würde. Für den nationalen Gesetzgeber besteht somit dringender Handlungsbedarf zur Umsetzung der einschlägigen Vorschriften der Richtlinie 2004/18/EG in das Recht der Gesetzlichen Krankenversicherung. Zudem muss ein verschuldensunabhängiger Anspruch auf Ersatz des Vertrauensschadens für die Leistungserbringer nach dem SGB V begründet werden, während das Rechtsschutzverfahren des SGG bereits den Anforderungen der Rechtsmittelrichtlinie in vollem Umfang entspricht.

---

[433] *Schroeder*, in: Streinz, EUV/EGV Kommentar, 2003, Art. 249 Rdnr. 95.

E. Vergaberecht und sonstige Bereiche des Sozialrechts

12. Kapitel: Die Sozialleistungsträger als öffentliche Auftraggeber i.S.d. § 98 GWB (persönlicher Anwendungsbereich)

Im Folgenden soll nun das Augenmerk auf die weiteren Bereiche des Sozialrechts gelenkt werden, in denen auch - wie in dem oben untersuchten Recht der GKV - soziale Leistungen in der Regel nicht direkt durch die Sozialleistungsträger, sondern durch vertraglich gebundene Dritte erbracht werden. Da es keine dem § 69 SGB V vergleichbare Regelung im sonstigen Sozialrecht gibt, sind die fraglichen Rechtsbeziehungen am Maßstab des nationalen GWB-Vergaberechts zu prüfen. Im Vordergrund stehen die §§ 98 und 99 GWB, die den persönlichen und sachlichen Anwendungsbereich des Kartellvergaberechts regeln.

I. Die Sozialversicherungsträger

Den persönlichen Anwendungsbereich des nationalen Vergaberechts regelt § 98 GWB, in dem der nationale Gesetzgeber jedoch weitgehend die Vorgaben in den EG-Richtlinien übernommen hat. Gefragt wird hier, ob auch die weiteren Sozialversicherungsträger nach § 29 Abs. 1 SGB IV, also die Träger der Gesetzlichen Pflegeversicherung, der Unfallversicherung sowie der Rentenversicherung, öffentliche Auftraggeber sind. Bei allen diesen Leistungsträgern (§ 12 Satz 1 SGB I) handelt es sich - wie bei den Krankenkassen - um rechtsfähige Körperschaften des öffentlichen Rechts mit Selbstverwaltung (§ 29 Abs. 1 SGB IV). Sie können daher allein „andere juristische Personen" i.S.d. § 98 Nr. 2 GWB sein.

Der Zweck, wozu sie gegründet wurden, ergibt sich jeweils aus dem einschlägigen Sozialgesetzbuch. Gem. § 1 Abs. 4 SGB XI hat die Pflegeversicherung die Aufgabe, Pflegebedürftigen Hilfe zu leisten, die wegen der Schwere der Pflegebedürftigkeit auf solidarische Unterstützung angewiesen sind. Gem. § 1 SGB VII sollen die Unfallversicherungsträger Arbeitsunfälle, Berufskrankheiten und arbeitsbedingte Gesundheitsgefahren verhüten (Nr. 1) und im Unglücksfall Maßnahmen der Heilbehandlung, Rehabilitation und Entschädigung bereitstellen (Nr. 2). Die Rentenversicherungsträger erbringen gem. § 9 SGB VI Leistungen zur medizinischen Rehabilitation und zur Teilhabe am Arbeitsleben, gem.

§ 33 SGB VI Geldleistungen in Form von Renten. In allen Fällen findet eine solidarische Umverteilung der vorhandenen Mittel zum gemeinsamen Zweck einer homogenen Gesundheitsversorgung, Integration und finanzieller Versorgung. Gegründet wurden diese Sozialversicherungsträger also zweifelsfrei wie die Krankenkassen zur Erfüllung von Aufgaben im Allgemeininteresse.

Anders als die Krankenkassen unterliegen die übrigen Sozialversicherungsträger festen Zuständigkeiten. Sie kennen daher keinen Wettbewerb um Versicherte. Für sie ist das Merkmal der „nichtgewerblichen Art" problemlos gegeben.

Was die Staatsnähe betrifft, lässt sich zunächst die Argumentation zu den Mitgliedsbeiträgen hinsichtlich der Krankenkassen auf alle anderen Sozialversicherungsträger übertragen. Im Recht der Gesetzlichen Rentenversicherung und der sozialen Pflegeversicherung werden sogar die Beitragssätze durch Gesetz festgesetzt (§§ 158, 160 Nr. 1 SGB VI; § 69 ALG; § 55 SGB XI). Bezüglich der staatlichen Aufsicht über die Leitung ist anzumerken, dass alle Sozialversicherungsträger der Rechtsaufsicht unterliegen (§ 87 Abs. 1 SGB IV). Auch hier gelten die für die Krankenkassen entwickelten Grundsätze entsprechend.[434] Am Beispiel der Unfallversicherungsträger sei hervorgehoben, dass Satzungen der Genehmigung der Aufsichtsbehörde bedürfen (§ 114 Abs. 2 Satz 1 SGB VII), die auch nachträgliche Änderungen, ggf. im Wege der Selbstvornahme, durchsetzen kann (§ 114 Abs. 2 Satz 2 und 3 SGB VII). Gefahrtarife (§ 157 SGB VII) und jede Änderung bedürfen der Genehmigung der Aufsichtsbehörde (§ 158 Abs. 1 SGB VII). Was die Erfüllung der Aufgaben zur Prävention (§ 1 Nr. 1 SGB VII) betrifft, unterliegen die Unfallversicherungsträger sogar der Fachaufsicht (§ 87 Abs. 2 SGB IV).

Im Ergebnis sind die Träger der gesetzlichen Renten-, Unfall- und Pflegeversicherung als öffentliche Auftraggeber i.S.d. § 98 Nr. 2 GWB anzusehen. Die Aufnahme der Renten- und Unfallversicherungsträger in den Anhang III der Richtlinie 2004/18/EG wird - wie bei den Krankenkassen - durch die Prüfung der Einzelmerkmale bestätigt.

---

[434] Im Hinblick auf Unfallversicherungsträger bei der Erfüllung ihrer Aufgaben nach § 1 Nr. 2 SGB VII vgl. OLG Düsseldorf, Beschluss v. 06.07.2005 - Verg 22/05.

II. Die Bundesagentur für Arbeit

Obwohl die Bundesagentur für Arbeit als Sozialversicherungsträger i.S.d. SGB IV gilt (§ 1 Abs. 1 Satz 3 SGB IV), sind die o.g. Vorschriften des ersten und zweiten Titels des 4. Abschnittes im SGB IV nicht auch auf sie anwendbar. Gem. § 367 Satz 1 SGB III ist die Bundesagentur für Arbeit eine rechtsfähige bundesunmittelbare Körperschaft des öffentlichen Rechts mit Selbstverwaltung. Diese Regelung entspricht der verfassungsrechtlichen Vorgabe des Art. 87 Abs. 2 Satz 1 GG, nach dem soziale Versicherungsträger, deren Zuständigkeit sich über das Gebiet eines Landes hinaus erstreckt, als bundesunmittelbare Körperschaften des öffentlichen Rechts geführt werden. Der Begriff der Körperschaft ist im Grundgesetz nicht im technischen Sinne zu verstehen, sondern umfasst auch Anstalten und Stiftungen des öffentlichen Rechts sowie Mischformen.[435] Da die Bundesagentur für Arbeit keine mitgliedschaftliche Struktur hat, wird sie als Anstalt qualifiziert.[436] Gerade wegen dieser Rechtsform steht sie der unmittelbaren Staatsverwaltung noch näher als die anderen Sozialversicherungsträger, die eine größere Selbständigkeit genießen.

Zwar sind Repräsentanten der Arbeitnehmer- und Arbeitgeberorganisationen in ihren Organen vorhanden, so dass die betroffenen Bürger partizipieren an der Willensbildung des Verwaltungsträgers partizipieren, aber ein Drittel der Mitglieder der Selbstverwaltungsorgane besteht gem. § 371 Abs. 5 Satz 1 SGB III aus Vertretern von Bund, Ländern und Kommunen (öffentliche Auftraggeber nach § 98 Nr. 1 GWB). Gem. §§ 377 Abs. 2 Satz 1 und 382 Abs. 1 Satz 1 SGB III werden sowohl die Mitglieder des Verwaltungsrates als auch die Mitglieder des Vorstandes durch die Bundesregierung bestimmt. Die dritte Alternative des dritten Merkmals nach § 98 Nr. 2 GWB ist somit erfüllt.

Darüber hinaus führt das Bundesministerium für Wirtschaft und Arbeit die Rechtsaufsicht über die Bundesagentur für Arbeit (§ 393 Abs. 1 SGB III), die dem Ministerium jährlich einen Geschäftsbericht vorzulegen hat (§ 393 Abs. 2 SGB III). Die Satzungen und Anordnungen des Verwaltungsrates bedürfen der Genehmigung des Ministeriums, das unter gewissen Voraussetzungen auch ein Selbsteintrittsrecht hat (§ 372 SGB III). Wegen des Anstaltscharakters ist die au-

---

435 *Pieroth*, in: Jarass/Pieroth, GG-Kommentar, Art. 87 Rdnr. 10.

436 *Eicher*, in: Spellbrink/Eicher, Kasseler Handbuch des Arbeitsförderungsrechts, § 2 Rdnr. 2; *Ebsen*, FS f. Rudolf Lukes, 1989, S. 321 ff. (322).

tonome Rechtssetzungsmacht der Bundesagentur auch weiter durch das Erfordernis hinreichender Bestimmtheit der Einzelermächtigungen eingeschränkt.[437] Dieses Bild zeigt, dass die Bundesagentur für Arbeit durch eine sehr enge Bindung an den Staat gekennzeichnet ist.

Nach § 368 Abs. 1 SGB III ist sie grundsätzlich für die Durchführung der Aufgaben nach dem SGB III zuständig. Die Aufgabe, für die sie gegründet wurde, ist daher die Erbringung von Leistungen zur Arbeitsförderung und von Entgeltersatzleistungen für das soziale Risiko der Arbeitslosigkeit in der Solidargemeinschaft der Pflichtversicherten. Sie liegt zweifelsfrei im Allgemeininteresse und ist mangels jeglichen Wettbewerbs auch nicht gewerblicher Art. Auch die Bundesagentur für Arbeit ist im Ergebnis als „öffentlicher Auftraggeber" i.S.d. § 98 Nr. 2 GWB anzusehen.

III. Die Träger der Grundsicherung für Arbeitssuchende, der öffentlichen Jugendhilfe und der Sozialhilfe

Gem. § 6 Abs. 1 Satz 1 SGB II sind Träger der Grundsicherung für Arbeitssuchende sowohl die Bundesagentur für Arbeit, für die das oben Ausgeführte gilt, als auch, für bestimmte Leistungen, die kreisfreie Städte, die Kreise. Letztere sind Gebietskörperschaften, somit eindeutig öffentliche Auftraggeber nach § 98 Nr. 1 GWB.

Sachlich zuständig für die Erfüllung der Aufgaben nach dem SGB VIII sind gem. § 85 Abs. 1 i.V.m. § 69 Abs. 1 und 3 SGB VIII die Träger der Jugendämter der kreisfreien Städte, der Landkreise und ggf. nach Landesrecht weiterer kommunaler Gebietskörperschaften. Örtliche Träger der Sozialhilfe sind gem. § 3 Abs. 2 Satz 1 SGB XII die kreisfreien Städte und die Landkreise, die überörtlichen Träger sind gem. § 3 Abs. 3 SGB XII i.V.m. den jeweiligen Ausführungsgesetzen zum BSHG entweder die Länder selbst oder Kommunalverbände. Für diese beiden Bereiche sind daher die Sozialleistungsträger auch „öffentliche Auftraggeber" nach § 98 Nr. 1 bzw. Nr. 3 GWB.

---

437 *Ebsen*, FS f. Rudolf Lukes, 1989, S. 321 ff. (333 f.).

IV. Zwischenergebnis

Nach der obigen Untersuchung lässt sich feststellen, dass auch alle Sozialleistungsträger in den sonstigen Bereichen des Sozialrechts, vom Sozialversicherungsrecht, über das Recht der Arbeitsförderung bis zum Recht der Jugend- und Sozialhilfe, öffentliche Auftraggeber im Sinne des Kartellvergaberechts sind.

13. Kapitel: Die Sozialleistungserbringungsverträge als öffentliche Aufträge i.S.d. § 99 GWB (sachlicher Anwendungsbereich)

I. Leistungserbringung nach dem SGB II und SGB III

1. Gesetzliche Anordnung zur Anwendung des Vergaberechts

Die Anwendbarkeit des Vergaberechts wird im SGB III derzeit nur in einem einzigen Fall ausdrücklich angeordnet. Es handelt sich um § 421i SGB III. Die Regelung, wonach das Vergaberecht für die Verträge mit den Personal-Service-Agenturen gelte (§ 37c Abs. 2 Satz 2 SGB III i.d.F. vom 23.12.2003), ist mit Wirkung vom 31.12.2005 entfallen.[438] Während der Gesetzgeber für Verträge mit den Personal-Service-Agenturen gem. § 37c Abs. 2 Satz 2 SGB III a. F. eindeutig festgelegt hatte, dass das Vergaberecht *gilt*, heißt es in § 421i Abs. 1 SGB III wörtlich, dass die Agentur für Arbeit Träger nach einem wettbewerbsrechtlichen Vergabeverfahren mit der Durchführung von Maßnahmen beauftragen *kann*. Teilweise ist das Wort „kann" dahingehend ausgelegt worden, dass die Agentur für Arbeit nach pflichtgemäßem Ermessen entscheiden muss, ob sie die Vorschriften des Vergaberechts anwendet.[439] Diese Auslegung geht aber am Wortlaut des Gesetzes vorbei, das lediglich Ermessen bezüglich der Frage, ob ein Träger mit der Durchführung der genannten Eingliederungsmaßnahmen beauftragt wird, einräumt. Entscheidet sich eine Agentur für Arbeit dafür, dann muss sie das Vergaberecht anwenden.[440] Auf die Anwendbarkeit der VOL/A verweist auch die Gesetzesbegründung ausdrücklich.[441] Zu beachten wird aber die Ausnahmeregelung des § 1a Nr. 2 Abs. 2 VOL/A i.V.m. dem Anhang I B sein.[442]

---

438 Gesetz vom 22.12.2005, BGBl. I S. 3676.

439 *Nielandt*, RsDE Nr. 57 (2005), S. 44 ff. (50); *Bieritz-Harder*, RsDE Nr. 59 (2005), S. 42 ff. (51).

440 So auch *Röhl*, JuS 2002, S. 1053 ff.; *Pache*, DVBl 2001, S. 1781 ff.; *Mrozynski*, ZFSH/SGB 2004, S. 451 ff. (451); *Becker*, in: PK-SGB III, § 421i Rdnr. 3 ff; *Spellbrink*, in: Spellbrink/Eicher, Kasseler Handbuch des Arbeitsförderungsrechts, § 23a Rdnr. 6 ff.; zweifelnd *Kruse*, in: Gagel (Hrsg.), SGB III-Kommentar, § 421i SGB III Rdnr. 4.

441 BT-Drucks. 15/25, S. 34.

442 Hierzu vgl. Teil E, 14. Kapitel, II.

Diese beiden Vorschriften, welche durch das Erste Gesetz für moderne Dienstleistungen am Arbeitsmarkt vom 23.12.2002[443] eingeführt wurden, hätte man dem Wortlaut nach auch als Rechtsfolgenverweis ansehen können. Die Prüfung der Öffnung des persönlichen und sachlichen Anwendungsbereichs des Vergaberechts wäre dann gänzlich entfallen. Selbst der Auftragswert hätte keine Rolle mehr gespielt, denn die Schwellenwertregelung des § 100 Abs. 1 GWB schränkt den sachlichen Anwendungsbereich ein.[444] Diese Auslegung ist nach der Änderung des § 37c SGB III und die Streichung des Verweises auf das Vergaberecht nicht mehr vertretbar. Offensichtlich war der Verweis in § 37c SGB III rein deklaratorischer Natur und wurde deswegen gestrichen.[445] Aus dem verbleibenden Verweis in § 421i SGB III kann auch nicht der Umkehrschluss gezogen werden, dass sonst das Vergaberecht auf die Vertragsbeziehungen zwischen der Bundesagentur für Arbeit und den Leistungserbringern nicht anwendbar ist.[446] In allen Fällen ist vielmehr die Eröffnung des Anwendungsbereichs des Vergaberechts zu prüfen.

2. Sachleistungserbringung im neuen System des „Förderns und Forderns"

Das Job-AQTIV-Gesetz[447], die vier Hartz-Gesetze[448] und das Gesetz zu Reformen am Arbeitsmarkt[449] haben in den Jahren 2001 bis 2003 eine neue politische Tendenz, das so genannte „Fördern und Fordern"[450], in die Arbeitsförderung einbringen wollen und zu diesem Zweck zahlreiche Änderungen im Recht der-

---

443 BGBl. I S. 4607.

444 A.A. offensichtlich *Spellbrink*, in: Spellbrink/Eicher, Kasseler Handbuch des Arbeitsförderungsrechts, § 23a Rdnr. 7. Kritisch zur Differenzierung je nach Auftragswert *Pache*, DVBl 2001, S. 1781 ff. (1791).

445 Vgl. BT-Drucks. 16/109, S. 7.

446 So auch *Storost*, NZS 2005, S. 82 ff. (84).

447 Gesetz zur Reform der arbeitsmarktpolitischen Instrumente v. 10.12.2001, BGBl. I S. 3443.

448 Erstes Gesetz für moderne Dienstleistungen am Arbeitsmarkt v. 23.12.2002, BGBl. I S. 4607; Zweites Gesetz für moderne Dienstleistungen am Arbeitsmarkt v. 23.12.2002, BGBl. I S. 4621; Drittes Gesetz für moderne Dienstleistungen am Arbeitsmarkt v. 23.12.2003, BGBl. I S. 2848; Viertes Gesetz für moderne Dienstleistungen am Arbeitsmarkt v. 24.12.2003, BGBl. I S. 2954.

449 Vom 24.12.2003, BGBl. I S. 3002.

450 Nun die Überschrift des ersten Kapitels des SGB II (§§ 1 bis 6c).

selben vorgenommen. Hierbei wurde insbesondere das Verhältnis zwischen Arbeitslosen und Agentur für Arbeit neu geregelt. Im Hinblick auf die Vermittlung wurden die Anforderungen an den einzelnen Arbeitslosen bezüglich seines Einsatzes zur Beseitigung des unerwünschten Zustands der Beschäftigungslosigkeit verschärft.[451]

Sachleistungen werden hier mit dem Ziel der Eingliederung in Arbeit erbracht und sollen sich nach dem Grundsatz des Förderns nicht einfach in Beratung und Vermittlung erschöpfen, sondern eine intensive Betreuung bewirken. Für einen bestimmten Zeitraum sind deswegen die Vermittlungsbemühungen der Agentur für Arbeit, die Eigenbemühungen des Arbeitslosen oder Ausbildungssuchenden sowie künftige Leistungen der aktiven Arbeitsförderung in der sog. „Eingliederungsvereinbarung" festzulegen (§ 35 Abs. 4 Satz 1 SGB III). Dieses Kerninstrument aktiver Eingliederungsbemühungen ist auch in § 15 SGB II aufgenommen worden. Das SGB II (Grundsicherung für Arbeitssuchende) ist der Art. 1 des Vierten Gesetzes für moderne Dienstleistungen am Arbeitsmarkt und realisiert die Zusammenlegung von Arbeitslosenhilfe und Sozialhilfe für Erwerbsfähige.

Die Leistungen zur Eingliederung in Arbeit sind aus vergaberechtlicher Sicht zu untersuchen, denn sie werden teilweise durch Einschaltung Dritter erbracht. Während § 6 Abs. 1 Satz 2 SGB II allgemein festlegt, dass die Träger der Grundsicherung für Arbeitssuchende zu ihrer Unterstützung Dritte mit der Wahrnehmung von Aufgaben beauftragen können, finden sich entsprechende Hinweise im SGB III nur zerstreut in den einzelnen Leistungsvorschriften. Für den Umfang der Leistungen zur Eingliederung findet sich in § 16 SGB II ein umfassender Verweis auf das SGB III, so dass die beiden Rechtsgebiete weitgehend vergleichbar sind. Leistungserbringungsrechtlich ist hier zu beachten, dass § 17 Abs. 2 SGB II - ähnlich wie die §§ 75 ff. SGB XII, 78a ff. SGB VIII - zusätzlich vorsieht, dass dritte Leistungserbringer einen Anspruch auf die Vergütung nur dann haben, wenn entweder die Anforderungen, denen die Leistung entsprechen muss, im SGB III geregelt sind oder eine Vereinbarung mit dem Sozialleistungsträger besteht.

---

451 *Ebsen,* in: BSG-Festschrift, 2004, S. 725 ff.

3. Leistungen an Arbeitgeber bzw. Maßnahmeträger

Zu fragen ist zunächst, welche Leistungsbereiche der aktiven Arbeitsförderung im Zusammenhang mit der vorliegenden Untersuchung von Bedeutung sein könnten. Zweifelsfrei sind die Leistungen an Arbeitgeber bzw. Maßnahmeträger nach dem fünften und sechsten Kapitel des SGB III nicht vergaberechtlich relevant, denn sie betreffen nicht Leistungen, welche als Gegenleistung für die Bundesagentur für Arbeit erbracht werden, sondern eigene Leistungen des Arbeitgebers oder des Trägers, die dafür lediglich einen Zuschuss erhalten.[452]

Ausnahmen hiervon bilden die Förderung der Berufsausbildung und Eingliederungshilfen, die die Beschäftigung begleiten (§§ 240 ff. SGB III). Gem. § 241 Abs. 4 Nr. 2 SGB III sind die Maßnahmen nur dann förderungsfähig, wenn sie u.a. „im Auftrag der Agentur für Arbeit" durchgeführt werden. Hier sieht das Gesetz vor, dass der zu fördernde Träger in einem Rechtsverhältnis zur Bundesagentur für Arbeit steht, denn die betroffenen Maßnahmen sind sog. Auftragsmaßnahmen, welche im Gegensatz zu den sog. freien Maßnahmen durch die Bundesagentur für Arbeit initiiert und sichergestellt werden. Wie der Auftrag im Einzelnen gestaltet sein soll, darüber schweigt der Gesetzgeber, so dass der Sozialleistungsträger grundsätzlich in seiner Wahl zwischen Dienstleistungskonzession, Rahmenvereinbarung und öffentlichem Auftrag frei ist.

Fest steht jedenfalls, dass die Bundesagentur für Arbeit aufgrund von § 55 BHO auch im Bereich der Leistungserbringung zum Abschluss selektiver Verträge ermächtigt ist, die dem Einkauf von Leistungskontingenten dienen. Anstatt dem Leistungsberechtigten die Entscheidung für den Leistungsabruf zu überlassen, können die Berechtigten in einem solchen Fall durch die Eingliederungsvereinbarung zu einem bestimmten Leistungserbringer gesteuert werden. Denkbar wäre dann die Vergabe von öffentlichen Dienstleistungsaufträgen oder der Abschluss von Rahmenvereinbarungen. Letztere sind im Bereich der Rehabilitationsleistungen vorzuziehen, denn sie erlauben eine flexiblere Reaktion auf die konkreten Bedürfnisse des einzelnen Behinderten.

---

452 Vgl. *Storost*, NZS 2005, S. 82 ff. (84, Fn. 28).

4. Leistungen an Arbeitnehmer

a) Kostenübernahme

Zu untersuchen ist außerdem das Feld der Leistungen an Arbeitnehmer. Notwendige Voraussetzung für weitere Überlegungen zur vergaberechtlichen Einordnung der Rechtsbeziehungen über die Erbringung arbeitsmarktpolitischer Leistungen an Berechtigte nach dem SGB II und SGB III ist selbstverständlich das Bestehen eines wie auch immer gestalteten Rechtsverhältnisses zwischen Sozialleistungsträgern und Leistungserbringern. Grundsätzlich besteht ein solches Rechtsverhältnis nicht in den Bereichen, wo die Kosten der Maßnahmen übernommen werden, denn der Leistungserbringer ist hier in der Regel nur für die Förderung zugelassen (§ 77 Abs. Satz 1 Nr. 3 SGB III).[453] Damit sind etwa die Maßnahmen der Eignungsfeststellung und Trainingsmaßnahmen (§ 48 ff. SGB III), die Förderung der Berufsausbildung (§§ 59 ff. SGB III) und der beruflichen Weiterbildung (§§ 77 ff. SGB III) gemeint.

Hier liegt nicht nur der tatsächliche Abruf der Leistung in der Hand des Berechtigten, sondern es fehlt in der Regel überhaupt an einem synallagmatischen Verhältnis zwischen dem Sozialleistungsträger und dem Leistungserbringer. Aus der Praxis der Vergabekammer des Bundes lässt sich trotzdem ersehen, dass die Bundesagentur für Arbeit auch im Bereich der Eignungsfeststellung und noch eher im Bereich der Trainingmaßnahmen öffentliche Aufträge vergibt.[454]

Eine gesetzlich geregelte Ausnahme gilt für die förderungsfähigen berufsvorbereitenden Bildungsmaßnahmen, die gem. § 61 Abs. 1 Nr. 3 SGB III „im Auftrag der Agentur für Arbeit" durchgeführt werden.[455] Es handelt sich - wie bei der o.g. Förderung der Berufsausbildung und Eingliederungshilfen, welche die Beschäftigung begleiten, nach §§ 240 ff. SGB III - um sog. Auftragsmaßnahmen. Die Verträge mit den Maßnahmeträgern sind auch hier nicht näher geregelt, wobei hier zu berücksichtigen ist, dass eine „ökonomisch motivierte Bedarfsprüfung"[456] kombiniert mit dem Förderungsanreiz faktisch immer zu öffentlichen

---

453 *Kunze/Kreikebohm*, NZS 2003, S. 5 ff. (7 f.).

454 Vgl. zuletzt Beschluss v. 5.10.2004, Az.: VK 3 - 179/04.

455 Die Vergabe berufsvorbereitender Bildungsmaßnahmen hat die Vergabekammer des Bundes bereits wiederholt beschäftigt, vgl. zuletzt Beschluss v. 26.08.2004, Az.: VK 1 - 105/04; v. 09.12.2004, Az.: VK 2 - 118/04; v. 28.12.2004, Az.: VK 1 - 141/04.

456 *Storost*, NZS 2005, S. 82 ff. (85).

Aufträgen führen dürfte. Wie die oben zitierten Verfahren vor der Vergabekammer des Bundes zeigen, ist die Bundesagentur für Arbeit in der Praxis tatsächlich dazu übergegangen, berufsvorbereitende Bildungsmaßnahmen nach § 61 SGB III als öffentliche Aufträge auszuschreiben, wobei die zu stellenden Teilnehmerplätze feststehen und unabhängig von ihrer Inanspruchnahme vergütet werden.[457] Klauseln, wonach sich der Auftragnehmer zu einer Mehrleistung von bis zu 20% des ausgeschriebenen Auftragsvolumens zu den gleichen Konditionen des Vertrages bei entsprechender Auftragserteilung durch den Auftraggeber verpflichtet, wurden wegen Verstoß gegen § 8 Nr. 1 Abs. 3 VOL/A als unzulässig betrachtet, denn sie würden den Bietern ein unzumutbares Wagnis auferlegen.[458] Es wird damit bestätigt, dass ein wichtiges Unterscheidungsmerkmal des öffentlichen Auftrags darin besteht, dass der Auftraggeber das Verwendungsrisiko in Gänze trägt und zu tragen hat.

b) Beauftragung Dritter

Die Aufmerksamkeit sei nun auf die vertraglichen Konstellationen gelenkt, in denen die Bundesagentur für Arbeit zur Anwendung des Vergaberechts verpflichtet ist. Es geht im Einzelnen um die Beauftragung Dritter mit der Vermittlung (§ 37 SGB III), die Verträge mit den Personal-Service-Agenturen (§ 37c SGB III) und die Beauftragung von Trägern mit Eingliederungsmaßnahmen[459] (§ 421i SGB III).

Während § 37 SGB III in der Fassung vom 1.1.1998[460] zwar über § 14 Abs. 1 Satz 2 AFG hinausging, aber im Ergebnis für das Arbeitsamt allein die Möglichkeit vorsah, zu seiner Unterstützung mit Einwilligung des Ausbildungssuchenden bzw. des Arbeitssuchenden Dritte an der Vermittlung evtl. gegen Kostenerstattung zu beteiligen, ist im Bereich der aktiven Arbeitsförderung für den Sozialleistungsträger durch das Job-AQTIV-Gesetz die Pflicht eingeführt worden, zu prüfen, ob die Beauftragung Dritter mit der Vermittlung Ausbildungssuchender oder Arbeitssuchender die berufliche Eingliederung erleichtert (§ 37

457 Aufgrund eines Beschlusses der VK Bund v. 13.05.2004 (Az.: VK 1 - 42/04) hat die Bundesagentur für Arbeit ihre Vergabepraxis von der freihändig-wettbewerblichen Vergabe auf die öffentliche Ausschreibung umgestellt (Vergabe BvB neu 2).

458 VK Bund, Beschluss v. 26.08.2004, Az.: VK 1 - 105/04, 108/04 und 111/04.

459 Verlängert bis Ende 2007 durch Fünftes Gesetz zur Änderung des Dritten Buches Sozialgesetzbuch v. 22.12.2005 (BGBl. I 2005, 3676).

460 Zur Begründung siehe BT-Drucks 13/4941 S. 160.

Abs. 2 Satz 2 SGB III in der Fassung vom 1.1.2002). Bereits gem. § 37a SGB III in der Fassung vom 1.1.2002 konnte der Arbeitslose der Beauftragung nur aus wichtigem Grund widersprechen oder sogar die Beauftragung eines Dritten verlangen, wenn er sechs Monate nach Eintritt seiner Arbeitslosigkeit noch arbeitslos war.

§ 37 SGB III in der Fassung vom 1.1.2004 ersetzt den aufgehobenen § 37a SGB III und regelt nun die Ausbildungs- und Arbeitsvermittlung (Vermittlung). Es wird weiterhin der Agentur für Arbeit erlaubt, Dritte mit der Vermittlung oder mit Teilaufgaben der Vermittlung zu beauftragen, insbesondere zum Zwecke einer effizienteren beruflichen Eingliederung. Wichtig ist dabei die durch das erste Hartz-Gesetz aufgenommene Klarstellung, dass Arbeitslose von der Agentur für Arbeit dem Dritten zugewiesen werden können, wenn sie keinen Gebrauch von ihrem Widerspruchsrecht machen (§ 37 Abs. 1 Satz 3 SGB III). Nach wie vor haben sie nach sechs Monaten Arbeitslosigkeit einen Anspruch darauf, durch beauftragte Dritte vermittelt zu werden (§ 37 Abs. 4 SGB III). Die privaten Leistungserbringer werden in der Regel für ihre Vermittlungstätigkeit durch die Agentur für Arbeit vergütet, die auch eine Pauschalierung vereinbaren kann (§ 37 Abs. 3 SGB III).

Aus dem Gesetz ergibt sich bereits ein deutliches Bild des Rechtsverhältnisses zwischen dem Sozialleistungsträger, der Agentur für Arbeit im Namen der Bundesagentur für Arbeit, und den Leistungserbringern: Es handelt sich um einen entgeltlichen Vertrag, bei dem die Agentur für Arbeit Dienstleistungen im Bereich der Arbeitsvermittlung gegen einen im voraus bestimmten Preis einkauft und diese den Arbeitslosen bzw. Ausbildungssuchenden zur Verfügung stellt, um ihren eigenen Pflichten aus § 35 Abs. 1 Satz 1 SGB III sowie aus der Eingliederungsvereinbarung nachzukommen. Im Leistungserbringungsvertrag werden also Maßnahmeinhalte, Qualitätsstandard und Vergütung vereinbart. Den Abruf der einzelnen Maßnahmen bestimmt die Bundesagentur für Arbeit selbst.

Eine Auftragsgarantie ist hingegen nicht vorgesehen, jedoch aus wirtschaftlichen Gründen sicherlich vorteilhaft. Jedenfalls erfüllt das gesetzlich vorgesehene Rechtsverhältnis alle Voraussetzungen eines Rahmenvertrages, auf den bei Erreichen der entsprechenden, gem. § 3 VgV ermittelten Schwellenwerte die Regelungen des GWB - zumindest nach der Rechtslage vor Umsetzung der

Richtlinie 2004/18/EG - entsprechend anwendbar sind.[461] Entscheidet sich die Bundesagentur für Arbeit für die Vergabe öffentlicher Aufträge, dann ist das GWB-Vergaberecht zweifelsfrei direkt anwendbar.[462]

Ein neuer Bereich für die Anwendung der vergaberechtlichen Vorschriften ist die vermittlungsorientierte Arbeitnehmerüberlassung durch die Personal-Service-Agenturen (PSA), welche durch das erste Hartz-Gesetz eingeführt wurde und seit 1.1.2003 in § 37c SGB III geregelt ist. Auch diese Vorschrift bezweckt eine schnellere, transparentere und effizientere Arbeitsvermittlung, steht also unter dem Motto des „Förderns und Forderns". In der Fassung vom 23.12.2003 konnte die Agentur für Arbeit, die mindestens die Einrichtung einer PSA sicherzustellen hatte, ihrer Sicherstellungspflicht nachkommen, indem sie sich an Verleihunternehmen beteiligte (Public-Private-Partnership[463] nach § 37c Abs. 3 SGB III a.F.) oder selbst eine eigene PSA gründete (§ 37c Abs. 4 SGB III a.F.), aber das Gesetz sah in § 37c Abs. 2 Satz 1 SGB III a.F. als Regelfall vor, dass die Agentur für Arbeit Verträge mit zugelassenen Verleihern schloss, sich also zur Erfüllung ihrer Pflicht gegenüber den Versicherten privater Dritter bediente.[464] § 37c Abs. 2 Satz 2 SGB III a.F. ordnete die Anwendbarkeit des Vergaberechts an. Die neue Fassung des § 37c SGB III sieht nur die Beauftragung tätiger Verleiher mit der Einrichtung und dem Betreib einer PSA vor (§ 37c Abs. 1 Satz 1 SGB III). Eine Sicherstellungspflicht besteht nicht mehr. Im Folgenden sei kurz skizziert, wie sich die PSA-Verträge gestalten.

Aufgaben der PSA sind die Arbeitnehmerüberlassung zur Vermittlung in Arbeit und die Arbeitnehmerweiterbildung in verleihfreien Zeiten; dies stellt den Vertragsgegenstand dar. Wegen des Vorrangs der Vermittlung (§ 4 Abs. 2 SGB III) wird nicht - wie im Falle des Vermittlungsgutscheins nach § 421g SGB III - die gewerbliche Arbeitsvermittlung subventioniert, sondern die Agentur für Arbeit

---

461 Zum § 37a SGB III a.F. vgl. Vergabekammer des Bundes, Beschluss v. 07.01.2004, Az.: VK 1 - 137/03: Hier hatte der öffentliche Auftraggeber nur 70% der angegebenen Zuweisungszahlen zugesichert und Honorierung erst bei nachweislich erbrachten und zu dokumentierenden Leistungen vorgesehen.

462 *Luthe*, SGb 2002, S. 77 ff. (81), der allerdings nicht zwischen Auftrag und Rahmenvereinbarung unterscheidet.

463 Zu Auslegungsfragen in diesem Bereich vgl. zuletzt KOM(2004) 327 endg.

464 Durch das Fünfte Gesetz zur Änderung des SGB III v. 22.12.2005 (BGBl. I 2005, 3676) ist auch die zwingende Verpflichtung für jede Agentur für Arbeit entfallen, mindestens eine PSA einzurichten.

behält sich hier gegenüber den privaten Leistungserbringern das ausschließliche Recht, Beschäftigte zur Einstellung vorzuschlagen.[465] Für die erbrachten Leistungen kann die Agentur für Arbeit ein Honorar vereinbaren (§ 37c Abs. 2 Satz 1 SGB III). § 37c Abs. 2 Satz 2 SGB III ordnet dabei als einziges Qualitätsmerkmal an, dass das Honorar zu kürzen ist, wenn Arbeitnehmer von der PSA an einen früheren Arbeitgeber überlassen, bei dem sie während der letzten vier Jahre mehr als drei Monate versicherungspflichtig beschäftigt waren.

Dadurch, dass allein der Agentur für Arbeit die Entscheidung über die Zuteilung der Arbeitslosen an die privaten PSA zusteht und dass die PSA einen von vornherein festen Preis für ihre Leistung erhält, handelt es sich bei den Verträgen der Agenturen für Arbeit mit den PSA nicht um Dienstleistungskonzessionen, sondern eindeutig um öffentliche Aufträge im Sinne des Vergaberechts.[466] Das Beschaffungselement kommt deutlich zum Ausdruck, wenn man hervorhebt, dass die PSA Leistungen für die Agentur für Arbeit erbringt und dafür eine – meistens monatliche – Vergütung bekommt: hier kauft also der Sozialleistungsträger Leistungskontingente ein, die er selbst erbringen müsste, während der Leistungserbringer nach Beauftragung kein Nutzungsrisiko mehr eingeht. Es bleibt selbstverständlich das Risiko erhalten, sich bei der Kalkulierung der vereinbarten Vergütung, die nach der Gesetzesbegründung[467] alle Leistungen umfassen soll, verschätzt zu haben. Auch ohne den Verweis des § 37c Abs. 2 Satz 2 SGB III a.F. ist daher das Vergaberecht – bei Erreichung oder Überschreitung des maßgeblichen Schwellenwerts - anzuwenden.

Auch gem. § 421i Abs. 1 SGB III (Eingliederungsmaßnahmen) darf die Bundesagentur für Arbeit Verträge über Leistungskontingente abschließen, also auf dem Markt unter den Anbietern selektieren, die bereit sind, die von der Bundesagentur für Arbeit zur Erfüllung ihrer öffentlichen Aufgaben benötigten Ressourcen zu verkaufen. Die Leistungserbringungsverträge mit den ausgewählten Dritten enthalten nämlich präzise Angaben sowohl zur Leistungsmenge als auch zu dem dafür zu zahlenden Preis als Gegenleistung. Andere Leistungserbringer, mit denen kein Vertrag zustande gekommen ist, sind von der Leistungserbrin-

465 *Reipen*, BB 2003, S. 787 ff. (789).

466 *Hoffmann/Scheulen*, AuB 2003, S. 129 ff. (130).

467 BT-Drucks. 15/25, S. 28: „Das Entgelt umfasst alle Leistungen des Arbeitsamtes an die Personal-Service-Agentur. Weitere Leistungen der Arbeitsförderung wie z.B. Lohnkostenzuschüsse werden an die Personal-Service-Agentur nicht erbracht."

gung ausgeschlossen. Die anspruchsberechtigten Versicherten haben ihrerseits kein freies Wahlrecht bezüglich des Leistungserbringers, sondern werden als Nutznießer der im voraus eingekauften Leistungen den Vertragspartnern zugeteilt.

Bei den zu erbringenden Leistungen handelt es sich um unterschiedliche, im Einzelnen nicht weiter definierte Maßnahmen, welche die Eingliederung von Arbeitslosen durch den Abschluss eines sozialversicherungspflichtigen Beschäftigungsverhältnisses als Ziel haben.[468] Ausgeschrieben werden zwar nicht die Einzelmaßnahmen an sich, sondern das Erreichen einer bestimmten Eingliederungsquote. Die Konzepte zur Erreichung dieser Zielvorgabe und deren Preis reichen die Bieter ein.[469] Es besteht aber kein Zweifel daran, dass die Bundesagentur für Arbeit als öffentlicher Auftraggeber eine Dienstleistung einkauft, wenn sie sich die erfolgreiche Eingliederung einer bestimmten Teilnehmerzahl zusagen lässt. Handelt die Bundesagentur für Arbeit nach § 421i SGB III, dann vergibt sie öffentliche Dienstleistungsaufträge i.S.d. § 99 Abs. 1 und 4 GWB. Auch hier ist die Anordnung des § 421i Abs. 1 SGB III, dass die Beauftragung Dritter mit Eingliederungsmaßnahmen erst „nach einem wettbewerbsrechtlichen Vergabeverfahren" erfolgen kann, letztlich nur deklaratorischer Art.

II. Leistungserbringung nach dem SGB VI

Relevant für die vorliegende Untersuchung können allein die Leistungen zur Teilhabe nach § 9 Abs. 1 Satz 1 SGB VI, deren Bewilligung im Ermessen der Träger steht (§ 9 Abs. 2 SGB VI). Die stationären Leistungen zur medizinischen Rehabilitation können grundsätzlich und ohne Einschränkungen in eigenen Einrichtungen der Träger der Gesetzlichen Rentenversicherung erbracht werden (§ 15 Abs. 2 Satz 1 SGB VI).[470] Der Gesetzgeber begründet die Notwendigkeit eines Vertragsabschlusses für den Fall, dass die Erbringung dieser Sachleistungen

---

468 Das Instrument ist vom Gesetzgeber als wirkungs- und nicht als inhaltsorientiert konzipiert worden. Vgl. dazu BT-Drucks. 15/25, S. 33f.; *Spellbrink*, in Spellbrink/Eicher, Kasseler Handbuch des Arbeitsförderungsrechts, § 23a Rdnr. 10.

469 Wie im Rahmen der freien Förderung gem. § 10 SGB III kann man deswegen auch im Zusammenhang mit § 421i SBG III von „gesetzesfreier Leistungserbringung" sprechen. Dazu vgl. *Ebsen*, in: Gagel (Hrsg.), SGB III-Kommentar, § 10 Rdnr. 8.

470 Zur Tradition dieser Art der Leistungserbringung vgl. *Pitschas*, in: Schulin (Hrsg.), Handbuch des Sozialversicherungsrechts, Bd. 3, 1999, § 31 Rdnr. 4ff.

durch fremde Dritte erfolgt (§ 15 Abs. 2 Satz 1 SGB VI). Hierdurch wird das Wunschrecht des Leistungsberechtigten bezüglich der Einrichtung, das bereits gem. § 13 Abs. 1 SGB VI lediglich in die Ermessenserwägungen des Sozialleistungsträgers einfließen kann, auch insoweit eingeschränkt, dass Leistungen nur in Einrichtungen erbracht werden dürfen, mit denen ein Vertrag besteht. Es gibt hier jedoch keine speziellen Regelungen wie im Leistungserbringungsrecht der GKV, sondern § 15 Abs. 2 Satz 1 a.E. SGB VI verweist lediglich auf den unten[471] zu untersuchenden Vertrag nach § 21 SGB IX.[472]

III. Leistungserbringung nach dem SGB VII

Im Recht der Gesetzlichen Unfallversicherung werden Leistungen zur Heilbehandlung und Teilhabe grundsätzlich als Dienst- und Sachleistungen zur Verfügung gestellt (§ 26 Abs. 4 Satz 2 SGB VII). Gem. § 26 Abs. 5 Satz 1 SGB VII bestimmen die Unfallversicherungsträger im Einzelfall nach pflichtgemäßem Ermessen nicht nur Art, Umfang und Durchführung der Heilbehandlung und der Leistungen zur Teilhabe, sondern auch die Einrichtungen, die diese Leistungen erbringen. Wie sich dem § 28 Abs. 4 Satz 2 SGB VII im Umkehrschluss entnehmen lässt, gilt aber das für das SGB V bereits erläuterte Recht auf freie Arztwahl für die akute Heilbehandlung auch hier und kann nur im Falle der Erbringung besonderer unfallmedizinischer Behandlung eingeschränkt werden.

Abgesehen von der gerade erwähnten Ausnahme treten also die Unfallversicherungsträger als Auftraggeber auch im einzelnen Behandlungsfall auf, so dass die Verträge mit den Leistungserbringern grundsätzlich nicht als Dienstleistungskonzessionen zu betrachten sind. Außerdem fehlt im SGB VII eine dem § 140 SGB V vergleichbare Regelung, so dass die Unfallversicherungsträger - anders als die Krankenkassen - Leistungen auch selbst zur Verfügung stellen können. Denkbar ist daher die Vergabe öffentlicher Lieferaufträge, um Waren wie Arznei-, Verband- oder Hilfsmittel einzukaufen.

Die leistungserbringungsrechtlichen Beziehungen sind in § 34 SGB VII geregelt. Es handelt sich zum einen um Kollektivverträge auf der Ebene der Verbände der Unfallversicherungsträger und der Kassenärztlichen Bundesvereinigun-

---

[471] Siehe Teil E, 13. Kapitel, V 2.

[472] Zur älteren Rechtslage vgl. *Neumann*, RsDE Nr. 43 (1999), S. 1 ff.

gen (§ 34 Abs. 3 Satz 1 SGB VII), zum anderen um Einzelverträge nach § 34 Abs. 8 Satz 1 bzw. § 34 Abs. 8 Satz 2 i.V.m. § 21 SGB IX. Für die Erbringung besonderer unfallmedizinischer Behandlung durch Ärzte und Krankenhäuser stellt § 34 Abs. 2 SGB VII klar, dass die Unfallversicherungsträger nicht selektiv vorgehen dürfen, sondern alle, die den nach § 34 Abs. 1 Satz 2 SGB VII festgelegten Anforderungen entsprechen, beteiligen müssen. Aber auch für die weiteren Fälle der Leistungserbringung ist der Abschluss selektiver Verträge weder ausdrücklich noch implizit vorgesehen, so dass die Bildung von Kontingenten und die Vergabe öffentlicher Aufträge weitgehend ausgeschlossen sind.

Was den Rehabilitationsbereich betrifft, ist zudem an die grundsätzliche Notwendigkeit zu denken, Art, Umfang und Maß der Leistung im Einzelfall zu bestimmen, um auf den individuellen Hilfebedarf reagieren zu können. Auch deswegen sind in diesem Bereich, wo das SGB VII in der Regel auf die Bestimmungen des SGB IX verweist, nur Rahmenvereinbarungen zulässig.[473]

IV. Leistungserbringung nach dem SGB VIII und SGB XII

1. Keine Spezialität der §§ 78a ff. SGB VIII, 75 ff. SGB XII

Zum Teil wird die Meinung vertreten, dass die Vorschriften zum Abschluss von Vereinbarungen über Leistung, Vergütung und Prüfung im Recht der Kinder- und Jugendhilfe sowie im Sozialhilferecht das Vergaberecht wegen Spezialität verdrängen würden.[474] Dem ist entgegenzuhalten, dass diese Vorschriften - genauso wie in all den anderen Bereichen des Sozialrechts - zwar Auskunft über die Gestaltung des Leistungserbringungsrechts geben, aber keine mit denen des Vergaberechts vergleichbaren Bestimmungen über das förmliche Auswahlverfahren enthalten. Mangels einer ausdrücklichen Regelung, welche - wie der § 69

---

473 Vgl. hierzu die Ausführungen zu § 21 SGB IX, in Teil E, 13. Kapitel, V. 2.

474 *Pöld-Krämer/Fahlbusch*, RsDE Nr. 46 (2000), S. 4 ff. (11); *Stähr/Hilke*, ZfJ 1999, S. 155 ff. (158); *Wabnitz*, NDV 2003, S. 141 ff. (146), der für die Spezialität der §§ 78a ff. SGB VIII gegenüber sowohl dem Vergaberecht als auch dem Haushaltsrecht plädiert; *Neumann/Nielandt/Philipp*, Erbringung von Sozialleistungen nach Vergaberecht? Rechtsgutachten im Auftrag des Deutschen Caritasverbandes und des Diakonischen Werkes der Evangelischen Kirche in Deutschland, 2004, S. 63, 80, 83; *Fahlbusch*, Zur Anwendbarkeit des § 7 Nr. 6 VOL/A bei der Beschaffung sozialer Dienstleistungen, Deutscher Verein für öffentliche und private Fürsorge, Gutachten vom 10.02.2004. Noch offen gelassen vom VG Stade, Urteil v. 14.07.1999, Az.: 1 B 1044/99, in: RsDE 47 (2000), 99.

SGB V für das Leistungserbringungsrecht der GKV - den *abschließenden* Charakter der Vorschriften über die Leistungs- und Vergütungsvereinbarungen im Jugendhilfe- und Sozialhilferecht gesetzlich festschreibt, kann daher der Auslegungsgrundsatz „lex specialis derogat lex generalis" nicht das ganze Vergaberecht a priori verdrängen, sondern ggf. nur punktuell und unter Berücksichtigung des Grundsatzes richtlinienkonformer Auslegung zur Anwendung kommen. Setzt die vergaberechtliche Vorschrift europäisches Recht um, dann geht sie nach richtlinienkonformer Auslegung jedenfalls vor.[475]

Anhand der §§ 78a ff. SGB VIII und 75 ff. SGB XII i.V.m. den entsprechenden Vorschriften des Leistungsrechts können also vielmehr die Besonderheiten der Vertragsgestaltung in diesen beiden Bereichen der Erbringung sozialer Leistungen im Dreiecksverhältnis untersucht werden, um deren vergaberechtliche Relevanz zu bewerten. Ergibt die Prüfung, dass es sich bei den zulässigen Verträgen auch um Verträge handelt bzw. handeln kann, die in den sachlichen Anwendungsbereich des Vergaberechts fallen, dann sind die Vorschriften des Vergaberechts auch anzuwenden und eventuelle Konkurrenzen unter Berücksichtigung der Vorgaben in den europäischen Richtlinien zu lösen. Das Rechtsschutzverfahren vor den Schiedsstellen wäre in diesem Fall nur eine zusätzliche Alternative für nicht berücksichtigte Bieter.

2. Die neuen Leistungsverträge

Das Recht der Kinder- und Jugendhilfe und der Sozialhilfe enthält in den §§ 78a ff. SGB VIII und 75 ff. SGB XII spezielle Vorschriften für die Erbringung von Leistungen durch Dritte, welche gem. § 4 Abs. 2 SGB VIII (als freie Träger) und gem. § 75 Abs. 2 Satz 1 SGB XII grundsätzlich gegenüber Eigeneinrichtungen des Sozialleistungsträgers Vorrang genießen.[476] Es werden Leistungs- und

---

475 *Mrozynski,* ZFSH/SGB 2004, S. 451 ff. (451); *Neumann/Nielandt/Philipp*, Erbringung von Sozialleistungen nach Vergaberecht? Rechtsgutachten im Auftrag des Deutschen Caritasverbandes und des Diakonischen Werkes der Evangelischen Kirche in Deutschland, 2004, S. 63; *Nielandt,* RsDE Nr. 57 (2005), S. 44 ff. (45 f.).

476 Zum Teil wird der sog. „echte Leistungsvertrag" als dritte Möglichkeit neben der Entgeltfinanzierung und der Subventionierung gesehen. Die Vertragsgestaltungsmöglichkeiten sind aber nach dem klaren Wortlaut des Gesetzes abschließend geregelt, so dass kein Raum für alternative Lösungen gegeben ist. So müssen sich auch „echte Leistungsverträge" am Maßstab der §§ 78a ff. SGB VIII und 75 ff. SGB XII messen lassen. Für eine „rasche Beerdigung" dieser Erfindung plädiert auch *Neumann*, in Rothkegel (Hrsg.), Sozialhilferecht Handbuch, 2005, Kap. 34 Rdnr. 29.

Vergütungsvereinbarungen geregelt, wobei beide Parteien die Möglichkeit haben, eine Schiedsstelle anzurufen, welche über die Gegenstände, über die keine Einigung erreicht werden konnte, entscheidet. Allerdings ist nur im Jugendhilferecht möglich, bereits hinsichtlich der Leistungsvereinbarung die Schiedsstelle anzurufen (§§ 78g Abs. 2, 78b Abs. 1 SGB VIII). Im Sozialhilferecht ist allein die Vergütungsvereinbarung schiedsstellenfähig (§§ 77 Abs. 1 Satz 2, 76 Abs. 2 SGB XII). Vor Vertragsabschluss können bzw. müssen daher die entsprechenden Leistungserbringer vor Anrufung eines Gerichts versuchen, eine Leistungsvereinbarung mit den Trägern der Kinder- und Jugendhilfe vor der Schiedsstelle durchzusetzen.

Während sich die §§ 78a ff. SGB VIII nur auf (teil-)stationäre Leistungen beziehen, gelten die §§ 75 bis 80 SGB XII für alle Einrichtungen und Dienste, gleich ob ambulant, teil- oder vollstationär (§ 75 Abs. 1 Satz 2 SGB XII).[477] Im Vergleich zu § 78b SGB VIII, ist § 75a SGB XII noch präziser bezüglich des Gegenstands der Leistungsvereinbarung, welche die Erbringung bedarfsgerechter Hilfe im Einzelfall sicherstellen muss. Die künftige Zusammenarbeit zwischen Sozialleistungsträger und Leistungserbringer ist daher bereits bei Abschluss der Vereinbarung nach § 75 Abs. 3 SGB XII genau definiert.[478] Gem. § 78c Abs. 1 Satz 2 SGB VIII müssen die Vereinbarungen die Voraussetzungen enthalten, unter denen der Einrichtungsträger zur Leistungserbringung verpflichtet ist. Gem. § 76 Abs. 1 Satz 2 SGB XII müssen die Vertragspartner in die Vereinbarungen sogar bereits die Verpflichtung des Einrichtungsträgers aufnehmen, im Rahmen des vereinbarten Leistungsangebots Hilfeempfänger zu versorgen.

In beiden Fällen sind die Sozialleistungsträger zur Übernahme der Vergütung für die von einem freien Einrichtungsträger erbrachte Leistung grundsätzlich nur verpflichtet, wenn mit diesem Träger eine Vereinbarung besteht.[479] Die Vereinbarungen haben also einen Zulassungscharakter. Vor dem Abschluss einer solchen Vereinbarung ist eine Eignungsprüfung vorzunehmen, welche die Effektivität, die Effizienz und die Sparsamkeit des Erbringers untersucht (§ 75 Abs. 2

---

477 Gem. § 78a Abs. 2 SGB VIII kann jedoch das Landesrecht bestimmen, dass die §§ 78b bis 78g SGB VIII auch für andere Leistungen nach dem SGB VIII gelten.

478 Kritisch hierzu wegen des Grundsatzes der Hilfegewährung nach der Besonderheit des Einzelfalls *Pöld-Krämer/Fahlbusch*, RsDE Nr. 46 (2000), S. 4 ff.

479 Öffnungsklauseln für die ausnahmsweise Erbringung der Leistung durch vereinbarungsungebundene Träger: § 75 Abs. 4 SGB XII, § 78b Abs. 3 SGB VIII.

SGB XII, § 78b Abs. 2 SGB VIII).[480] Eine Bedarfsprüfung ist hingegen nicht vorgesehen. Dieses Vertragserfordernis schränkt gem. § 5 Abs. 2 Satz 2 SGB VIII und § 9 Abs. 2 Satz 2 SGB XII das Wunschrecht der Leistungsberechtigten ein und nimmt die Vertragseinrichtungen, welche sich im Wettbewerb um eine o.g. Vereinbarung durchgesetzt haben, jedenfalls für den Vereinbarungszeitraum aus dem Wettbewerb mit den weiteren, nicht berücksichtigten Anbietern von entsprechenden Leistungen heraus. Dass die Einführung dieser Vorschriften auch zur Einführung von Wettbewerbselementen und leistungsgerechten Vergütungen in die Jugend- und Sozialhilfe dienen soll, bestätigen die Gesetzesmaterialien zu den entsprechenden §§ 93 ff. BSHG.[481]

Während ein Selbstbeschaffungsrecht im Sozialhilferecht von vorneherein für jede Leistungsart ausgeschlossen ist („keine Hilfe für die Vergangenheit") und die Träger lediglich angemessenen Wünschen der Leistungsberechtigten entsprechen sollen (§ 9 Abs. 2 SGB XII)[482], ist die Möglichkeit der Selbstbeschaffung im Jugendhilferecht umstritten.[483] Untersucht man jedoch den Wortlaut des § 5 SGB VIII, so stellt man fest, dass das Gesetz nicht von einem absoluten Vorrang des Wahl- und Wunschrechts ausgeht, sondern dieses Recht in Abs. 2 durch die Pflicht zur Beachtung des Verhältnismäßigkeitsgrundsatzes einschränkt. Ein umfassendes Recht auf Selbstbeschaffung würde dem zuständigen Träger die Möglichkeit nehmen, die gesetzlich vorgeschriebene Verhältnismäßigkeitsprüfung bezüglich der Kosten vorzunehmen.

---

480 Die Rolle der Rahmenvereinbarungen auf Bundes- und Landesebene (§ 78f SGB VIII, § 79 SGB XII) ist für die vorliegende Untersuchung irrelevant, da diese zwar den Inhalt der Leistungserbringungsvereinbarungen beeinflussen, aber nicht selektiv wirken. Die Entscheidung über den Abschluss einer Leistungserbringungsvereinbarung bleibt beim jeweiligen Sozialleistungsträger.

481 BT-Drucks. 13/2440, S. 28.

482 Zur ausnahmsweise Anerkennung von Kostenerstattungsansprüchen im Sozialhilferecht vgl. BVerwG 5. Senat, Urteil vom 30.04.1992, Az.: 5 C 12/87, in: BVerwGE 90, 154; BVerwG 5. Senat, Urteil vom 02.09.1993, Az.: 5 C 50/91, in. BVerwGE 94, 127.

483 *Papenheim*, in: LPK-SGB VIII § 5 Rdnr. 24, *Kunkel*, in: LPK-SGB VIII § 36 Rdnr. 1a. Die Bereiche der Eingliederungshilfe nach § 35a SGB VIII sowie der Erziehungshilfe nach §§ 27 ff. SGB VIII seien durch § 36 SGB VIII deswegen von der Selbstbeschaffung ausgenommen, weil die Leistungsgewährung voraussetzt, dass die Anspruchsvoraussetzungen im Hilfeplanverfahren festgestellt worden sind. Vgl. auch *Bieritz-Harder*, RsDE Nr. 46 (2000), S. 33 ff. (41 ff.) m.w.N.

Von Ausnahmefällen abgesehen - etwa bei Untätigkeit, rechtswidriger Ablehnung, Eilfall - findet sich also auch hier wie in den meisten anderen Bereichen des Sozialrechts das Auftragsmodell wieder, in dem es der Sozialleistungsträger letztlich derjenige ist, der - auch wenn unter Berücksichtigung der Wünsche der Leistungsberechtigten - die Entscheidung über die Vergabe der Einzelaufträge trifft.[484] Der Leistungsberechtigte kann sich nicht - wie im Falle der ambulanten akuten Krankenbehandlung - direkt an einen zwar zugelassenen, aber im Einzelfall von ihm unmittelbar gewählten Leistungserbringer wenden und selber den Leistungsauftrag vergeben. Es ist der Bewilligungsbescheid des Sozialleistungsträgers, der zugleich den Erbringer der Leistung bestimmt, an den unmittelbar auch die Vergütung gezahlt wird.[485] Ob, inwieweit und unter welchen Voraussetzungen dieser bereit bzw. verpflichtet ist, im Einzelfall die Leistung zu erbringen, ist in den vorgeschalteten Leistungsvereinbarungen bereits festgelegt worden. Was diese Vereinbarungen nicht enthalten, sind eine Belegungsgarantie sowie der Umfang der Leistungen, welche die Einrichtung beim Erhalt des individuellen Auftrags durchzuführen hat.

In einem Fall, der vor der Vergabekammer Münster zur Entscheidung stand, wollte ein Kreis als Träger der Kinder- und Jugendhilfe Leistungen nach § 31 SGB VIII (sozialpädagogische Familienhilfe) an vier Anbieter vergeben. Der Kreis vertrat die Auffassung, es liege eine Dienstleistungskonzession vor, da die Bieter nur die Chance zum Erwerb eines Auftrages mit einem Hilfeempfänger erhalten würden. Diese müsse allein den gemeinschaftsrechtlichen Anforderungen an die Einhaltung der Transparenz und Nichtdiskriminierung genügen.

Zu Recht entschied die Vergabekammer Münster, dass eine Dienstleistungskonzession nicht vorliege, denn das wirtschaftliche Risiko werde nicht den Auftragnehmern überbürdet. Sie müssten sich die Kunden nicht selbst suchen, sondern diese würden ihnen von dem Kreis, der den Bewilligungsbescheid erteilt, genannt.[486] Entscheidend ist nämlich für die Abgrenzung zwischen Dienstleis-

---

484 BVerwG 5. Senat, Urteil vom 28.09.2000, Az.: 5 C 29/99, in: BVerwGE 112, 98. Zur Entwicklung des Meinungstands vgl. Hinrichs, Selbstbeschaffung im Jugendhilferecht, 2003, S. 27-108.

485 Zur Leistungsabwicklung im Dreiecksverhältnis in der Sozial- und Jugendhilfe vgl. *Neumann/ Bieritz-Harder*, RsDE Nr. 48 (2001), S. 1 ff. (12 f.).

486 VK Münster, Beschluss v. 30.06.2004, Az.: VK 13/04. A.A. VG Münster, Beschluss v. 22.06.2004, Az.: 5 L 728/04 und 5 L 756/04, in: ZFSH/SGB 2004, 601; *Dörr*, RdJB 2002, S. 349 ff. (365); *Nielandt*, RsDE Nr. 57 (2005), S. 44 ff. (47).

tungskonzession und öffentlichem Auftrag, ob der Hilfebedürftige oder der Leistungsträger letztlich bestimmen, auf welchen Leistungserbringer die Auswahl fällt. Das finanzielle Wagnis der hinreichenden Auslastung ist hingegen kein Charakteristikum der Dienstleistungskonzession, sondern der Rahmenvereinbarung, wo - wenn überhaupt - nur eine gewisse Menge in Aussicht gestellt wird.[487] Wird dem Leistungserbringer ausnahmsweise von vorneherein - unabhängig von der konkreten Inanspruchnahme - eine feste Stundenzahl zu einem festen Preis zugesichert, dann liegt ein öffentlicher Auftrag vor.[488]

Die Leistungsvereinbarungen im Sozialhilfe- und Jugendhilferecht weisen alle Merkmale einer Rahmenvereinbarung auf.[489] Eine konkrete Leistung wird mit dem Abschluss eines solchen Vertrages noch nicht eingekauft, aber die Leistungserbringer verpflichten sich zur Leistungsbereitstellung durch Vorhalten der erforderlichen Kapazitäten sowie zu deren Erbringung zu bestimmten Kostensätzen bei Abruf durch den Sozialleistungsträger.[490] Das Risiko der Kapazitätsauslastung wird von vorneherein mit in die Kalkulation der Vergütungssätze einbezogen. Zwischen den Vertragspartnern besteht schon von Anfang an ein unmittelbares Austauschverhältnis, das lediglich der Konkretisierung im Einzel-

---

487 So aber OLG Düsseldorf, Beschluss v. 22.09.2004, Verg 44/04.

488 VK Arnsberg, Beschluss v. 15.11.2005 - VK 20/2005, die jedoch richtigerweise auf die Ausnahme des § 1a Nr. 2 Abs. 2 VOL/A und des § 3 Nr. 4 lit. o VOL/A hinweist. Für solche Aufträge ist also die freihändige Vergabe statthaft.

489 Rechtlich nicht haltbar ist die Unterscheidung zwischen einer Rahmenvereinbarung und einem aufschiebend bedingten öffentlichen Auftrag (Vgl. dazu VK Münster, Beschluss v. 25.05.2004, Az.: VK 10/04), wenn die Bedingung gerade der Abruf durch den Auftraggeber (etwa im Bewilligungsbescheid gegenüber dem Leistungsberechtigten) ist, denn in beiden Fällen wird der Einzelauftrag ad hoc erteilt, so dass es sich also vergaberechtlich um eine Rahmenvereinbarung handelt. Auch wenn die Rahmenvereinbarung bindende Abnahmeverpflichtungen für den Auftraggeber oder den Auftragnehmer begründet, wird sie deswegen nicht zu einem öffentlichen Auftrag, wo der Anspruch auf die Vergütung unabhängig vom Abruf der Leistung durch den Auftraggeber entsteht. Das Vorliegen eines öffentlichen Auftrags verneint hingegen die VK Hamburg, Beschluss v. 03.08.2004, Az.: VgK FB 4/04, denn es fehle im Jugendhilferecht überhaupt an Markleistungen, an der Teilnahme eines öffentlichen Auftraggebers am Markt.

490 Die Tatsache, dass es dem Leistungserbringer in dieser Konstellation nicht überlassen bleibt, ob er den Einzelauftrag annimmt oder nicht, könnte etwa in Analogie zu § 8 Nr. 1 Abs. 3 VOL/A als unverhältnismäßig gelten, wenn der Sozialleistungsträger seinerseits gar keine Abnahmemengen verspricht.

fall bedarf.[491] Die Vergütung bezieht sich auf die tatsächlich erbrachten Leistungen und wird erst bei Abruf der Leistung geschuldet, was die Rahmenvereinbarung gerade vom öffentlichen Auftrag unterscheidet.[492]

Dem steht auch nicht entgegen, dass der Sozialleistungsträger im Einzelfall die Erbringung der begehrten Leistung gegenüber dem Leistungsberechtigten durch Bewilligungsbescheid regelt, welcher für den Einrichtungsträger, der auch tatsächlich in Anspruch genommen wird, lediglich als „Kostenzusage" gilt. Zum Teil wird die Meinung vertreten, diese Kostenzusage sei ein Schuldbeitritt, also gerade kein entgeltlicher Vertrag, so dass auch die vorgeschalteten Vereinbarungen keine Rahmenvereinbarungen i.S.d. Vergaberechts sein könnten.[493] In der Tat wird im Bewilligungsbescheid über den Anspruch des Bürgers gegen den Sozialleistungsträger entschieden, der Leistungserbringer bestimmt bzw. über die Angemessenheit des geäußerten Wunsches entschieden und die Übernahme der Kosten der zu erbringenden Leistung erklärt. Bei der Einzelzuweisung in diesem Verwaltungsakt handelt es sich aber zugleich um einen entgeltlichen Vertrag zwischen Sozialleistungsträger und Einrichtungsträger, also um einen öffentlichen Auftrag im vergaberechtlichen Sinne, denn der Inhalt der zu erbringenden Leistung und der Gegenleistung (Vergütung) wird nicht erst durch die vertragliche Beziehung zwischen Leistungsberechtigtem und Leistungserbringer, sondern bereits durch die den gesetzlichen Anspruch konkretisierende Leistungserbringungsvereinbarung zwischen den beiden Trägern bestimmt.

Die Kostenzusage enthält also formlos die Vergabe eines Einzelauftrags zu vordefinierten Bedingungen, denn sie verknüpft gegenüber dem Leistungserbringer

491 So auch *Mrozynski*, ZFSH/SGB 2004, S. 451 ff. (454), nach dem die Kostenübernahmeerklärung nur der Klarstellung der Rechtslage dient, aber keine materielle Voraussetzung für die Vergütung ist.

492 So auch *Luthe*, NDV 2001, S. 247 ff. (255), der richtigerweise darauf abstellt, dass das Geschäftsrisiko hier durch eine „staatliche" Instanz und nicht durch Markteinflüsse gesteuert wird. A.A. *Kingreen*, SGb 2004, S. 659 ff. (668), der die Tatsache, dass die Vereinbarungen im Sozialhilfe- und Jugendhilferecht noch gar keine Entgeltanspruch begründen, als ein Anzeichen für das Vorliegen einer Dienstleistungskonzession betrachtet.

493 *Neumann/Bieritz-Harder*, RsDE Nr. 48 (2001), S. 1 ff. (15 f.) hinsichtlich der §§ 93 ff. BSHG; 78a ff. SGB VIII.

Leistung und Gegenleistung synallagmatisch.[494] Der Bewilligungsbescheid ist einerseits Verwaltungsakt gegenüber dem Leistungsberechtigten, andererseits Vertragsangebot gegenüber dem Leistungserbringer, dessen Gegenstand die Beschaffung von Leistungen gegen einen bestimmten Preis als Gegenleistung ist. Daran ändert auch nichts die sog. Akzessorität der Kostenzusage[495], wonach der Zahlungsanspruch vom sozialrechtlichen Leistungsanspruch abhängt, denn dieser Grundsatz bestätigt nur noch einmal, dass das Angebot zur Auftragsvergabe sich auf die nach dem Leistungsrecht geschuldeten Leistungen beschränkt. Die Leistungserbringungsvereinbarung, welche die Bedingungen für die konkrete Leistungsabwicklung im Dreiecksverhältnis, zum Teil sogar die Verpflichtung zur Angebotsannahme, im Vorfeld klärt, stellt dementsprechend eine Rahmenvereinbarung dar.

Dieses Modell entspricht dem Grundsatz im Jugend- und Sozialhilferecht, wonach Art, Umfang und Maß der Leistung sich erst nach der Besonderheit des Einzelfalles (Person, Bedarf und örtliche Verhältnisse) richten soll und im jeweiligen Bewilligungsbescheid konkretisiert wird. Die Vergabe von öffentlichen Aufträgen würde hingegen dazu führen, dass der Sozialleistungsträger den konkreten Leistungsumfang für die noch nicht bekannten Einzelfälle im Vertrag festlegt, also nicht mehr flexibel genug auf den individuellen Hilfebedarf reagieren kann.

3. Zulässigkeit von „Vereinbarungen mit Gebietsschutz"

Weiterhin ist zu fragen, ob die Sozialleistungsträger überhaupt selektiv vorgehen können, wenn sie beabsichtigen, Einrichtungen im Wege öffentlicher Ausschreibungen zu beauftragen. Ob sie also aufgrund vorgeschalteter Bedarfsplanung einzelne interessierte Leistungserbringer ausschließen dürfen, obwohl sie die Eignungskriterien erfüllen. Bislang wurden die Vereinbarungen nach den §§ 78a ff. SGB VIII und 75 ff. SGB XII mit einer Vielzahl von Einrichtungen geschlossen, in letzter Zeit wollen immer mehr Sozialleistungsträger für bestimmte Gebiete - unter Ausschluss der anderen genauso geeigneten Einrichtungen - nur

---

494 I.E. auch *Luthe*, NDV 2001, S. 247 ff. (254 f.), der sich gegen die Annahme eines Konzessionssystems im Jugendhilferecht äußert. A.A. *Neumann*, in: Rothkegel (Hrsg.), Sozialhilferecht Handbuch, 2005, Kap. 34 Rdnr. 25.

495 OVG Münster, RsDE 34, S. 91; RsDE 15, S. 69.

noch eine einzige Einrichtung beauftragen. Zu diesem Zweck werden Leistungskontingente ausgeschrieben.

So hatte sich z.B. die Vergabekammer Münster 2004 u.a. mit einem Fall zu befassen, in dem ein Verband für soziale Dienste als Einrichtung i.S.v. § 93 Abs. 2 BSHG die Einleitung eines Nachprüfungsverfahrens beantragt hatte, nachdem ein Kommunalverband als Träger der Sozialhilfe Leistungen der Eingliederungshilfe auf nationaler Ebene öffentlich ausgeschrieben hatte, um einen einzigen Bieter zu beauftragen.[496] Der Antragsteller vertrat die Auffassung, ein solches Vorgehen sei unzulässig. Die Entscheidung der Vergabekammer Münster geht nicht nur auf Fragen nach der ordnungsgemäßen Durchführung des Vergabeverfahrens ein, sondern auch auf die Frage nach der Zulässigkeit der Ausschreibung an sich. Die Vergabekammer bejaht im Ergebnis aus den Bestimmungen des Vergaberechts sogar die Pflicht des Sozialhilfeträgers, eine solche Ausschreibung durchzuführen. Die sozialrechtlichen Vorschriften würden einer Vergabe der Leistungen im Wettbewerb nicht entgegenstehen.

Unter Zugrundelegung der oben entwickelten Kriterien für die rechtliche Prüfung selektiver Entscheidungen von Sozialleistungsträgern sollen im Folgenden die einfachgesetzlichen und verfassungsrechtlichen Schranken für den Abschluss solcher Vereinbarungen wie die, welche Gegenstand des Verfahrens vor der Vergabekammer Münster war, nach den §§ 78a ff. SGB VIII und 75 ff. SGB XII mit sog. Gebietsschutz untersucht werden.

Wie die Vergabekammer Münster richtig erkennt, kommen zunächst das Wunsch- und Wahlrecht der Leistungsberechtigten (§ 5 Abs. 2 SGB VIII, § 9 Abs. 2 u. 3 SGB XII) und die Wahrung eines pluralistischen Leistungsangebotes (§ 80 Abs. 2 Nr. 2 SGB VIII) in Betracht. Dies bedeutet jedoch nur, dass keine Monopolstrukturen entstehen dürfen, damit das Wunschrecht nicht vollkommen ausgehöhlt wird. Es besagt aber noch nicht, dass die Auswahl durch Selektion nach Bedarfsgesichtspunkten zum Zwecke der Kostendämpfung nicht zulässig ist.[497] Das Wahl- und Wunschrecht der Leistungsberechtigten kann grundsätzlich auf Leistungserbringer beschränkt werden, bei denen der Sozialleistungsträ-

---

496 VK Münster, Beschluss v. 25.05.2004, Az.: VK 10/04, bestätigt durch OLG Düsseldorf, Beschluss v. 08.09.2004, Verg 35/04.

497 A.A. *Krölls*, NDV 2000, S. 56 ff. (57); *Kingreen*, SGb 2004, S. 659 ff. (666 f.), der die Rahmenvereinbarung als Mittel zur Integration des Wunsch- und Wahlrechts in eine Ausschreibung sieht.

ger Leistungspakete eingekauft hat.[498] Sobald die Leistungserbringung bei einem bestimmten Leistungserbringer - bei gleicher Qualität, Geeignetheit und Effektivität - für den Sozialleistungsträger wirtschaftlich sinnvoller ist, muss anderweitigen Wünschen der Berechtigten auch nicht entsprochen werden, weil sie nicht mehr angemessen bzw. verhältnismäßig sind. Der Sozialleistungsträger hat in diesem Fall jedenfalls die Aufgabe, beim Einkauf von Leistungskontingenten so gut zu verhandeln, dass er später seine Entscheidung mit guten Argumenten begründen kann, die einer gerichtlichen Überprüfung auch standhalten.

Fest steht also, dass das Wahl- und Wunschrecht grundsätzlich gewissen Relativierungen unterliegt und dass Wirtschaftlichkeitsgesichtspunkte durchaus eine Rolle spielen dürfen.[499] Die sonst vertraglich gebundenen Anbieter, die keine Kontingente verkauft haben, könnten aber deren Konkurrenten im Nachhinein unterbieten und dadurch die Sozialleistungsträger in ihrer Entscheidungsfreiheit einschränken. Anders verhält es sich, wenn der Sozialleistungsträger weitere Abwägungsmöglichkeiten hat, obwohl sich der Wunsch rein rechnerisch im zulässigen Mehrkostenbereich bewegt. Über reine Kostenvergleiche hinaus ist hier an die eventuelle Mehrbelastung des Sozialleistungsträgers durch die Nichtberücksichtigung bereits eingekaufter, also bezahlter Leistungspakete zu denken. Dies wäre insoweit jedenfalls noch als verhältnismäßig anzusehen, wenn der Sozialleistungsträger dem individuellen Leistungsanspruch weiterhin gerecht wird und belegen kann, dass er dadurch sogar die Effizienz des Systems steigern kann. Im Übrigen kann auch immer durch die Aufnahme einer Ausnahmeregelung in den Vertrag mit dem ausgewählten Bieter gesichert werden, dass dem wirksam geltend gemachten Wunsch- und Wahlrecht der Berechtigten entsprochen wird und der gewünschte Leistungserbringer den Einzelauftrag erhält.

Im Gegensatz zur Rechtsprechung der mit ähnlichen Fällen konfrontierten Verwaltungsgerichtsbarkeit geht die Vergabekammer Münster nicht auf die Möglichkeit einer Verletzung der Berufsfreiheit der ausgeschlossenen Leistungserbringer ein. Wie oben dargelegt, begründet das Grundrecht auf Berufsfreiheit einen Kontrahierungszwang mit allen geeigneten Leistungserbringern bzw. einen Anspruch auf Unterlassung selektiver Verträge in den Fällen, wo der Gesetzge-

---

498 Verneinend *Neumann/Bieritz-Harder*, RsDE Nr. 48 (2001), S. 1 ff. (21), für das Sozial- und Jugendhilferecht.

499 So auch *Luthe*, NDV 2001, S. 247 ff. (249).

ber nicht selbst vorgesehen hat, dass die Sozialleistungsträger selektiv auf dem Markt agieren dürfen.[500] Zwar kann der mit selektiven Entscheidungen verbundene Eingriff in Art. 12 Abs. 1 GG in der Regel, wenn er also nicht die Intensität einer Berufswahleinschränkung erreicht, mit dem Argument der Kostensenkung gerechtfertigt werden, denn die Bildung von bedarfsgerechten Kontingenten vermeidet Leerstände der Kapazitäten der einbezogenen Leistungserbringer, die sonst in den Preis mit einkalkuliert werden. Aber jeder Grundrechtseingriff bedarf zunächst einer Ermächtigungsgrundlage.

Im Sozialhilfe- und Jugendhilferecht gibt es keine Regelungen, welche im Sinne der erforderlichen Ermächtigungsgrundlage für den Abschluss selektiver Verträge ausgelegt werden könnten. Zwar begründen die Landeshaushaltsordnungen für die hier betroffenen Träger grundsätzlich die Pflicht zur öffentlichen Ausschreibung. Die speziellen bundesrechtlichen Vorschriften des Leistungserbringungsrechts, denen hingegen ein an bestimmte Voraussetzungen gebundener Anspruch auf Vertragsschluss zu entnehmen ist, gehen aber den LHO vor. Nach § 75 Abs. 2 Satz 2 SGB XII und § 78b Abs. 2 SGB VIII *sind* Vereinbarungen mit geeigneten Einrichtungen abzuschließen, lediglich § 75 Abs. 2 Satz 3 SGB XII stellt klar, dass die Höhe der Vergütung ein gleichwertiges Auswahlkriterium darstellt. Die Frage, ob ein entsprechender Bedarf vorliegt, ist somit wegen des eindeutigen Wortlauts kein zulässiges Kriterium für die Ermessensentscheidung nach § 75 Abs. 2 Satz 2 und 3 SGB XII oder § 78b Abs. 2 SGB VIII.[501]

An diesem Ergebnis ändert auch die neuere Zielrichtung des Sozialhilfe- und Jugendhilferechts nichts. Zwar wird auch in diesen Bereichen des Sozialrechts eine finanzielle Entlastung der Kostenträger sowie mehr Qualität und Wirtschaftlichkeit durch Einführung von Wettbewerbsstrukturen wie die Leistungs-

---

500 Zum Sozialhilfe- und Jugendrecht vgl. *Steinmetz/Kunkel*, in: LPK-SGB VIII, § 78b Rdnr. 7; *Münder*, in: LPK-BSHG, § 93 Rdnr. 22; BVerwG 5. Senat, Urteil vom 30.09.1993, Az.: 5 C 41/91, in: BVerwGE 94, 202 (zum Ausschluss von Bedarfsgesichtspunkten bei Pflegesatzvereinbarungen nach § 93 Abs. 2 BSHG); Hamb. OVG, Beschluss v. 10.11.2004, Az.: 4 Bs 388/04, in: ZfJ 2005, 118 (zur Beeinträchtigung der Berufsausübungsfreiheit von Trägern der freien Jugendhilfe durch Sozialraumbudgetierung). Zur sog. Sozialraumorientierung im Jugendhilferecht vgl. *Münder*, ZfJ 2002, S. 416 ff.; *Wiesner*, ZfJ 2004, S. 241 ff.; *Mrozynski*, ZFSH/SGB 2004, S. 3 ff.; *Wabnitz*, NDV 2003, S. 141 ff.

501 Vgl. Oberverwaltungsgericht für das Land Nordrhein-Westfalen 12. Senat, Urteil vom 26.04.2004, Az.: 12 A 858/03, in: ZFSH/SGB 2005, 79 (zu § 93 BSHG:); *Mrozynski*, ZFSH/SGB 2004, S. 451 ff. (460 f.).

vereinbarungen angestrebt. Nachdem aber Bedarfsplanung als Auswahlkriterium oder die Durchführung einer öffentlichen Ausschreibung eben gerade nicht in den neuen Paragraphen vorgesehen wurden, sondern nur der Begriff „geeignet" verwendet wird, kann dem Sinn und Zweck des Gesetzes auch nichts anderes entnommen werden, dass der Kreis der Leistungserbringer nur auf solche zu beschränken ist, bei denen die im Gesetz genannten Voraussetzungen erfüllt sind. Wettbewerb ist dabei nicht ausgeschlossen, sondern findet in Bezug auf die Erfüllung der Geeignetheitskriterien statt.

Auch die Frage, ob neben bzw. nach dem Abschluss von diesen statusbegründenden Verträgen, welche einer Zulassung gleichzustellen sind, eine Selektion unter den Vertragspartnern zulässig ist, muss wegen des damit verbundenen Eingriffs in die Berufsfreiheit der Konkurrenten und mangels jeglicher Ermächtigungsgrundlage ebenfalls verneint werden.[502] Der Schutz von Art. 12 Abs. 1 GG steht daher im Sozialhilfe- und Jugendhilferecht der Entscheidung von Sozialleistungsträgern für den Abschluss selektiver Verträge entgegen. Auch beim Abschluss von Rahmenvereinbarungen dürfen Bedarfsgesichtspunkte nicht zum Ausschluss von geeigneten Bietern führen.[503]

Anders zu beurteilen ist hingegen die Frage, ob ein Sozialleistungsträger überhaupt Ausschreibungen durchführen darf. Zum Teil wird die Meinung vertreten, die Sozialleistungsträger würden rechtswidrig handeln, wenn sie nach Zuschlagserteilung andere Leistungserbringer, die sie zu Verhandlungen über den Abschluss einer Vereinbarung nach den §§ 78a ff. SGB VIII bzw. §§ 75 ff. SGB XII auffordern, ohne jegliche Prüfung einfach auf den nächsten Vergabeverfahren verweisen würden. Eine solche Entscheidung sei schon wegen Ermessensnichtgebrauch rechtswidrig.[504]

Dem lässt sich zunächst entgegenhalten, dass § 77 Abs. 1 Satz 1 SGB XII ausdrücklich vorsieht, dass die Vereinbarungen nach § 75 Abs. 3 SGB XII vor Be-

---

502 VG Hamburg, Beschluss v. 05.08.2004, Az.: 13 E 2873/04, in: ZFSH/SGB 2004, 618; Hamb. OVG, Beschluss v. 10.11.2004, Az.: 4 Bs 388/04, in. ZfJ 2005, 118.

503 Nichts anderes dürfte gemeint sein, wenn man von zulässiger Beschränkung auf die „besten Angebote" die Rede ist. Vgl. *Kingreen*, SGb 2004, S. 659 ff. (667), der allerdings nicht auf die Problematik von Art. 12 Abs. 1 GG eingeht.

504 Vgl. Oberverwaltungsgericht für das Land Nordrhein-Westfalen, Beschluss v. 27.09.2004, Az.: 12 B 1397/04, in: SAR 2005, 2 (zu § 93 BSHG). Vorgehend VG Münster, Beschluss v. 22.06.2004, Az.: 5 L 756/04 und 5 L 728/04, in: ZFSH/SGB 2004, 601.

ginn der jeweiligen Wirtschaftsperiode für einen zukünftigen Zeitraum (Vereinbarungszeitraum) abzuschließen sind. Im Sozialhilferecht ist daher die Durchführung einer Ausschreibung für Rahmenvereinbarungen ohne Mengenangabe nicht ausgeschlossen. § 78d SGB VIII besagt sogar ausdrücklich, dass die Vereinbarungen nach § 78b Abs. 1 SGB VIII für einen zukünftigen Zeitraum (Vereinbarungszeitraum) abzuschließen sind. Wann dies geschehen soll, wird aber nicht festgelegt. Dies bedeutet aber nicht, dass die betroffenen Sozialleistungsträger jederzeit bereit sein müssen, Angebote von Leistungserbringern zu prüfen und ihr Ermessen auszuüben. Durch Festsetzung eines für alle gültigen Termins, an dem der Abschluss von Vereinbarungen stattfinden soll, werden sie vielmehr dem Gleichheitsgebot aus Art. 3 Abs. 1 GG gerecht, indem sie allen Bietern die gleiche Chance geben, unabhängig voneinander Konzepte und Preise einzureichen.

4. Institutionelle Förderung

Kurz angesprochen sei hier auch noch das Problem der institutionellen Förderung nach den §§ 12, 74, 75 SGB VIII.[505] Es geht hier nicht nur um beihilferechtlich relevante Fragen. In den Fällen, in denen die Förderung zu dem Zweck der Durchführung eines bestimmten Projekts geleistet wird und ein Jugendverband institutionell gefördert wird, ist sie in ihren Auswirkungen jedenfalls einem öffentlichen Auftrag vergleichbar.[506] Es ist, wie wenn der Jugendhilfeträger echte Leistungsverträge abschließen würde, um Dienstleistungen zu erwerben und diese an sozialleistungsberechtigte Bürger zu verteilen. Dies gilt nur dann nicht, wenn die Förderung - wie traditionellerweise - nicht nach dem Modell von Leistung und Gegenleistung erfolgt, da es dann an dem Merkmal der Entgeltlichkeit fehlt.[507]

---

505 Vgl. hierzu *Mrozynski*, RsDE Nr. 47 (2001), S. 29 ff.(37 f.); *Apitzsch*, NDV 2000, S. 206 ff.; *Dörr*, RdJB 2002, S. 349 ff.

506 Zur Beurteilung von staatlichen Ausgleichszahlungen für die Erfüllung von Gemeinwohlaufgaben vgl. EuGH, Urteil v. 24.07.03, Rs. C-280/00, Slg. 2003, I-7747 - Altmark Trans. Zur Ausschreibungspflicht von öffentlichen Versorgungsaufträgen, bei denen die Ausgleichsleistungen nicht als Beihilfe, sondern als Vergütung gelten, vgl. Europäische Kommission GD Wettbewerb, Staatliche Beihilfen und Dienste von allgemeinem wirtschaftlichen Interesse, Non-Paper, 12.11.2002.

507 *Neumann/Bieritz-Harder*, RsDE Nr. 48 (2001), S. 1 ff. (S. 17).

V. Leistungserbringung nach dem SGB IX

1. Vorüberlegungen

Die vielgestaltige Versorgung mit Rehabilitations- bzw. Teilhabeleistungen in Form von medizinischen, berufsfördernden oder ergänzenden Leistungen stellt die Aufgabe von Trägern verschiedener sozialrechtlicher Bereiche dar. Es sind die Gesetzlichen Krankenkassen, die Bundesagentur für Arbeit, die Träger der Gesetzlichen Unfallversicherung, die Träger der Gesetzlichen Rentenversicherung, die Träger der Alterssicherung der Landwirte, die Träger der Kriegsopferversorgung und Kriegsopferfürsorge, die Träger der öffentlichen Jugendhilfe und die der Sozialhilfe.

§ 5 SGB IX gibt einen Überblick über die Leistungen, die behinderte oder von Behinderung bedrohte Menschen i.S.d. § 2 Abs. 1 SGB IX erhalten, um gem. § 1 Satz 1 SGB IX ihre Selbstbestimmung und gleichberechtigte Teilhabe am Leben in der Gesellschaft zu fördern, Benachteiligungen zu vermeiden oder ihnen entgegenzuwirken. Es handelt sich um Leistungen zur medizinischen (§§ 26 – 32 SGB IX) und beruflichen (§§ 33 – 43 SGB IX) Rehabilitation, unterhaltssichernde und andere ergänzende Leistungen (§§ 44 – 54 SGB IX) sowie um Leistungen zur Teilhabe am Leben in der Gemeinschaft (§§ 55 – 59 SGB IX). Diese konkreten Ansprüche, die erst dann entstehen, wenn eine Behinderung i.S.d. der Abweichung von dem für das Lebensalter typischen Zustand mit hoher Wahrscheinlichkeit länger als sechs Monate bestehen wird oder zu erwarten ist, sollen das soziale Recht auf Teilhabe (§ 10 SGB I) verwirklichen, somit das Benachteiligungsverbot des Art. 3 Abs. 3 Satz 2 GG in das einfache Recht umsetzen.[508]

Gem. § 9 Abs. 2 Satz 1 SGB IX können alle Rehabilitationssachleistungen nur dann als Geldleistungen, d.h. im Wege der Kostenerstattung erbracht werden, wenn sie nicht in Rehabilitationseinrichtungen[509] auszuführen sind und wenn sie hierdurch voraussichtlich bei gleicher Wirksamkeit wirtschaftlich zumindest

---

508 *Welti/Sulek*, RsDE Nr. 49 (2001), S. 40 ff. (42).

509 Zur Abgrenzung Einrichtungen vs. Dienste vgl. *Löschau*, GK-SGB IX, § 19 Rdnr. 14 f.: „Rehabilitationsdienste sind Organisationsformen, die überwiegend in nichtstationärer Weise tätig sind. Rehabilitationseinrichtungen sind diejenigen örtlich fixierten baulichen Einrichtungen, in denen die Leistungen ambulant oder stationär ausgeführt werden.“

gleichwertig ausgeführt werden können. Dies stellt klar, dass Leistungen in Einrichtungen jedenfalls als Sachleistungen erbracht werden. Die Entscheidung, ob die Voraussetzungen für die zweite Alternative gegeben sind, trifft der Rehabilitationsträger im Einzelfall. Bezüglich der Wahl des Leistungserbringers im Falle von Sachleistungserbringung gilt zunächst der allgemeine Individualisierungsgrundsatz des § 33 SGB I, denn bei der Ermessensausübung sind die individuellen Gesichtspunkte zu beachten, soweit sie angemessen sind.[510] Eine speziellere Kodifizierung des Wunsch- und Wahlrechts der Leistungsberechtigten findet sich in § 9 Abs. 1 SGB IX, der weiter greift und deshalb Anwendungsvorrang genießt.[511]

Das Wunschrecht bezieht sich nicht nur auf die Entscheidung über die Leistungen (§ 5 SGB IX), sondern auch auf die Ausführung der Leistungen (§§ 17 bis 19 SGB IX), also auch auf die Auswahl des Leistungsorts, des Rehabilitationsdiensts sowie der Rehabilitationseinrichtung.[512] Bei der Entscheidung, ob die Wünsche „berechtigt" sind, hat der Rehabilitationsträger die Kriterien der Wirtschaftlichkeit, Sparsamkeit und Qualität zu berücksichtigen.[513] Dem Leistungsberechtigten wird somit zwar ein weitgehendes Wunschrecht eingeräumt, aber Selbstbeschaffung bzw. freie Wahl unter einem eingeschränkten Kreis von zugelassenen bzw. vertraglich gebundenen Leistungserbringern ist grundsätzlich nicht möglich. Die einzige Ausnahme ist in § 15 SGB IX geregelt und erfasst die Fälle einer nicht rechtzeitigen Entscheidung über den Antrag bzw. Leistungserbringung bei unaufschiebbaren Leistungen oder bei zu Unrecht abgelehnten Leistungen.

Grundsätzlich kann die Erbringung von Sachleistungen durch die Rehabilitationsträger durch trägereigene Einrichtungen geschehen. Soweit die Rehabilitationsleistungen hingegen als Sachleistungen unter Inanspruchnahme von geeigneten, insbesondere auch freien und gemeinnützigen oder privaten Rehabilitationsdiensten und -einrichtungen (§§ 17 Abs. 1 Nr. 3, 19 SGB IX) erbracht werden, die nicht in Trägerschaft eines Rehabilitationsträgers stehen, zeichnet sich im Rehabilitationsrecht das klassische sozialrechtliche Dreiecksverhältnis unter

---

510 Zu § 33 Abs. 1 SGB I vgl. BSG, Urteil v. 03.11.1999, Az.: B 3 KR 16/99 R, in: SozR 3-1200 § 33 Nr. 1.

511 *Igl*, ZSR 2004, S. 365 ff. (378).

512 *Löschau*, GK-SGB IX, § 9 Rdnr. 10, 21.

513 *Löschau*, GK-SGB IX, § 9 Rdnr. 15.

den an der Leistungsgewährung beteiligten Akteuren ab. Die Person, welche die Leistung erhält, und die Person, welche die Leistung bezahlt sowie Art, Menge und Qualität festlegt, fallen auseinander.

2. Die Verträge nach § 21 SGB IX

Dass dies den Abschluss von Versorgungsverträgen erfordert, bestimmt § 21 SGB IX für alle Träger.[514] Der Wortlaut dieser Vorschrift lässt zwar offen, ob der Vertrag auch einen Zulassungscharakter hat. Dies ergibt sich aber aus der Begründung des Regierungsentwurfs, wonach § 21 SGB IX sicherstellen soll, „dass nur solche Rehabilitationsdienste und -einrichtungen in Anspruch genommen werden, die den sich aus § 20 ergebenden Qualitätsanforderungen genügen. Mit diesen sind - soweit sie nicht Eigeneinrichtungen der Rehabilitationsträger sind - Verträge abzuschließen, die u.a. auch die Regelungen zu diesen Anforderungen enthalten müssen."[515] Hier werden für alle Sozialleistungsbereiche die Verträge über die Ausführung von Leistungen durch private Rehabilitationsdienste und -einrichtungen geregelt.[516] Es handelt sich um Vereinbarungen auf einzelvertraglicher Basis, welche dem sog. Einkaufsmodell zuzuordnen sind.

Aus einem vergaberechtlichen Gesichtspunkt ist zu beachten, dass es nicht die Leistungsberechtigten sind, sondern die Rehabilitationsträger, welche die konkrete Sachleistung im Einzelfall beschaffen, indem sie im Bewilligungsbescheid nicht nur die begehrte Leistung bewilligen und die Übernahme der Kosten der zu erbringenden Leistung erklären, sondern auch den Leistungserbringer bestimmen. Dies ergibt sich eindeutig aus § 17 Abs. 1 Satz 2 SGB IX, wonach der zuständige Rehabilitationsträger für die Ausführung der Leistungen verantwortlich bleibt, sowie aus § 9 Abs. 1 Satz 1 SGB IX, nach dem der Leistungsberechtigte zwar ein Wunschrecht im Zusammenhang mit der Ausführung der Leistungen zur Teilhabe hat, die auch die Auswahl des Leistungserbringers mit einschließt, aber der Rehabilitationsträger darüber entscheidet, ob die Wünsche berechtigt sind. Allein in den Fällen des § 17 Abs. 2 bis 4 SGB IX (trägerübergreifendes persönliches Budget) sind es die Leistungsberechtigten, die den Leis-

---

514 So auch *Kessler*, in: Neumann (Hrsg.), Handbuch SGB IX, § 9 Rdnr. 65; *Kunze/Kreikebohm*, NZS 2003, S. 5 ff. (7). Zur Rechtsnatur dieser Verträge vgl. *Eichenhofer*, NZS 2002, S. 348 ff. (348 f.).

515 BT-Drucks. 14/1574, S. 104f.

516 Zum öffentlich-rechtlichen Charakter dieser Verträge vgl. *Kunze/Kreikebohm*, NZS 2003, S. 5 ff. (6f.).

tungserbringer frei wählen, obwohl auch hier gewisse Steuerungsmöglichkeiten für den Sozialleistungsträger nicht fehlen dürften.[517]

Abgesehen von der Frage, ob jeder geeignete Leistungserbringer einen Anspruch auf Partizipation hat, stellt sich somit die Konstellation des § 21 SGB IX in der Phase der konkreten Leistungsgewährung als Auftrag des Rehabilitationsträgers dar. Der Sozialleistungsträger, welcher mit dem Leistungserbringer die Rahmenbedingungen für die Leistungserbringung (Leistung und Gegenleistung) in mehreren möglichen Konstellationen bereits im voraus in einem Grundvertrag vereinbart hat, bestimmt im Einzelfall selbst die konkrete, den individuellen Bedarf des Leistungsberechtigten deckende Leistung, kauft also bei seinem Vertragspartner ein. Der Grundvertrag ist als Rahmenvereinbarung einzuordnen.[518]

Das Bild des § 21 SGB IX liefert eine einheitliche Struktur für das Rehabilitationsrecht. Es werden die inhaltlichen Anforderungen an den Verträgen aufgelistet: Qualitätsanforderungen an der Leistungserbringung, Vergütungsgrundsätze, Rechte und Pflichten der Rehabilitanden, deren Mitwirkungsmöglichkeiten, Datenschutz, Beschäftigung von behinderten Frauen. Die Verträge sollen also das materielle Leistungsrecht quasi konkretisieren und für die Rehabilitationsleistungen einen Gegenwert festlegen, damit sich die Leistungsbewilligung im Einzelfall auf sie berufen kann. Was das Gesetz hingegen nicht vorsieht, ist der Einkauf von Leistungskontingenten zu einem bestimmten Preis, die dann nur an die Leistungsberechtigten verteilt werden. Gem. § 19 Abs. 4 Satz 1 SGB IX erfolgt die Auswahl allein nach Geeignetheitskriterien. Bedarfsgesichtspunkte sind ausgeschlossen.[519] Diese Regelung geht auch den ggf. einschlägigen Vorschriften der BHO/LHO vor. Mangels einer Ermächtigung zum Abschluss selektiver Verträge ist es den Rehabilitationsträgern daher nicht gestattet, durch planerische Kontingentbildung geeignete Leistungserbringer a priori von der Leistungserbringung auszuschließen.[520]

---

517 *Kingreen*, SGb 2004, S. 659 ff. (668).

518 A.A. *Neumann*, VSSR 2005, S. 211 ff. (221 ff.), der vom Vorliegen einer Dienstleistungskonzession ausgeht.

519 So auch *Neumann*, VSSR 2005, S. 211 ff. (215f.).

520 Zur Bedeutung des Rehabilitationsrechts des SGB IX in den Fällen, wo die Bundesagentur für Arbeit besondere Leistungen zur Förderung der Teilhabe behinderter Menschen am Arbeitsleben nach § 102 SGB III erbringt, vgl. *Bieritz-Harder*, RsDE Nr. 59, 2005, S. 42 ff. Die Argumente, die hier gegen die Anwendbarkeit des Vergaberechts vorgebracht werden, verkennen die Reichweite des Anwendungsbereichs des Kartell-

Im Anwendungsbereich des § 21 SGB IX ist der Grundvertrag schon von der gesetzlichen Konzeption her als Rahmenvereinbarung anzusehen. Der akzessorische Zusammenhang zwischen dem Grundvertrag und dem Kostenerstattungsanspruch für jede individuelle Rehabilitationsleistung kann hingegen nicht das Merkmal der Entgeltlichkeit i.S.d. § 99 Abs. 1 GWB erfüllen.[521] Diese Akzessorität unterscheidet sich deutlich vom Begriff der Entgeltlichkeit bei öffentlichen Aufträgen i.S.d. Vergaberechts, wo Leistung und Gegenleistung ohne Dazwischenschaltung weiterer Auswahlentscheidungen geschuldet werden. Hier bedarf es noch einer konkreten Beauftragung, damit der Anspruch auf die Leistung und auf die entsprechende Vergütung entsteht.

Die Regelung des § 21 SGB IX kommt immer dann allein zur Anwendung, wenn entweder auf sie ausdrücklich verwiesen wird (§ 15 Abs. 2 Satz 1 SGB VI, § 34 Abs. 8 Satz 2 SGB VII) oder das spezielle Leistungsgesetz keine leistungserbringungsrechtlichen Vorschriften für Leistungen an behinderte Menschen enthält (§§ 97 ff. SGB III, § 16 Abs. 1 Satz 2 SGB II, § 16 SGB VI, §§ 35 und 39 SGB VII). In den Fällen, wo das spezielle Leistungsgesetz weitere präzisierende Regelungen über die Leistungserbringung - wie den oben dargestellten § 111 SGB V - enthält, so gehen diese vor (§ 7 Satz 1 SGB IX).

3. Die Integrationsfachdienste

Unmittelbar im SGB IX geregelt sind außerdem die Aufgaben der Integrationsfachdienste (§§ 109 ff. SGB IX), die als Dritte bei der Durchführung der Maßnahmen zur Teilhabe schwerbehinderter Menschen am Arbeitsleben beteiligt werden können. Deren Tätigkeit setzt gem. § 111 Abs. 1 Satz 1 SGB IX das Vorliegen eines Einzelauftrags seitens der Integrationsämter oder Rehabilitationsträger voraus. Dem geht eine mindestens dreijährige Vereinbarung nach § 111 Abs. 4 SGB IX voraus. Diese ist wiederum als Rahmenvereinbarung anzusehen. Nachdem der kritisierte[522] § 111 Abs. 5 Satz 2 SGB IX, wonach in jedem

---

vergaberechts, d.h. die Begriffe des öffentlichen Auftraggebers, der nicht mit dem des Unternehmens im Wettbewerbsrecht gleichzustellen ist, und des öffentlichen Auftrags, der grundsätzlich auch im sozialrechtlichen Dreieckverhältnis möglich ist. Diese Argumente können allenfalls im Zusammenhang mit der Gestaltung des Vertrages (etwa Rahmenvereinbarung anstatt Auftrag), mit der Wahl des Vergabeverfahrens (etwa freihändige Vergabe bzw. wettbewerblicher Dialog anstatt öffentlicher Ausschreibung) und mit der Festlegung der Auswahlkriterien von tragender Bedeutung sein.

521 A.A. *Kunze/Kreikebohm*, NZS 2003, S. 5 ff. (9).

522 *Brünner*, in: Neumann (Hrsg.), Handbuch SGB IX, § 15 Rdnr. 89.

Arbeitsamtsbezirk nur ein Integrationsfachdienst hätte vorhanden sein sollen, m.W.v. 1.5.2004 gestrichen worden ist, enthält das Gesetz auch keine Ermächtigung mehr zu einer Angebotssteuerung durch Bedarfsprüfung, so dass man auch hier von einem Anspruch auf Vertragsschluss bei Erfüllung der Eignungskriterien ausgehen muss.

VI. Leistungserbringung nach dem SGB XI

Grundsätzlich gilt im Recht der sozialen Pflegeversicherung ebenfalls das Sachleistungsprinzip (§ 36 Abs. 1 Satz 1 SGB XI). Ausnahmsweise kann der Pflegebedürftige anstelle der häuslichen Krankenpflege ein Pflegegeld (§§ 37, 38 SGB XI) beantragen. Gem. § 72 Abs. 1 Satz 1 SGB XI dürfen die Pflegekassen ambulante und stationäre Pflege nur durch Pflegeeinrichtungen gewähren, mit denen ein Versorgungsvertrag besteht, die also „zugelassen" sind. Bei dem Vertrag nach § 72 Abs. 1 Satz 2 SGB XI handelt sich - wie bei dem Versorgungsvertrag mit Krankenhäusern nach § 109 SGB V - um einen statusbegründenden Vertrag i.S.d. § 53 SGB X.[523] Im Gegensatz zu § 109 Abs. 2 Satz 1 SGB V bestimmt jedoch § 72 Abs. 3 Satz 1 a.E. SGB XI, dass die Pflegeeinrichtungen, welche die im selben Satz genannten Voraussetzungen erfüllen, auch einen Anspruch auf Abschluss eines Versorgungsvertrages haben.

Der Unmöglichkeit, selektive Verträge abzuschließen, korrespondiert auf der Leistungsseite das Recht der Versicherten, gem. § 2 Abs. 2 Satz 1 SGB XI frei zwischen Einrichtungen und Diensten verschiedener Träger zu wählen. Die Versorgungsverträge nach dem SGB XI sind daher nur als Dienstleistungskonzession denkbar.

---

[523] *Leitherer*, in: Kasseler Kommentar § 72 SGB XI Rdnr. 7.

14. Kapitel: Ausnahmetatbestände für den Einkauf sozialer Leistungen

Nach der Untersuchung der Frage, ob der persönliche und sachliche Anwendungsbereich des Kartellvergaberechts im Recht der Sozialleistungserbringung für die sonstigen Bereiche des Sozialrechts eröffnet ist, sei kurz auf die Relevanz der nationalen vergaberechtlichen Ausnahmetatbestände für das Recht der Sozialleistungserbringung durch Dritte eingegangen.

I. Keine Ausnahme nach § 100 Abs. 2 GWB

In § 100 Abs. 2 GWB werden bestimmte Auftragstypen vom Anwendungsbereich des Vergaberechts ausgenommen. Der Katalog ist richtlinienkonform (vgl. Art 10 bis 18 Richtlinie 2004/18/EG) und abschließend. Es betrifft zum Teil spezifische Marktsituationen, zum Teil internationale Abkommen oder Sicherheitsbereiche. Die aufgelisteten Aufträge sind jedoch alle für den hier untersuchten Bereich der Leistungserbringung im Sozialrecht irrelevant. Zu beachten ist, dass die Richtlinie 2004/18/EG nun auch die Dienstleistungskonzessionen ausdrücklich in Art. 17 aus dem Anwendungsbereich des Vergaberechts ausnimmt.

II. Systemimmanente Einschränkungen für Dienstleistungen

Wie bereits im Hinblick auf die Sozialleistungserbringung nach dem SGB V erläutert unterliegen die öffentlichen Auftraggeber gem. Art. 21 Richtlinie 2004/18/EG bei der Vergabe von Aufträgen über Dienstleistungen gem. Anhang II Teil B (entspr. Anhang I B der DKR) allein den allgemeinen Grundsätzen und Bestimmungen für öffentliche Aufträge sowie dem Art. 23 (technische Spezifikationen) und dem Art. 35 Abs. 4 (Ex-Post-Bekanntmachung). Sie sind also von den materiellen Verfahrensvorschriften befreit, müssen allerdings die Vorgaben des EG-Vertrages beachten.[524]

Im Anhang II Teil B werden unter der Kategorie 22 der Bereich Arbeits- und Arbeitskräftevermittlung und unter der Kategorie 25 der Bereich Gesundheits-, Veterinär- und Sozialwesen aufgeführt. Diesen Bereichen entsprechen die CPC-Referenznummern 872 und 93. Die Entsprechungen zwischen dem CPV (Ge-

---

524 EuGH, Urteil v. 27.10.2005, Rs. C-234/03, NVwZ 2006, 187 - Contse u.a., Rdnr. 47 und 49.

meinsames Vokabular für öffentliche Aufträge) und dem CPC (Zentrale Güterklassifikation der Vereinten Nationen) finden sich im Anhang III der EG-Verordnung Nr. 2151/2003 der Kommission vom 16.12.2003.[525] Nach den enthaltenen Beschreibungen ist festzustellen, dass alle oben untersuchten sozialen Dienstleistungen unter die beiden o.g. Kategorien fallen. Es handelt sich im Ergebnis um eine quasi Bereichsausnahme für das Sozialrecht. Es fragt sich nun, wie diese systemimmanente Ausnahmeregelung ins nationale Recht umgesetzt wurde, das für die sonstigen, vom § 69 SGB V nicht betroffenen Bereiche des Sozialrechts anzuwenden ist.

Für Dienstleistungen im sozialen Bereich sind auch im deutschen Recht weitgehende Ausnahmen in der Anwendbarkeit der Verfahrensvorschriften der einschlägigen Verdingungsordnungen vorgesehen. Gem. § 1a Nr. 2 Abs. 2 VOL/A werden Aufträge, deren Gegenstand Dienstleistungen nach dem dem Anhang II Teil B der Richtlinie 2004/18/EG entsprechenden Anhang I B sind, nur nach den Bestimmungen der Basisparagraphen und der §§ 8a VOL/A (Leistungsbeschreibung) sowie 28a VOL/A (Bekanntmachung über die Auftragserteilung gegenüber dem Amt für amtliche Veröffentlichungen der Europäischen Gemeinschaften) vergeben. Gem. § 2 Abs. 1 Satz 2 VOF gelten für die Vergabe der in Anhang I B genannten Leistungen nur § 8 Abs. 2 VOF (Festlegung der technischen Anforderungen unter Bezugnahme auf europäische Spezifikationen) und § 17 VOF (Verfahren nach Auftragsvergabe).

Zu beachten ist jedoch, dass die Anwendbarkeit der Regeln des 4. Abschnitts des GWB sowie der VgV nicht dadurch eingeschränkt werden.[526] Im Nachprüfungsverfahren kann also insgesamt überprüft werden, ob die Basisparagraphen der VOL/A, die Bestimmungen der technischen Spezifikationen nicht eingehalten worden seien, die gebotene Bekanntgabe nicht erfolgt sei oder ein Verstoß gegen das Diskriminierungsverbot oder das Transparenzgebot vorliege.[527] Dies bedeutet etwa auch, dass die ex-ante-Mitteilungspflicht des § 13 VgV wohl auch für Dienstleistungsaufträge mit sozialer Zweckbestimmung gilt[528], was letztlich

---

525 Amtsblatt der EU v. 17.12.2003, L 329/1.

526 Vgl. Vergabekammer des Bundes, Beschluss v. 07.01.2004, Az.: VK 1 - 137/03.

527 So auch OLG Düsseldorf, Beschluss v. 23.03.2005 – Verg 77/04.

528 Offen gelassen durch OLG Stuttgart, Beschluss v. 07.07.2004 – 2 Verg 4/04.

eine rechtlich nicht zu beanstandende, sozialpolitisch sicherlich diskutable Verschärfung des europäischen Vergaberechts mit sich bringt.[529]

Auch die Anwendbarkeit der Basis-Paragraphen der VOL/A kann zu Problemen führen, insbesondere hinsichtlich des anzuwenden Verfahrens. Gem. § 3 Abs. 1 Nr. 3 VOL/A können bei freihändiger Vergabe die Leistungen grundsätzlich ohne ein förmliches Verfahren vergeben werden. Wenn zweckmäßig soll jedoch der freihändigen Vergabe eine öffentliche Aufforderung vorangehen, sich um Teilnahme zu bewerben (§ 3 Abs. 1 Nr. 4 VOL/A). Zu beachten ist zudem die grundsätzliche Subsidiarität der freihändigen Vergabe, die nach § 3 Abs. 4 VOL/A nur in Ausnahmefällen stattfinden soll, während die öffentliche Ausschreibung und die beschränkte Ausschreibung den Vorrang haben sollen. Die Bestimmungen des Sozialrechts, etwa zur Pluralität des Angebots oder zur Kooperation zwischen Leistungsträgern, Leistungserbringern und Interessengruppen der Leistungsberechtigten, könnten allerdings als Rechtfertigungsgrund für die Auswahl des Verhandlungsverfahrens, d.h. als „besondere Umstände" i.S.d. § 3 Nr. 2 VOL/A vorgebracht werden. Für die Beteiligung freier und gemeinnütziger Einrichtungen gilt § 3 Nr. 4 lit. o VOL/A.

Ausschlaggebend für das Vorliegen einer dieser Ausnahmetatbestände wird in diesem Zusammenhang insbesondere nicht die besonders strenge, die Beweislast für das Vorliegen außergewöhnlicher Umstände auf die Vergabestelle aufbürdende Rechtsprechung des EuGH[530] zum Verhandlungsverfahren sein, weil das europäische Vergaberecht für Aufträge, deren Gegenstand Dienstleistungen nach Anhang I B sind, gar keine Anforderungen an die Auswahl des Vergabeverfahrens stellt.[531] Restriktiv zu interpretieren sind daher nur die die EG-Richtlinien umsetzenden nationalen Vorschriften, hier etwa § 3a VOL/A.

Diese Frage sei beispielhaft anhand der freihändigen PSA-Vergabepraxis der Bundesagentur für Arbeit erörtert. Hier ist nach dem oben Gesagten allein § 3 Nr. 4 VOL/A zu beachten. Dabei könnte § 3 Nr. 4 lit. h) VOL/A einschlägig sein.[532] Gegenstand der PSA-Verträge sind einerseits die vermittlungsorientierte

529 Art. 21 Richtlinie 2004/18/EG schließt für den Bereich des Anhangs II B auch die Anwendbarkeit des Art. 41 Richtlinie 2004/18/EG (Vorabinformationspflicht) aus.

530 Vgl. EuGH, Urteil v. 10.03.1987, Rs. 199/85, Slg. 1987, 1039 - Kommission / Italien.

531 A.A. *Hoffmann/Scheulen*, AuB 2003, S. 129 ff.

532 Auf § 3 Nr. 4 lit. f VOL/A (besondere Dringlichkeit) verweist *Rixen*, NZS 2003, S. 401 ff. (406).

Überlassung von nicht vermittelbaren Arbeitslosen und andererseits - während verleihfreier Zeiten - marktorientierte Integrationsbemühungen und individuell geeignete Kurzzeitqualifizierungen. Es handelt sich eindeutig um Leistungen, deren Art und Umfang erst durch die PSA selbst im Einzelfall definiert werden können, um entsprechend wirksam zu sein. Grundlage für hinreichend vergleichbare Angebote ist aber gerade eine eindeutige und erschöpfende Beschreibung der zu vergebenden Leistungen durch den Auftrageber. Dies ist der Agentur für Arbeit hingegen vor der Vergabe in der Regel nicht möglich, da erst die ausgewählte PSA einen individuell ausgeschnittenen Vermittlungsplan entwickeln kann. In diesem Fall sind die Voraussetzungen des Ausnahmetatbestands des § 3 Nr. 4 lit. h) VOL/A erfüllt.[533] Wegen des wirkungsorientierten Konzepts wird auch bei Eingliederungsmaßnahmen nach § 421i SGB III - genauso wie bei PSA-Verträgen - die Leistung nach Art und Umfang meistens nicht so eindeutig und erschöpfend beschrieben werden können.

Nur wenn die Leistungsinhalte (Anforderungen und Zielerreichung) nach längerer Erfahrung und entsprechender Sammlung von Daten standardisiert und nach Rechtskreisen ausdifferenziert werden können, greift der Ausnahmetatbestand des § 3 Nr. 4 lit. h) VOL/A nicht mehr ein. In diesem Fall kommt jedenfalls eine funktionale Leistungsbeschreibung nach § 8 Nr. 2 Abs. 1 lit. a) VOL/A in Betracht, so dass eine Vergabe im Wege der öffentlichen Ausschreibung grundsätzlich vorzuziehen ist.[534]

---

533 A.A. *Storost*, NZS 2005, S. 82 ff. (83), der nur auf den Innovationscharakter der Verträge abstellt.

534 Zur neueren Vergabepraxis der Bundesagentur für Arbeit durch öffentliche Ausschreibung und deren Zentralisierung im BA-Service-Haus mit sieben Regionalen Einkaufszentren vgl. *Gülker/Kaps*, ZSR 2006, 29 ff. (39 ff.).

F. Vergaberechtliche Anforderungen an die Sozialleistungsträger

15. Kapitel: Anwendbarkeit des Vergaberechts

Anhand der vorangegangenen Untersuchung ergibt sich nun ein klares Bild der Rechtsbeziehungen zwischen Sozialleistungsträgern und Leistungserbringern aus vergaberechtlicher Sicht.

I. Anwendbarkeit des EU-Vergaberechts

Die EG-Vergaberichtlinien sind für alle Sozialleistungsträger hinsichtlich des zu erreichenden Zieles verbindlich. Sie bedürfen gem. Art. 249 Abs. 3 EGV grundsätzlich der Umsetzung ins nationale Recht. In der Regel kommen sie daher lediglich als Auslegungsmaßstab für das nationale Vergaberecht in Betracht.

Ausnahmsweise, und zwar bei nicht fristgerechter bzw. unzulänglicher Umsetzung, kommt deren unmittelbare Wirkung unter gewissen Umständen in Frage. Der Eintritt dieses Ausnahmefalls hat zur Folge, dass sich die betroffenen Leistungserbringer vor den Sozialleistungsträgern und vor den Gerichten auf inhaltlich unbedingte und hinrechend genaue Vorschriften der Richtlinien berufen können und die staatlichen Stellen ihrerseits zu deren Anwendung verpflichtet sind.[535] Entgegenstehendes nationales Recht muss außer Acht bleiben. Diese Situation liegt etwa vor, wenn die Träger der Gesetzlichen Krankenversicherung - unbeschadet des § 140 SGB V - öffentliche Lieferaufträge mit einem Wert von mehr als 211.000 Euro an Leistungserbringer im Sinne des 4. Kapitels des SGB V vergeben.

Wie im Hinblick auf die GKV näher erläutert[536], bleibt der betroffene Mitgliedstaat jedoch weiter für die ordnungsgemäße Umsetzung verantwortlich und kann nicht einfach auf die unmittelbare Wirkung von Richtlinien verweisen, um seine Vertragsverletzung zu entschuldigen. Nationale Vorschriften, die den Richtlinien inhaltlich widersprechen, können auch nicht durch richtlinienkonforme

535 Zu den Voraussetzungen der unmittelbaren Wirkung von europäischen Richtlinien vgl. *Schroeder*, in: Streinz, EUV/EGV Kommentar, 2003, Art. 249 Rdnr. 106 ff.

536 Vgl. Teil D, 11. Kapitel, II. 3.

Auslegung korrigiert werden. Spätestens nach Durchführung eines Vertragsverletzungsverfahrens durch die Kommission wird der betroffene Mitgliedstaat daher die Vergaberichtlinien ins nationale Recht umsetzen müssen.

II. Anwendbarkeit des GWB-Vergaberechts

Ein genereller Ausschluss der Anwendbarkeit des nationalen Vergaberechts gilt nach den oben gewonnenen Erkenntnissen für:

- Rechtsbeziehungen zu den Erbringern von *Leistungen nach dem SGB V* wegen der Ausschlusswirkung des § 69 SGB V[537];
- *Dienstleistungskonzessionen* mangels Eröffnung des sachlichen Anwendungsbereichs;
- öffentliche Aufträge und Rahmenvereinbarungen *unterhalb der maßgeblichen Schwellenwerte* gem. § 100 Abs. 1 GWB i.V.m. §§ 2, 3 VgV.

1. Relevante Konstellationen

Sämtliche Sozialleistungsträger, mit Ausnahme der Träger der GKV, fallen in den persönlichen Anwendungsbereich des Kartellvergaberechts. Erreichen bzw. überschreiten sie die maßgeblichen Schwellenwerte, so unterliegen folgende vertragliche Konstellationen zwischen Sozialleistungsträgern und Leistungserbringern über die Erbringung sozialer Dienstleistungen den Bestimmungen des nationalen Vergaberechts:

Im Recht der Arbeitsförderung/Grundsicherung für Arbeitssuchende:

- Beauftragung Dritter mit der Vermittlung (öffentliche Dienstleistungsaufträge/Rahmenvereinbarungen gem. §§ 37 Abs. 1 Satz 1, 37c Abs. 2 Satz 1 SGB III);
- Beauftragung Dritter mit berufsvorbereitenden Bildungsmaßnahmen (öffentliche Dienstleistungsaufträge/Rahmenvereinbarungen gem. § 61 Abs. 1 Nr. 3 SGB III), dieses Modell kann jedoch auf weitere Maßnahmen, etwa wie solche der Eignungsfeststellung oder Trainingsmaßnahmen, ausgedehnt werden;

---

537 Zu den rechtlichen Konsequenzen vgl. Teil D, 10. Kapitel.

- Beauftragung Dritter mit der Berufsausbildung und die Beschäftigung begleitenden Eingliederungshilfen (öffentliche Dienstleistungsaufträge/Rahmenvereinbarungen gem. § 241 Abs. 4 Nr. 2 SGB III);
- Beauftragung Dritter mit Eingliederungsmaßnahmen (öffentliche Dienstleistungsaufträge/Rahmenvereinbarungen gem. § 412i Abs. 1 SGB III);
- Verträge mit Dritten, wenn im SGB III keine Anforderungen geregelt sind, denen die Leistung entsprechen muss (öffentliche Dienstleistungsaufträge/Rahmenvereinbarungen gem. § 17 Abs. 2 Satz 1 SGB II).

Im Recht der Gesetzlichen Rentenversicherung:

- Verträge mit den Erbringern von medizinischen Rehabilitationsleistungen (Rahmenvereinbarungen gem. § 15 Abs. 2 Satz 1 SGB VI i.V.m. § 21 SGB IX).

Im Recht der Gesetzlichen Unfallversicherung:

- Verträge mit allen Leistungserbringern, mit Ausnahme der Erbringer akuter Heilbehandlung ohne besondere unfallmedizinische Behandlung (Rahmenvereinbarungen gem. § 34 Abs. 8 Satz 1 SGB VII sowie § 34 Abs. 8 Satz 2 SGB VII i.V.m. § 21 SGB IX)

Im Jugendhilfe- und Sozialrecht:

- Sämtliche Versorgungsverträge mit Dritten (Rahmenvereinbarungen gem. § 78b Abs. 1 SGB VIII, § 75 Abs. 3 Satz 1 SGB XII).

Im Rehabilitationsrecht:

- sämtliche Versorgungsverträge mit Dritten (Rahmenvereinbarungen nach § 21 SGB IX).

Im Recht der sozialen Pflegeversicherung:

- keine.

Überall da, wo die Sozialleistungsträger auch Eigeneinrichtungen errichten und betreiben dürfen, kommen zudem öffentliche Lieferaufträge in Betracht.

2. Rechtsfolgen

In allen Fällen, die in den sachlichen Anwendungsbereich des Vergaberechts fallen, sind die drittschützenden Vorschriften des vierten Teils des GWB, der VgV und der VOL/A bzw. VOF anzuwenden. Sind Gegenstand der betroffenen

Rechtsbeziehungen Dienstleistungen i.S.d. § 99 Abs. 4 GWB, so gilt im Sozialrecht in der Regel die punktuelle Ausschlusswirkung der §§ 1a Nr. 2 Abs. 2 VOL/A, 2 Abs. 1 VOF i.V.m. Anhang I B, Kategorie 22 und 25. Die vergaberechtlichen Bestimmungen des GWB und die VgV, insbesondere die Vergabegrundsätze und die Informationspflicht nach § 13 VgV, werden dadurch aber nicht ausgeschlossen. Die weiterhin anwendbaren Basis-Paragraphen der VOL/A erhalten über § 97 Abs. 7 GWB bieterschützende Wirkung. Wichtig sind z.B. der prinzipielle Vorrang der öffentlichen Ausschreibung (§ 3 Nr. 2 VOL/A) und die genauen Vorgaben für eine diskriminierungsfreie Leistungsbeschreibung (§ 8 VOL/A). Für öffentliche Lieferaufträge i.S.d. § 99 Abs. 2 GWB, und zwar auch für solche mit sozialer Zweckbestimmung, sind gar keine Ausnahmen vorgesehen. Hier gelten die das europäische Vergaberecht umsetzenden „a-Paragraphen" der VOL/A uneingeschränkt. Um den Besonderheiten des Sozialrechts gerecht zu werden, haben die Sozialleistungsträger allerdings mehrere Möglichkeiten, etwa die Wahl einer funktionalen Leistungsbeschreibung oder die Aufstellung sozialer Kriterien als Eignungs- bzw. Zuschlagskriterien.

Das Rechtsschutzsystem der §§ 102 ff. GWB gilt uneingeschränkt, und zwar unabhängig von der Frage, ob die in Rede stehenden Verträge dem öffentlichen oder dem Privatrecht zuzuordnen sind[538]; Prüfungsmöglichkeiten von Schiedsstellen gem. § 78g SGB VIII und § 80 SGB XII sind deswegen denen von Aufsichtsbehörden und Vergabeprüfstellen gleichzusetzen.

---

538 A.A. *Spellbrink*, in: Spellbrink/Eicher, Kasseler Handbuch des Arbeitsförderungsrechts, § 23a Rdnr. 8, bezüglich der Verträge nach § 421i SGB III.

16. Kapitel: Anwendbarkeit des Haushaltsrechts

Auch in den Fällen, wo das Kartellvergaberecht generell nicht zur Anwendung kommt, müssen alle Sozialleistungsträger jedenfalls die Bestimmungen des für sie einschlägigen Haushaltsrechts beachten.

I. Gebietskörperschaften und Bundesagentur für Arbeit

Das nationale Haushaltsrecht bestimmt für Bund, Länder und Kommunen sowie die Bundesagentur für Arbeit die grundsätzliche Pflicht, dem Abschluss von Verträgen über Lieferungen und Leistungen eine öffentliche Ausschreibung vorausgehen zu lassen, sofern nicht die Natur des Geschäfts oder besondere Umstände eine Ausnahme rechtfertigen (§ 55 Abs. 1 BHO/LHO). Die Basis-Paragraphen der VOL/A kommen nur auf Anordnung - etwa in Verwaltungsvorschriften - zur Anwendung, begründen grundsätzlich keine subjektiven Rechte für die Bieter, können allerdings über Art. 3 Abs. 1 GG Außenwirkung erlangen.

Dies gilt für Rechtsbeziehungen in folgenden Sozialrechtsbereichen:

- Arbeitsförderung und Grundsicherung für Erwerbsfähige nach dem SGB II und dem SGB III;
- Kinder- und Jugendhilferecht nach dem SGB VIII;
- Sozialhilfe nach dem SGB XII.

II. Sozialversicherungsträger

Für die Träger der Gesetzlichen Krankenversicherung, der Gesetzlichen Rentenversicherung, der Gesetzlichen Unfallversicherung und der sozialen Pflegeversicherung enthält § 78 SGB IV i.V.m. § 22 Abs. 1 Satz 1 SVHV eine Ausnahme für Verträge, die der Erbringung gesetzlicher oder satzungsmäßiger Versicherungsleistungen dienen. Dem Abschluss dieser Verträge muss keine öffentliche Ausschreibung vorausgehen. Diese Ausnahme gilt für alle oben untersuchten Vertragsbeziehungen zu den Leistungserbringern im:

- Recht der GKV nach dem SGB V;
- Recht der GRV nach dem SGB VI;

- Recht der GUV nach dem SGB VII;
- Recht der SPV nach dem SGB XI.

Die grundsätzliche Pflicht zur öffentlichen Ausschreibung wird in einigen speziellen Vorschriften des SGB V wiederhergestellt und gilt für Vereinbarungen auf einzelvertraglicher Basis in folgenden Bereichen:

- hausarztzentrierte Versorgung;
- Förderung der Qualität in der vertragsärztlichen Versorgung;
- Versorgung mit Hilfsmitteln im Falle von Einzelverträgen;
- Arzneimittelversorgung im Falle von Beteiligung an vertraglich vereinbarten Versorgungsformen.

Rechtsschutz ist nur noch für Verträge nach dem Kinder- und Jugendhilferecht bei den Verwaltungsgerichten, für alle anderen Fälle bei den Sozialgerichten zu suchen.[539] Beide Gerichtsbarkeiten sehen die Möglichkeit einstweiligen Rechtsschutzes (§ 123 VwGO und § 86b Abs. 2 SGG) vor. Während das Haushaltsrecht (BHO/LHO) nach einhelliger Meinung keine unmittelbare drittschützende Wirkung hat, begründen wohl die Anforderungen an Verträge im Leistungserbringungsrecht der GKV in den oben aufgelisteten vier Fällen schon wegen der systematischen Einbettung und insbesondere wegen des in den Gesetzesmaterialien hervorgehobenen Regelungszwecks, d.h. der diskriminierungsfreien Auswahl von Vertragspartnern, ein einklagbares subjektives Recht für die jeweils in Frage kommenden Leistungserbringer. Letztlich konkretisieren die §§ 73b Abs. 2 Satz 3, 73c Abs. 2 Satz 3, 127 Abs. 2 Satz 2, 129 Abs. 5b Satz 1 SGB V die verfassungsrechtlichen Anforderungen an die staatliche Verteilung von Teilnahmechancen, die gleich im Anschluss hieran besprochen werden.

---

539 Gem. § 51 Abs. 1 Nr. 6a SGG m.W. ab 1.1.2005 sind die Sozialgerichte auch für das Sozialhilferecht zuständig.

G. Vergaberechtsähnliche Anforderungen an die Sozialleistungsträger

17. Kapitel: Gleichbehandlung durch Verfahrensgestaltung

I. Die Bedeutung des Verfassungs- und EG-Vertragsrechts

Die Untersuchung der Anwendbarkeit des Vergaberechts in Bezug auf die sozialrechtlichen Leistungserbringungsbeziehungen hat ergeben, dass die meisten Konstellationen entweder als Dienstleistungskonzessionen gänzlich aus dem Anwendungsbereich des Vergaberechts herausfallen oder als Aufträge über Dienstleistungen des Anhangs I B nur in eingeschränktem Umfang der Anwendung des Vergaberechts unterliegen. Hinzu kommt, dass die Auftragsvergabe unterhalb der Schwellenwerte im Allgemeinen nicht vom Vergaberecht erfasst wird.

Die Nicht- bzw. eingeschränkte Anwendbarkeit des Vergaberechts schafft allerdings keinen gerichtsfreien Raum, in dem die Kontrolle der Rechtmäßigkeit von Auswahlentscheidungen der Sozialleistungsträger a priori ausgeschlossen ist. Vielmehr gelten uneingeschränkt Art. 3 Abs. 1 GG i.V.m. Art. 12 Abs. 1 GG und - sowohl für grenzüberschreitende als auch für nationale Fälle - die unmittelbar anwendbaren Bestimmungen und Grundsätze des EG-Vertrages.[540] Eine ex-post-Kontrolle des Auswahlergebnisses ist somit gesichert.

Diskriminierungsverbote sind überdies im allgemeinen Wettbewerbsrecht (§ 1 UWG) und Kartellrecht (§ 20 Abs. 1 2. Alt. GWB) enthalten, wobei die Argumentation letztlich der zu Art. 3 Abs. 1 GG entspricht, während deren Anwendbarkeit zum einen wegen des Begriffs des „Unternehmens" bezüglich der Sozialleistungsträger, zum anderen wegen des Begriffs der „Wettbewerbshandlung" hinsichtlich des Vergabeverfahrens äußerst zweifelhaft ist.[541] Die folgenden Ausführungen beschränken sich daher auf den verfassungsrechtlichen Gleichheitssatz sowie dessen eventuelle Erweiterung durch den EG-Vertrag.

---

540 Für die Anwendbarkeit des EG-Vertragsrechts auch unterhalb der Schwellenwerte plädiert *Zuleeg*, ZEuP 2004, S. 636 ff. (642); ebenfalls *Wittig*, Wettbewerbs- und verfassungsrechtliche Probleme des Vergaberechts, 1999, S. 188.

541 Zu den Anforderungen an das Vergaberecht aus dem GWB und dem UWG vgl. *Wittig*, Wettbewerbs- und verfassungsrechtliche Probleme des Vergaberechts, 1999, S. 235 ff.

Im Lichte der vom BVerfG entwickelten Dogmatik[542] ist zu berücksichtigen, dass Ungleichbehandlungen bei der staatlichen Auftragsvergabe wegen der intensiven Berührung des Schutzbereichs des Art. 12 GG von Personengruppen, welche im Sozialrecht - wie oben erläutert[543] - wegen der starken Marktposition von Sozialleistungsträgern sogar Eingriffsqualität erhält, erst durch sachliche Gründe gerechtfertigt werden können, die auch in einem angemessenen Verhältnis zur Ungleichbehandlung selbst stehen.[544] Anstatt eines einfachen Willkürverbots, gelten hier also strenge Anforderungen an der Rechtfertigung von Ungleichbehandlungen.

Es sei zudem an die Rechtsprechung des EuGH erinnert, wonach die Bestimmungen des EG-Vertrages für staatliche Akte, die Wirtschaftsleistungen oder Lieferung von Gütern zum Gegenstand haben, sowie die Grundsätze, die der EuGH in diesem Bereich entwickelt hat, sowohl für Bau- als auch für Dienstleistungskonzessionen gelten, es sei denn, dass eine Abweichung im konkreten Fall durch den EG-Vertrag (gem. Art. 30, 45, 46 und 86 Abs. 2 EGV) gerechtfertigt ist.[545] Gegen die Missachtung dieser Vorgaben kann gerichtlich vorgegangen werden. Hier übernimmt der EuGH seine frühere Rechtsprechung zu den Pflichten der Inhaber eines besonderen oder ausschließlichen Rechts.[546] In drei neueren Entscheidungen aus dem Jahre 2005 hat der EuGH die grundsätzliche Verpflichtung zur Transparenz und zur Nichtdiskriminierung für den öffentlichen Auftraggeber noch einmal bestätigt.[547] Die vom EuGH entwickelten Anforderungen lassen sich direkt aus dem primären Gemeinschaftsrecht ableiten

---

542 Vgl. BVerfG 1. Senat, Beschluss vom 16.03.1982, Az.: 1 BvR 938/81, in: BVerfGE 60, 123 (134); BVerfG 1. Senat, Beschluss vom 26.01.1993, Az.: 1 BvL 38/92, 1 BvL 40/92, 1 BvL 43/92, in: BVerfGE 88, 87 (96f.); BVerfG 1. Senat, Beschluss vom 08.02.1994, Az.: 1 BvR 1237/85, in: BVerfGE 89, 365 (375); BVerfG 1. Senat, Beschluss vom 14.12.1994, Az.: 1 BvR 720/90, in. BVerfGE 91, 346 (363); BVerfG 1. Senat, Beschluss vom 11.01.1995, Az.: 1 BvR 892/88, in: BVerfGE 92, 53 (69).

543 Vgl. Teil C, 6. Kapitel, III. 2.

544 Dazu vgl. etwa *Heun*, in: Dreier (Hrsg.), GG-Kommentar, Art. 3 Rdnr. 25 ff.

545 Grundlegend EuGH, Urteil v. 07.12.2000, Rs. C-324/98, Slg. 2000, I-10745 Rdnr. 60 ff. - Telaustria Verlags GmbH u.a. / Telekom Austria AG.

546 EuGH, Urteil v. 18.11.1999, Rs. C-275/98, Slg. 1999, I-8291 Rdnr. 31.Unitron Scandinavia A/S u.a. / Ministeriet for Fødevarer, Landbrug og Fiskeri.

547 Urteil v. 21.07.2005, Rs. C-231/03, NZBau 2005, 592 - Coname; EuGH, Urteil v. 13.10.2005, Rs. C-458/03, NZBau 2005, 644 - Parking Brixen; EuGH, Urteil v. 27.10.2005, Rs. C-234/03, NVwZ 2006, 187 - Contse u.a.

und gelten daher prinzipiell für alle Fälle einer Auftragsvergabe durch einen öffentlichen Auftraggeber, also auch und gerade für solche außerhalb der EG-Richtlinien oder im Bereich des Anhangs II B der Richtlinie 2004/18/EG. Diese Grundsätze gelten auch für rein nationale Fälle, denn es lässt sich nicht ausschließen, dass in anderen Mitgliedstaaten ansässige Unternehmen an der Erbringung der betreffenden Leistung interessiert seien.[548]

Eine entsprechende Verpflichtung zu sachgerechten Entscheidungen bei der Verteilung von Teilnahmechancen durch Auswahl lässt sich im nationalen Recht aus dem Gleichbehandlungsgebot des Art. 3 Abs. 1 GG in Verbindung mit dem Grundrecht auf Berufsfreiheit aus Art. 12 Abs. 1 GG herleiten, an welche die Sozialleistungsträger als Hoheitsträger grundsätzlich, aber auch bei ihrem Handeln gegenüber den Leistungserbringern gebunden sind.[549] Nach der deutschen Grundrechtsdogmatik, die ausführlich in der sog. „Mülheim-Kärlich"-Entscheidung[550] des Bundesverfassungsgerichts dargelegt wird, entfalten die Grundrechte eine Ausstrahlungswirkung allerdings nicht nur auf das gesamte materielle Recht, sondern auch auf das Organisations- und Verfahrensrecht, und zwar vor allem da, wo die Verwaltung breite Handlungsspielräume hat und es deswegen an effektiv nachprüfbaren materiellen Maßstäben fehlt.[551]

Die Anforderungen gelten dabei nicht nur für das gerichtliche Verfahren, sondern auch für das Verwaltungsverfahren. Immer da, wo die Verwaltung weite, wie auch immer geartete Entscheidungsspielräume (z.B. bei Prüfungen im technischen Sicherheitsrecht, Erlass von Planungsakten oder Entscheidungen über

---

548 EuGH, Urteil v. 13.10.2005, Rs. C-458/03, NZBau 2005, 644 - Parking Brixen, Rdnr. 55.

549 Vgl. Teil A, 1. Kapitel, II. 1b.

550 BVerfG 1. Senat, Beschluss vom 20.12.1979, Az.: 1 BvR 385/77, in: BVerfGE 53, 30.

551 BVerfG 1. Senat, Entscheidung vom 18.07.1972, Az.: 1 BvL 32/70, 1 BvL 25/71, in: BVerfGE 33, 303 (341, 345ff.); BVerfG 1. Senat, Beschluss vom 27.09.1978, Az.: 1 BvR 361/78, in: BVerfGE 49, 220 (235); BVerfG 1. Senat, Beschluss vom 13.11.1979, Az.: 1 BvR 1022/78, in: BVerfGE 52, 380 (390); BVerfG 1. Senat, Beschluss vom 20.12.1979, Az.: 1 BvR 385/77, in: BVerfGE 53, 30 (65); BVerfG 2. Senat, Beschluss vom 08.07.1982, Az.: 2 BvR 1187/80, in: BVerfGE 61, 82 (115 ff.); BVerfG 1. Senat, Urteil vom 15.12.1983, Az.: 1 BvR 209/83, 1 BvR 269/83, 1 BvR 362/83, 1 BvR 420/83, 1 BvR 440/83, 1 BvR 484/83, in: BVerfGE 65, 1; BVerfG 1. Senat, Beschluss vom 14.05.1985, Az.: 1 BvR 233/81, 1 BvR 341/81, in: BVerfGE 69, 315 (355) ; *Sachs*, in: Sachs, GG-Kommentar, vor Art. 1 GG Rdnr. 34; *Dreier*, in: Dreier (Hrsg.), GG-Kommentar, Art. 1 III Rdnr. 66f.

die Gewährung von Asyl) hat, ruht die „Last der Grundrechtsverwirklichung" weitgehend auf dem Verfahren.[552] Folglich verlangen die Grundrechte auch die Durchführung eines transparenten und diskriminierungsfreien Auswahlverfahrens.[553] Die Verfahrensrelevanz der Grundrechte betont auch immer wieder das Bundessozialgericht, etwa bezüglich Aufklärungspflichten[554], Zuständigkeitszweifeln[555], behördlichen Sachaufklärungspflichten[556], Heilungs- und Unbeachtlichkeitsbestimmungen[557], Bedarfsplanung[558].

Diese dogmatische Entwicklung, die in der Literatur unter dem Stichwort „Grundrechtssicherung durch Verfahren"[559] thematisiert wird, ist auch auf den Gleichheitssatz anzuwenden, um dessen Schutz über das reine Willkürverbot hinaus zur Effektivität zu verhelfen.[560] Art. 3 Abs. 1 GG kommt in diesem Sinne anstelle der nicht anwendbaren Vergabevorschriften zur Geltung und stellt die einzige materiell-rechtliche Norm dar, welche das subjektive Recht der (potentiellen) Bieter auf Gleichbehandlung bei der Zuschlagserteilung und auf Einhaltung diskriminierungsfreier Verfahrensschritte verbürgt. Die gebotene Folgerung ist die Gewährung von (auch vorläufigem[561]) Rechtschutz für den Grund-

---

552 *Steiner*, NZS 2002, S. 113 ff. (114).

553 Ein verfassungsunmittelbares Ausschreibungsgebot bejahen auch *Wallerath*, Öffentliche Bedarfsdeckung und Verfassungsrecht, 1988, S. 318 ff.; *Pünder*, VerwArch 95 (2004), S. 38 ff. (50).

554 BSG, Urteil v. 14.02.2000, in: Breithaupt 2001, 544.

555 BSG 3. Senat, Urteil vom 29.11.1995, Az.: 3 RK 25/94, in: BSGE 77, 108.

556 BSG 11. Senat, Urteil vom 21.09.2000, Az.: B 11 AL 7/00 R, in: BSGE 87, 132.

557 BSG, 4. Senat, Urteil v. 24.07.2001, B 4 RA 2/01 R, in: SozR 3-8850 § 5 Nr 5 (Parallelentscheidung: B 4 RA 4/01 R).

558 BSG 3. Senat, Urteil vom 19.11.1997, Az.: 3 RK 1/97, in: BSGE 81, 189.

559 *Bergner*, Grundrechtsschutz durch Verfahren, 1998; *Goerlich*, Grundrechte als Verfahrensgarantien, 1981; *Held*, Der Grundrechtsbezug des Verwaltungsverfahrens, 1984; *Laubinger*, VerwArch Bd. 73 (1982), S. 60 ff.; *Lübbe-Wolff*, in: FS f. W. v. Simson, 1983, S. 137 ff.; *Wahl/Pietzcker*, VVDStRL 41 (1983), S. 151 ff. (193 ff.).

560 BVerfG 1. Senat, Beschluss vom 18.06.1986, Az.: 1 BvR 787/80, in: BVerfGE 73, 280 (296); BGH Senat für Notarsachen, Beschluss vom 25.04.1994, Az.: NotZ 20/93, in: NJW 1994, 3353; *Huber*, Konkurrentenschutz im Verwaltungsrecht, 1991, S. 442, 449 f.; *Hermes*, JZ 1997, S. 909 ff. (913); *Neumann*, NZS 2002, S. 561 ff. (563).

561 Zur Bedeutung von grundrechtsrelevanten Verfahrensverstößen bei der Beurteilung der Erfolgsaussichten der Klage oder bei der Abwägung der Interessen im vorläufigen Rechtsschutzverfahren vgl. BVerfG, Beschluss vom 20.12.1979, Az.: 1 BvR 385/77, in: BVerfGE 53, 30.

rechtsträger, der die Verletzung von Art. 3 Abs. 1 i.V.m. Art. 12 Abs. 1 GG durch Verfahrensmängel gerichtlich geltend machen kann.

Die Rechtsprechung des EuGH zu den Dienstleistungskonzessionen deutet in dieselbe Richtung und stellt klar, dass die Vergaberichtlinien zwar eine konkrete Ausprägung des Diskriminierungsverbots des Art. 12 EGV und der Grundfreiheiten sind, dass aber auch bei Nicht-Anwendbarkeit der Richtlinien die Grundregeln des EG-Vertrages weiterhin für das anzuwendende Verfahren bei der Auftragsvergabe durch öffentliche Auftraggeber gelten.[562] Immanenter Bestandteil des Diskriminierungsverbots ist das Gebot der Transparenz, das wiederum zur Sicherstellung eines angemessenen Grads von Öffentlichkeit verpflichtet, der den Markt dem Wettbewerb öffnet und die Nachprüfung ermöglicht, ob die Vergabeverfahren unparteiisch durchgeführt wurden.[563] Über Einzelheiten schweigt sich der EuGH allerdings aus. Klar ist, dass der EuGH ein formalisiertes Vergabeverfahren außerhalb des Vergaberechts nicht verlangt.[564]

II. Konkrete Anforderungen

Den Versuch, die sich aus den einschlägigen Bestimmungen des EG-Vertrages ergebende Mindestanforderungen an das Vergabeverfahren zusammenzufassen, unternimmt die Kommission in ihrem Grünbuch zu öffentlich-privaten Partnerschaften und den gemeinschaftlichen Rechtsvorschriften für öffentliche Aufträge und Konzessionen:

- „Festlegung der Regeln für die Auswahl des privaten Partners;
- angemessene Bekanntmachung der Absicht der Konzessionserteilung und der Regeln für die Auswahl, damit die Unparteilichkeit während des gesamten Verfahrens kontrolliert werden kann;
- Aufruf der Wirtschaftsteilnehmer, die gegebenenfalls daran interessiert und/oder dazu in der Lage sind, die in Rede stehenden Aufgaben auszuführen, zur Teilnahme am Wettbewerb;

---

562 So auch *Mrozynski*, ZFSH/SGB 2004, S. 451 ff. (457)

563 EuGH, Urteil v. 07.12.2000, Rs. C-324/98, Slg. 2000, I-10745 Rdnr. 62 - Telaustria Verlags GmbH u.a. / Telekom Austria AG.

564 So auch die Mitteilung der Kommission zu Auslegungsfragen im Bereich Konzessionen im Gemeinschaftsrecht, Abl. 2000, C-121 v. 29.04.2000, S. 2 ff.

- Wahrung des Grundsatzes der Gleichbehandlung aller Teilnehmer während des gesamten Verfahrens;
- Vergabe auf der Grundlage objektiver Kriterien, die niemanden benachteiligen."[565]

Damit der Schutz des Rechts auf Gleichbehandlung durch Verfahren auch wirklich effektiv ist, muss also der durch den EG-Vertrag sowie durch das Grundgesetz geforderte Schutz der Wirtschaftsteilnehmer vor diskriminierenden Handlungen der öffentlichen Auftraggeber durch ein bestimmtes Verfahren konkretisiert werden.

Zum einen könnte man die Meinung vertreten, dass ausreichender Schutz letztlich nur bei Einhaltung desselben Verfahrens gewährleistet ist, wie es die europäischen Vergaberichtlinien vorschreiben. Dies würde zu einer analogen Anwendung der einschlägigen Verfahrensvorschriften verpflichten. Dadurch würde man aber im Ergebnis den Willen des Gesetzgebers, das Vergabeverfahren gerade in solchen Fällen ungeregelt zu lassen, unterlaufen.[566] Aus demselben Grund ist auch eine analoge Anwendung der Ausschreibungsregelungen der Basis-Paragraphen der nationalen Verdingungsordnungen grundsätzlich abzulehnen.[567] Die Nicht-Anwendbarkeit des Vergaberechts auf Dienstleistungskonzessionen und Aufträge unterhalb der Schwellenwerte sowie dessen Einschränkungen für Aufträge über Dienstleistungen des Anhangs I B bedeutet gerade, dass der öffentliche Auftraggeber in diesen Fällen das Vergabeverfahren frei bestimmen kann. Positivrechtlich wird allerdings für öffentliche Aufträge über Dienstleistungen mit sozialem Bezug im deutschen Recht gem. § 1a Nr. 2 Abs. 2 VOL/A zwingend die Anwendbarkeit der Basis-Paragraphen angeordnet.

Zum anderen könnte man die rechtliche Prüfung auf die *materiellen* Vorgaben des allgemeinen Gleichheitssatzes, d.h. auf die Frage beschränken, ob gleichwertige Sachverhalte tatsächlich vorliegen und ob diese entgegen den verfas-

---

565 KOM(2004) 327 endg., Rdnr. 30.

566 *Wittig*, Wettbewerbs- und verfassungsrechtliche Probleme des Vergaberechts, 1999, S. 187; *Pietzcker*, Die Zweiteilung des Vergaberechts, 2001, S. 38 ff. Zum vergleichbaren Spannungsverhältnis zwischen Art. 3 Abs. 1 GG und dem Haushaltsrecht i.V.m. den Verdingungsordnungen vgl. auch *Ehlers*, Verwaltung in Privatrechtsform, 1984, S. 219; *Zuleeg*, WiVerw 1984, S. 112 ff. (121).

567 A.A. *Gröning*, VergabeR 2002, S. 24 ff. (30); *Puhl*, VVDStRL 60 (2001), S. 456 ff. (484); *Pünder*, VerwArch 95 (2004), S. 38 ff. (50 f.).

sungsrechtlichen Rechtfertigungsanforderungen ohne sachliche Begründung *bei* der Auswahlentscheidung ungleich behandelt wurden. Dies würde seinerseits verkennen, dass die Gleichbehandlung schon im Verfahren *vor* der Auswahlentscheidung ansetzen muss, um allen (potentiellen) Bietern gleiche Chancen zur Abgabe wirtschaftlich vergleichbarer Angebote zu gewähren, und im Verfahren *nach* der Auswahlentscheidung fortzusetzen ist, damit eine materielle Kontrolle des Zuschlags überhaupt möglich ist. Wenn die Konkurrenten keine Kenntnis der Vergabeabsicht und des Vertragsgegenstands haben, können sie nicht am Wettbewerb teilnehmen und notwendigerweise auch kein Angebot abgeben, das sich mit den anderen vergleichen lässt. Ohne Einsicht in die Unterlagen und Kenntnis der Begründung der getroffenen Entscheidung lässt sich der Nachweis einer willkürlichen Vergabeentscheidung nicht führen.

Es müssen daher durch die Rechtsprechung spezifische Parameter für das Vergabeverfahren entwickelt werden, die einerseits das Diskriminierungsverbot im nationalen und europäischen Recht konkretisieren und auf wirksame Weise sichern, die andererseits aber auch die Entscheidung des Gemeinschaftsgesetzgebers bezüglich der Aufträge mit sozialem Bezug und der Grenzen des sachlichen Anwendungsbereichs der Vergaberichtlinien respektieren. Zu beachten wird dabei auch die geringere wirtschaftliche Relevanz von Aufträgen unterhalb der Schwellenwerte sein, für die bei Erreichen einer im Einzelfall festzulegenden de-minimis-Schwelle der zusätzliche Verfahrensaufwand nicht mehr angemessen ist.

Auf die sozialrechtliche Leistungserbringung übertragen, heißt dies, dass die Gerichte für die Fälle, wo keine anwendbaren einfachgesetzlichen Vorschriften über das bei der Auswahl einzuhaltende Verfahren bestehen, Mindeststandards festzulegen haben, welche im Lichte der im Einzelfall betroffenen, spezifischen sozialrechtlichen Norm zur Durchsetzung des Gebots der Gleichbehandlung nach dem GG und nach dem EGV verhelfen sollen.

Letztlich werden die Gerichte eine Kasuistik zu entwickeln haben, wodurch die Frage, wann eine Diskriminierung durch Verfahrensgestaltung zu bejahen ist, deutlichere Konturen erhält, was wiederum den betroffenen Leistungserbringern mehr Rechtssicherheit geben wird. Nichtsdestotrotz sollen im Folgenden die wichtigsten verfassungs- und gemeinschaftsrechtlichen Anforderungen an die Entscheidungsfindung der Sozialleistungsträger dargelegt werden, indem eine Typisierung für jede Verfahrensstufe vorgenommen wird.

1. Öffentliche Bekanntmachung

Zu allererst müssen für alle potentiell interessierten Leistungserbringer durch eine angemessene und ausreichende öffentliche Bekanntgabe gleiche Wettbewerbschancen auf Zugang zum Markt der unterschiedlichen Sozialleistungen gesichert werden. Diese Bekanntmachung muss bereits so viele Informationen enthalten, dass interessierte Leistungserbringer auch eine Entscheidung über die eigene Teilnahme treffen können.

Die Leistungserbringer müssen insgesamt die Möglichkeit erhalten, mit den Sozialleistungsträgern in Kontakt zu treten, sich vorzustellen, mit ihnen zu verhandeln oder ein Vertragsangebot zu unterbreiten. Schließt der Informationsaustausch einige potentielle Bewerber aus, dann handelt es sich um eine rechtfertigungsbedürftige Ungleichbehandlung. Zum Teil wird diese Pflicht einfachgesetzlich als Pflicht zur „öffentlichen Ausschreibung" umschrieben, wie dies im SGB V für manche Fälle der neuen Versorgungsformen (§§ 73b Abs. 2 Satz 3, 73c Abs. 2 Satz 3, 127 Abs. 2 Satz 2, 129 Abs. 5b Satz 1 SGB V) geschehen ist. Da aber der Begriff „öffentliche Ausschreibung" wegen des vergaberechtlichen Bezugs vorbelastet ist, wäre es besser, lediglich von „öffentlicher Bekanntmachung" zu sprechen, um Verwechselungen mit dem terminus technicus der Verdingungsordnungen zu vermeiden.

Die Konkretisierung des Begriffs „öffentlich" hat im Einzelfall zu erfolgen und hängt von dem nach dem Gesetz in Betracht kommenden Adressatenkreis ab.[568] Nur diejenigen Leistungserbringer, die nach den einschlägigen Vorschriften für

568 Vgl. Schlussanträge des Generalanwalts Fennelly v. 18.05.2000 in der Rs. C-324/98, Slg. 2000, I-10745 Rdnr. 43 - Telaustria Verlags GmbH u.a. / Telekom Austria AG: „Um das Verbot der Diskriminierung aus Gründen der Staatsangehörigkeit im Wesentlichen zu befolgen, muss bei der Konzessionsvergabe ein Mindestmaß an Öffentlichkeit und Transparenz eingehalten werden. Ich stimme mit der Kommission überein, dass es gilt, um jeden Preis zu verhindern, dass es bei der Vergabe von Konzessionen geheim und undurchsichtig zugeht. Ferner stimme ich auch dem österreichischen Bevollmächtigten darin zu, dass Öffentlichkeit nicht stets mit Veröffentlichung gleichzusetzen ist. So würde meines Erachtens der Verpflichtung zur Transparenz genügt, wenn der Auftraggeber sich unmittelbar an eine Reihe potentieller Bieter wendet, sofern diese nicht alle oder ganz überwiegend im gleichen Staat wie der Auftraggeber niedergelassen sind. Transparenz heißt in diesem Zusammenhang Wahrung der grundlegenden Fairness und Offenheit der Vergabeverfahren, insbesondere gegenüber potentiellen Bietern, die nicht im Mitgliedstaat des Auftraggebers niedergelassen sind. Sie verlangt aber meines Erachtens nicht, dass der Auftraggeber die Vorschriften der wichtigsten Vergaberichtlinien der Gemeinschaft einhält."

die betroffene Leistungserbringung ernsthaft in Betracht kommen, müssen auch informiert werden, damit sie sich bewerben können. Für Verträge nach § 140e SGB V ist z.B. eine EU- bzw. EWR-weite Ausschreibung sicherlich erforderlich, während für Verträge nach § 73b SGB V oder § 140a SGB V, die eine Zulassung zur vertragsärztlichen Versorgung voraussetzen, eine Ausschreibung im jeweiligen Mitteilungsblatt der jeweiligen Kassenärztlichen Vereinigung ausreichen dürfte.[569] Verträge nach § 127 Abs. 2 Satz 1 SGB V, die sich an zugelassene Hilfsmittelerbringer wenden, sind wiederum mindestens bundesweit auszuschreiben, denn die Zulassung nach § 126 Abs. 3 i.V.m. § 124 Abs. 5 SGB V gilt grundsätzlich bundesweit.[570] Bei hinreichend großen Aufträgen wäre aber auch eine EU- bzw. EWR-weite Ausschreibung geboten, denn anders als bei der akuten ambulanten Krankenbehandlung kommen hier Leistungserbringer aus dem EGV- oder EWR-Ausland grundsätzlich in Frage. Dasselbe gilt für Heilmittelerbringer.[571]

Was das Verfahren betrifft, sind die geregelten von den ungeregelten Fällen zu unterscheiden. Ein dem Gleichheitsgebot gerecht werdendes Verfahren ist zum Beispiel für die vertragsärztliche Leistungserbringung bereits in der Zulassungsverordnung für Vertragsärzte (Ärzte-ZV)[572] geregelt. § 103 Abs. 4 Satz 1 SGB V sieht überdies für die Kassenärztliche Vereinigung die Pflicht vor, frei gewordene Vertragsarztsitze im Planbereich mit Zulassungsbeschränkungen in den für ihre amtlichen Bekanntmachungen vorgesehenen Blättern auszuschreiben. Da hier die vertraglichen Beziehungen kollektiviert sind, bedarf es allerdings keiner weiteren Vertragsangebote bzw. Verhandlungen. Geprüft wird nur die Geeignetheit.

Für die anderen ungeregelten Fälle ist richtungweisend an die Basis-Paragraphen der VOL/A zu denken, wo das Verfahren der freihändigen Vergabe mit vorangehendem öffentlichem Teilnahmewettbewerb vorgesehen ist (§ 3

569 Zu messen wäre allerdings die Zulassung selbst als Dienstleistungskonzession an Art. 12 EGV.

570 BSG 3. Senat, Urteil vom 23.01.2003, Az.: B 3 KR 7/02 R, in: BSGE 90, 220.

571 Zu den europarechtlichen Anforderungen aus dem EG-Vertrag für Verträge mit den Erbringern von Atemtherapie im spanischen Sozialversicherungssystem vgl. EuGH, Urteil v. 27.10.2005, Rs. C-234/03, NVwZ 2006, 187 - Contse u.a.

572 Vom 28.05.1957, BGBl. I S. 572, 608, zuletzt geändert am 25.11.2003, BGBl. I S. 2304, 2343.

Abs. 1 Nr. 4 VOL/A).[573] Dieses eignet sich auch am besten für schnelle und flexible Beschaffungsvorgänge im sozialrechtlichen Bereich, wo entweder der ständige medizinische Fortschritt zu berücksichtigen ist oder der Notwendigkeit einer gesicherten Versorgung der Leistungsberechtigten Rechnung zu tragen ist.

Deren Geeignetheit im Einzelfall vorausgesetzt ist die Wahl der in Frage kommenden Mittel (Fachzeitschriften, eigenes Mitteilungsblatt, Internet), mit denen die Sozialleistungsträger zum Teilnahmewettbewerb einladen, letztlich ihnen zu überlassen. Es wird Sache des Auftraggebers sein, die Relevanz des Auftrags für den europäischen Binnenmarkt abzuschätzen, wobei dem Wert des Auftrags sicherlich eine große Bedeutung zukommt. Zu beachten werden zudem angemessene Fristen sein, damit die Abgabe einer Bewerbung überhaupt für alle - also auch für neue oder weniger informierte Bewerber - möglich ist. Beim Einkaufsmodell, also da wo die einzelnen Sozialleistungsträger die Konditionen für die Leistungserbringung frei gestalten können, werden sie sich in einem zweiten Schritt an Leistungserbringer ihrer Wahl wenden, um mit ihnen über die Vergabe zu verhandeln.

2. Auswahlkriterien

Für eine effektive Überprüfbarkeit der Auswahlentscheidungen ist - neben einer hinreichenden Leistungsbeschreibung (Art, Ziel, berechtigte Personen) - insbesondere die Anwendung objektiver, im Einzelfall gesetzlich zulässiger Auswahlkriterien (wie z.B. geographische Zugänglichkeit, Versorgungskonzept, angewandte Methoden, Kapazitäten, fachliche Qualifikation, sachliche und personelle Ausstattung, Preis, objektivierte Zufriedenheitswerte) von großer Bedeutung, um die im Gesetz oft wiederkehrenden unbestimmten Rechtsbegriffe der „Leistungsfähigkeit, Wirtschaftlichkeit, Zweckmäßigkeit und Sparsamkeit" auszufüllen und zu konkretisieren.

Dabei sind Eignungs- und Zuschlagskriterien zu unterscheiden. Erstere betreffen den Leistungserbringer selbst, letztere die von ihm angebotene Leistung. Meistens sind im Sozialrecht die Eignungskriterien bereits in Form von sog. „K.O.-Kriterien"[574] gesetzlich vorgegeben, etwa die Zulassung zur vertragsärztlichen Versorgung für Verträge zur hausarztzentrierten oder integrierten Versorgung

---

573 So auch *Vollmöller*, NZS 2004, S. 63 ff. (Fn. 55).

574 *Ohler*, Rechtsschutz bei der Vergabe öffentlicher Aufträge in der Europäischen Union, 1997, S. 55 (Fn. 114).

im SGB V. Die nicht aufgrund dieser Kriterien ausgeschlossenen Leistungserbringer sind dann anhand von zwar frei aufgestellten, aber objektiven Kriterien hinsichtlich ihrer finanziellen und wirtschaftlichen Leistungsfähigkeit sowie ihrer fachlichen Eignung zur Durchführung der jeweiligen Leistungen zu prüfen. Hier ist insbesondere zu berücksichtigen, dass die Tatsache, ob ein Bewerber aus einer bestimmten Region stammt und dort auch ein Büro unterhält, mit der Prüfung von Fachkunde, Leistungsfähigkeit und Zuverlässigkeit nichts zu tun hat. Ihre Berücksichtigung stellt grundsätzlich eine lokale Beschränkung des Wettbewerbs und somit einen Verstoß gegen das Diskriminierungsverbot aus Art. 3 Abs. 1 GG und aus Art. 12 Abs. 1 EGV dar.[575] Dies kann auch mittelbar geschehen, und zwar dadurch, dass ein Kriterium aufgestellt wird, das in der Praxis von nationalen Wirtschaftsteilnehmern leichter erfüllt werden kann.[576] Selbst bei Gegenständen, die das Leben und die Gesundheit von Personen schützen sollen, kann die Nähe am Verbrauchsort zum Zwecke der Versorgungssicherheit lediglich ausnahmsweise zulässig sein, und zwar wenn sie im Verhältnis zum angestrebten Ziel angemessen ist.

Mit Ausnahme des Zulassungsmodells, wo die Bedingungen für die Leistungserbringung in Kollektivverträgen festgehalten werden, sollen unter den Leistungserbringern, die am Wettbewerb teilgenommen haben, die geeigneten zum Eintritt in Verhandlungen bzw. zur Angebotsabgabe aufgefordert werden. Die Angebote sind ihrerseits anhand von objektiven und sachlichen Zuschlagskriterien zu überprüfen, deren Aufstellung durch die Sozialleistungsträger zwar vom gesetzlich meistens genau vorgegebenen Vertragsinhalt abhängen wird, aber gerade im Recht der Gesetzlichen Krankenversicherung auch weite Spielräume für die Profilierung der einzelnen Kassen bieten wird.

Geht es um nicht selektive Entscheidungen, so haben all die Bewerber, welche die Eignungs- und Zuschlagskriterien erfüllen, auch einen Anspruch auf Vertragsschluss. Geht es um selektive Entscheidungen, so müssen die Sozialleistungsträger neben der Art der anzuwendenden Auswahlkriterien, auch deren Rangverhältnis untereinander festlegen. In diesen Fällen wird ein zuverlässiges Kriterium für die erste (also auf der Stufe der Eignungsprüfung) Auswahl von

---

575 Vgl. etwa EuGH, Urteil v. 20.03.1990, Rs. C-21/88 Slg. 1990, I-889 - Du Pont de Nemours Italiana SpA / Unità sanitaria locale Nr. 2 von Carrara; EuGH, Urteil v. 03.06.1992, Rs. C-360/89, Slg. 1992, I-3401 - Kommission / Italien.

576 Vgl. EuGH, Urteil v. 06.11.2003, Rs. C-243/01, Slg. 2001, I-13031 - Gambelli u.a.

Bewerbern auch die objektive Notwendigkeit sein, den Kreis der Verhandlungspartner so weit zu verringern, dass der Aufwand zur Durchführung des weiteren Vergabeverfahrens - etwa wegen des besonders komplizierten Vertragsgegenstands - angemessen ist.[577] Außer in extrem gelagerten Fällen (Begründungserfordernis) wird jedoch zu berücksichtigen sein, dass ein gewisser Wettbewerb gewährleistet ist, was etwa bei einer Anzahl von drei Anbietern erst der Fall sein wird.

Bei Rahmenvereinbarungen, gleich ob selektiv oder nicht, sollten alle Bedingungen für die Erteilung der Einzelaufträge (etwa Vergütungssatz, Rotationsprinzip, maximale Belegung, regionale Bedürfnisse) festgelegt werden, wenn man für jede Einzelbeauftragung einen erneuten Aufruf zum Wettbewerb vermeiden will.

Da das Sozialrecht für die Ausführung von Sozialleistungen im Allgemeinen Teil, und zwar in § 17 Abs. 3 Satz 1 und 2 SGB I ein Kooperationsmodell vorschreibt, können sich auch Qualitätskriterien und Konzepte zur Leistungsdurchführung grundsätzlich im Laufe des Verhandlungsverfahrens auf Vorschlag der Bieter, also im Dialog, entfalten, es sei denn, diese sind bereits auf kollektiver Ebene im voraus festgelegt worden. Zu beachten ist, dass teilweise Qualitätskriterien - etwa wie die gesamtvertraglich vereinbarten Qualitätsanforderungen an eine hausarztzentrierte Versorgung nach § 73b Abs. 3 SGB V - per Gesetz zu „K.O.-Kriterien" werden, daher erfüllt sein müssen, um überhaupt in die Angebotswertung einbezogen zu werden. Umso wichtiger ist hier deren genaue Erwähnung in der Ausschreibung mit Verweis auf die entsprechenden Vereinbarungen.

Die Zuschlagskriterien müssen sich nicht auf den Preis oder die Wirtschaftlichkeit beschränken. Die soziale Ausrichtung des Leistungserbringers kann z.B. berücksichtigt werden, auch wenn diese nichts mit seiner technischen Fähigkeit, einen bestimmten Auftrag durchzuführen, zu tun hat. Einzige Voraussetzung:

---

577 A.A. *Koenig/Engelmann/Hentschel*, SGb 2003, S. 189 ff. (194 f.), die bezüglich selektiver Verträge zwischen Krankenkassen und ärztlichen Leistungserbringern aus Art. 3 Abs. 1 i.V.m. Art. 12 Abs. 1 GG die Pflicht herleiten, alle Leistungserbringer, die innerhalb einer bestimmten Frist ihr Interesse bekundet haben, zur Abgabe von Angeboten aufzufordern, welche zu einem festgelegten Zeitpunkt gemeinsam geöffnet und beurteilt werden müssen. Damit wird auch für die Fälle außerhalb des Vergaberechts die Unabdingbarkeit des offenen Verfahrens erklärt, was der europäische Gesetzgeber nicht einmal im Anwendungsbereich der Richtlinien vorgesehen hat.

für alle Bewerber muss dies gleichgewichtig berücksichtigt werden. Für die Zuschlagserteilung können also auch sog. Sozialkriterien Beachtung finden, die keinen wirtschaftlichen Vorteil i.S.d. § 97 Abs. 5 GWB bieten, der mit dem eigentlichen Auftragsgegenstand zusammenhängt (vgl. § 21 Abs. 1 Nr. 6 SGB IX). Insbesondere in den Fällen, wo der Sozialleistungsträger per Gesetz verpflichtet ist, auf die Pluralität des Gesamtangebots zu achten, also insbesondere im Rehabilitationsbereich (§ 19 Abs. 4 Satz 1 SGB IX), können die Auswahlkriterien und die Vertragsbedingungen entsprechend gestaltet werden.

Aus dem Gemeinschaftsrecht folgt allerdings, dass der Gegenstand des Vertrags, die Eignungs- und Zuschlagskriterien weder unmittelbar (als Ziel) noch mittelbar (als Ergebnis) den Marktzugang für Bieter aus anderen Mitgliedstaaten beschränken dürfen. Der EuGH prüft auch außerhalb des Anwendungsbereichs der Vergaberichtlinien Eignungs- und Zuschlagskriterien am Maßstab des Primärrechts. Sind diese geeignet, die Ausübung der durch den Vertrag garantierten grundlegenden Freiheiten zu behindern oder weniger attraktiv zu machen, dann müssen sie vier Voraussetzungen[578] erfüllen, um den Regeln des EG-Vertrages zu genügen:

- sie müssen in nichtdiskriminierender Weise angewandt werden,
- sie müssen aus zwingenden Gründen des Allgemeininteresses gerechtfertigt sein,
- sie müssen geeignet sein, die Erreichung des mit ihnen verfolgten Zieles zu gewährleisten,
- und sie dürfen nicht über das hinausgehen, was zur Erreichung dieses Zieles erforderlich ist.

Vom Sozialleistungsträger ist überdies zu verlangen, dass alle Auswahlkriterien zu Beginn festgelegt, bekannt gegeben und eingehalten werden, um eine Ungleichbehandlung durch nachträgliche Änderungen der Zugangskonditionen zu vermeiden. Dies verlangen etwa ausdrücklich die §§ 73b Abs. 2 Satz 3, 73c Abs. 2 Satz 3, 127 Abs. 2 Satz 2 SGB V. Zur Wahrung des Verhältnismäßigkeits-

578 Vgl. etwa EuGH, Urteil v. 27.10.2005, Rs. C-234/03, NVwZ 2006, 187 - Contse u.a., Rdnr. 25. Hier ging es um die Aufstellung von Ansässigkeitspflichten, bei denen sich grundsätzlich die Gefahr der Protektion einheimischer Unternehmen verbirgt. Da es sich um die Beschaffung von Leistungen des Anhangs I der BKR handelte, war ein Rekurs auf das Primärrecht notwendig.

grundsatzes müssten aber Ausnahmen von diesem Grundsatz gestattet werden. Diese könnten z.B. bei Vorliegen der Voraussetzungen des § 3 Nr. 4 VOL/A als nicht diskriminierend angesehen werden. Selbst wenn keine Regeln festgelegt und bekannt gegeben wurden, verlangt das Gleichbehandlungsgrundsatz jedoch auch in diesen Ausnahmefällen, dass die Wahl der Kandidaten anhand objektiver, sachgerechter Kriterien erfolgt.

Schließlich besteht eine Pflicht zur nachträglichen Information über das Auswahlergebnis und zu dessen Begründung, damit die Auswahlentscheidung auch gerichtlich überprüft werden kann (sog. ex-post-Transparenz). Dies folgt auch aus dem Gebot effektiven Rechtsschutzes des Art. 19 Abs. 4 GG.[579]

3. Laufzeit der Rechtsbeziehungen

Nicht nur die Ausgestaltung des Vergabeverfahrens, sondern auch die Laufzeit der Zulassung bzw. des Vertrages ist im Hinblick auf mögliche Benachteiligungen relevant. Grundsätzlich sind im Vergaberecht unbefristete Verträge erlaubt. Dies ergibt sich aus den Vorschriften zur Berechnung der Auftragswerte, die auch den Fall des zeitlich unbegrenzten Vertrages vorsehen. Eine Gefahr für die Wirtschaftsteilnehmer besteht trotzdem nicht, denn mindestens eine der Vertragsparteien wird kein Interesse an einer allzu langen Festlegung eines bestimmten Preises haben.

Diese Überlegung wird bestätigt durch die Ausnahmen, welche nun in der Richtlinie 2004/18/EG für Rahmenvereinbarungen und dynamische Beschaffungssysteme ausdrücklich vorgesehen sind. Deren Laufzeit darf - abgesehen von Sonderfällen, in denen dies insbesondere aufgrund des Gegenstands gerechtfertigt werden kann - vier Jahre nicht überschreiten (Art. 32 Abs. 2 Satz 4, Art. 33 Abs. 7 Satz 1 Richtlinie 2004/18/EG). Dass auch dynamische Beschaffungssysteme zeitlich begrenzt werden, überrascht einerseits, da die Einrichtung eines dynamischen Beschaffungssystems noch keine selektive Entscheidung mit sich bringt und das System stets neuen geeigneten Interessenten zugänglich ist. Andererseits wird dadurch klar, dass der europäische Gesetzgeber auch nicht selektive Entscheidungen für marktrelevant hält, denn sie begründen einen privilegierten „Status" und müssen deshalb in regelmäßigen Abständen nicht nur überprüft, sondern insgesamt neu getroffen werden.

---

579 Vgl. *Schulze-Fielitz*, in: Dreier (Hrsg.), GG-Kommentar, Art. 19 IV Rdnr. 88.

Problematisch ist die Dauer aber auch bei Konzessionen, da es hier ebenfalls immer an dem Korrektiv eines festen Preises für eine bestimmte Leistungsmenge fehlt. Weder Konzessionsgeber noch Konzessionsnehmer haben daher ein wirtschaftliches Interesse an einer Befristung. Das Diskriminierungsverbot könnte in bestimmten Konstellationen Grenzen setzen, so etwa wenn durch die unbefristete Einräumung des Nutzungsrechts praktisch der Markt für diese Leistung verschlossen, der freie Wettbewerb ausgeschlossen wird. Das betrifft die Fälle, wo die Erteilung der Zulassung u.a. von einer Bedarfsprüfung abhängt.

Bereits im Endbericht der Enquete-Kommission „Strukturreform der GKV", gem. Beschluss des Deutschen Bundestages v. 4.6.1987 und v. 27.10.1988, wurde z.B. die Ausschreibung von Versorgungsverträgen für Kassenärzte vorgeschlagen, um einerseits das Überkapazitätsproblem zu bewältigen, andererseits jungen Bewerbern ausreichend Chancen zu bieten.[580] An der Ausschreibung, die periodisch, etwa alle 5 bis 10 Jahre, zu wiederholen wäre, sollte jeder Arzt, der die allgemeinen Zulassungsvoraussetzungen erfüllt, teilnehmen können. Dadurch würde die Kassenzulassung zeitlich begrenzt und nicht mehr als lebenslanges Privileg vergeben werden. Die Dauer der Konzession müsste allerdings stets die nötigen Investitionen beachten.

Auch die Kommission hält eine zeitliche Befristung von Dienstleistungskonzessionen für geboten. Aus dem Grundsatz der Verhältnismäßigkeit leitet sie die Notwendigkeit ab, die Laufzeit der Konzession so festzulegen, „dass der freie Wettbewerb nur so weit eingeschränkt wird, wie es erforderlich ist, um die Amortisierung der Investitionen und eine angemessene Verzinsung des eingesetzten Kapitals sicherzustellen. Hierbei ist jedoch das mit der Nutzung verbundene Risiko für den Konzessionär beizubehalten".[581]

Insgesamt haben die Sozialleistungsträger einen weiten Entscheidungsspielraum; auch die Festlegung oder Nicht-Festlegung der Laufzeit des Vertrages bedarf jedenfalls einer sachlichen Begründung.

---

580 BT-Drucks. 11/6380, S. 76 f.

581 Vgl. Mitteilung der Kommission zu Auslegungsfragen im Bereich Konzessionen im Gemeinschaftsrecht, Abl. 2000, C-121 v. 29.04.2000, S. 2 ff. (8).

Beispielhaft sei hier auf den problematischen Fall der Zulassung eines Medizinischen Versorgungszentrums (MVZ)[582] i.S.d. § 95 Abs. 1 Satz 2 SGB V im gesperrten Planbereich nach § 103 Abs. 1 Satz 2 SGB V hingewiesen.

4. Medizinische Versorgungszentren im gesperrten Planbereich

In den überversorgten Gebieten sind grundsätzlich keine Zulassungen mehr möglich. Hier ist der Markt für Ärzte, die an der Versorgung von GKV-Versicherten teilnehmen wollen, gesperrt. Gem. § 103 Abs. 4a Satz 1 SGB V ist es allerdings vorgesehen, dass ein Vertragsarzt in einem solchen Bereich auf seine Zulassung verzichten kann, um diese einem MVZ zu übertragen, in dem er angestellt wird. Gem. § 103 Abs. 4a Satz 2 SGB V kann außerdem eine Arztpraxis, die veräußert und zur Neubesetzung ausgeschrieben wurde, auch von einem MVZ weitergeführt werden. In beiden Fällen wird die ursprüngliche Praxis nicht fortgeführt, also trotz Zulassungsbeschränkungen wird ein neuer Marktteilnehmer, das MVZ, doch zugelassen.

Wegen der wirtschaftlichen Bedeutung einer solchen „Praxisübernahme" bedarf es eines transparenten und nicht diskriminierenden Verfahrens. § 103 Abs. 4a Satz 3 SGB V verweist auf das Nachbesetzungsverfahren des § 103 Abs. 4 und 5 SGB V. Fraglich ist, ob dieses Verfahren auch geeignet ist, den Fall des § 103 Abs. 4a SGB V sachgerecht zu lösen. Das Nachbesetzungsverfahren zielt darauf ab, den wirtschaftlichen Wert der abzugebenden Praxis zu retten, welche durch die Nachfolgezulassung fortgeführt wird. Dieses Ziel kann in den Fällen des § 103 Abs. 4a Satz 1 und 2 SGB V jedoch gerade nicht erreicht werden.

Der § 103 Abs. 4a Satz 1 SGB V regelt den Fall, in dem der verzichtende Arzt selbst in dem MVZ angestellt wird, also seine Tätigkeit als Leistungserbringer im GKV-System zwar fortsetzt, aber nicht seine Praxis, welche gem. § 103 Abs. 4a Satz 1 a.E. auch nicht mehr fortgeführt werden darf. Die Nachbesetzung des § 103 Abs. 4a Satz 2 SGB V betrifft den Fall des Erwerbs des Vertragsarztsitzes durch einen neuen Leistungserbringer, das MVZ, der die abzugebende Praxis nicht unbedingt fortführen muss und in der Regel auch nicht fortführen wird. Der wirtschaftliche Wert der ursprünglichen Praxis wird durch den Verkauf an das MVZ realisiert. In beiden Fällen wird die Dienstleistungskonzession, die etwa wegen Erreichen der Altersgrenze, geendet hat, trotz festgestellter Überversorgung neu vergeben.

---

582 Zum Begriff des MVZ vgl. *Fiedler/Weber*, NZS 2004, S. 358 ff.

Hervorzuheben ist außerdem, dass ein nachbesetzendes MVZ gem. § 103 Abs. 4a Satz 5 SGB V - entgegen der Regelbestimmung des § 95 Abs. 2 Satz 8 SGB V - eine Angestelltenstelle nachbesetzen kann, auch wenn Zulassungsbeschränkungen angeordnet sind. Zudem können ausscheidende Ärzte, die in einem nachbesetzenden MVZ fünf Jahre lang tätig waren, eine Zulassung im gesperrten Gebiet erhalten, wenn sie nicht lediglich eine Stelle nach § 103 Abs. 4a Satz 5 SGB V innehatten. Diese beiden Ausnahmeregelungen sprechen dafür, dass das MVZ im Falle des § 103 Abs. 4a Satz 2 SGB V nicht einfach die Möglichkeit, eine bestehende Praxis fortzuführen, sondern einen eigenen Marktzugang verbunden mit einer privilegierten Stellung erhält.[583] Das Verfahren nach § 103 Abs. 4 SGB V, etwa die Auswahlkriterien nach Satz 4 und 6, wird daher dieser besonderen Situation nicht mehr gerecht. Vielmehr sind hier die oben entwickelten Grundsätze für ein transparentes und nicht diskriminierendes Vergabeverfahren anzuwenden.

III. Rechtsschutz außerhalb der §§ 102 ff. GWB

Zum Schluss sei nochmals betont, dass auch dann, wenn das Rechtsschutzsystem des Vergaberechts nicht anwendbar ist, jedenfalls nach den oben entwickelten Kriterien eine Verletzung von Art. 3 Abs. 1 GG bzw. Art. 12 EGV von den nicht berücksichtigten Unternehmen vor dem jeweils zuständigen Gericht geltend gemacht werden kann. Bei Erfolg der Klage kann dies grundsätzlich zur Aufhebung der Zulassung bzw. zur Feststellung der Nichtigkeit des Vertragsschlusses führen, im Falle vorbeugenden Rechtsschutzes[584] unter Umständen zu einem vorläufigen Verbot der entsprechenden Handlung. § 114 Abs. 2 Satz 1 GWB gilt in diesen Fällen nicht, so dass auch ein bereits erteilter Zuschlag aufgehoben werden kann.

Da nicht nur die Zuschlagsentscheidung an sich, sondern auch das Auswahlverfahren am Maßstab des Verfassungs- und EG-Vertragsrechts zu prüfen ist, sind nicht nur die Bieter, die sich beworben haben und möglicherweise materiell diskriminiert wurden, klagebefugt, sondern auch diejenigen, die Interesse an der

---

583 Dies war nach der Gesetzesbegründung auch beabsichtigt, vgl. BT-Drucksache 15/1525, S. 112.

584 Zur Möglichkeit, im Unterschwellenbereich einen Antrag nach § 123 VwGO zu stellen vgl. VG Neustadt, Beschluss v. 20.02.2006, Az.: 4 L 210/06.

Zuschlagserteilung gehabt hätten, aber am Auswahlverfahren nicht teilgenommen haben, denn auch, ja gerade für sie ist eine förmliche Diskriminierung nicht ausgeschlossen. Sollten die Leistungserbringer schon vor Zuschlagserteilung gegen eine mögliche Rechtsverletzung vorgehen wollen, so steht ihnen auch außerhalb des vergaberechtlichen Nachprüfungsverfahrens bei jeder Gerichtsbarkeit der einstweilige Rechtsschutz zur Verfügung. Schadensersatzklagen hängen allerdings anders als nach § 126 GWB vom Verschuldenserfordernis ab.

Insgesamt ist also festzuhalten, dass auch außerhalb des Vergaberechts (etwa bei Aufträgen unterhalb der Schwellenwerte oder bei Dienstleistungskonzessionen) Rechtsschutzmöglichkeiten für die Geltendmachung einer Verletzung des Gleichheitsgebots gegeben sind.[585] Dass diese weniger effizient sind, weil die öffentlichen Auftraggeber nicht vor Zuschlagserteilung zur Informationen der unterlegenen Bieter verpflichtet sind und weil Schadensersatzansprüche verschuldensabhängig sind, muss als Folge der gesetzgeberischen Entscheidung über die geringere Schutzwürdigkeit der Bieter in solchen Fällen hingenommen werden.[586] Zu bedenken ist allerdings, dass für effektiven Rechtsschutz und konkretisierende Rechtssicherheit eine homogene Rechtsprechung zu Art. 3 Abs. 1 GG für das Vergabeverfahren noch fehlt.[587] Dasselbe gilt für das Europäische Primärrecht, dessen Bedeutung für die Gestaltung des Vergabeverfahrens ebenfalls noch nicht durch die Rechtsprechung des EuGH konsolidiert wurde.

---

585 Widersprüchlich in dieser Hinsicht bezüglich des „Unterschwellenbereichs" die Überlegungen von *Breloer*, Europäische Vorgaben und das deutsche Vergaberecht, 2004, S. 133, wo zwar ein verfassungsrechtlicher Anspruch auf gerichtlichen Primärrechtschutz aus Art. 3 Abs. 1 GG bejaht wird, aber als einzige Rechtsschutzmöglichkeit der Rechtsbehelf der Aufsichtsbeschwerde an die zuständige Aufsichtsbehörde genannt wird.

586 A.A. bezüglich der Schwellenwertregelung vgl. VerfGH Österreich, Urteil v. 30.11.2000, G 110/99, in: EWiR 2001, S. 387.

587 *Dreher*, NZBau 2002, S. 419 ff. (427).

Thesen

- Vergaberecht und Sozialrecht schließen sich nicht gegenseitig aus. Auf den Abschluss sozialleistungserbringungsrechtlicher Verträge ist das Vergaberecht anwendbar, wenn der persönliche und sachliche Anwendungsbereich eröffnet ist, die maßgeblichen Schwellenwerte erreicht oder überschritten werden und keine Ausnahmen vorliegen.
- Der persönliche Anwendungsbereich des Vergaberechts ist für alle Bereiche des Sozialrechts eröffnet, denn alle Sozialleistungsträger sind öffentliche Auftraggeber im Sinne des europäischen bzw. nationalen Vergaberechts.
- Der sachliche Anwendungsbereich des Vergaberechts ist unter der Voraussetzung eröffnet, dass die Sozialleistungsträger selbst über den wirtschaftlichen Erfolg des Leistungserbringers entscheiden können. In diesem Fall stellen die Verträge über die Erbringung sozialer Leistungen entweder öffentliche Aufträge oder Rahmenvereinbarungen im Sinne des europäischen bzw. nationalen Vergaberechts dar. Wenn sie den Schwellenwert von 211.000 Euro nach europäischem Recht bzw. von 200.000 Euro nach nationalem Recht erreichen oder überschreiten, unterliegen sie den Bestimmungen des Vergaberechts.
- Sind es hingegen die Sozialleistungsberechtigten, die den vertraglich gebundenen Leistungserbringer im Einzelfall auswählen und zur Leistungserbringung beauftragen, liegt lediglich eine vergaberechtsfreie Dienstleistungskonzession vor, denn der Leistungserbringer trägt selber das wirtschaftliche Risiko seiner Tätigkeit, die er noch auf dem Markt gegenüber den Nutznießern, den Sozialleistungsberechtigten, platzieren muss. Der sachliche Anwendungsbereich des Vergaberechts ist in diesem Fall nach europäischem bzw. nationalem Recht nicht eröffnet.
- Ob die Sozialleistungsträger bei der Auswahl ihrer Vertragspartner auch bedarfsgerechte, „selektive“ Entscheidungen treffen dürfen, entscheidet sich allein nach dem Leistungserbringungsrecht des jeweiligen Sozialbereichs und berührt nicht die Anwendbarkeit des Vergaberechts. Allerdings da, wo die Sozialleistungsträger mit allen Leistungserbringern kontrahie-

ren müssen, die unter Berücksichtigung der Grundsätze der Leistungsfähigkeit, Wirtschaftlichkeit und Sparsamkeit zur Erbringung der Leistung geeignet sind, werden sie außer Dienstleistungskonzessionen nur Rahmenvereinbarungen mit mehreren Wirtschaftsteilnehmern abschließen oder - nach Umsetzung der entsprechenden europäischen Vorschriften ins nationale Recht - dynamische Beschaffungssysteme einrichten können. Die Vergabe öffentlicher Aufträge oder der Abschluss von Rahmenvereinbarungen mit einem Wirtschaftsteilnehmer sind ausgeschlossen, denn sie setzen die Bildung von bedarfsabhängigen Kontingenten voraus. Der Abschluss von Rahmenvereinbarungen mit mehreren Wirtschaftsteilnehmern ist prinzipiell besonders geeignet für Verträge im Rehabilitationsbereich sowie im Recht der Jugend- und Kinderhilfe bzw. der Sozialhilfe, denn sie ermöglichen eine flexiblere Reaktion auf die Bedürfnisse des Einzelfalles.

- Sowohl das europäische als auch das nationale Vergaberecht kennen zwar keine Bereichsausnahme für sozialleistungserbringungsrechtliche Verträge. Für die Vergabe öffentlicher Dienstleistungsaufträge mit sozialem Bezug sieht das Vergaberecht jedoch (noch) umfassende Erleichterungen vor. Im europäischen Recht gelten für diese Verträge keine sekundärrechtlichen bieterschützenden Verfahrensregeln, sondern allein Notifikationspflichten gegenüber der Europäischen Kommission, denn Aufträge für diese Dienstleistungen sollen für eine Übergangszeit nur beobachtet werden. Im nationalen Recht hat diese systemimmanente Einschränkung bisher eine geringere Auswirkung. Es kommen auch in diesem Bereich zahlreiche bieterschützende materielle Vergaberegeln (etwa § 100 Abs. 6 GWB, § 13 VgV, die Basisparagraphen der VOL/A) zur Anwendung.

- Für die Vergabe öffentlicher Lieferaufträge mit sozialem Bezug kennt das Vergaberecht insgesamt keine Ausnahmen.

- Aufgrund der Ausschlusswirkung des § 69 SGB V findet das nationale Vergaberecht (GWB-Vergaberecht) von vornherein keine Anwendung auf die Leistungserbringungsverträge im Recht der Gesetzlichen Krankenversicherung. In diesem sozialrechtlichen Bereich können sich derzeit vergaberechtliche Vorgaben allein unmittelbar aus dem europäischen Vergaberecht ergeben. Dem deutschen Gesetzgeber obliegt jedoch die Verpflichtung, demnächst die für den GKV-Bereich einschlägigen, zwingenden Vorschriften der Richtlinie 2004/18/EG ins SGB V umzusetzen.

- Der Rechtsschutz im Vergaberecht richtet sich im nationalen Recht - und zwar auch grundsätzlich für sozialleistungserbringungsrechtliche Verträge - nach den §§ 101 ff. GWB (Nachprüfungsverfahren vor den Vergabekammern und den Vergabesenaten der Oberlandesgerichte). Allein im Leistungserbringungsrecht der GKV, das aus dem Anwendungsbereich des GWB ausgenommen ist, gehören Rechtsstreitigkeiten über Vergabeentscheidungen ausschließlich vor die Sozialgerichte. An der Richtlinienkonformität dieses abweichenden Rechtsweges für vergaberechtliche Streitigkeiten zwischen den Trägern der GKV und den Leistungserbringern nach dem SGB V bestehen keine Zweifel.

- Auf die Vergabe von öffentlichen Aufträgen und den Abschluss von Rahmenvereinbarungen, aber auch auf die Vergabe von Dienstleistungskonzessionen, öffentlichen Dienstleistungsaufträgen mit sozialem Bezug und öffentlichen Aufträgen unterhalb der Schwellenwerte sind immer die Grundregeln des EG-Vertrages sowie Art. 3 Abs. 1 GG anzuwenden. Ziel ist es, bei einer wie immer gearteten Beauftragung Dritter durch staatliche bzw. staatsnahe Stellen immer auch die Grundsätze des freien Wettbewerbs, der Transparenz, der Gleichbehandlung und das Diskriminierungsverbot durchzusetzen. Nicht nur die materielle Auswahlentscheidung, sondern und vor allem auch das Verfahren bis zur Entscheidungsfindung sind daran zu messen. Sowohl die Vorschriften des EG-Vertrages als auch Art. 3 Abs. 1 GG entfalten drittschützende Wirkung und können vor dem jeweils zuständigen Gericht geltend gemacht werden. Eine einfachgesetzliche Umschreibung dieser Grundsätze findet sich punktuell im Leistungserbringungsrecht der GKV, das für manche Fälle neuer Versorgungsformen eine Ausschreibung nach objektiven Kriterien vorschreibt.

Bibliographie

Apitzsch, M., Nochmals - Budgetierung per Kartellabsprache? - Kooperation oder Kartell?, in: NDV 2000, S. 206 ff.

Armborst, Ch. et al., Bundessozialhilfegesetz - Lehr- und Praxiskommentar (LPK-BSHG), 6. Auflage 2003

Ax, Th./Schneider, M./Nette, A., Handbuch Vergaberecht. VOB Teil A, VOL, Teil A, VOF. Rechtsschutz, 2002

Axer, P., Selbstverwaltung in der Gesetzlichen Krankenversicherung, in: Die Verwaltung 35 (2002), S. 377 ff.

Bamberger, H.-G./Roth, H., Kommentar zum Bürgerlichen Gesetzbuch, 2005.

Bartosch, A., Vergabefremde Kriterien und Art. 87 I EG: Sitzt das öffentliche Beschaffungswesen in Europa auf einem beihilferechtlichen Pulverfass?, in: EuZW 2001, S. 229 ff.

Bayer, W./Franke, H./Opitz, M., EU-Vergaberecht, 2001

Bechtold, R., Kartellgesetz. Gesetz gegen Wettbewerbsbeschränkungen - Kommentar, 2. Auflage 1999 und 3. Auflage, 2002

Becker, F./Bertram, O., Die Anwendbarkeit des Vergaberechts auf die Zulassung eines Krankenhauses zur Krankenhausbehandlung, KH 7/2002, S. 541 ff.

Becker, U., Rechtliche Rahmenbedingungen der integrierten Versorgung - Ein Aufriss und neun Thesen, NZS 2001, S. 505 ff.

Behn, P., Ein Jahr Vergaberechtsänderungsgesetz in der Bundesanstalt für Arbeit - ein Resümee, in: AuB 3/2000, S. 67 ff.

Behn, P., Das Vergabehandbuch der BA (VHB-BA) für Lieferungen und Leistungen nach VOL und VOF - einf@ch beschaffen, in: AuB 9/2002, S. 257 ff.

Benedict, Ch.; Abgestufte Harmonisierung im Vergaberecht, in: EuZW 1999, S. 77 ff.

Bergner, D., Grundrechtsschutz durch Verfahren: eine rechtsvergleichende Untersuchung des deutschen und britischen Verwaltungsverfahrensrechts, 1998

Beule, C, Integrierte Versorgung nach neuem Recht, in: GesR 2004, S. 209 ff.

Bieback, K-J., Die Stellung der Sozialleistungsträger im Marktrecht der EG, in: RsDE Nr. 49 (2001), S. 1 ff.,

Bieritz-Harder, R., Die „Babyklappe". Hilfe zur Erziehung oder Inobhutnahme?, in: RsDE Nr. 46 (2000), S. 33 ff.

Boecken, W., Rechtliche Schranken für die Beschaffungstätigkeit der Krankenkassen im Hilfsmittelbereich nach der Publizierung des Vertragsrechts - insbesondere zum Schutz der Leistungserbringer vor Ungleichbehandlungen, in: NZS 2000, S. 269 ff.

Boerner, D., Die Neuregelung des § 69 SGB V und ihre Bedeutung für die Leistungserbringungsverträge, in: SGb 2000, S. 389 ff.

Boesen, A., Das Vergaberechtsänderungsgesetz im Lichte der europarechtlichen Vorgaben, in: EuZW 1998, S. 551 ff.

Boesen, A., Zur Umsetzung der Vergaberichtlinie in nationales Recht, speziell zur Pflicht der Mitgliedstaaten, eine Überprüfung der Zuschlagsentscheidung zu ermöglichen, in: ZIP 1999, S. 1942 ff.

Boesen, A., Vergaberecht - Kommentar zum 4. Teil d. GWB, 2000

Boldt, A., Müssen gesetzliche Krankenkassen das Vergaberecht beachten?, in: NJW 2005, S. 3757 ff.

Breloer, C.E., Europäische Vorgaben und das deutsche Vergaberecht, 2004

Brinker, I., Vorabinformation der Bieter über den Zuschlag oder Zwei-Stufen-Theorie im Vergaberecht?, in: NZBau 2000, S. 174 ff.

Bunte, H.-J., Kartellrecht mit neuem Vergaberecht. Lehrbuch für Studium und Praxis, 2003

Burgi, M., Vergabefremde Zwecke und Verfassungsrecht, in: NZBau 2001, S. 64 ff.

Burgi, M., Der Verwaltungsvertrag im Vergaberecht, in: NZBau 2002, 57 ff.

Burgi, M., Rechtsschutz ohne Vergabeverfahren?, in: NZBau 2003, S. 16 ff.

Byok, J., Das neue Vergaberecht, in: NJW 1998, S. 2774 ff.

Byok, J./Jaeger, W. (Hrsg.), Kommentar zum Vergaberecht. Erläuterungen zu den vergaberechtlichen Vorschriften des GWB, 2. Auflage 2005

Byok, J./Jansen, N., Die Stellung der gesetzlichen Krankenkassen als öffentlicher Auftraggeber, in: NVwZ 2005, S. 53 ff.

Castendiek, J., Entscheidungsrecht der Krankenkassen bei der Bewilligung nichtärztlicher Leistungen, in: RsDE Nr. 51 (2002), S. 25 ff.

Degener-Hencke, U., Behutsame Öffnung der Krankenhäuser für die ambulante Versorgung unter besonderer Berücksichtigung des Entwurfs eines GMG und der Eckpunkte vom 21. Juli 2003, in: f&w 4/2003, S. 329 ff.

Diekmann, Th./Wildberger, N., Wettbewerbsrechtliche Ansprüche im Rahmen von § 69 SGB V, in: NZS 2004, S. 15 ff.

Dietlein, J., Der Begriff des „funktionalen" Auftraggebers nach § 98 Nr. 2 GWB, in: NZBau 2002, S. 136 ff.

Dörr, O., Die vergaberechtliche Einbindung der freien Wohlfahrtspflege, in: RdJB 2002, S. 349 ff.

Dörr, O., Das europäisierte Vergaberecht in Deutschland, in: JZ 2004, S. 703 ff.

Dortants, B. W./v. Hansemann, S., Die Auslagerung von „Aufgaben" durch Krankenkassen und ihre Verbände auf Dritte, in: NZS 1999, S. 542 ff.

Dreher, M., Der Anwendungsbereich des Kartellvergaberechts, in: DB 1998, S. 2579 ff.

Dreher, M., Vergaberechtsschutz unterhalb der Schwellenwerte, in: NZBau 2002, S. 419 ff.

Dreier, H. (Hrsg.), Grundgesetz: Kommentar, 1. Teil, Art. 1-19, 2. Auflage 2004

Ebsen, I., Selbstverwaltung und Autonomie der Bundesanstalt für Arbeit, in: Festschrift für Rudolf Lukes, 1989, S. 321 ff.

Ebsen, I., Der Behandlungsanspruch des Versicherten in der gesetzlichen Krankenversicherung und das Leistungserbringungsrecht, in: Festschrift für Otto Ernst Krasney, 1997, S. 81 ff.

Ebsen, I., Öffentlich-rechtliches Handeln von Krankenkassen als Gegenstand des Wettbewerbsrechts? Probleme materiellrechtlicher und kompetenzrechtlicher Koordinierung, in: ZSR 2000, S. 298 ff.

Ebsen, I./Greß, S./Jacobs, K./Szecsenyi, J., Wasem, J., Vertragswettbewerb in der gesetzlichen Krankenversicherung zur Verbesserung von Qualität und Wirtschaftlichkeit, in: SozSich 2003, S. 128 ff.

Ebsen, I., Kartell- und vergaberechtliche Aspekte des vertraglichen Handelns der Krankenkassen, in: KrV 2004, S. 95 ff.

Ebsen, I., Der Arbeitslose als Sozialbürger und Klient - der Betroffene im Konzept des aktivierenden Sozialstaates, in: Festschrift 50 Jahre Bundessozialgericht, 2004, S. 725 ff.

Ebsen, I., Das selektive Vertragshandeln der Krankenkassen und Leistungserbringer im Lichte europäischen Vergaberechts, in: Festschrift für Manfred Zuleeg, 2005, S. 439 ff.

Ebsen, I., Vertragsbeziehungen zwischen Krankenkassen und Leistungserbringern, Rechtsfragen des europäischen Wettbewerbs- und Vergaberechts, in: Sodan (Hrsg.), Die sozial-marktwirtschaftliche Zukunft der Krankenversicherung, 2005, S. 59 ff.

Ehlers, D., Verwaltung in Privatrechtsform, Schriften zum Öffentlichen Recht Bd. 464, 1984

Eichenhofer, E., Das Rechtsverhältnis zwischen Rehabilitationsträger und Rehabilitationseinrichtungen, in: NZS 2002, S. 348 ff.

Emmerich, V., Ausnahmebereich Krankenversicherung?, in: Festschrift für Thomas Raiser , 2005, S. 648 ff.

Endler, J., Privatisierungen und Vergaberecht, in: NZBau 2002, S. 125 ff.

Engelmann, K., Untergesetzliche Normsetzung im Recht der gesetzlichen Krankenversicherung durch Verträge und Richtlinien - Teil 1 -, in: NZS 2000, S. 1 ff.

Engelmann, K., Sozialrechtsweg in Streitigkeiten zwischen Institutionen der gesetzlichen Krankenversicherung und Leistungserbringern bei wettbewerbs- und kartellrechtlichen Bezug, in: NZS 2000, S. 213 ff.

Eschenbruch, K/Hunger, K.-U., Selbstverwaltungskörperschaften als öffentliche Auftraggeber - Unterliegen Selbstverwaltungsinstitutionen der Freiberufler wie

Rechtsanwalts- und Ärztekammern und deren Versorgungseinrichtungen dem Kartellvergaberecht?, in: NZBau 2003, S. 471 ff.

Fahlbusch, J.I., Zur Anwendbarkeit des § 7 Nr. 6 VOL/A bei der Beschaffung sozialer Dienstleistungen, Deutscher Verein für öffentliche und private Fürsorge, Gutachten vom 10.2.2004.

Fiedler, A./Weber, T., Medizinische Versorgungszentren, in: NZS 2004, S. 358 ff.

Freitag, M., Vergaberechtsschutz unterhalb der europäischen „Schwellenwerte", in: NZBau 2002, S. 204 ff.

Fretschner, R./Hilbert, J., Zukunftsbranche Gesundheit und Soziales, in: Sozialer Fortschritt 2000, S. 284 ff.

Frings, P., Zum Abschluss von Verträgen nach §§ 132, 312a SGB V, in: RsDE Nr. 43 (1999), S. 24 ff.

Gagel, A. (Hrsg.), SGB III Kommentar - Arbeitsförderung, Loseblattsammlung, Stand: 1.1.2005

Gaßner, M./Braun, Ch., Anmerkung zu BayOLG, Beschluss v. 24.5.2004, in: NZS 2005, S. 26 ff.

Giesen, R., Wettbewerbsrecht, Vergaberecht und soziale Dienste, in: Linzbach, Ch./Lübking, U. et al. (Hrsg.): Die Zukunft der sozialen Dienste vor der Europäischen Herausforderung, 2005, S. 424 ff.

Goerlich, H., Grundrechte als Verfahrensgarantien: ein Beitrag zum Verständnis des Grundgesetzes für die Bundesrepublik Deutschland, 1981

Graef, E., Grundsatzfragen des Vergaberechts bei der Übertragung von Aufgaben der Notfallrettung und des Krankentransports, in: VergabeR 2004, S. 166 ff.

Greß, S./Ebsen, I./Haas, A.-K. et al., Wettbewerbliche Steuerung in der GKV - Perspektiven für mehr Qualität und Wirtschaftlichkeit, in: Sozialer Fortschritt 2003, S. 105 ff.

Gröning, J., Die Grundlagen des neuen Vergaberechts, in: ZIP 1999, S. 52 ff.

Gröning, J., Das deutsche Vergaberecht nach dem Urteil des EuGH vom 28. Oktober 1999 - Alcatel Austria AG u.a., in: WRP 2000, S. 49 ff.

Gröning, J., Public Private Partnerships bei Dienstleistungskonzessionen - Vergaberechtliche Konsequenzen aus dem „Telaustria"-Urteil des EuGH, in: NZBau 2001, S. 123 ff.

Gröning, J., Der Begriff der Dienstleistungskonzession, Rechtsschutz und Rechtsweg - zugleich Besprechung des Beschlusses des VG Neustadt an der Weinstrasse vom 6.9.2001 - Stadtmöblierung, in: VergabeR 2002, S. 24 ff.

Großmann, R./Schimanski, W. et al., GK-SGB IX - Gemeinschaftskommentar zum Sozialgesetzbuch - Rehabilitation und Teilhabe behinderter Menschen, Loseblattsammlung, 1. November 2002

Gülker, S./Kaps, P., Effizienzsteigerung der Arbeitsvermittlung durch Contracting-Out? Eine Prozessanalyse zur öffentlich-privaten Kooperation bei vermittlungsnahen Dienstleistungen, in: ZSR 2006, S. 29 ff.

Hänlein, A., Sozialrecht als Wirtschaftsrecht, in: NZS 2003, S. 617 ff.

Hailbronner, K./Weber, C., Die Neugestaltung des Vergabewesens durch die Europäische Gemeinschaft, in: EWS 1997, S. 73 ff.

Hansen-Reifenstein, K./Dieblich, F., Vergabe- und Vertragsrecht 2003 : VOB, VOL, VOF ; die wichtigsten Vorschriften für die Vergabe und Abwicklung öffentlicher Aufträge ; mit Anmerkungen zu den Neuregelungen, zur Vergabeordnung und zum Vergaberechtsschutz, 2003

Hartmann, P., Ausschreibungsverbot mit weit reichenden Folgen für alle Kassen, in: MTD 12/2001, S. 28 ff.

Hauck, K./Noftz, W. (Hrsg.), Sozialgesetzbuch. SGB V - Gesetzliche Krankenversicherung. Kommentar, Loseblattsammlung, Stand: 1. April 2004

Haverkate, G./Huster, S., Europäisches Sozialrecht. Eine Einführung, 1999

Held, J., Der Grundrechtsbezug des Verwaltungsverfahrens, Schriften zum Öffentlichen Recht Bd. 462,1984

Hermes, G., Gleichheit durch Verfahren bei der staatlichen Auftragsvergabe, in: JZ 1997, S. 909 ff.

Heße, M., Die Auftragsvergabe durch Sozialversicherungsträger und die Vergaberichtlinien der EG, in: Die Sozialversicherung 1997, S. 88 ff.

Hiddemann, T.-Ch./Muckel, S., Das Gesetz zur Modernisierung der gesetzlichen Krankenversicherung, in: NJW 2004, S. 7 ff.

Hinrichs, K., Selbstbeschaffung im Jugendhilferecht. Zur Aktualität fürsorgerechtlicher Grundsätze in der Jugendhilfe, 2003

Hoffmann, K./Scheulen, A., Anwendung des Vergaberechts auf Verträge mit Personal-Service-Agenturen - ein Zwischenruf, in: AuB 2003, S. 129 ff.

Huber, P.M., Konkurrenzschutz im Verwaltungsrecht: Schutzanspruch und Rechtsschutz bei Lenkungs- und Verteilungsentscheidungen der öffentlichen Verwaltung, 1991

Huber, P.M., Der Schutz des Bieters im öffentlichen Auftragswesen unterhalb der sog. Schwellenwerte, in: JZ 2000, S. 877 ff.;

Hüser, Ch., Ausschreibungspflichten bei der Privatisierung öffentlicher Aufgaben. Eine Analyse des sachlichen Anwendungsbereichs des Kartellvergaberechts, 2005

Hufen, F., Heilung und Unbeachtlichkeit grundrechtsrelevanter Verfahrensfehler? - Zur verfassungskonformen Auslegung der §§ 45 und 46 VwVfG, in: NJW 1982, S. 2160 ff.;

Hufen, F., Soziale Selbstverwaltung im demokratischen Rechtsstaat, in: SDSRV Nr. 34 (1991), S. 43 ff.

Igl, G., Das SGB IX und seine Wirkungen auf das System des Sozialrechts, in: ZSR 2004, S. 365 ff.

Immenga, U./Mestmäcker, E.-J. (Hrsg.), GWB - Gesetz gegen Wettbewerbsbeschränkungen Kommentar, 3. Auflage 2001

Ingenstau, H./Korbion, H. et al. (Hrsg.), VOB Teile A und B - Kommentar, 15. Auflage 2004

Isensee, J./Kirchhof, P., Handbuch des Staatsrechts, Bd. 2, 3. Auflage 2004

Jarass, H.D./Pieroth, B., Grundgesetz für die Bundesrepublik Deutschland - Kommentar, 7. Auflage 2004

Jasper, U., Das Vergaberechtsänderungsgesetz, in: DB 1998, S. 2151 ff.

Jestaedt, Th./Kemper, K/Marx, F./Prieß, H.-J., Das Recht der Auftragsvergabe. Auftraggeber, ausschreibungspflichtige Aufträge, Vergabeverfahren, Sektoren, Rechtsschutz, 1999

Kadelbach, S., Allgemeines Verwaltungsrecht unter europäischem Einfluss, 1999

Kingreen, Th., Vergaberechtliche Anforderungen an die sozialrechtliche Leistungserbringung, in: SGb 2004, S. 659 ff.

Kingreen, Th., Wettbewerbsrechtliche Aspekte des GKV-Modernisierungsgesetzes, in: MedR 2004, S. 188 ff.

Knappe, E./Arnold, R., Pauschalprämie in der Krankenversicherung - Ein Weg zu mehr Effizienz und mehr Gerechtigkeit, 2002

Knauff, M., Die Reform des europäischen Vergaberechts, in: EuZW 2004, S. 141 ff.

Knauff, M., Neues europäisches Vergabeverfahrensrecht: Der wettbewerbliche Dialog, in: VergabeR 2004, S. 287 ff.

Knispel, U., Auswirkungen der Neuregelung der Rechtsbeziehungen der Krankenkassen und ihrer Verbände zu den Leistungserbringern durch das GKV-Gesundheitsreformgesetz 2000, in: NZS 2001, S. 466 ff.

Knüppel, D., Chancen und Risiken von Einkaufsmodellen, in: GSP Nr. 1 u. 2 (2004), S. 16 ff.

Köckritz, S von./Ermisch, G./Dittrich, N./Lamm, Ch.., Bundeshaushaltsordnung (BHO) Kommentar, Loseblattsammlung, 1.Juni 1997

Koenig, Ch./Engelmann, Ch., Internetplattformen im Gesundheitswesen auf dem Prüfstand des Kartellrechts, in: WRP 2002, S. 1244 ff.

Koenig, Ch./Busch, Ch., Vergabe- und haushaltsrechtliche Koordinaten der Hilfsmittelbeschaffung durch Krankenkassen, in: NZS 2003, S. 461 ff.

Koenig, Ch./Steiner, U., Die Anwendbarkeit des Vergaberechts auf die Leistungsbeziehungen zwischen Krankenhäusern und Krankenkassen - Teil 1, in: ZESAR 2003, S. 98 ff.

Koenig, Ch./Steiner, U., Die Anwendbarkeit des Vergaberechts auf die Leistungsbeziehungen zwischen Krankenhäusern und Krankenkassen - Teil 2 und Schluss, in: ZESAR 2003, S. 150 ff.

Koenig, Ch./Engelmann, Ch./Hentschel, K., Die Anwendbarkeit des Vergaberechts auf die Leistungserbringung im Gesundheitswesen, in: MedR 2003, S. 562 ff.

Koenig, Ch./Engelmann, Ch./Hentschel, K., Rechtlich zulässige Steuerungsoptionen zur Qualitätsförderung und Kostensenkung in der GKV im Bereich ärztlich veranlasster Leistungen, in: SGb 2003, S. 189 ff.

Krölls, A., Budgetierung per Kartellabsprache?, in: NDV 2000, S. 56 ff.

Kruse, J./Hänlein, A. (Hrsg.), Das neue Krankenversicherungsrecht, 2004

Kücking, M./Jann, A./Reker, E. et al., Aktuelle europäische Entwicklungen in der Gesundheitspolitik - Europa für die Versicherten gestalten, in: ZESAR 2005, S. 62 ff.

Kuhlmann, J.-M., Vertragliche Regelungen und Strukturen bei der Integrierten Versorgung, in: KH 2004, S. 417 ff.

Kulartz, H.-P., Vergaberecht und Verkehr - Rechtsrahmen für Ausschreibungspflichten, in: NZBau 2001, S. 173 ff.

Kullack, A./Terner, R., EU-Legislativpaket - Die neue „klassische" Vergabekoordinierungsrichtlinie - 1 Teil, in: ZfBR 2004, S. 244 ff.

Kummer, P., Rechtsweg für Streitigkeiten aus Beziehungen zwischen gesetzlicher Krankenkasse und Leistungserbringern, in: SGb 2001, S. 138 ff.

Kunkel, P.-Ch., Kinder- und Jugendhilfe - Lehr- und Praxiskommentar (LPK-SGB VIII), 2. Auflage 2003

Kunze, Th./Kreikebohm, R., Sozialrecht versus Wettbewerbsrecht - dargestellt am Beispiel der Belegung von Rehabilitationseinrichtungen - Teil 1, in: NZS 2003, S. 5 ff.

Kunze, Th./Kreikebohm, R., Sozialrecht versus Wettbewerbsrecht - dargestellt am Beispiel der Belegung von Rehabilitationseinrichtungen - Teil 2, in: NZS 2003, S. 62 ff.

Lachwitz, K., Co-Referat - Die Kodifikation des Rehabilitationsrechts in einem SGB IX - Was bringt es für die Behinderten?, in: SDSRV Nr. 49 (2002), S. 73 ff.

Langen, E./Bunte, H.-J. (Hrsg.), Kommentar zum deutschen und europäischen Kartellrecht, 9. Auflage 2001

Laubinger, H.-W., Grundrechtsschutz durch Gestaltung des Verwaltungsverfahrens, in: VerwArch Bd. 73 (1982), S. 60 ff.

Leinemann, R./Maibaum, Th., Die neue europäische einheitliche Vergabekoordinierungsrichtlinie für Lieferaufträge, Dienstleistungsaufträge und Bauaufträge - ein Optionsmodell, in: VergabeR 2004, S. 275 ff.

Lübbe-Wolff, G., Stufen des Grundrechtsschutzes gegen Verfahrensverstöße, in: Festschrift für W. v. Simson, 1983, S. 137 ff.

Luthe, E.-W., Wettbewerb, Vergabe und Rechtsanspruch im Sozialraum der Jugendhilfe, in: NDV 2001, S. 247 ff.

Luthe, E.-W., Das Job-Aktiv-Gesetz - Teil 1, in: SGb 2002, S. 77 ff.

Mader, O., Das neue EG-Vergaberecht, in: EuZW 2004, S. 425 ff.

Martin-Ehlers, A., Die Unterscheidung zwischen Zuschlag und Vertragsschluss im europäischen Vergaberecht, in: EuZW 2000, S. 101 ff.

Maurer, H., Allgemeines Verwaltungsrecht, 15. Auflage 2004

Maydell v., B./Ruland, F. (Hrsg.), Sozialrechtshandbuch (SRH), 3. Auflage 2003

Medicus, D., Bürgerliches Recht, 20. Auflage 2004

Mergler, O. et al. (Hrsg.), Handbuch der Grundsicherung und Sozialhilfe, Teil II, Sozialgesetzbuch XII, Loseblattsammlung, Stand Mai 2004

Motzke, G./ Pietzcker, J./Prieß, H.-J. (Hrsg.), Beck'scher VOB-Kommentar - Verdingungsordnung für Bauleistungen Teil A, 2000

Mrozynski, P., Leistungsverträge zwischen hoheitlicher Steuerung und privatrechtlichem Wettbewerb, in: RsDE Nr. 47 (2001), S. 29 ff.

Mrozynski, P., Der Leistungserbringermarkt zwischen Angebotssteuerung und Budgetierung, in: ZFSH/SGB 2004, S. 3 ff.

Mrozynski, P., Die Vergabe öffentlicher Aufträge und das Sozialrecht - Anmerkungen zu zwei Rechtsgutachten, in: ZFSH/SGB 8/2004, S. 451 ff.

Mühlhausen, K.-H., Der Mitgliederwettbewerb innerhalb der gesetzlichen Krankenversicherung - Die Krankenkassen zwischen Sozial- und Wettbewerbsrecht, 2002

Müller, J./Schneider, W., Mitgliederbewegungen und Beitragssätze in Zeiten des Kassenwettbewerbs - Ein erster empirischer Befund nach Inkrafttreten der Wahlfreiheit, in: ASP Nr. 3 u. 4 (1997), S. 11 ff.

Müller, M./Ernst, T., Elektronische Vergabe ante portas - Übersicht über aktuelle und zukünftige Rechtsfragen, in: NJW 2004, S. 1768 ff.

Müller-Wrede, M., Ausschreibungspflicht öffentlich-rechtlicher Verträge, in: VergabeR 2001, S. 390 ff.

Münder, J., Sozialraumorientierung aus rechtlicher Sicht, in: ZfJ 2002, S. 416 ff.

Münder, J. (Hrsg.), Sozialgesetzbuch II - Grundsicherung für Arbeitssuchende, Lehr- und Praxiskommentar, 2005

Mutius, A., Grundrechtsschutz contra Verwaltungseffizienz im Verwaltungsverfahren?, in: NJW1982, S. 2150 ff.

Neubauer, G./Unterhuber, H., Mehr Wirtschaftlichkeit in der gesetzlichen Krankenversicherung durch Ausschreibung von Versorgungsaufträgen - Skizze der Gestaltungsmöglichkeiten eines Einkaufsmodells für die gesetzliche Krankenversicherung, in: Sozialer Fortschritt 1987, S. 107 ff.

Neumann, D., Verbannung des Kartell- und Wettbewerbsrechts aus der gesetzlichen Krankenversicherung?, in: WuW 1999, S. 961 ff.

Neumann, V., Wettbewerbsrecht oder Sozialrecht? - Zum Abschluss von Verträgen mit den Erbringern von Rehabilitationsleistungen in der gesetzlichen Rentenversicherung, in: RsDE Nr. 43 (1999), S. 1 ff.

Neumann, V., Solidarische Wettbewerbsordnung statt Vertragsarztrecht?, in: NZS 2002, S. 561 ff.

Neumann, V./Bieritz-Harder, R., Vergabe öffentlicher Aufträge in der Sozial- und Jugendhilfe?, in: RsDE Nr. 48 (2001), S. 1 ff.

Neumann, V./Nielandt, D./Philipp, A., Erbringung von Sozialleistungen nach Vergaberecht? Rechtsgutachten im Auftrag des Deutschen Caritasverbandes und des Diakonischen Werkes der Evangelischen Kirche in Deutschland, 2004

Neumann, V. (Hrsg.), Rehabilitation und Teilhabe behinderter Menschen: Handbuch SGB IX, 2004

Neumann, V., Sozialrecht oder Vergaberecht? Zur Erbringung von Rehabilitationsleistungen in der gesetzlichen Rentenversicherung, in: VSSR 2005, S. 211 ff.

Niebuhr, F./Kulartz, H.-P./Kus, A./Portz, N., Kommentar zum Vergaberecht, 4. Teil des GWB - Vergabeverfahren, Nachprüfungsverfahren und Schadensersatz, 2000

Nielandt, D., Die Beteiligung Freier Träger bei der Vergabe von Sozialleistungen, in: RsDE Nr. 57 (2005), S. 44 ff.

Niesel, K./Funk, W. (Hrsg.), Kasseler-Kommentar Sozialversicherungsrecht, Loseblattsammlung, Stand: 1.12.2004

Noch, R., Vergaberecht kompakt. Verfahrensablauf und Entscheidungspraxis, 2. Auflage 2002

Noch, R., Der Begriff des öffentlichen Auftraggebers - zugleich Besprechung der AOK-Entscheidung, in: BauRB 2004, S. 318 ff.

Ohler, F.P., Zum Begriff des Öffentlichen Auftraggebers im Europäischen Vergaberecht, 2001

Opitz, M., Vergaberechtliche Staatsgebundenheit des öffentlichen Rundfunks?, in: NVwZ 2003, S. 1087 ff.

Ossenbühl, F., Grundrechtsschutz im und durch Verfahrensrecht, in: Festschrift für Kurt Eichenberger, 1982, S. 183 ff.

Otting, O., Chancengleichheit, Transparenz und Neutralitätsgebot im Vergaberecht, in: NJW 2000, S. 484 ff.

Otting, O., Die neue Vergabeverordnung, in: NVwZ 2001, S. 775 ff.

Otting, O, Änderungsbedarf beim Rechtsschutz - oberhalb und unterhalb der Schwellenwerte, in: Pünder/Prieß (Hrsg.), Vergaberecht im Umbruch, 2005, S. 53 ff.

Pache, E., Der Staat als Kunde - System und Defizite des neuen deutschen Vergaberechts, in: DVBl 2001, S. 1781 ff.

Pfeiffer, D., Die erweiterte Vertragskompetenz der Krankenkassen aus Sicht der Krankenkassen, in: VSSR 2004, S.149 ff.

Pieper, S., Keine Flucht ins öffentliche Recht, in: DVBl. 2000, S. 160 ff.

Pieroth, B./Schlink, B., Grundrechte, Staatsrecht II, 20. Auflage 2004

Pietzcker, J., Die neue Gestalt des Vergaberechts, in: ZHR 1998, S. 427 ff.

Pietzcker, J., Vergabeverordnung und Kaskadenprinzip aus verfassungsrechtlicher und europarechtlicher Sicht, in: NZBau 2000, S. 64 ff.

Pietzcker, J., Die Zweiteilung des Vergaberechts. Subjektive Rechte - Rechtsschutz - Reform, 2001

Pietzcker, J., Vergaberechtliche Sanktionen und Grundrechte, in: NZBau 2003, S. 242 ff.

Plantholz, M., Das Vertragspartnermodell im SGB V - ein Auslaufmodell?, in: RsDE Nr. 46 (2000), S. 59 ff.

Plantholz, M., Die Erbringung von Sachleistungen durch angestelltes Personal von Krankenkassen, in: RsDE Nr. 51 (2002), S. 48 ff.

Platzer, H., Einzelverträge zwischen Krankenkassen und Leistungserbringern - Eine Zwischenbilanz - Optionen der Vertragsgestaltung nach dem GKV-Modernisierungsgesetz (GMG), in: RPG 2004, S. 115 ff.

Pöld-Krämer, S./Fahlbusch, J. I., Das Recht der Leistungserbringung in der Sozialhilfe im Licht der §§ 93 ff. BSHG, in: RsDE 46 (2000), S. 4 ff.

Prieß, H.-J., Das öffentliche Auftragswesen in der Europäischen Union, 1994

Prieß, H.-J., Handbuch des europäischen Vergaberechts: Gesamtdarstellung der EU/EWR-Vergaberegeln mit Textausgabe, 2. Auflage 2001

Prieß, H.-J./Hölzl, F.-J., Das Ende des rechtsfreien Raumes: Der verwaltungsgerichtliche Rechtsschutz bei der Rüstungsbeschaffung, in: NZBau 2005, S. 367 ff.

Puhl, Th., Der Staat als Wirtschaftssubjekt und Auftraggeber, in: VVDStRL 60 (2001), S. 456 ff.

Pünder, H., Zu den Vorgaben des grundgesetzlichen Gleichheitssatzes für die Vergabe öffentlicher Aufträge, in: VerwArch 2004, S. 38 ff.

Quaas, M., Vertragsgestaltungen zur integrierten Versorgung aus der Sicht der Krankenhäuser, in: VSSR 2004, S. 175 ff.

Rechten, S., Die Novelle des EU-Vergaberechts, in: NZBau 2004, S. 366 ff.

Rehborn, M., Erweiterte Vertragskompetenz der Krankenkassen unter besonderer Berücksichtigung der Verträge zur hausarztzentrierten und integrierten Versorgung - Vertragsgestaltungen aus der Sicht niedergelassener Vertragsärzte, in: VSSR 2004, S. 157 ff.

Reidt, O./Stickler, Th./Glahs, H., Vergaberecht - Kommentar, 2. Auflage 2003

Reipen, M., Vermittlungsorientierte Arbeitnehmerüberlassung durch die Personal-Service-Agentur (PSA), in: BB 2003, S. 787 ff.

Riese, Ch., Vergaberecht, Grundlagen - Verfahren - Rechtsschutz, 1998

Rittner, F., Das deutsche öffentliche Auftragswesen im europäischen Kontext, in: NVwZ 1995, S. 313 ff.

Rixen, S., Personal-Service-Agenturen im Schnittfeld von Sozial-, Haushalts- und Vergaberecht - Strukturen des Arbeitsvermittlungsrechts der §§ 37c, 434g V SGB III, in: NZS 2003, S. 401 ff.

Rixen, S., Sozialrecht als öffentliches Wirtschaftsrecht, 2005.

Rixen, S. , Sozialvergaberecht ante portas? Vergaberechtliche Probleme im Sozialrecht der Arbeitsmarktsteuerung (SGB II und SGB III), in: VSSR 2005, S. 225 ff.

Röhl, H. Ch., Der Anwendungsbereich des Vergaberechts - BGHZ 148, 55, in: JuS 2002, S. 1053 ff.

Roth, W.-H., Die richtlinienkonforme Auslegung, in: EWS 2005, S. 385 ff.

Rothkegel , R. (Hrsg.), Sozialhilferecht, Existenzsicherung - Grundsicherung, Handbuch, 2005

Ruthig, J., Verwaltungsrechtsschutz bei der staatlichen Auftragsvergabe, NZBau 2005, S. 497 ff.

Sachs, M. (Hrsg.), Grundgesetz - Kommentar, 3. Auflage 2003

Sachse/Tennstedt, Geschichte der Armenfürsorge in Deutschland, Teil 1: Vom Spätmittelalter bis zum 1. Weltkrieg, 1980

Schabel, Th./Ley, R., Öffentliche Auftragsvergabe im Binnenmarkt - Erläuterungen und Materialien zur Ausschreibung, Angebotsprüfung und Vergabe nach VOB, VOL und VOF mit EG-Vorschriften, Loseblattsammlung, Stand Juli 2003

Schenk, M., Das neue Vergaberecht. Auslegung und Anwendung am Maßstab des Gemeinschaftsrechts, 2001

Schlenker, R.-U., Kassenwettbewerb unter Budgetbedingungen und Benchmarking, in : RPG 2000, S. 16 ff.

Schnapp, F. E./Wigge, P. (Hrsg.), Handbuch des Vertragsarztrechts. Das gesamte Kassenarztrecht, 2. Auflage 2006.

Schnorbus, Y., Der Schadensersatzanspruch des Bieters bei der fehlerhaften Vergabe öffentlicher Aufträge - Anspruchsgrundlagen, Umfang, Durchsetzung im Zivilprozess und Zukunft des sekundären Rechtsschutzes nach der Neuordnung des Vergaberechts, in: BauR 1999, S. 77 ff.

Schoch, F., Europäisierung der Verwaltungsrechtsordnung - einschließlich Verwaltungsverfahrensrecht und Rechtsschutz, in: VBlBW 1999, S. 241 ff.

Schütze, R., Versorgung der gesetzlich Krankenversicherten mit Hilfsmitteln - Kann der Gesetzgeber diesen Bereich starker Interessengegensätze tatsächlich „regeln", indem er Leistungserbringer und Krankenkassen auf den Abschluss von Verträgen verweist? - Zugleich eine Anmerkung zum Urteil des BSG vom 25.9.2001 B 3 KR 15/00, in: NZS 2003, S. 467 ff.

Schulin, B. (Hrsg.), Handbuch des Sozialversicherungsrechts, Bd. 1 - Krankenversicherungsrecht, 1994

Schulin, B. (Hrsg.), Handbuch des Sozialversicherungsrechts, Bd. 3 - Rentenversicherungsrecht, 1999

Schulin, B./Igl, G., Sozialrecht: ein Studienbuch, 7. Auflage 2002

Schulte, M., Ausnahmen vom neuen Vergaberecht durch öffentlich-rechtliche Verträge? - Eine Darstellung am Beispiel des Rettungswesens, in: NZBau 2000, S. 272 ff.

Schulte, M., Die Zulassung der Leistungserbringer von Hilfsmitteln, in: NZS 2003, S. 297 ff.

Schumacher, F. A., Rechtsschutz im öffentlichen Auftragswesen: Der Rechtsschutz bei der Vergabe öffentlicher Aufträge nach dem europäischen Gemeinschaftsrecht und dem deutschen Recht, 1998

Schwerdtfeger, G., Die Neufassung des § 69 SGB V im Gesetzentwurf „GKV-Gesundheitsreform 2000" - ein rechtsstaatlicher Rückschritt ohne sachliche Rechtfertigung, in: PharmInd 2000, S. 105 ff., 185 ff.

Seidel, I., Zur Wandlung des Begriffsinhaltes „öffentlicher Auftraggeber" im EG-Vergaberecht vom institutionellen zum funktionellen Begriff, sowie zu aktuellen Anwendungsfragen des erweiterten Begriffs, in: ZfBR 1995, S. 227 ff.

Sieveking, J., Deutschland europatreu - Die Grundzüge des Bundesvergaberechtsänderungsgesetzes als Teil der Neufassung des Gesetzes gegen Wettbewerbsbeschränkungen, in: VR 1999, S. 337 ff.

Sodan, H./Ziekow, J. (Hrsg.), Nomos-Kommentar zur Verwaltungsgerichtsordnung, Loseblattsammlung, Stand: 1.1.2003

Sodan, H./Ziekow, J., Grundkurs Öffentliches Recht: Staats- und Verwaltungsrecht, 2005

Spellbrink, W./Eicher, W., Kasseler Handbuch des Arbeitsförderungsrechts: das SGB III in Recht und Praxis, 2003

Stähr, A./Hilke, A., Die Leistungs- und Finanzierungsbeziehungen im Kinder- und Jugendhilferecht vor dem Hintergrund der neuen §§ 78a bis 78g SGB VIII, in: ZfJ 1999, S. 155 ff.

Steiner, U., Verwaltungsverfahren und Grundrechte, in: NZS 2002, S. 113 ff.

Steinmeyer, H.-D., Vertragswettbewerb und Einzelverträge in der Gesundheitsreform 2003, in: GSP Nr. 3 u. 4 (2003), S. 9 ff.

Stelzer, D., Dienstleistungsaufträge im Rahmen des Leistungserbringungsrechts der gesetzlichen Krankenversicherung nach „nationalem transformierten" öffentlichen Vergaberecht bundesweit öffentlich auszuschreiben bzw. in „Öffentlicher Ausschreibung" oder anderweitig zu vergeben? - die Ausschlussproblematik im Hinblick auf das „nationale transformierte" öffentliche Vergabeverfahrensrecht in Gestalt der Vergabearten bei Dienstleistungsaufträgen von Heilmitteln in der GKV, in: ZESAR 2004, S. 269 ff.

Stelzer, D., Sind Dienstleistungsaufträge im Rahmen des Leistungserbringungsrechts der gesetzlichen Krankenversicherung nach „nationalem transformierten" öffentlichen Vergaberecht bundesweit öffentlich auszuschreiben bzw. in „Öffentlicher Ausschreibung" oder anderweitig zu vergeben? - die Ausschlussproblematik im Hinblick auf das „nationale transformierte" öffentliche Vergabeverfahrensrecht in Gestalt der Vergabearten bei Dienstleistungsaufträgen von Heilmitteln in der GKV - Teil II und Schluss, in: ZESAR 2005, S. 21 ff.

Sterner, F., Rechtsbindungen und Rechtsschutz bei der Vergabe öffentlicher Aufträge, 1996

Storost, Ch., Die Bundesagentur für Arbeit an den Schnittstellen von Sozial- und Vergaberecht, in: NZS 2005, S. 82 ff.

Storr, S., Der Staat als Unternehmer - Öffentliche Unternehmen in der Freiheits- und Gleichheitsdogmatik des nationalen Rechts und des Gemeinschaftsrechts, 2001

Streinz, R. (Hrsg.), EUV, EGV: Vertrag über die Europäische Union und Vertrag zur Gründung der Europäischen Gemeinschaft, 2003

Thieme, H./Schlüter, J., Vergaberecht und Schienenpersonennahverkehr, in: NVwZ 2004, S. 162 ff.

Vill, M., Das vorläufige Verbot der Zuschlagserteilung gemäß § 115 Abs. 1 ein Verbotsgesetz i.S. von § 134 BGB?, in: BauR 1999, S. 971 ff.

Vogel, H.-J., Zulassungssystem für Krankenhäuser: GKV-Gesundheitsreform 2000 im Lichte des Kartell- und Wettbewerbsrechts, in: NZS 1999, S. 375 ff.

Vollmöller, Th., Rechtsfragen bei der Umsetzung von Disease-Management-Programmen, in: NZS 2004, S. 63 ff.

Wabnitz, R. J., Die Kinder- und Jugendhilfe im Spannungsfeld von Sozialraumorientierung, Wettbewerbsrecht und SGB VIII, in: NDV 2003, S. 141 ff.

Wahl, R./Pietzcker, J., Verwaltungsverfahren zwischen Verwaltungseffizienz und Rechtsschutzauftrag, in: VVDStRL 41 (1983), S. 151 ff.

Waldner, Th., Bieterschutz im Vergaberecht unter Berücksichtigung der europäischen Vorgaben, 2000

Wallerath, M., Geschichtliche Erscheinungsformen staatlicher Bedarfsdeckung, Die Verwaltung 20 (1987), S. 137 ff.

Wallerath, M., Öffentliche Bedarfsdeckung und Verfassungsrecht: Beschaffung und Leistungserstellung im Staat der Gegenwart, 1988

Welti, F./Sulek, C., Die Ordnungsfunktion des SGB IX für das Recht der Rehabilitation und Teilhabe, in: RsDE Nr. 49 (2001), S. 40 ff.

Werner, M.J./Köster, Th., Die Auslegung des Tatbestandsmerkmals entgeltlich i.S. von § 99 I GWB, in: NZBau 2003, S. 420 ff.

Wiesner, R., Fortschritt durch Recht!, in: ZfJ 2004, S. 241 ff.

Wissing, G./Mutschler, B./Bartz, R./Schmidt-De Caluwe, R. (Hrsg.), Sozialgesetzbuch III - Arbeitsförderung: Praxiskommentar (PK-SGB III), 2. Auflage 2004

Wittig, O, Wettbewerbs- und verfassungsrechtliche Probleme des Vergaberechts, 1999

Wollenschläger, F., Die Bindung gesetzlicher Krankenkassen an das Vergaberecht, in: NZBau 2004, S. 655 ff.

Würfel, W./Burr, M., Ausschreibungspflicht für städtebauliche Verträge - oder - Schaut man einem geschenkten Gaul doch ins Maul? - Zur Bedeutung des Teatro alla Bicocca-Urteils des EuGH vom 12.7.2001 (Rs. C-399/98) für städtebauliche Verträge nach BauGB, in: NVwZ 2003, S. 153 ff.

Ziekow, J., Der funktionelle Auftraggeberbegriff des § 98 Nr. 2 GWB - Der persönliche Anwendungsbereich des Vergaberechts - ein Arkanum?, in: VergabeR 2003, S. 483 ff.

Zuck, H., Ausschreibungspflicht der Zulassung zur Krankenhausbehandlung?, in: f&w 5/2002, S. 534 ff.

Zuleeg, M., Rechtsschutz und Grundrechtsbindung bei der Vergabe öffentlicher Aufträge, in: WiVerw. 1984, S. 112 ff.

Zuleeg, M., Öffentliche Aufträge nach europäischem und deutschem Recht, in: ZEuP 2004, S. 636 ff.

Abbildung 1: **Sozialleistungsquote 1960-2001**

Quelle: Sozialbericht 2001. Eigene Darstellung

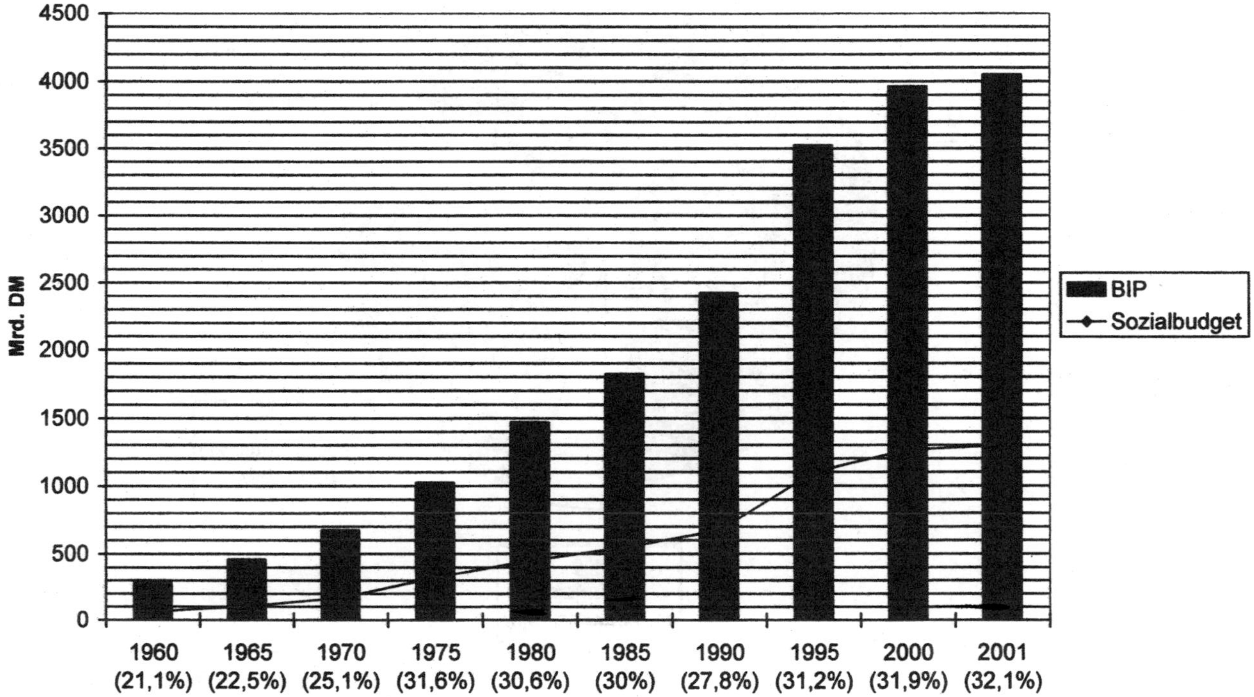

Abbildung 2: **Sozialbudget 2001 nach Leistungsarten**

Quelle: Sozialbericht 2001. Eigene Darstellung

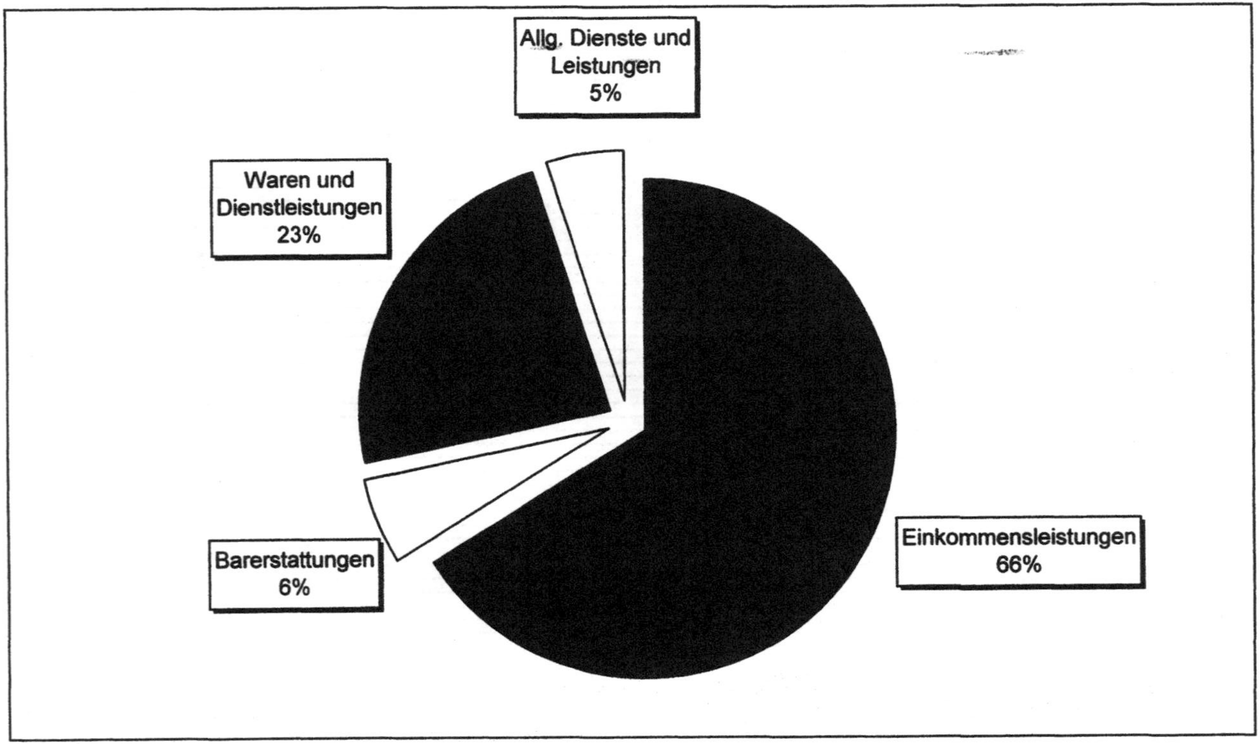

Abbildung 3: **Sozialbudget 2001 nach Funktionen**

Quelle: Sozialbericht 2001. Eigene Darstellung

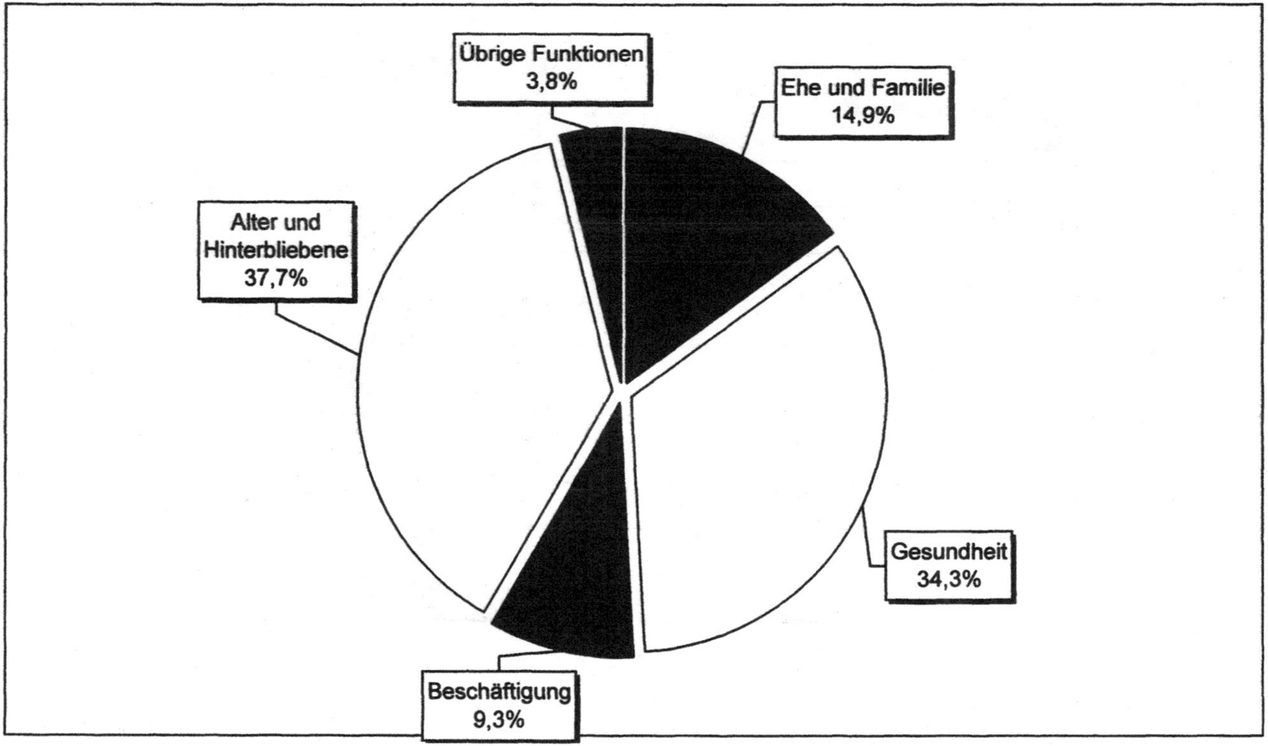

Abbildung 4: **Sachleistungsanteil in ausgewählten Funktionsgruppen des Sozialbudgets 2001**

Quelle: Sozialbericht 2001. Eigene Darstellung

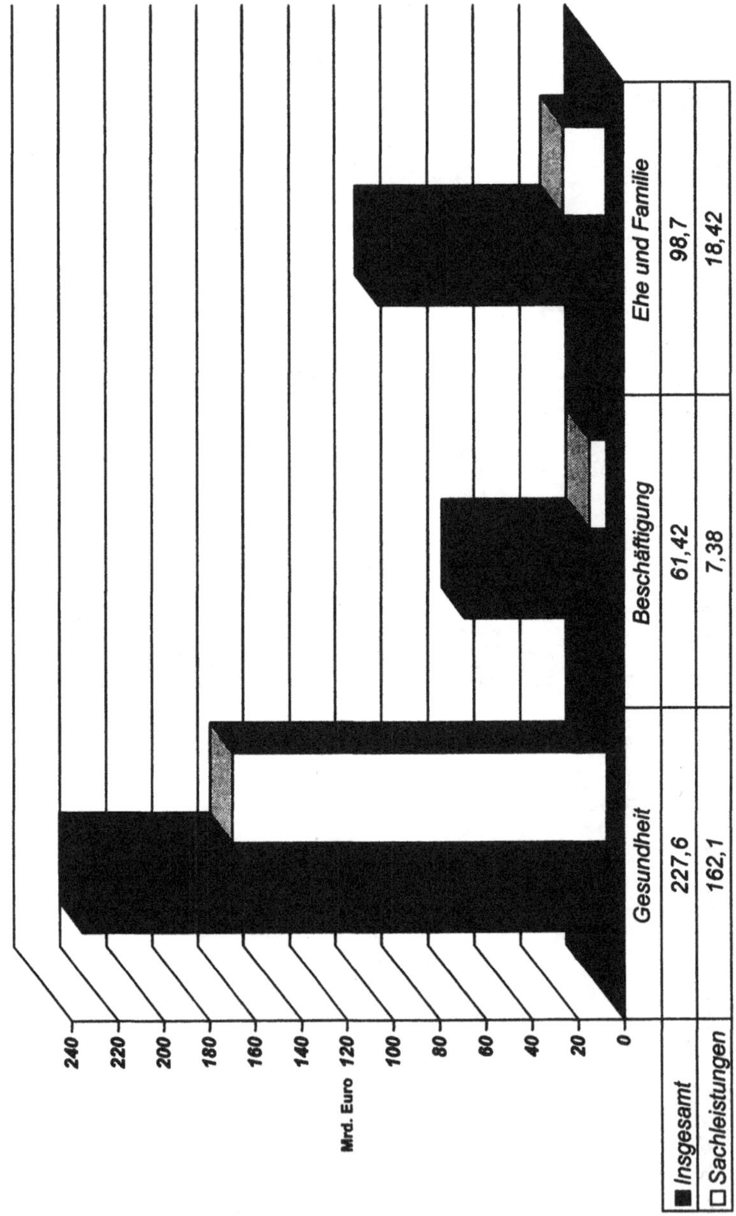

Abbildung 5:
Übersicht über die Schwellenwerte nach den alten EG-Vergaberichtlinien bei Lieferungen und Dienstleistungen

<u>Öffentliche Dienstleistungsaufträge (DKR)</u> Klassische Auftraggeber		**<u>Öffentliche Lieferaufträge (LKR)</u>** Klassische Auftraggeber	
Zentralstaatliche Auftraggeber		**Zentralstaatliche Auftraggeber**	
- grundsätzlich	130.000 SZR	- grundsätzlich	130.000 SZR
- ausnahmsweise (bei Dienstleistungen Anhang I B sowie bestimmten Dienstleistungen Anhang I A)	200.000 ECU	- ausnahmsweise (im Verteidigungsbereich bei Waren, die nicht unter Anhang II fallen)	200.000 SZR
Sonstige Auftraggeber		**Sonstige Auftraggeber**	
- grundsätzlich	200.000 SZR = 236.945 EUR	- in allen Fällen	200.000 SZR = **236.945 EUR**
- ausnahmsweise (bei Dienstleistungen Anhang I B sowie bestimmten Dienstleistungen Anhang I A)	200.000 ECU = **200.000 EUR**		

Abbildung 6:

Übersicht über die Schwellenwerte nach der neuen Richtlinie 2004/18/EG bei Lieferungen und Dienstleistungen, gültig vom 1.1.2006 bis zum 31.12. 2007 (VO EG Nr. 2083/2005 der Kommission)

Öffentliche Liefer- und Dienstleistungsaufträge / Klassische Auftraggeber	
Zentralstaatliche Auftraggeber	
- grundsätzlich	137.000 EUR
- ausnahmsweise (bei Dienstleistungen Anhang II B sowie bestimmten Dienstleistungen Anhang II A)	211.000 EUR
Sonstige Auftraggeber	
- in allen Fällen	**211.000 EUR**

Abbildung 7: Gegenüberstellung europ. vs. dt. Vergaberecht (bzgl. öff. Liefer- und Dienstleistungsaufträge im SGB V)

		Öffentlicher Auftraggeber	Öffentlicher Auftrag	Schwellenwerte	Verfahren		Rechtsschutz
					Dienstleistungen (Anhang II B)	Warenlieferungen	
Rechtlicher Rahmen	EU	Art. Abs. 9 RL 2004/18/EG	Art. 1 Abs. 2 RL 2004/18/EG	Art. 7 RL 2004/18/EG, VO Kommission	Art. 21 RL 2004/18/EG	Art. 28 ff. RL 2004/18/EG	RMR
	BRD	§ 98 GWB	§ 99 GWB	§ 100 Abs. 1 GWB i.V.m. § 2 VgV	§ 1a Nr. 2 Abs. 2 i.V.m. Basis-Paragraphen u. §§ 8a, 28a VOL/A bzw. § 2 Abs. 1 i.V.m. §§ 8 Abs. 2, 17 VOF	VOL/A Basis- und a-Paragraphen	§§ 102-129 GWB und § 13 VgV
Wesentliche, GKV-relevante Unterschiede		Keine	Keine	Das dt. Recht sieht einen einheitlichen Wert von 200.000 € vor. Das EU-Recht sieht einen einheitlichen Wert von 211.000 €	Nach dt. Recht sind die Basis-Paragraphen der VOL/A (hier bieterschützend über § 97 Abs. 7 GWB), die VgV (insb. § 13) und der 4. Teil des GWB (insb. § 101) anwendbar. Das EU-Recht sieht gar keine bieterschützenden Verfahrensvorgaben vor, sondern nur Beschreibungs- und Meldepflichten gegenüber der Kommission.	Das dt. Recht sieht den absoluten Vorrang des offenen Verfahrens (§ 100 Abs. 6 S. 1 GWB), den Zuschlag an das wirtschaftlichste Angebot (§ 97 Abs. 5 GWB) vor. Das EU-Recht kennt nur für das Verhandlungsverfahren Ausnahmeregelungen (Art. 30, 31 RL 2004/18/EG); Zuschlagskriterien nach Art. 53 RL 2004/18/EG sind Preis oder Wirtschaftlichkeit.	Nach dt. Recht ist zunächst ein behördliches Nachprüfungsverfahren (§ 107 ff. GWB) durchzuführen. Nach Vertragsabschluss ist nur Sekundärrechtsschutz möglich (§ 114 Abs. 1 S. 1 GWB). Das EU-Recht stellt die Entscheidung über Instanzenzug und Vertragsaufhebung ins Ermessen der Mitgliedstaaten (Art. 2 Abs. 2 und Abs. 6 S. 2 RMR).

Frankfurter Schriften zur Gesundheitspolitik und zum Gesundheitsrecht
Schriftenreihe des Instituts für Europäische Gesundheitspolitik und Sozialrecht an der Johann Wolfgang Goethe-Universität Frankfurt

Herausgegeben von Ingwer Ebsen und Roland Eisen

Band 1 Dominik Roters: Die gebotene Kontrolldichte bei der gerichtlichen Prüfung der Richtlinien des Bundesausschusses der Ärzte und Krankenkassen. 2003.

Band 2 Carsten Wendtland: Die Forschung mit menschlichen embryonalen Stammzellen als Gegenstand der Rechtsetzung. 2005.

Band 3 Johannes Pantel / Gisela Bockenheimer-Lucius / Ingwer Ebsen / Ruth Müller / Peter Hustedt / Alexander Diehm: Psychopharmakaversorgung im Altenpflegeheim. Eine interdisziplinäre Studie unter Berücksichtigung medizinischer, ethischer und juristischer Aspekte. 2006.

Band 4 Christel Köhler-Hohmann: Die Teilnahme der Ärzte- bzw. der Heilkunde-GmbH an der vertragsärztlichen Versorgung. 2007.

Band 5 Laura Sormani-Bastian: Vergaberecht und Sozialrecht. Unter besonderer Berücksichtigung des Leistungserbringungsrechts im SGB V (Gesetzliche Krankenversicherung). 2007.

www.peterlang.de

Peter Lang · Europäischer Verlag der Wissenschaften

Maximilian Kirchner

Contracting nach deutschem und europäischem Auftragsrecht

Frankfurt am Main, Berlin, Bern, Bruxelles, New York, Oxford, Wien, 2006.
XVIII, 223 S.
Europäische Hochschulschriften: Reihe 2, Rechtswissenschaft. Bd. 4370
ISBN 978-3-631-54825-7 · br. € 42.50*

Die Arbeit behandelt die vergaberechtlichen Fragen, die bei der Verlagerung der Energiebewirtschaftung öffentlicher Einrichtungen auf private Unternehmen entstehen. Im Zentrum der Untersuchung steht die Anwendung vergaberechtlicher Bindungen auf den Staat und auf private Unternehmen. Diese Bindungen prüft der Verfasser im Lichte des europäischen Wettbewerbsrechts.

Aus dem Inhalt: Rechtstatsachen: Contracting in der Energiewirtschaft · Rechtsrahmen: die Rechtsgrundlagen der öffentlichen Vergabe · Entwicklung des Vergaberechts und europarechtlicher Hintergrund · Ausschreibung des Contractings nach „kartellrechtlichem" Vergaberecht · Die Ausschreibung des Contractings nach Haushaltsrecht · Die Beauftragung von Subunternehmen durch den Contractor · Verstoß der vergaberechtlichen Regulierung der staatlichen Nachfrage nach Contracting-Leistungen gegen den Grundsatz des unverfälschten Wettbewerbs · Neubewertung der Pflicht zur Ausschreibung des Contractings

Frankfurt am Main · Berlin · Bern · Bruxelles · New York · Oxford · Wien
Auslieferung: Verlag Peter Lang AG
Moosstr. 1, CH-2542 Pieterlen
Telefax 00 41 (0) 32 / 376 17 27

*inklusive der in Deutschland gültigen Mehrwertsteuer
Preisänderungen vorbehalten

Homepage http://www.peterlang.de

FSC
www.fsc.org
MIX
Papier | Fördert gute Waldnutzung
FSC® C083411

Kolibri 360 GmbH
Ferdinand-Jühlke-Straße 7
99095 Erfurt, Deutschland
produktsicherheit@kolibri360.de

Druck:
CPI Druckdienstleistungen GmbH
im Auftrag der
Kolibri 360 GmbH
Ferdinand-Jühlke-Str. 7
99095 Erfurt